東亞民俗學稀見文獻彙編
第二輯

民俗學

第二卷第七～十二號

第三冊

民俗學

第貳卷　第七號

昭和五年七月

民俗學會發行

民俗學會會則

第一條　本會を民俗學會と名づく

第二條　本會は民俗學に關する知識の普及並に研究者の交詢を目的とす

第三條　本會の目的を達成する爲めに左の事業を行ふ

イ　毎月一回雜誌「民俗學」を發行す

ロ　毎月一回例會として民俗學談話會を開催す

但春秋二回を例會とす

ハ　隨時講演會を開催することあるべし

第四條　本會の會員は本會の趣旨目的を賛成し會費（半年分參圓　壹年分六圓）を前納するものとす

第五條　本會會員は雜誌「民俗學」の配布を受け例會並に大會に出席することを得るものとす　講演會に就いても亦同じ

第六條　本會の會務を遂行する爲めに會員中より委員若干名を互選す

第七條　委員中より常務委員三名を互選し編輯庶務會計の事務を負擔せしむ

第八條　本會の事務所を東京市神田區北甲賀町四番地に置く

附　則

第一條　大會の決議によりて本會則を變更することを得

私達が集つて此度上記のやうな趣意で民俗學會を起すことになりました。

考へて見ますと學問が大學とか研究室とかに閉ぢこめられてゐた時代は何時まで何時までつゞくものではないといふことが云はれますが、然し大學とか研究室とかいふものを必要としなければならない學問のあることも確かに事實です。然し民俗學といふやうな民間傳承を研究の對象とする學問こそは眞に大學も研究室も之を獨占することの出來ない學問であります。然しさればといつてそれは又一人一人の篤志家や學究が個々別々にやつてゐたのでは決してものになる學問ではありません。出來るだけ多くの、出來るだけ廣い範圍の協力に待つしかないものと思ひます。日本に於て決して民間傳承の資料の蒐集なり研究なりが閑却されてゐたとはいへません。然しそれがまだ眞にまとまるところにまとまつてゐるとはいはれないのが事實であります。

かう云ふ事情の下にある民俗學の現狀をもつと開拓發展せしめたいがために、民俗學會といふものを發起することになつた次第です。そして同樣の趣旨のもとに民間傳承の研究解說及び資料の蒐集を目的として、會員を募集し、會員諸君の御助力を待つてこれらを發表する機關として「民俗學」と題する雜誌を發行することになりました。

どうかこの一般國民生活の中に深く生きてゐる事實の意義及び傳承を生かす爲めに、そして民間の學問としての學的性質を達成せしむる爲に、本會の趣旨を御諒解の上御入會御援助を賜りたく御願ひ申します。

委　員

會津八一	秋葉隆	有賀喜左衛門
伊波普猷	石田幹之助	移川子之藏
宇野圓空	岡正雄	折口信夫
金田一京助	小泉鐵	今和次郎
中山太郎	西田直二郎	早川孝太郎
松村武雄	松本信廣	宮本勢助

昭和五年七月發行

民俗學

第貳卷 第七號

目次

生杖と占杖（下）

——一つの覺書——

松村武雄

六

ポセイドン神（Poseidon）は、屢々その三叉杖を大地に突き刺して、水を湧き出させてゐる。その尖端に松毬のやうな飾を冠らせたバックス（Bacchus）に附物の杖シルスス（Thyrsus）も、さうした力を持つてゐた。この神の信徒團（Bacchæ）の一人が、おのれのシルススで岩を突くと、忽ち一道の泉が迸り出たと云はれる。(1) いな單に水だけではない。杖にはさまざまの財寶を藏してゐる岩を開く力さへ具つてゐた。(2) そしてかうした信仰は、決して歐羅巴人の專有ではない。はた文化民族に限られたものでもない。ホッテントット族、ズル族、カフィル族等の自然民族の間にも、廣く見出される。

地中に潜む財寶や鑛物や水を卜知するために、占杖を用ふる習俗が、歐羅巴の多くの國々に存することは、ベーリング・グールド氏（Baring-Gould）の『中世紀の珍奇なる神話』（Curious Myths of the Middle Ages）や、ダイヤー氏（T. F. T. Dyer）の『植物民俗誌』（The Folk-lore of Plants）などを繙いたものの、よく知るところであらう。(3) そして上に擧げた樣式の說話は、恐らくこの民俗に根ざしてゐるであらうと云はれる。この推定が當つてゐるか否かは、あとで考へるとして、先づ手をつけねばならぬ一個の問題が存してゐる。

卜占法を心理學的な立場から見るならば、autoscopic なものと、heteroscopic なものとの二つに分つことが出來る。前者は、卜占者それ自身の意識に於ける或る變化——sensory automatism や、motor automatism や、心的印象に依據するものを意味し、後者は、卜占の過程が、單に外的な事實若くは現象からの推定によるものを意味する。

かうした見方からすると、一般の杖占は、heteroscopic な卜占法に屬するものであるかのやうに思はれる。杖の先の割れ方、裂け具合とか、それが根づくか否かとか、それがどちらの方向に倒れたかといふやうに。（ニュージーランドの土人たちは、遠征に出かけるとき、それに先つて、幾本かの杖を二列に地に立て、一列を敵と見做し、他の一列を味方とする。風が敵を表す杖を後ろに吹き倒せば、味方の勝利であり、前に倒せば、敵の勝、横に倒せば、勝負がつかぬことを豫兆するとされる。味方を表す杖の倒れ方にも、同じ占方が適用せられる。(4) 我が國でも、幾筋かの路の分岐點に杖を立てて、その倒れる方に歩いて行く風習があるのは、人の知るところである。）主として、外的な事象によつて判斷するからである。

しかし大地の中に潛む或るものを卜知する場合に於ける杖占は、少々問題となる。杖を持つたものが、かなたこなたと歩き廻つてゐるうちに、鑛物や水のあるところに來ると、杖が自ら動き出し、而してその現象によつて探してゐるものの所在を知るといふのであるから、一見すると、heteroscopic な卜占法に屬するやうに思はれるが、しかしこの場合に於ける外的現象は、杖の裂け方、倒れ方、根ざしの有無といふやうな外的現象とは、著しくその意味合を異にしてゐる。なぜなら杖が動き出すといふことは、『動くこと』それ自身を主にして云へば、外的な現象であらうが、何がこれを動かしたかといふ方面から考へると、そこに內的な關係が存してゐるからである。杖が動き出したのは、卜占者それ自身の意識に於ける或る變化によるらしいからである。かくてこの種の杖占は、heteroscopic な卜占法であるよりは、寧ろ autoscopic な卜占法に屬してゐるとしなくてはならぬ。少くとも兩者の中間に立つものであると云へる。

この種の占杖には、さまざまの形があり、またその握り方にもいろいろある。しかし最も普通なものは、Y字形をなしてゐる。[5] そしてこれによつて卜占をなす者は、双方の手で杖の一方の端の兩叉を握る。握られた杖は、卜占者に持つて廻られてゐるうちに、その探求する事物の上に來ると、頭を下げて一種異樣な動き方を始める。これは拒み難い事實である。そこで何が杖を動かすかといふことが問題になつて來る。

どうして占杖が動き出すかといふことに對する解釋は、決して一樣ではない。人々によつて、また時代によつて、それぞれ異つてゐる。最も簡單なのは、占杖の奇妙な動きを目して、潜める惡魔の爲業となす『中世紀風』な解釋と、杖を使用するものの欺瞞的行爲となす解釋とである。かうした說明は、早くから行はれてゐたが、十六世紀に入ると、多くの學徒が『感應作用』(sympathy) によつて、杖の動きを說明するやうになつた。卽ち占杖と水若くは鑛物との間に、何等かの直接的關係——感應若くは電氣的作用の如き——が存し、そのために杖が動き出すとなした。[6] 感應說は、この時代に於ける寵兒で、殆んどあらゆる事物の說明に擔ぎ出されたのであるから、占杖の動きの說明にそれが適用せられたのは尤千萬でなくてはならぬ。ところが十七世紀になると、この學說に對する抗議が、諸所に現れた。一千六百七十九年に、ドゥ・サン・ロマン (De Saint Romain) が、『感應說』の假說を排拒して、杖の運動を微分子 (corpuscules) の活動によつて說明した如きは、その一例である。[7] かくてその

4
後は、アンドリュー・ラング（Andrew Lang）が指斥したやうに、一方には、惡魔の間接的活動說や意識的欺瞞說があり、他方には、微分子說、電流說があり、兩々相對峙して爭鬪をつづけて來たが、(8)十七世紀の末葉になつて、更に一個の新說が飛入りをなした。卽ち一千六百八十九年七月に、ル・ブリュン（Le Brun）が、マールブランシュ（Malebranche）に一書を裁して、『意圖說』（The Intention-theory）を唱へ出した。彼の主張するところに從へば、占杖は、これを保持する者が見出さうとする意圖を有する物象の上でのみ動き出すといふのである。(9)しかしマールブランシュは、ル・ブリュンの新說にも、はた電流說にも贊意を表しないで、自己一流の論理によつて、古くからの欺瞞說若くは惡魔活動說を支持するに努めた。彼の云ふところによると、

(1)占杖は、之を用ふるものが見出さうと考へた事物の上で動き出さないで、却つて思ひがけない事物の上で運動を起した實例がある。故に『意圖說』は成立し難い。

(2)占杖は地下に潛む水の上で動き、そしてその動くのが電力の如き力によるとするなら、杖は地表に現れた水の上でも動くべきであるが、實際はこれに反してゐる。從つて占杖の運動は物理的原因に結果するものではない。

(3)かくて唯一の他の說明は、欺瞞者の意志若くは或る精靈の行動でなくてはならぬ。然るに善き精靈は、かくの如き事柄に關與することを欲しない筈であるが故に、惡魔若くは詐僞者が杖の動きの原因でなくてはならぬ。

といふのである。(10)

しかしマールブランシュの凄い意氣込みを裏切つて、欺瞞說、惡魔活動說でもなく、また電流說、意圖說でも

ない新學說が、あとからあとからと現れて來た、十八世紀の偉大なY形占杖使用者であるブレトン（Bleton）自身の解釋によると、水や鑛物の所在を探求する者の手にある杖は、單なる指標《インデツキス》に過ぎない。杖が動き出すのは、這般の探求者の physical なセンシェーションが杖に交通するためであるといふ。(11)

かうして問題は、占杖を用ふる者の心理の樣態といふ事になつて來た。そして十八世紀に於けるこの偉大なダウサーの言說がその先驅となつて、十九世紀二十世紀に現れた學說は盡く心理說である。即ちパラメル（Paramell）は、一千八百五十六年に、占杖は、特殊の氣稟《テムパラメント》を有する或る個人に握られるときにのみ動き出すとなし、(12)ブリース氏（W. H. Preece）は、動く水の摩擦によつてそそられる mechanical vibration が例外的に纖細微妙な心的構成を有する人々の感受性の强い ventral diaphragm に作用して杖を動かすのであると說き、(13)更にあるものは、溫度の作用力に例外的に敏感な者の手に握られた杖のみが動き出すと主張した。(14)就中最も精細な假說を樹立したのは、バァレット敎授（W. F. Barrett）であるとしなくてはならぬ。氏は、ヂャネット敎授（Janet）その他の學徒と同じやうに、占杖は使用者の側に何等の意圖若くは欺瞞が無くして動き出すことを認容したあと、

（1）杖の動きは、これを使用する者に於ける motor-automatism——使用者の心意への或る刺衝によつて生起する反射運動に歸すべきである。

（2）その刺衝といふのは、外的物象若くは外的心意からの副意識的暗示若くは實際的印象である。

（3）占杖使用者自身は、かうした心理的現象を覺知しないで、刺衝は水や鑛物の如きものであると推測することによつて、誤れる推斷をなす。

（4）この種の占杖は、かくて副意識的暗示若くは印象の指子《インディケーター》であるが故に、その指示は疑もなく不條理な

ることがあり得る。

となし、更にこの種の占杖による水脈の卜知が、成功する場合と然らざる場合とあり、而して不成功の頻數が成功の頻數よりも大であるといふ事實に基いて、

（1）或る人々は、眞正な super-normal な知覺能力が具つてゐる。

（2）優れた占杖使用者の心性は、motor-automatism の特質を有し、從つて場合によつては、白紙的狀態――いはゆる tabula rasa の狀態になり得る。それがため、彼が探求しつつある物象によつて與へられる最も幽微な印象すらも、よく指子としての杖の無意識的な、若くは自動的な運動を生起せしめる。

といふ假說を立ててゐる。(15)

思ふに、問題の杖が何故に動くかといふことに關しては、民俗學の立場からするのと、心靈學の立場からするのとで、自ら解釋が異ならざるを得ない。生杖及び占杖の考察に於て、自分は今まで民俗學の立場を採つて來た。これ等の杖及びそれに關する信仰を產み出した民衆自身の考方を究明するのが、主たる目的であるからである。そこでＹ字形の杖に關しても、先づ同じ立場に卽して考へて見たい。

あとで明かにするつもりであるが、地下に潛む鑛物や水を卜知するためのＹ字形の杖の使用が生れたのは、中世紀以後であるらしい。しかしこのことは、占杖信仰そのものが中世紀以後に生れたといふことを意味するのではないのは、言ふまでもないことでなくてはならぬ。Ｙ字形の杖は、古くは十五世紀のベネディクト敎團僧のバジル・ヴァレンティン（Basil Valeutine）が、Testamentum Novum の中で、古代の呪術形式の遺物であると云ひ、(16)近くはラング氏が、『風習と神話』（Custom and Myth）の中で、古い信仰の回復と云つたやうに、(17)古くから存

してゐる占杖信仰の流れを酌むものである。從つてその核心をなすものは、一般のヴィルギュラ・ディヴィナに於ける杖と同じく、杖を構成してゐる樹木そのものに內存する勢能の信仰である。Y字形の占杖を造るに選ばれる樹木が、主としてななかまど、榛、柳であり、そしてこれ等の樹は、歐羅巴の民間傳承に於て、特に呪力的性質に富んでゐると信ぜられた事實が、これを裏書する。ただ一般のヴィルギュラ・ディヴィナに於ける占杖と、ヴィルギュラ・フュルカタに於けるY字形の占杖との間には、一の重要な差別點があつた。それは占杖が或ることを指表する樣態に於ける差異である。前者に於ける指表の徵《しるし》と違つて、後者に於ける指表の徵《しるし》は、一種の『不可思議』を示唆する要素を持つてゐた。このことが、Y字形の占杖に、樹木勢能觀以外の觀想を纏繞せしめた。それは奇妙な動き方をする。この現象が民衆の注意の焦點となつて、樹木勢能の觀念は殆んど全く背後に押しのけられ、民衆の心は、杖の動きの解釋に集中せられた。中央アフリカのマツガンディャ族の間に於ける一種の占杖は、Y字形をなしてゐるのでもなく、また鑛物や水を見出すために用ひられるのでもないが、メデ・シンマンの手にあつて自ら動き出す。而して土人たちはこれを解して、精靈が杖に憑き、更に杖を通して人間に憑くが故であるとなしてゐる。(18) 歐洲の民衆が、Y字形の占杖の動きに對する心持も、これと同似してゐたであらう。彼等は何等かの超自然的存在の活動を豫想することによつて、杖の動きに解決をつけることを餘儀なくされた。この場合にいかなる超自然的存在が持ち出されるかを決定するものは、當然時代の主潮をなす信仰でなくてはならぬ。而して中世紀及びその以後の數世紀にあつては、『惡魔《デヴィル》』の人間生活への容喙が、力強く民衆の心を捉へてゐた。かくしてY字形の杖の動きは、惡魔の爲業であると解せられた。しかし一方には、『感應』の觀想もなかなか勢力があつた。そしてこの觀想が、一面に於ては、占杖の使用者に暗示を與へて、杖の動きをより起り易からしめ、他面に於ては、その動きを『感應』的に説明せしめた。——自分は、Y字形の占杖に於て、より古い樹木勢能信仰が殆んどその姿を潛めて、その代りに、古くからの一般的なヴィルギュラ・ディヴィナに見るを得ない觀念信仰が表面に浮び出てゐる事情を、かく解したい。而して『感應説』を楔子として、十九世紀、二十世紀の心靈學的解釋があとからあとからと生れ出て、問題の占杖の動きに對する考方が、次第に民衆それ自身の信仰から離れて、第三者的學的な説明に墮して來たとしたい。

Y字形の杖は、ただに占杖であるばかりでなく、また如意杖であると信ぜられた。潛んでゐる或るものを見出す力を持つてゐる以上に、その持主に幸福を齎し且つその願望を充足させてくれると考へられた。それは一個の divining-rod であると共に、一個の "wish"-rod であつた。

それならば、かうした力はどこから來るであらうか。これに關しても、さまざまの説が持ち出されてゐる。グラッドストーン翁は、ユヴェンチュス・ミュンディ (Juventus Mundi) に於て、ポセイドンの三叉杖に關して、『それは、伯來宗敎以外の東洋的宗敎のさまざまの形に於て今も猶見出され得るやうな、かの三位一體の傳承を明かに指してゐるやうに思はれる。』と云つてゐる。かくしてこの學識に富んだ政治家兼古典學者の考では、この種の占杖の力は、その形狀が一の神聖な觀念を具象してゐるところに生れるとされたやうである。

かうした形體論は、いろんな姿を採つて、この種の占杖に絡つてゐる。チャーレス・ハードウイック氏 (Charles Hardwick) の如きは、その尤なるものであらう。氏はその著『傳説、迷信及び民俗』(Traditions, Superstitions, and

Folk-lore）に於て、或るものの勢能の發生因が、その形狀及び數に歸せられたことを指摘して、

『寄生木の枝の、特殊にして且つ規則正しい等角的な形が、疑もなく超自然的な勢能を與へられた一個の神秘的な植物として之を選ぶことに、大きな影響があつた。三といふ數及びその倍數たる九といふ數も、諾斯《ノスチツ》士《ク》教徒の二重三角形である神秘的なアブラカダブラ（Abracadabra）と共に、極めて古い時代から、神秘的な意義を有するものと考へられてゐる。も一つの神秘的な數である『第七の息子の第七の息子』と醫療との觀念聯合も、この迷信の根底に於て、數學的要素を有することを指示してゐる。』(19)

となし、進んで、Y字形の占杖の問題に入り、一體二つの叉若くは二つの尖端を持つものは、邪力に對する强勢な Charm とされるのが常である。厩や戶口に釘づけにされた馬蹄が、妖巫の力に對する厭勝となり得るといふ信仰の如き、西班牙や伊太利に於て、兩叉の珊瑚が妖巫を驅逐する力を持つものとして珍重せられるが如き、二つの猪牙から成る三ヶ月が邪靈を拂ふものとして、屢々家畜の首に呪符の役を勤めさせられるが如き、みなこれである。Y形の占杖に潛む力も、その一つであると說いてゐる。(20)

しかしかうした說明は、それ自身に於て『未完成』である。それ自體が說明を必要とする說明である。なぜなら、二つの叉若くは二つの尖端を持つものには或る勢能が潛んでゐるといふことを許容しても、何故さうしたものに勢能が潛在するかの理由は、少しも明かでないからである。

そこで若干の學徒は、更に一歩踏み込んで、その理由に說明を與へようと試みてゐる。たとへば、ケリィ氏（W. K. Kelly）の如きは、二叉は電光の形相である。だから或る勢能を潛めてゐると信ぜられたと解釋してゐる。同氏はまた一方で、傳承的な怪異植物である『曼陀羅華』（Mandrake）とY形の占杖とを結びつけて、兩者は共に

人間の形態をなしてゐるが故に、そこに勢能が存すると說いてゐる。彼はその著『印度歐羅巴的傳承及び民俗珍事』(Curicsities of Indo-European Tradition and Folk-lore) に於て云ふ、

『あらゆる場合に於て、占杖若くは如意杖は、兩叉になつた端を持つ、すべての權威者がしか言ふことに一致してゐるやうに、これが本質的な點である。さて兩叉の杖は、人間的形態の最も簡素な形像である』(21)

と、それならば、電光說と人態說との間には、いかなる交涉關係が存してゐるであらうか。自分たちは、ケリィ氏が、

『リグ・ヴェダその他の聖典に於て、神聖な火を燧り出すためのアスヴァタの樹片に、明白に人間の形態が寄與せられてゐる。頭、首、胴體、手、足等がそれぞれ與へられてゐる。そして火を燧る行爲者は、それを使用する場所に深甚の注意を拂ふやうに戒められる。なぜなら行爲がそのところを得ないと、破滅が燧火器のあらゆる部分から出現するに反し、正しきところにあれば、あらゆる願望の實現を見るからである。行爲者は、そのところを得れば、富、家畜、子息、天國、長壽、愛、幸運をかち得るであらう。而してその用具は明かに如意杖に相當する。兩者は共に電光の具象化であるからである。』(22)

と云つた言葉のうちに、這般の關係を認容することを强ひられてゐる。しかし正直に云へば、かうした說明だけでは、電光說と人態說とは、客觀的妥當性を以て有機的に結合してゐるとは受取り難い。

アダルベルト・クーン (Adalbert Kuhn) もまた、その著『火及び神々の飮物の降下』(Die Herabkunft des Feuers und des Göttertranks) に於て、ケリィ氏の見解と極めて同似した說明を示してゐる。クーンの主張するところを要約すると、

(１)曼陀羅華も如意杖も、人間的な形態をなしてゐると考へられる。
(２)兩者の觀念は、そのうちの一が基礎となつて、他がそれから描き出されたといふ關係にあるのではなくて、寧ろ共通の信仰を共通の起原としてゐる。
(３)曼陀羅華と如意杖とに人間的な形態が與へられたのは、兩者が超自然的な神性的な起原のものと信ぜられ、一種の半神《デミゴッド》、一種の電光族を表示したからである。

といふのである。(三)而して彼はこの解釋をさまざまの種類の杖に適用して到るところに電光の標象を見出してゐる。この些か偏倚的な神話學者に從へば、ポセイドンの三叉杖も電光であれば、ヘルメスの節杖カデュケウスも電光である。進んでは、方術者が持つ魔杖、軍司令官が手にしてゐる司令杖、王者の權標としての笏の如きも、みな電光的起原のものである。

クーンは、その著『神話構成の發展階層に就きて』(Ueber Entwicklungsstufen der Mythenbildung) その他が指證してゐるやうに、太だ一刻な『天光標象說』の主張者である。彼の云ふところによると、殆んどあらゆる神話や神々の持物が、天火若くは天光の標象である。かうした行方を固執してゐる學徒の眼に、あらゆる種類の杖が、電光を母胎として發生したやうに映ずるのは、容易に理會し得られるところであるが、冷靜な第三者にとつては、かうした解釋は、太だ客觀的妥當性に乏しいと考へられざるを得ない。

自分一個の立場からすれば、自分は占杖に關するかうした解釋を好まない。それは餘りに持つて廻つた、far-fetchedな、從つて事理に遠い解釋であるやうに思はれてならぬ。なる程曼陀羅華に關する民間信仰には、確かに人態聯想的な觀念が、可なり濃厚に含まれてゐる。この植物の根莖は、人間に若干類同してゐると歐羅巴の民衆に廣く信ぜられ、從つて諸國の巫術師が、呪ひ害《あや》めようとする人間の形代《かたしろ》に使つたこと、猶土や蠟でこしらへた人形《ひとがた》と同一であつた。コールス氏（Coles）の Art of Simpling の中に、

『妖巫は、或る人の云ふところに從へば、曼陀羅華の根を採り、若くは自分の推測するところによれば、無知の民衆が曼陀羅華と思つてゐるブリオニィの根を採つて、それで醜い人形《ひとがた》を造り、おのれが妖術を加へんと意圖する人を代表させる。』(24)

と說いて居る如き、この一證である。同樣に如意杖にも、人態への聯想を伴うた觀念が絡りついてゐる。シェーンウェルト氏（Schönwerth）によると、獨逸のオベルファルツに於ては、新らしく拵へた如意杖に洗禮を施して、その上に三度十字を切つたさうであり、またハードウィック氏の記するところに從へば、獨逸の若干の地方では、如意杖に人形《にんげう》のやうに着物を着せて、洗禮を享ける子供の體につけたと云はれる。(25) しかしかうした事實の存在を肯定したところで、Y形の杖——如意杖と電光の標徵とを結びつけんとする企には、自分たちを首肯させ得るだけの妥當性が見出されない。

自分たちが注意しなくてはならぬことは、Y形の杖の、占杖の發達史上に於ける地位である。杖による卜占の歷史は極めて古い。しかしヴィルギュラ・フュルカタ（Virgula furcata）卽ち兩叉をなしたY字形の杖による卜占は、一般的な杖占卽ちヴィルギュラ・ディヴィナ（Virgula divina）とは、或る意味に於て區別せられなくてはならぬ。(26) なぜなら、

（1）ヴィルギュラ・ディヴィナの起原は極めて古いのに反して、ヴィルギュラ・フュルカタは、比較的に新しい發生のものである。

（２）前者が主として heteroscopic であるに對して、後者は autoscopic な要素を多量に含んでゐる。

（３）前者に於ける杖が、生きた樹から切り取つたものであるといふ以外には、あまり條件を必要としないのに反して、後者に於ける杖は、太だ多くの條件を附帶させてゐる。

からである。

Ｙ字形の占杖――如意杖が出來上るために必要な formula が、いかに面倒臭いものであつたかは、ジョン・ベル (John Bell) の記錄に、

『森の中に、古い壁や高い丘若くは岩の上に、鳥の嘴から墜ちた漿果から生ひ出たなかまどの樹を見出したなら、聖母祭日から第三日目の夕方、たそがれ時にその樹を折らねばならぬ。しかし鐵若くは鋼鐵がこれに近づかぬやうに、また歸途に地に落ちぬやうに注意すべきである。それから屋根の下で、その下にさまざまの金具を置いたところに、その杖を置け、すると暫くのうちに杖が、屋根の下で金具の方に徐々に傾くのを見るであらう。十四日若くはそれ以上同じところにその儘にして置いたあとで、磁石で磨擦した小刀若くは錐を取つて、その皮をあらゆる側に裂き、而して後牡鷄の血、特に唯一色の牡鷄の肉冠《トサカ》から採つた血を灌げ、この血が乾けば、杖は出來上る。そして不可思議な性質の能力を持つ證據を示す』

とあるによつて、略々窺ひ知ることが出來るであらう。固より始めからかうした複雜な條件が伴つてゐたのではあるまい。ヴィルギュラ・ディヴィナに於ける杖が、後代的になるほどさまざまの條件に絡られたやうに、ヴィルギュラ・フュルカタに於ける杖も、後になるほどその成立の條件を増加して行つたに違ひない。しかしいくらその始めに遡つても、前者と後者とを比較すると、後者がその成立の條件をより複雜にしてゐたことは爭はれぬ事實

である。そしてこの事實は、ヴィルギュラ・フュルカタが、その發生に於てより新しいものであること、言葉を換へて云へば、占杖たることの資格を極めて單簡に考へることが出來ぬやうな心持になつた文化期の産物であることを示してゐる。これを實際の史實に徵しても、ヴィルギュラ・フュルカタに於ける杖――鑛物や水などを見出すために用ひられるY字形の杖の文獻は、さして古いものではない。ジー・アグリコーラ（G. Agricola）の De re metallica や、セバスチアン・ミュンスター（Sebastian Munster）の Cosmography など、いづれも十六世紀の前半に出たものである。[27] 佛蘭西の化學者シェヴリュール（M. E. Chevreul）が、この種の占杖の初見を十五世紀末葉の錬金術者バジル・バレンチン（Basil Valentine）の書物《かきもの》に歸してゐるのは、恐らく當つてゐるであらう。[28] 勿論事實の發生が文獻と時代を同じうしなくてはならぬといふ理屈は無いのであるから、この種の占杖がより古くから存してゐたであらうといふ推定は、可能であり得る。しかしヴィルギュラ・ディヴィナに於ける杖と異つて、ヴィルギュラ・フュルカタに於ける杖には、心靈學的臭味が濃厚に含まれてゐる。自分たちは、この內在的證劵に重きを置かねばならぬ。さうすると、この種の占杖の發生はいかにこれを古く見積つても、中世紀以前に遡ることは出來ぬ。此の問題の研究に關する近代の權威ダブリュー・エフ・バァレット教授（W. F. Barrett）の如きも、この種の占杖の使用を目して、中世紀の doctrine of "sympathy" に基づいてゐるとなしてゐる。[29] 即ち樹木が、一種の牽引力を通して、地表下に潜む鑛脈や水脈を指示するといふ觀念は、明かに doctrine of sympathy の現れの一つであり、而してこの dcctrine は中世紀に發生したものであるが故に、這般の占杖の出現は、中世紀以後でなくてはならぬとなす。[30] 尤も單にY字形をなしてゐるだけの杖なら、頗る古い時代から存してゐたらしい。古代希臘の一個の甕の表面に描かれたヘルメス神の杖は、確かにその一端がY字形をなしてゐる。またエトルリアの一個の古鏡にもこの形の杖が鐫りつけられてゐる。(31) しかしかうした古い時代のY字形の杖が、果して水脈や鑛脈を知るために使用せられたか否かに關しては、何等の文献も存してゐない。かくて或る學徒の如きは、斷乎として水脈や鑛脈を卜知するためのY字形の杖の使用は、中世紀以後の現象で、獨逸に於ける鑛山地方、殊にハルッ山脈に於て鑛物試掘者たちに用ひられたのが始まりであること、獨逸の採鑛者たちは、この杖をシュラーグルーテ(Schlagruthe――『打つ杖』の義)と呼んだこと、それがエリザベス女王の時代にコーンウォールの鑛山に働いてゐる人々によつて英國に齎らされたこと、及びコーンウォール地方の採鑛が衰微するに至つて、鑛脈を卜知するための杖の使用が殆んど消滅して、水脈を見出すための使用に移行したことを說いてゐる。(32)

かくして、もし地下に潛む鑛物や水を見出すためのY字形の杖が、中世紀以後の產物であるとするなら、少くとも歐羅巴に於ては、

(1)ポセイドンやディオニッスの杖で水を突き出したといふ古典的な說話をこの種の杖の使用といふ實際的な民俗からの產果とする推斷は、一の時代錯誤である。

(2)この種の杖が、一種の如意杖であるといふ觀念は、太だ古くから存してゐたヴィルギュラ・ディヴィナに於ける杖に次第に纏繞して來た如意觀念の連續若くは復活であつて、特にこの種の杖から始まつたといふわけではない。言葉をかへて云へば、この種の杖がY字形をなしてゐるところから、人態觀若くは電光觀が生れたために如意杖とせられるに至つたのではなく、先存した如意觀念が、同じく杖であるといふことを緣因として、ヴィルギュラ・ディヴィナからヴィルギュラ・フュルカタにまで擴充されたものである。

と推斷し得られるであらう。

我が國でも、八幡太郎その他いろんな人物が、岩や地面から水をつき出してゐる。就中斯界の大立者として謳はれてゐるのは、誰でも知つてゐるやうに弘法大師である。この素晴しく健脚な人物が、廻國の途すがら、ところどころで地面に杖を突き立てると、忽ちそこから清水が湧き出したといふ民譚は、日本國中に可なり廣く見出される。日本民俗學の權威柳田國男氏の所説によると、かうした物語の主人公は、本原的には、兒神《チゴカミ》としての大子《ダイシ》であつて、弘法大師はその後代的な變形であり、大師に一杯の水を惠む役に廻る老婆も、その本來の相は、兒神に關係の深い一個の姥神《ウバガミ》であつたといふ。(33)

しかし自分が今問題にしたいのは、廻國者の素生だけではない。彼が杖で水をつき出した行爲も採り上げて見たいのである。同じく日本民俗學の大家である折口信夫氏の見解に從うと、かうした說話は、穴太部《アナフベ》と若干の關係があるらしいといふ。

穴太部は、石工、土工、などの職務を世襲とした一の職業團體らしいので、穴太は、さうした世襲職團が移動の路筋に殘して行つた地名であると思はれる。この穴太部と上述の說話との間に密接な關係があるといふことは、どんな意味であらうか。

(1)這般の職業團體が、石工的、土工的な爲事に從事してゐた關係上、偶然に地下水に掘り當てることが多かつた——もし假りにかうだとすれば、杖そのものはあまり問題にならぬ。

(2)若くは、この團體が、その職務の一部として地下水を見出すことに關與してゐた——もし假りにかうだとすれば、地下水の所在を知る方法は何であつたかといふことが問題となる。

（3）もし第二の場合が事實であつて、而して地下水の所在を知る方法が、占杖によつたとするなら、杖の使用法が問題となる。

（4）その問題は、穴太部の占杖の使用法は、歐羅巴の占杖による地下水卜知の場合のやうに、杖の動きを基としたか、或はその他の徵《しるし》に依據したかといふことである。

（5）もし杖の動きに基づいたとすれば、その動きは、民間傳承的にどう受取られ、どう說明せられたか。

（6）その杖はどんな形をしてゐたか。

（7）杖の握り方はどうであつたか。

（8）兒神と穴太部との間には、何等かの關係があるのか。

およそかうしたことが、自分の氣になる。尤も穴太部と杖との關係は、案外あつさりしてゐて、旅から旅へ移り行くものであるために杖を携へてゐたといふ程度に過ぎぬかも知れぬ。さうすればかうしたことの多くは全く問題にならぬわけである。しかしどちらにしても、自分の現在の知識を以てしては、充分に解明せられさうにもない。日本の古民俗に通ずる人々の示敎を俟つて、氣永に考へるほかはない。

註

（1）M. R. Cox, An Introduction to Folk-lore, pp. 28, 29.
（2）P. Sébillot, Le Folk-lore de France, vol. I. II. III 參照
（3）（イ）Baring-Gould, Curious Myths of the Middle Ages, Chap. III.
（ロ）T. F. T. Dyer, The Folk-lore of Plants, pp. 235—271.
（4）Yate, New Zealand, p. 91.
（5）Baring-Gould, Op. Cit., pp. 80－82.
（6）Ency. Brit, vol. VIII. p. 333.

（7）A. Lang, Custom and Myth, p. 189.
（8）Lang, Op. Cit., p. 189.
（9）Le Brun, Lettres sur la Baguette, pp. 106—112.
（10）Lang, Op. Cit., p. 190.
（11）Lang, Op. Cit., p. 194.
（12）Lang, Op. Cit., p. 194.
（13）The Times, January, 16. 1905.
（14）Ency. Brit., vol. VIII. p. 324.
（15）Ency. Brit., vol. VIII. pp. 333, 334.
（16）Basil Valentine, Testamentum Novum, lib. i. cap. 25.
（17）Lang, Op. Cit., p. 180.
（18）H. Rowley, Universities Mission to Central Africa, p. 217.
（19）C. Hardwick, Traditions, Superstitions, and Folk-lore, p. 255.
（20）Hardwick, Op. Cit., p. 255.
（21）W. K. Kelly, Curiosities of Indo-European Tradition and Folk-lore, p. 125.
（22）Kelly, Op. Cit., p. 128.
（23）A. Kuhn, Herabkunft des Feuers und des Göttertranks, p. 65.
（24）Coles, Art of Simpling, p. 55.
（25）Hardwick, Op. Cit., p. 256.
（26）Ency. Brit., vol. VIII. Divining-rod.
（27）Ency. Brit., vol. VIII. p. 333.
（28）M. E. Chevreul, La Baguette divinatoire 參照
（29）Ency. Brit., vol. VIII. p. 333.
（30）Proceedings of the Society for Psychical Research, 32, 38.
（31）Preller, Ausgewählte Aufsätze, p. 154.
（32）Ency. Brit, vol. VIII. p. 333.
（33）柳田國男氏著『日本神話傳說集』中の『大師講由來』

祭りの神人としての「みやうど」

早川孝太郎

村の祭りに與る或種の階級の者を「みようど」又は「みよど」と謂ふことは、花祭りの行事を始めとして、天龍川の奥の、三信遠の國境附近の村々に行はれて居ります。現在では未だ他に類例のある事を知りませんから、其處を根據として言ひます。從つて村々の傳承の、極く微細な部分に接觸を索めてゆきますが、之は殘存せる事實を蒐めてゆく上から選んだ一ツの方法に過ぎません。これを僅かな足場として、村々の傳承の特種相と、變化の過程を考へ、更に祭りを通して、氏神對氏子の觀念等をも知る手掛りともなれば幸ひと思ひます。

第一には先づその稱呼に就いてでありますが、之が土地土地で一定でありません、從つて語義に對する解釋も見當すらつきません。事實を一通り並べて、問題は次に殘される譯です。

現在行はれて居ります「みやうど」の職能とその地位等は、一通り事例を擧げて置きましたから（拙著花祭）その後獲た事實を突合せて、もう一遍繰返して見たいと思ひます。

私は説明の便宜から、現在行はれて居る中の、最も共通性の多いとする感じから、假に「みやうど」と呼ぶ一例を採つて、表現して居りますが、勿論之は原義に近いといふ譯からではありません。殊に新しく獲ました事實に據りますと、これでは不徹底の感じが深いのです。從つて「みやうど」の語は、或一面の傳承を示したに過ぎぬ事を前以て申して置きます。のみならずこの各種の稱呼は、元一ツの傳承から分化したものでないかも知れません。

それで現在行はれて居る稱呼でありますが、之は「みようど」又は「みやうど」とするものと、別に「みをど」「みよど」と、約めて發音するものとであります。然し後者にしましても、他の語と聯接して、例へば「三みよど」と言ふような場合には、「さんみよーど」又は「さんみやうどう」とも言うて居るようです。仍つて之を單に言葉の上から區別を索めてゆくことは困難になります。さうして一方嚴密に言へば、この地方の、語法の轉訛の癖なり法則を究めて行く必要も起つて來ます。然しこの稱呼の問題は、原義が判れば、案外簡單に片附くかとも思はれます。それで横着な方法ではありますが、茲では一先づ別にします。

「みやうど」又は「みよど」等の名は、前にも言ひました如く、祭り――殊に歌舞を基調とした行事の場合に専ら言はれて居ります。それで幾分の手掛りにもと、之と意義が通じて居て、然も全然別の稱を用ゐて居る場合を、同一地方の例に索めて見ます。その前に「みやうど」又は「みよど」等、少くも之と類似の語で呼んで居る例を申しますと、花祭りに於ては大部分がそれであります。更に黒倉《くろむら》田樂（三河北設樂郡振草村）大谷御《み》神樂《かぐら》（北設樂郡富山村）等を初め、信濃地内に入りましても同じことであります。

然し之等の地と接壤して居ります新野《みきの》(信濃下伊那郡旦開《あさげ》村)の雪祭りで、「うちわしゆう」と申して居るのは略ぼ之に當るようです。「うちわしゆう」は内輪衆の意に考へられて居ります。之には中心に伊東と謂ふ親方屋敷があり、これは土地の開祖で、兼て氏神即ち同所の伊豆神社を持込んだ神人となつて居ます。「うちわしゆう」は、之から分れ出た屋敷を指すようで、村の東西に分れて、六軒宛都合十二軒になつて居ります。伊東家ではこの東西の「うちわしゆう」を別に右近の太夫左近の太夫と謂うた時代もあつたようです。現在では古くからの屋敷に變遷こそありましても、大體この十二軒を基準にしてそれに緣を引いて居ます。この十二又は六といふ數字も、この地方の村の成立を考へる上に重要な點と思ひますが今は別にして置きます。

尙新野に於ては、「うちわしゆう」の後繼ぎに概當する者を「ごだつ」と申して居ります。

「うちわしゆう」の中に、別に祭事毎に「わでしゆう」が定められます。上手衆と考へられて居て、その年の祭事を東西各一人で代表するものであります。

新野に次ぎましては、遠江地内の西浦《にしうれ》田樂（周智郡水窪町）の場合でありますが、同所では祭事に與る者を「のうしゆう」と謂うて、農衆とも又能衆とも考へて居ります。或は農(能)人足などとも申します。而してこの「のうしゆう」は、部落内の庄屋と別當に依つてそれ〴〵代表された觀もあります。或は大頭（おほとう）と言ふものが代表するとも謂ひます。

西浦部落は、大體七ツの小字に分れて居りまして、「のうしゆう」はその中の六ツの字に配屬して居て、總て家の主人であります。

次は同じ遠江の寺野・瀧川（引佐郡鎭玉村）神澤《かんざは》（磐田郡熊村）等の例で(行事を田樂と呼んで居る)祭りに與る人々を「みやご」と呼んで居ます。「みやご」は宮子の意に考へられて居て、氏子と意義通ずるものらしく、矢張り戸主であります。

更に三河地内の西薗目《にしぞのめ》(北設樂郡園村)の觀音堂の田樂では、行事に與る者を「くはがしら」と謂ひ、鍬頭卽ち百姓代とでも謂ふ意を考へて居ます。このことは西浦田樂で同樣な種類の人人を農衆と謂うた動機も窺はれます。西薗目田樂は、現在は西薗目部落だけの行事でありますが、明治初年期迄は、今の東薗目を加へた、東西薗目部落の行事でありまして、部落中に各六人宛の鍬頭を認めて居たのであります。

以上擧げました外、田峯田樂(北設樂郡段嶺村)におきましては、之は行事に參與する全部の者ではありませんが、或種の行事に當る卽ち「さゝら」役の者を特に「わでしゆう」と謂うて居る例もあります。

前擧げましたのは、祭りを中心にして、之に關與する者に與へられて居た稱呼でありますが、之を前に還つて「みやうど」又は「みよど」等の名で呼んで居る場合を注意いたしますと、その中に、凡そ次のような三つの場合が考へられて居たようであります。

一　部落內の字又は組卽ち部落としての最少限を單位とした地域內の代表とするもので、總て定められた屋敷の戶主とするもの、之には「みやうど」と呼ぶ場合が多く、從つて名頭卽ち名(字又は組、小名ともいふ)頭又は代表とする意が濃厚で、祭りに對する狹義の名主とでも謂ふ感觸を有つて居る。仍つてこの場合は、部落として地理的にも按配されて居り、或時代の氏子といふことも出來さうです。

二　行事を中心にして、之が代表とすることは、一の場合と同一でありますが、之には定められた屋敷內の、祭りに參加し得る男子を總て含んで居る。而して之にはその屋敷を地域上から限つた場合があります。言ひ代へれば、祭りに與る者は或る限られた部落內の者であることです。尙同一屋敷內の、祭りに參加する男子には、その中に、成年以上とか或は何歲以上とする如き慣例が存在したことは想像されぬではありませんが、現在ではその間の解釋は明瞭でありません。祭りの重要な役柄から見まして、その屋敷の主人を主として、他は後繼者の意味で引くるめて居たらしく思はれます。

以上二ツの場合は、何れも傳統卽ち世襲的に定められたもので、時に新たに資格の延長が行はれても、在來の屋敷の分家に據つたもので、之は地理的に或一ヶ所の部落に定められて居た場合に限られて居ります。

三　之は前二者とは一段意義を異にして居て、總て偶發的な宿緣に據つて、その資格を享受するもので、何等世襲的の因緣等も顧慮されて居りません。その上にも著しい特色は、之には性能的に區別は認めて居ない事で、この場合は多く

「みよど」と呼んで居ります。

大體以上の如き事實が考へられるのでありますが、尙この第三の場合に準據して「みやうど」又は「みよど」の發生の動機を考へますと、第一に注意を惹きますのは、一部の土地（黑倉田樂）に於て、京都妙心寺に宿緣を有つた者で、卽ち之に結願を許されたものとする說であります。この事實から、折口信夫さんの御說に據ると、恰も特殊の技藝を持つ信仰團體の——太夫村の如く——妙心寺に供納料の如きものを納めて、舞人として資格を得て居たもので、嘗ては妙心寺にさうした慣習を取扱て居たのではないかと言うて居られます。事實黑倉田樂を中心にした土地には、妙心門下の寺院があり、それに屬した庵坊も多かつたのであります。

今一ツの說は氏神との關係を言ふもので、一年一回の祭り日に「うまれきよまり」の式を果し、神人たるべく或種の過程を踏んだものとするのであります。勿論この「うまれきよまり」に至る過程は、花祭御神樂を初め、七十數年前に中絕した神樂の次第にも行はれて居りましたが、何れかと謂ふと、健康とか後世を希ふ意味が濃厚で、著しく後の解釋が加はつて居て、神人の資格を得る意味は寧ろ薄弱でありました。それが信濃地內の下伊那郡神原村を中心とした山地に入りますと「うまれきよまり」は祭りの神人卽ち氏子となる過程であることが、明瞭な事實となつて殘つて居るのであります。之が今度新しく知りました事實であります、仍つて次にそれを言うて見ます。

事例の第一に向方（むかがと）の事實を擧げて見ます。向方は前言ひました神原村の一大字で、現在向方の本村と謂はれて居る部落だけの氏神があります、約四十戶程の屋敷がありまして、今日では總て之を氏子と申して居りますが、之は一方嚴密な意味の氏子卽ち玆に言ふ「みよど」ではないのであります。氏神はこの地方一般に「もり」の語で表現されて居ります。祭神を伊勢神明と稱して、天照大神を祀ると申して居りますが、之は同所の開祖と信じられて居る「おかた」と謂ふ家の神とも申します。然し別の說では「おかた」屋敷の家の神は八幡であつて、別に伊勢と諏訪を齊き祀つたのが現在の氏神であるとも謂うて居ります。

尙この際申して置きますが、この「おかた」と謂ふ屋敷名であります。この地方の村々にはこの名を有つ家が所々にあつて、親方屋敷に對立したもので、親方といふ屋敷の在る部落には「おかた」屋敷は無いとも申します。一說には「おかた」は大形又は御方樣とも謂ひ、女地頭の名殘を止めたものとも申して居ります。事實の如何は勿論未だ何とも言えません。向方の「おかた」屋敷は開祖を村松兵衞正氏と稱し、伊勢の落人と申して居ります。之は村松家の歴史を書いた「村松傳記」なる書物に詳しく識つて居ると謂ひますが「村松傳記」は未だ見る機會がありません。

扨前に戻つて向方の氏神の祭りでありますが、祭日は十二月二十二日卽ち冬至であります。夜半から曉にかけて、湯立てを中心にして歌舞が行はれます。湯立ては五回行はれるのが古式と申しますが、現今は第一第二第三と三回で、その度に舞ひが繰返されるのであります。それで祭りに當る者卽ち「みよど」の資格でありますが、前言ひました如く、世襲的には何等認めて居りません。從つて人員も年々不同で、村の地理的按配も顧慮されて居りません。地内に生れました者で、十三歲に達する前に、一度生死の境を行く大病に罹つた者が之に入る可能性を持つのであります。その大厄に直面した場合、親なり近親の者が、神明の子供卽ち氏子に奉るとの條件で立願を致します。斯の立願を爲した者は、全快後、十三歲に達すると、祭りの當日に「うまれきよまり」の式を果すのであります。この儀式が氏子卽ち「みよど」に入る重要な過程であります。

「うまれきよまり」の次第は、花祭り・御神樂・神樂等に行はれて居た同名の行事と形式は略ぼ同一で、禰宜が行ふ湯立ての湯を浴びて、新しい白の「うはぎ」を着けて、舞ひを爲すことが立前となつて居ります。折口信夫さんの御說に據りますと、「うまれきよまり」の語の「きよまり」は「きよまはり」で、物忌から來る「みそぎ・はらひ」で、之が神樂等に於て特種の行事に伴ふ聯想から「生れ出る」意味を考へたのではなからうかと言うて居られます。然し向方の場合は、生死の大厄が伴うて居りましたので、新に神の子として誕生する意味を、傳統的に考へて居たのではないかと思ひます。その上にも、前後の次第から見て「うまれきよまり」の式には、復活の意味を含んで居たかと思ひます。

現在行はれて居ります事實では、「みよど」は必ずしも十三歲に達して「うまれきよまり」の式を果した者に限られて居りません。遙かに年の長けた者も加はるのでありますが、之もその動機は生死の大厄に陷つた際に、立願をして、全快の年の祭りに式を果すことになつて居ります。

斯の生死の境に立つ「やまい」卽ち死生の境地を渡つて來ることが「みよど」に入る根本の思想であることを、實際に證明して居りますのは、村民の中には、時に單なる信仰心から立願に據つて「うまれきよまり」の式を果す者がありますが、斯うした動機から來たものを、一般に「まゝこ」卽ち繼子として、眞の意味の氏子卽ち「みよど」ではないとして、一般輕く取扱つて居るのであります。言ひ後れましたが、「うまれきよまり」の式を別に氏子入りとも申します。

同所の「みよど」は前言ひました第三の場合に當るもので、之に性能的差別を設けて居りません、從つて男女入り混つて居たので、唯區別がありましたのは、舞に於て、男子は「づんのめい」卽ち順の舞、女子は「いちんめい」卽ち市の舞を勤めることになつて居ります。最も之は男子の勤める舞を順の舞、女子の勤めるのを市の舞と言うた方が事實に近かつたかも知れません。

尙同所の「みよど」は、生涯に次の二ツの禁忌を持つて居ます。

一　婚禮の里歸りの「うちあげ」（うったげともいふ）の餅を口にせぬ事

二　葬式に遇ふ場合「でたち」の酒卽ち出棺の際の酒を呑まぬこと

禁忌としては極めて容易らしい條件でありますが、之を破つた者は、自づから資格を失ふと信じられて居ります。

以上「うまれきよまり」の式を果して「みよど」として更生する過程は、七十數年前迄、三河地內に行はれて居りました神樂の次第に、一段具體的に行はれて居た痕跡があります。（花祭後編神樂參照）

之には大體四ツの階程が考へられて居りまして、之を四度の大願とも申します。その第一が「うまれこ」卽ち誕生の式で、

次に「うまれきよまり」次が扇笠・淨土入りの順であります。生れ子の式が二歲、「きよまり」が十三歲、扇笠は不明でありますが、（四十二の厄年でないかと思ふ節もある）最後の淨土入りは六十一歲でありました。

この大願に入つた者を「かご」又は「かんど」「かぐらご」等と謂うて、神子・加護・神樂子等の意が考へられて居りました。この四度の大願に當ります年齡は、人生としての大厄であると考へたのであります。

次に「みよど」に入る過程として、今一つの例を擧げて見ます。これは前言うた向方とは同村である坂部（さかんべ）の場合であります。坂部は天龍川の西岸に展けた、この地方でも歷史の古い部落でありますが、同所では「みよど」に入る過程を三段に行つて居ります。卽ち地內に祀つてある神社每に、同一の次第を繰返すのであります。第一が同所の「しものもり」と稱する社に祀つてある「ひのう」「みづのう」の神を中心とした行事で、祭日は十月十七日でありますが、之は古くは陰曆九月十七日であつたようであります。現在の氏神諏訪神社に「ひのう」「みづのう」の宮から面形（おもてがた）を迎へまして、「ひのう」の面形を著けた者が、竈を巡つて五方の祓ひを致します。一方「みづのう」は「七ツの水」を汲み上げて湯立てを爲し、こゝ

で「みよど」に入る者が「うまれきよまり」の式を受けるのであります。次は翌日の曉方に禰宜が諏訪神明の湯立てを行つて、同一の次第を繰返します。次に地内の字日世(ひよ)に祀つてある八坂明神の社に渡つて、其處で同じ次第を行ふので、この三回の行事を総つて、始めて「みよど」となるのであります。

尙別に一月の四日五日に、村の一の宮卽ち氏神で祭りを行ひます。續いて六日を臨時祭として、之を伊勢神明の祭りとして、總て「八立て」の舞がありますが、その中に花の舞と申す次第があり、「花返し」と謂ひまして散華に似たことがありますが、この時一般の參與者卽ち見物が、

返せ返せ淸めて返せ

と叫んで囃し且亂舞するようですが、之にも關聯した意味があつたかと思ひます。

前に言ひました神樂の次第に據りますと、「かご」の四度の大願には、それ〴〵牛王渡しのことが行はれて居ります。それで「みよど」に致しましても、神人として更生したものが、之を具體的に證明する何等かの表徵のあつたことが考へられるのであります。

この事に關聯して顧られますのは、前申しました西薗目田樂に於ける樂人の場合であります。

西薗目田樂は同所の觀音堂に行はれて居て、現在は村社の祭りとする處から、祭日は四月十七日になつて居りますが、茲三十年前迄は、陰曆一月八日に行はれて居りました。當日朝觀音堂內に大般若修會が行はれまして、その後に、堂內で牛王を刷り、之を樂人卽ち參與の者に授與します。この牛王の札を所持して居たものが、前言ひました「くわがしら」卽ち樂人であつた譯で、之は「みよど」の場合にも關聯が索められます。現在この牛王は殘つて居りませんが、故老の說に飯森山寶得の文字が書いてあつた申します。同所で出した牛王は今一種ありましたようで、之は一般の信者に配つたもので、五穀成就の意を現はしたものであつたと傳へて居ります。

以上擧げましたのが、祭りの神人としての「みやうど」又は「みよど」の或一面の事實であつたかと思ひます。之を更に「みよど」と禰宜との關係から、部落組織の發生等考ふべき點が多いのでありますが、今少しく事實を突き止めた上で考へて見たいと思ひます。

其他向方、坂部等の祭りの次第を初め、神社と舞殿の關係、出現の神々、行事の實際、祭りの組織等も關聯する點は次々に引掛つてゆくのでありますが、それだけ復雜に亙つて居りますので、之又今一段事實を究めました上で、詳細な報告を作製したいと思つて居ります。

向方(むかがと)氏神の神樂殿

信州神原村大字向方の氏神境內の神樂殿は、神樂殿とも謂ふが、一般には「しものもり」で通つて居る。「しものもり」の稱は、前揭の坂部(さかんべ)の祭りに於て「ひのう」「みづのう」を祀つた宮の、同一の稱と意義通ずるものと思はれる。社殿より一段低く、向つて左側面に建つて居て、間口四間程あるが、之は二ッに區劃されて居て、右方が本部屋、左方を女部屋と謂うて居て、之が總て舞臺である。之には各中央に爐が切つてある。本部屋は男子の舞、女部屋は女子の舞ふ舞臺となつて居るが、何れかと言ふと、舞は總て本部屋で勤めて、女部屋は女子の控へ席に充てられて居るようだ。然し双方の部屋の中間を一間程仕切つて、其處に榊を立て、之を中心に樂の座が設けられ、舞は爐を中にして行はれる。爐には釜を置いて湯立をすることは言ふ迄もない。

女部屋の正面から向つて左手に、別に一ッの出入口がある。大體箱を横に置いたような舞臺面に、この出入口は見方に依つては不必要でもある。然しこの口には譯がある。女子の「みよど」で此處に詰めて居る間に、時に遽かに月經の徵が現はれる事があるさうだ。さうした場合に、舞臺外に連出す、「おとす」と言うて居るが、その「おとす」爲の口と說明されて居る。その名稱は何等聞くことは出來なかつた。

穢れた者は、元は入つた口から出さぬのが立前としてある處から、斯うした設備に成つて居るとも謂ふが、眞に「おとす」といふ言葉の通り、外は崖がかつた草叢である。

尙この女子の「みよど」は、近年次第に舞を男子の「みよど」に委任する風があつて、「うまれきよまり」の場合にも、男子に代理させることが多いさうである。それで市の舞といふ女振りの舞ひが、花祭りなどでは悉く男子の役となつて居るが、その過程にあるのが、之だといふことはよく納得がつく。そして代理の場合の報酬であるが、之は一舞ひについて、八厘の規定であつた。それが近來は一錢に値上げされたが、之は言ふ迄もなく計算上から來て居る。その中で、舞に當る者が五厘、樂の座の太鼓役が五厘で、笛役には何の規定もないさうである。前文の補ひとも思つて添書する。(早川孝太郎)

紀伊の國の端唄

南方熊楠

二卷二號一一五頁に、此端唄がいつ頃どこから流行りだしたかの問を出して後ち、氣付く處あり。新宮町の碩學小野芳彥君え問合せると、五月廿一日附の返信あり。少々省いて殆んど全文を左に寫出す。

御垂問を被り候「紀伊の國」の端唄に就ては、當地に於ても御高說通り、音無川を廣義の音無川、卽ち熊野川（新宮川）となし、船玉山を以て大和吉野郡十津川の玉置山となし居る儀に候へ共、本宮方面の人は、音無川を以て三越より來り、本宮にて熊野川本流に入る所のかの嘯やき橋下を流るゝ音無川と、狹義に解し、船玉山を其上流廿餘町の水源地にて、東牟婁郡三里村、大字三越の內なる玉瀧山をさす者となしおり、そこには船玉神社とよぶ小祠ありと承はり居れど、未だ參詣せし事無御座候。其玉瀧の特產なる寒蘭は、其葉といひ其花といひ、殊に優美にて玉瀧の蘭と稱し、好事の士珍重措ず。小生も三越の或人より一株割愛致し貰ひ候へ共、培養法を心得ざる爲、一向蕃殖致さず、近所の愛蘭家へ預けおる義に御座候。此「紀伊の國」の端唄は、新宮江戸詰の舊藩士關匡《たゞす》、玉松千年人《ちねさ》(兄弟にて、其妹は藩主水野土佐守忠央公の愛妾)兩氏合作にて、第二世川上不白宗匠が閱正せられたる者なりと、誰かより承はり候事有之樣、うろ覺えに記憶に殘りおり候へ共、その承はり候仁も、關氏玉松氏もとくの昔しに亡なられ候て、之を質すに由なく、遺憾に存じおる義に御座候。關氏の愛妾にて、後に正室となられたりしおやまさんと云は、明治十五六年頃迄、新宮にて常磐津の師匠をせられおり、關氏沒後、明治廿二年の秋、勝浦港より品川に直航する鶴丸といふ汽船に、小生同伴便乘し、其實姉なる上野山下なる松源女將を賴り、上京致せしが、其後消息承はらず、お家に多分已に故人と成れたる方と存じおる義に御座候。

件のお山さんは、小生共より十許り年上の樣にあり。關氏はお山さんより又十許り年上にあられし樣思はれ候へば、もし今日現存せらるゝに於ては、お山さんは八十餘歲、關氏は九十餘に可有之と被存候。又此唄を閱正されたりと傳へられ候

紀伊の國の端唄（南方）

川上二世不白宗匠は中々の通人にて居られし由にて、其娘なりといふ方、お山さんより三つ四つ年上にて、常磐津の師匠をせられ居り申候。

右の小野君の手紙に、闊匿氏が現存せば九十餘歳なるべしとあるを、假りに九十五歳と定めて算へると、天保七年生れで安政二年に廿歳、安政の末(六)年に廿四歳。其實弟玉松氏も丁年前後だつたと察する。新宮は和歌山や田邊と異り、古く遊廓の設けあり、江戸への往復も荐りで、粹道に於て他に先駈け居た上、この兄弟は江戸詰で、東武の景物に精通し居たから、年若きに是程の端唄を合作し得たは怪しむに足ず。此二人の妹を嬖妾とした水野忠央は、安政五年將軍家定薨じた跡へ、井伊直弼と結んで紀州の家茂を擁立した人で、安政六年乃ち直弼が殺された一年前には、水野家士の江戸に詰居た輩の得意想ふべし。是に於て新宮藩の揚威旁た、「さしてそ千代のかげぞしらまし」と詠れた山城の稲荷山抔そつちのけに、新宮領内のゑもしれぬ玉瀧の小祠を東武諸稲荷の本社たる如く誇張し、以て新宮藩が江戸を支配する如く意を暢た者と察せらる。

二巻五號三一六頁、河本君が示された、安政六年の序ある改正哇《はうた》袖鏡は予曾て見た事なし。それに「紀伊の國」の唄が出てあると承はつて、小野君の返信と併せ考え、假令此唄が安政六年作でなくとも、安政中の作と定めおくに大した違ひは有じと惟ふ。因て爰に河本君に教示の御禮を申しあげおく。予が「紀伊の國の唄は、維新の頃、高野山で妓童だつた人が、僧徒の宴席で之を舞た由、自ら予に語つたが、いつ頃どこから流行出した物か、識者の教えをまつ」との質問に對し「維新の頃云々と有ますが、時代は安政以前にのぼれる譯です」とは、教示誠に有難いが、次に「祖母は其謠なら誰でも知てゐるだらうし、自分にも舞へると云てゐます、敢て高野山の妓童を俟ずとも、誰にでも舞る程ポピュラアな物らしいです」とは合點がわるい。予が問は、維新の頃、高野山如き偏土で、妓童如き毛變りの者迄も舞た程、既に普及し居た唄だが、其が維新前のいつ頃、高野山外の何地方からはやり出したかと言たので、高野山の妓童でなくちや舞ひ能はなんだとは決して言なんだ。其れにお祖母さん迄、高野の妓童を俟ずおれが舞てみせる抔、自から奬まるゝは多少どうかなさつてる。實は南方先生の知人はみな知悉する通り、先生若い時こんな方にも存分苦勞しやした。殊にお國ものゝ「紀伊の國」ときちやあ一本棒で、去年も大阪から放送を頼みにきたのを斷はるに骨がおれた。時々若い者共が唄ふたり舞たりするをみて傍偟不レ能レ去、毎出レ言曰、彼有レ善有レ不善。去ば「紀伊の國」を誰にでも舞る抔いふ人は大分お若い。此身せめて四十年も若かつたら「あの女房すんでに俺もつ所ろ」と言たかもしれぬ。（六月十三日午前七時）

（完）

寄合咄

紫波の管狐 その他

關東から信州へかけてのクダギツネの話を、餘所の話に聞いてゐたら、鄕里の膝もとにもそれがあるのを知つて驚いた。しかも其の名はエヅナと呼ばれてゐるのであつた。陸中紫波郡日詰町の酒屋に、養父に死なれて若主人に納まつた弟からの書信の一節――

『エヅナと云ふものを御存じですか。今、倉の爐《シボト》（盛岡のシビトの意、或る者はシブトともいひます）に行つて杜氏《とじ》連の話を聞いたら、エヅナッコは鼠の樣に小さく、早くつて仲々見えないものだとの事でした。やゝ知識のある若者はキツネの事だと云つてゐました。私がどうしてこの物の存在を氣づいたかといふのに、今店に酒を買ひに來た者の話では、「裏の杉ッコ（屋敷名）の嫁は、氣が變になつたさうだが、どうだ?」と、私の養母が尋ねたのに對して、エヅナが胴にはいつたんださうだ、との事でした。花卷在の或るエヅナ使ひの爲めに、なさうです。エヅナ使ひを又エヅナつきとも云つてゐます。隅坊主《スマバウズ》つて、御存知ですか。座敷ワラシや倉ワラシと違つてすごいやうですれ。隅坊主が居ると云つて、佐比内村の黑森（屋敷名）は、大きな家だつたさうですが、時々家の上方から石が降つて來るさうです。お膳だてをしておいた其のお膳が、ひよいと見えなくなつたかと思ふと、また、ひよつこり側に落ちて來たりするさうです。それでも茶碗ひとつ壞れないから不思議なさうです。石橋（屋敷名）は元氣のいゝ親爺なさうです。何糞、まさか隅坊主なんぞ居るんでもあるまいと云つて、其家に行つて主人と話してる最中に、側に石が、ガッ! と落ちて來て、上を見ても何も居ない。うす氣味わるくなつて、靑くなつて逃げて來たさうです。四五年前にその家は燒けて、また建てたのが、去年の秋また燒けたさうです。』

『此の頃、在の人達は、五升・一斗といふ風によく酒を買つて行きます。婚禮とヤドコの時節だからです。ヤドコは、くづ屋根（カヤブキ）の葺き替へです。ある家で、今年はヤドコをするとなると、村の家々では、各〻三〆位のカヤを持つて、一軒一人（男の出られない家では女でも）づゝ出て行つてやるのです。食ひ物と酒は全部ヤドコをする家で持つのです。朝飯・小晝《コビル》・晝飯・小晝《コビル》・夕飯の五回（勿論酒が附いて）も出すのですから、貧乏な家ではヤドコは出來ないわけです。いくら村の人達に助けられると云つても。村によつては此の茅を、茅無盡と云つて、無盡組織でやつて居るところもあります。ヤドコを、ヤドコロといふ地方もあります。

今年は、とても酒粕が賣れます。粕は酒に比べて安くつくからです。新酒一升八十錢で賣つて居ります。コッパ粕は、とつくに賣り切れてしまひましたが、一貫目五十錢・四十五錢位でも賣りました。これを買つて行つて在の人々は、ドッペを造つて飮むのです。ドッペといふのは、粕に湯を入れて砂糖を入れて、ドロ〳〵にして飮むのです。私は一口も飮めませんが、安三兄さんがよくさうやつて甘い〳〵つて云つてましたあれなんです。一貫目の粕は、かなりのドッペになるらしいんです。且つお腹もよくなるつていふから、しかも、女も小供も好くんださうです。馬の六七頭も曳いて粕を買ひに來た者もありました。それも二回も來て、十駄ばかり買つて行きました。此は村に歸つて分けるのださうです。かう大量に買へば、安く買へるからです。一貫目三十九錢にしか當らない値で賣つてやりましたよ。

かうした田舍の貧乏町で、中年から老年の男女、誰も彼もが、日本國中を見物して歩いて居るから面白いものです。町のみならず、在でも、

寄合咄

老年の者、やゝ暮らしのいゝものは歩いて居ます。此は、お寺を中心にした無盡、何々講といふやつです。毎月五十錢位の掛金です。五年とか、十年とか掛けるんですから、此の十日に町の來迎寺（淨土宗）の連中四十人出かける筈です。此に加はるのは、必しも同じ宗派の者でなくてもいゝのだから面白いぢやありませんか。松島・鹽釜・仙臺・日光・善光寺參りをして東京へ歸り、鎌倉・江の島・成田まで行つて一週間、東京で解散。此の費用三十圓ばかりですから、如何にその道中の金のかゝらないものか、想像が着きませう。大抵汽車で眠つたり、お寺へ泊るやうになつて居るのです。かうして毎年やつて居て、別に途中病氣で倒れた話もないから不思議です。絹子曰はく『どんな所に泊つても、何を食べさせられても、ふだん家に居る時のそれと比べれば、上等な人達なんだから』つて、なある程と思ひました。

先月末には、此の町のブルジョアのそれが出發しました。此もやはり組織は同じですが、本誓寺の團體で、善光寺・金澤・京都・奈良・大阪・紀州・四國高松・嚴島・岡山・東京・解散、費用は六十圓位、二週間。內の母が此に加はる筈でしたが、久保庄の三郎さんが大病で中止、不思議にやゝよくつて居るので、三千圓のに參加の事になりました。ちつとも不安がらずに、子供のやうに早く出發したいと、はしやいで居ります。去年團體の中の一人の女は、汽車の中で、色々藝をやつて、車中の他の客から、ハナをもらつたと云つてみんな喜んでると云ふ具合です。ハナを幾ら貰つたか、と聞いたら、お酒一本と何とかといふのです。かうした旅行が、とても愉快らしいんです。たくさん旅行に出た人程、うらやまれ、得意になるのです。日本國中見たから、死んでも口惜しくないなどと云ふ事を、よく云つてます。

此の町で、此の近村で、金貸しを除いて暮しが好くなつて來た家は無いさうです。好くなれば金貸をするのか、金貸をして好くなるのか、と云つてました。（五年四月、私信、金田一京助）

法被と側次

能裝束のハッピ（法被）とソバツギ（側次）とは其形體に於てもとより混同すべからざるものである。云ふまでもなく法被には袖があつて、側次には袖が無い。然るに本誌第貳卷第六號所載の拙稿ハッピ雜記にはそれを間違へて記してゐるのは誠におもぶせな次第であつた。從つて同號三八一頁上段十二－十三行の「及び能裝束の法被は」の九字、同頁下段十二行及び十五行の「以上三種」の三の字一字は皆削除すべきものである。何れまた追つて全篇を補訂する考へである。（昭和五、六、廿一、宮本勢助記）

「紀伊の國の端唄」追記

雜賀貞次郎氏此稿を讀みて後ち告來られたは「水野忠央公の側室玉松氏、名は多摩子と小野芳彥翁の水野家系譜に出づ。然らば紀伊國の端唄の作者は此多摩子の兄にや。多摩子は嘉永元年七月歿し、法號を德眞院節操妙圓大姉と申し候由。又忠央公の妹廣姫は、後ちお琴の方と稱へ、大奧に仕へ、十二代家慶將軍の御手附き、中臈となり候由。水野家が幕府に勢力有しは、このお琴の方の力にも依た者かと存じ候。」（南方熊楠）

資料・報告

肥後天草郡一丁田村採訪記

濱　田　隆　一

昭和四年十二月、天草郡一丁田村から、大江、崎津、魚貫、牛深と歩いた時得たものを書きつけて見る。

一　鉾様《ホコサマ》

時代は天保年間といふ。落人であつたとも六部の様なものであつたといふ、兎に角一本の鉾を錫杖のごとく杖突いて、雨乞をして廻る祈禱僧であつたらしい。その僧も、その鉾も、その人と鉾を祭つたお宮も一様に鉾様と呼んでゐる。そのお宮は今村の灘川の淵の上に建つてゐる。二間四角位の萱葺である。鳥居には中央に御鉾神社、右に嚴島神社（辨財天様で雨の神）、左に若宮神社と書いてある。例の鉾が御神體で、今は榮助といふ男が作つて奉つた宮に納めてあるといふ。これが御鉾神社で、その鉾を持つて來た祈禱僧を祀つたのが若宮様である。

益田の池田といふ老人は次のやうな話をしてくれた。日本には天三矛《アメノミ》といつて、靈驗のある矛は三本しかない、日矛は霧島にあり、風矛は、（これは老人連りに考へて居たが遂々思ひ出せなかつた。）それをら雨矛がこの今村の鉾様である。雨の欲しいときには、この鉾様に神主が祈願をこめて、いよ〳〵お告げがあつたとき、鉾様の地突のところを淵の中に入れゝばよいのであるが、近年は靈驗が少くなつた。それは昔この鉾様の使方には彌兵エどんの卷物がついてゐたが、何時の間にか無くなり、神官が寸分違はぬやうに扱方が出來なくなつた爲である。向は北向、刻は丑の刻とまでは覺えてゐるが、しかしそれが今の神官ではぴたりと合ふやうに出來ぬ。昔は鉾の地突が少し水につかりさへすればすぐ雨が降つた。そこで下の川筋には、つける前に必ず川傍の品物など流さぬ様に用心せよと觸れて廻つた。

一丁田の神官田代氏にこの話をしたら、近年はもうその鉾殆ど使つて雨乞をしたためしはないと笑つてゐた。

二　血の流れる木

今村神社の前の大松と内添橋の近くにある松の木を（間六七町）神様が往來される、その松の木には槍や刀などが入れてある、若しその木を切れば血が流れる。

三　鹿馬様《シカマサン》

主留浦濱《シュートメウラハマ》の鹿馬様を祀つてある石碑のところに登ると、土の中から刀が出る。鹿馬様は主留の先祖だといふ。

四　社會の階級制がなくなると共に割れる石

肥後天草郡一丁田村探訪記（濱田）

（一）に述べた御鉾神社の境内にある大きな割石は、鈴木三郎といふ人が「この碑が二つに割れる時は、階級制がなくなる時である」と豫言しておいた石で、其後明治維新になつて士農工商の階級がなくなつた。

かういふ話を聞いて面白い石だと思つて行つて見たら、その豫言したといふ鈴木三郎九郎重成の石碑であつた。障子一杯位の水成岩で、丁度表裏二枚に割れたのを倒し掛けてあつた。重成は寛永の天草亂後初代の代官で、郡民から非常な崇拜を受け殊に農業の神様として處々に祀られてゐる。その法名を刻みつけてある石であつた。

五　地主と小作人との關係

（イ）小作人と地主とは幕府時代からの主從の關係であり今日もあまり變らぬ。地主は昔の庄屋で旦那さん、小作人は誰々どんと呼ぶ。地位的關係、及びその觀念に於ては幕府時代のやうに嚴ではないが、家格としては尤も嚴なるものがある。

（ロ）小作人　小作料は籾をもつて仕拂ふ。一段歩あたり二俵―三俵（板河内）

（ハ）小作人をナゴと呼ぶ。誰のナゴ。

六　伊勢講

この村は大神宮の崇拜が非常に盛である。伊勢講の初まりは二十年程前だといふ。當時は甚だ盛大で、正、五、九の月は尤

も賑合つた。當時は醵金して大神宮の掛物などを頂戴した。又講中から伊勢參宮をやつた。のぼりは三十五日下りは二十日かかつた。筑後の善道寺で參宮に必要な旅裝を調へ伊勢往來をもらつて行く。六月十八日の觀音祭の晩にはぬけ參りもはやつた。けれども今は座にあたつた家に集つて飲みくひする位に過ぎぬ。

七　山と海の關係

隣村の海つき深海、宮野河内等から「トークィ」といふ魚賣りが魚をもつて來て、今村の北部や平野方面の百姓の米、麥等の穀類と交換する。これらの百姓の家で必要な場合は凡ての困難を排しても調へて來てやる。「トークィ」とは得意先の意味であらう。

八　嫁入

村に嫁入がある時は、誰か村中を觸れて廻る習慣がある。すると村人は通路に立つて見送るのである。ところが嘗てこの村の小學校に奉職した若い先生が、戯談に、道々大聲でその觸聲の眞似をして通つたら村人が集つて來て困つたといふ笑話がある。

九　古江大神宮

單に古江様とか大神宮様といふ。伊勢大神宮の分社、舊正月十六日、七月十六日が大祭、教良木の太師祭、本渡染岳觀音祭

と共に夜祭で、天草三大祭の一つに數へられ、寒中の夜中に裸參りである。現在古江の人坂井久次郎氏の祖先なる人が、今神社の境内附近に草刈に行つたら、金の御幣が松の木の梢にかゝつてゐるのを發見し、自宅に持歸り床の間に祀つておいたら、一夜にして復もとのところに飛行されたので、そこに社殿を建立した。二百四五十年以前のことだと。附近で一番高い山である。

十　佐久良神社（祭神佐久良大刀自命）

下田釜に在る。土地の人は「サクラゴサマ」と呼んでゐる。境内に若い櫻樹が十四五本植ゑてある。天保年間この地に疱瘡流行のときこの地の林田氏の四五代前の先祖が、何でも福岡の方から勸請した話と言つてゐた。もとは今の地よりも少し北に在つたが、或時出崎梅吉といふ者の枕上に立つて、もつと眞中の方へ移してくれと御告があつたので今の場所に移し申した。靈驗のあらたかなことは疱瘡のとき祈願をこめると、うけられた證據には境內の櫻の葉が虫がくつたやうにプツ〱とほげるので知れる。長崎あたりに疱瘡が出來ると、隣村の大江あたりからまで參詣が多い。德右エ門（この父が勸請したといふ話でうた）が熱病を煩つたとき、この神に祈願すると翌日はすぐに白木河內の方へ追ひやつてくれた。そして忽ち白木河內に熱病がはやり出した。

十一　オタ後家

「天草一丁田のオタ後家じよ
オタは後家てちや子は息子」

といふ俚謠をきいた。その後家の屋敷跡といふのがある。しかしこの後家については誰も何も知るものはない。

十二　梁の數

棟上のシトギの數は三百六十五か、三千六百五十――一年の日數をあらはしたものか？

十三　子守唄

ねんねの守はどちにいた　あの山こゑて里にいた　里のみやげは何々か　一で香筥二でかゞみ　三でさつまのさゝらおび　さゝらおびして　こだてして　あまりかよたらいげふんだ　いげは何のいげどんのいげ　どんのいげこそ身の毒ぢや　ぼつて下されあねごさま　ひりはひまなし夜はくらし　あすの晩の夜さりさみや　ほつてしんじゆ　あすの晩の月夜まじや　待ちやきらぬ。

十四　わたましの時の焚き初め

粥を炊いて棟に上り、杓子ですくつて口に含み、四方にプツ〱と吹き散らす。その時の唱へ詞

そも〱　この家と申するは　黃金のたろきにひわだろき　はり八間に十六間　造ればせばし又せばし　尾上の隅によしう

へで　人よし我よししよけんよし　かひのくちの甲斐十郎は
がぃやほしゆはなつかしい。

十五　おとさ神樣（益田）

益田のおとさ神樣を念ずると病氣が治ると聞いたので、おとさ神樣とはどんな神樣かと益田に行つて老人にきいたら、おとさといふ女が野狐憑きか何かになつてゐたのがよくなつて以後自分の守神を念じて人の病氣を治してくれるのであつた。その話を聞いてゐる時丁度本人のおとさが薪を擔つて通つたのはいさゝか滑稽であつた。

十六　島原主殿頭樣（益田）

益田の山の上に松平主殿頭の小祠がある。むかし、益田の地が天然痘の爲に大疲弊した時御領村の庄屋石本氏から益田の地を抵當にして多額の金を借りた。しかるにその返濟は容易でなかつた。結局益田の地は石本の所有にならねばならぬ羽目に陷つた時、時の領主であつた島原の松平主殿頭の仲裁によつて無利息返濟で遂に石本勝之丞代に返濟しつくす事が出來た。益田の地が他に渡らなかつたのは全くこの主殿頭殿のおかげといふので益田では小祠を建て、正月二十六日に祭禮を行つてゐる。

十七　おとし觀音

今一丁田小學校の川向ふの山の中腹に觀音堂がある。登り道は隨分險阻である。馬の病氣、女の安產の祈願をよく聞くとて信仰があつい。又子供のはら（病名―腹の膨れる病氣）おとしにもつとも信仰される。それ程信仰のある觀音樣がこの險阻な場所では參詣者が可愛さうだと言ふので嘗て下の方に移し申したが一夜に又もとのところに飛びかへつてしまはれた。おとしの觀音の名の出所は、この觀音にのぼる途中、めくらおとしといふところがある。そのめくらおとしに在る觀音が、何時の間にか、めくらをおとしてしまつて單におとしの觀音となり、一丁田特有のはらおとしと聯想し、又うみおとすといふところから安產の信仰が出て來たのではあるまいか。

又、早浦にも同じく「はらおとしの觀音」があり同一の信仰で信心者が非常に多い。子供のはら、大人のかたきや（やはり腹にかたまりの出來る病氣と言つてゐる）には一番利く、殊にお賽錢も要らず醫者などは全く不用と言つてゐる。しかし村老の話では、觀音といつてゐるが、實際は御神體は大神宮樣だといつてゐた。

十八　伊勢尾の大神宮

幕末に法瑞和尙と定瞬といふ小僧が遠島の刑に處せられて天草に流され一丁田に來た。その定瞬は智恩院の大法主代勤を務めて居た人で、時の宮法主の罪に代つて遠島された。ある時、京から木魚をおくつて來た。その中に皇太神宮の大麻と金の御幣とが入つて居た。それを祀つたのが伊勢尾の大神宮である。

十九　鹿神社

伊勢尾の大神宮の傍に鹿神社といふのがある。又白木河内にもあり鹿大明神と言ひ三月十五日に祀り、疱瘡の神としてゐる。神官田代氏にきいたがはつきりせず或は福岡の志賀神社の分靈ではないかと思ふ、又太宰府にもあり同じく疱瘡の神として祀つてゐるといふことであつた。この鹿明神といふのは天草には至るところにあり、大抵の唐櫃に鹿明神と字を刻してある。

土佐高岡郡檮原村から

中平悦麿

信仰より起りたる風習

(1)一夜拂。「一夜拂と唱へ、犬神憑き狸憑き等の病人ある時は部落民多數不意に病家へ立入り鐘鼓を鳴らし發砲をなし終夜百萬遍題目を唱へて祈禱し全癒を祈る風ありしが近年邊僻一小部に存するのみとなれり。」犬神の說明は今更でもあるまい。普通他で狐憑きといふ所を「狸憑き」といひ、狐に化かされるといふところを「狸に化かされる」といふが、土佐一圓の風らしく、これは實際山野に狐棲まで狸のみ在りし爲かと考へられる。

(2)誓願。「大病人ある時は親戚知友等神社に誓願をなす。全治の後誓願を其神社に請じ解願の祈禱をなして酒肴を供へ神恩を謝し兼て誓願者に謝意を奉す。」筆者の郷里幡多郡田ノ口村では、この解願は部落擧つて一年一度氏神の社内で行ひ、「お願をかけ」平癒した家族は共同で他の部落民を饗應する。これを「お願ほどき」と呼んでゐる。

(3)御伊勢踊。「危篤の病人ある時は部落民擧りて其家に集り一種の踊をなして全治を祈る。又或部落にては年々定日を以て擧行するものあり

御伊勢踊の歌詞

一、おいせをだの神祭　むくりこくりを平げて
神代君代は國々に　千里の末も豐にて
老若男女おしなべて　參り下向の目出たさよ
御伊勢踊を踊りて　樂しみ見れば國も豐に
千代も榮えるめでたさよ　御伊勢踊の目出度さよ。
（此所にてクルリと廻る。以下同じ）

二、千早ふる天の岩戸の神々樂　月に六度の神樂より
遷宮より萬宮より　代々神樂より
參り下向のめでたさよ　御伊勢踊を踊りて
なぐさみ見れば國も豐に　千代も榮えるめでたさよ
お伊勢踊のめでたさよ。

三、東は關東奧までも　老若男女貴賤とも

土佐高岡郡檮原村から（中平）

參り下向のめでたさよ　御伊勢踊を踊りて
なぐさみ見れば國も豐に　千代も榮えるめでたさよ
おいせ踊のめでたさよ。

四、南は紀州み熊野の　里末々の人までも
參り下向のめでたさよ　御伊せ踊を踊りて
なぐさみ見れば國も豐に　千代も榮えるめでたさよ
御伊勢踊のめでたさよ。

五、西は住吉天王寺　四國筑紫の人までも
參り下向のめでたさよ　御いせ踊を踊りて
なぐざみ見れば國も豐に　千代も榮える目出たさよ
御伊勢踊のめでたさよ。

六、北は越前能登や加賀　越後信濃の人までも
參り下向のめでたさよ　御伊勢踊を踊りて
なぐさみ見れば國も豐に　千代も榮えるめでたさよ
御いせ踊のめでたさよ。

七、千早ふる御幣榊を奉る　心のまゝに願ひ込む
踊喜ぶ人はみな　年の千歳を保つなり
參り下向の目出度さよ　御伊勢踊を踊りて
なぐさみ見れば國も豐に　千代も榮えるめでたさよ
御伊勢踊の目出度さよ。

(4)茶堂。「各部落に茶堂と稱する一組の建物あり。概ね二間四方位の草葺の板屋にして一方に火爐を設く。而して必ず正面上段に地藏尊、觀世音等の石像數體を安置す。是は旅客の休憩雪宿り等に供せんが爲にして、殊に盛夏三十日間は部落毎に各戸順番を以て日々此堂に出張り、各自費を投じ茶を煮て客を待つ。客至れば茶を出し豫て用意せる團子・餅・菓子・梅干漬・煎花玉蜀黍ヲ煎リタルモノ等を饗して行路の苦を慰む。蓋し衆生に施與して苦惱を減じ、以て善根を積まんとするに出づ。」幡多郡にて「接待」と稱するは之に似て、盆の後（田ノ口にては十八日）婦女往還に出て四國遍路に對してこれを行ふ。

迷信に基づく風習

(1)犬神　土佐一流の犬神は本村にても流行甚だしき時代ありて犬神持と目せらるゝ家は衆人の厭惡する所となり緣組にも故障ありしが、狸蛇憑等と同じく加持祈禱をなすの風習なりしが近年殆どその跡を絕つに至れり。

(2)大草履「部落境へ大草履一隻を吊るし置けば、鬼を退散せしむとの迷信より之を實行する部落ありしが、近時二三部落の外廢止せり。」幡多郡では山の神に大草履を捧げて疫病の部落に入るを防いで貰うといつた風に迷信して行つてゐるらしい。私達も見慣れてゐた。

(3)飯スボ「正月十六日飯を藁すぼとなし箸を加へ部落境又は自家の入口に吊るし置き之を食する者は夏瘠に罹らずといふ。」

幡多郡田ノロ村下田ノロでは餅をその年の月數だけ入れて自家の軒に吊るし、夕潮時に之を投げて兒童に拾はしめる。この事は「民族」に報告したことがある。（橋原村誌に依る）．

帶かけと胎兒の判斷

矢頭和一

御願、私が申上げる事で只郷里とか西三下市場地方と云ふ以外に何所其所と云ふ地名を申上げぬ分は私が生れて十七才迄成長し且爾來每年數回往復して現在兄弟や幼少來の友達、又昔からの仕來りや言ひ傳を十分裏書して與れる相當老人の親族も在る所の三河國西加茂郡擧母町大字下市場と云ふ寒村を中心とした事と御承知下さい、元下市場村で在つたのが明治二十年頃に附近の今村長興寺村下林村金谷村西山室村の五箇郷と合して根川村と成り更に明治三十五年に擧母町に編入されて其一大字とは成つたが何ふ考へて見ても町と云ふ感じは更に無くて古來の下市場が其土地柄なり人情風俗に適合します、文化の風も吹き後れる農村では其所に生れた以上は其所で死ぬものと觀念して、ジッと瘦地に嚙り着いたまゝで四季の風雨に促されて鍬や鋤を動かし、人生の本來が何ふの生活が斯ふのと意識したり理想すると云ふ程の事も無い間に自然と其所に生活の安定と平和と氣樂さとを保つて來ました、今年四十餘才の老境で在る私も此土地を踏む每に昔の子供に立ち歸つた心持を禁ずる事が出來ませぬ、尙此の土地の方言は何ふなり斯ふなり其意味が通ずると思つたものは其まゝ申上げる考へです。

西三河地方では、犬は產が樂々とすむと云ふので產の時は、其犬にアヤカルと云ふ意味で、懷胎七月目の戌の日にトラゲババア（產婆）を賴んで腹帶を締める。之れを帶かけと云ひ其帶は紅色か黃紺色かの木綿を用ひます。

帶かけの祝は小豆餡をつゝんだ餅（其身代に應じて五合から一升迄位のもの）を一個づゝ、知己や緣家へ配るが其時の餡には砂糖は元より鹽氣も交ぜぬ、餡に鹽氣が在るとシオカライ子が生れると云つて忌み、餅を一個に限るは二ツ兒や三ツ兒を忌む爲めです。

臨月に成つた最初に何かの所用で來た人が男であつた時は生れる子も男、若し女で在つたら生れる子も女と判斷するが大抵的中する樣です。（私が小學校の一年生の頃に知己の家へ雨傘を借りに立ち寄つた時、丁度其判斷に相當した時期で在り、殊に其判斷通りに男子が生れて七夜には私を特別に待遇された事を記憶します。）

日本ラインで有名な尾張の犬山で生れた婆さんが、私の附近に住んで居るが、其人の話にも、犬山附近でも七月目の戌の日に帶掛けを行ひ其祝に丸小豆の數粒を餅に交ぜて丸めた物を配る、其祝の餅を貰ひ受けた先で相當の所から先づ二つに切り割り、其切り口を調べて小豆が丸粒のまゝで居ると男の子、若し共に小豆も切り割られて居ると女の子が生れると判斷するが、之れも大抵的中した相です。

帶かけと胎兒の判斷　（矢頭）

名古屋地方では五月目と七月目と二樣に成つて居るが戌の日に帶掛けを行ひ、其祝はオコワ(こわめし)を重箱詰にして配る、帶かけの時に産婆が荒物屋から購入して來る胞桶の中に、削鰹、白菎布の小量と黑豆が二三粒の外にうす板で小さく物の形を切つたものが在るが其形が袴の腰板といふ樣な男性的の物で在ると男の子、羽子板と云ふ樣な女性的の物で在ると女の子が生れると判斷するが的中するとは限らぬ樣です、尙純然たる知識階級を除いた多くの人々は海部郡秋竹の鎭守さん（藤島神社、俗に藤島天神又は藤島明神　祭神は埴安神或は市杵島姫命と聞きます）へ參詣して其境内に散つて居る木の葉一枚（種類は問はず）を兩眼を閉ぢて手探りに拾ひ上げる、其拾ひ上げた木の葉が下向のもので在つたら男の子、上向きのもので在つたら女の子と云ひますが此方が的中の率が多い樣です（私自身も男女二人の子供が此の方法で的中して生れた）其時拾ひ上げた木の葉は安産のお守りとして其の儘借り受けて大切に保存し出產後お宮參りが過ぎてから御禮參りを兼ねて返す事にして居ます。最初拾ひ上げた木の葉が枯れ葉で在つたり、又借り受けて保存して居る中に破れたりするのは死產や生後早死と云つて固く忌みますが、姙婦に力付ける意味で大抵は代參で若し枯れ葉を拾つても夫れは夫れとして假りに他の一枚を借り受けて來ると云ふ

事が近頃行はれ、夫れが爲めに折角の死產等の判斷が不確實に成る事も在りますが以前には枯葉が死產の前兆で在つた例は澤山在つた相です。

帶かけの祝を貰ひ受けた者は七夜に招かれる、其時は相當の祝ひの品を出生子に與へると云ふ風習は何れも同樣です。

伊波普猷氏の「ぢやうぐち」について

羽後雄勝郡地方では堤や沼等から水を落す水門をぢよのぐち又はぢよどめと云ひます。門、水門、何等か一脈相通ろものがあろ樣に思はれます。然し門《カド》の事をぢやうぐちとは絕對に云ひません。入口などのぐちと云ひますが、門《カド》の意味ではありません。外から入つて來る入口(大戶)に差掛けてある庇の小土間の意味です。入口(大戶)から中に入つた土間は一般にニハ(庭?)と云ひます。（秋田縣雄勝郡西成瀨村、高橋友鳳子）

重ねて「ぢやうぐち」につき

前報にて門《カド》の事などぢやうぐちとは絕對に云はない樣に申しましたがある古老の話では今はめつたに使はないが以前には、ヂヨノグチと云ふたものだと聞きました。又現に平鹿郡醍醐村方面で使つて居るそうです、又平鹿郡增田町方面では入口の小土間などコモセと云ふて居る事に氣づきました。（高橋友鳳子）

年中行事
上州綿打村地方

福島憲太郎

六月

害蟲驅除 入梅の入りに苗代の害虫驅除を行ひ、桑畑の尺取虫を取り除く。

蠶祝ひ 廿日頃、蠶祝ひと云つて仕事を休み、牡丹餅を拵へて養蠶神（紙に刷りたる御影にて、座敷の鴨居に貼りて有り）に供へる。

田植始め 廿五日頃、養蠶が終れば田植を始める。田植の仕始めは晴雨に關らず、大安日で酉の日か午の日に限つて行ふ。他の日には田植を仕始めない。殊に辰の日と巳の日は最も忌まれる。辰の日に田植を始めると、其の稻は佛の供養米になると言はれて居る。そして田植始めには赤飯を拵へて馳走する。

七月

半夏生（ハンゲ） と云つて此の日は田植を禁じ、若し田植をすれば米の收穫無く禍が來ると言はれて居る。それで此の日は田植以外の仕事をする。

馬鍬洗ひ 五日頃マンガライと云つて、田植が終れば輪麩・豆腐・昆布の煮附け及び生胡瓜の鹽漬等の御馳走で祝ふ。

雨乞ひ 旱魃にて田植の仕付け出來得ぬ時には、阿彌陀様と稱する五十貫目程の丸石を、棒に繩を以つて吊るし、大勢にて神輿の如く揉みながら村道を通る。其の時各戸に人が出て居て、此の石に水を掛ける。「阿彌陀様是非雨の降る様に」と祈りお神酒を上げ、又各自お酒を飲むのである。最後に川に至り之を水中に入れて揉む。阿彌陀様の石は各村字に一組宛有つて、平常は鎭守境内の一隅に祀つて有る。尚此の他に雨乞の方法としては、雨乞天王と稱されて居る字大根の鎭守天王様があるが、この神輿を出して之に水を掛け、村の大勢の者が擔ぎ乍ら揉み村中を一回廻りて、最後に矢大神沼（石田川の水源にて天王様より數町離れた所に有り）に此の神輿を投げ込むと、忽ち白雨沛然とやつて來るさうである。

農休み 廿日と廿一日、此二日間農休みと云つて、田植が終つて仕事を休む。茹饅頭（皮は麥粉で中に小豆餡を入れて、茹でた物）を拵へて喰べる。そして此の日は夏着の衣服を町へ買ひに出かける。

祇園 廿五日、隣村世良田《セラタ》村の八坂神社の夏祭りで、之を祇園と云つて此の日參詣に行く。名物「天王様の八阪飴」の賣店が數多出て居る。此の飴を喰べると躰が丈夫になると言はれて居る。午後一時より天王樣の神輿を擔ぐ。そして辻々に休み其の度毎に神官が之を拜み、附近の各家より赤飯•胡瓜•西瓜•眞桑瓜•梨•菓子•氷等を供へる。供物の下げた物は神輿を擔いだ者共が喰べる。此の神輿の行列は前行に稚兒卄名位參列する。稚兒は男四人位、女十六人位で、男の方は鎧の如きもの•上下を着し、帶刀•丁髷で、金棒を引く。女の方は白無垢•白足袋•お下げ髮の姿で、日傘を手に持つて居る。

堀浚ひ 卄八日頃堀浚ひとて、川や堀の水草を鎌で刈り取り、底の泥を上げて水流を良くする。そして田に水の良く行く樣にする。

八月

辻念佛 一日より七日迄、辻念佛と云つて、午後七時頃より辻辻に村の人々集まり、太鼓•鉦を敲き「オンコロコロセンダイマトーギソバカ」と何遍も繰返し唱へ、辻一ヶ所三十分位念佛して各辻々を廻るのである。此の夜各家より一と重箱宛の大豆の砂糖豆を饗する。釜番と稱する年中行事年番二人有つて、此の時にも世話役となる。此の辻念佛は惡病が村內に這入らぬ樣に防ぐ爲で有ると言ふ。

七夕祭り 七日は一と月遲れの七夕で、六日の晩に五色紙（赤•青•黃•白•紫）を短冊形に作り、之に「天の川」の文字共他俳句和歌等を書き、新竹の枝に釣るす。尙竹の天邊頂《テッペンチョ》へは網狀にした五色紙の重ねたのを吊るす。そして之を母屋の緣先の地上に挿し樹てる。七日には茄饅頭を之に供へるのである。此の時の竹は古竹を用ゆると、山の神が腹を立てると言はれて居る。使用した短冊の紙は後迄取つて置いて家の入口に釣るして置けば、共の家には惡病が這入らぬと言はれて居る。七日の晩に此の竹を川岸へ挿して、之に饂飩を上げて七夕樣を送るのである。

開山忌 八日、太田呑龍の開山忌には仕事を休み、赤飯を拵へて喰べる。そして呑龍樣へ參詣に行く。子育呑龍なれば、七才以下の子供を連れて行くのである。歸りの土產には干瓢を貰つて來る。此の時買つて來た干瓢は、何時になつても品質が惡くならぬと言はれて居る。此の日各家墓地の掃除をする。

迎ひ盆 十三日は迎ひ盆と云つて仕事を休み、各家盆棚を作る。萩原家では次の如く盆棚を拵へる。それは三尺四方位に新竹で骨組をなし、ちがやの繩で結ぶ。上方と下方へ茅繩を引き張り、之に鬼提灯と杉の葉を各一つ置きに下げて附ける。四隅の竹柱へ榧•薄•女郎花•三十萩•盆花を束ねて、茅繩で卷き附ける。棚は四斗樽を二個置き並べ、其の上に障子を橫にし新莚（每年新しく更へる）を敷き、其の上に芋の葉を敷き先祖の位牌を祀る。茄子の牛•瓜の馬を拵へて供へる。其の足は苧殼である。そして盆花と稱する造花を供へる。棚の下には杉の葉に芋の葉を敷いて、無緣佛樣を祀る。此の日夕方六時頃より、御供米二合と賽錢十錢位を持つて寺へ佛迎ひに行き、寺より燈火と線香と粜茶を貰ふ。貰つた灯は自分の提灯に移し、自分の家の墓場を一回廻り「盆が來たから皆さんお客に來て下さい」と言つて家に戻る。若し此の提灯の灯が戻る途中に消えるやうな場合が有ると、佛樣が氣持ち良く來ないのだと信じ、再度寺へ灯を貰ひに行く。家に戻れば提灯の灯を燈籠の燈明に移し、先祖の佛樣と無緣佛樣へお線香とお茶を上げる。

△十四日各家佛前へお線香とお茶を上げ、朝は牡丹餅、晝は饂飩を供へる。箸は三十萩の枝を以て作る。新佛の有る家は、親類・知已・近所の家へ蕎麥饅頭を配る。そして晩には大勢集まり來つて念佛をする。

△十五日佛前へ朝牡丹餅を上げる。

送り盆 十六日は送り盆と云つて佛前へ饂飩と團子を供へ、正午過ぎに田圃迄佛樣を送る。此の時取り脫して來た盆棚を、去年の盆に上げた草花を以て燒くのである。そして今年の草花は、又來年の盆迄保存して置く。佛を送る時に、線香と團子と茄子の牛・瓜の馬を持つて行つて供へる。之が終ると家內中の者が墓參する。夕食には油揚飯を喰べる。

盆踊り 十四日より十六日迄、三日間神社境內で、村の者大勢が盆踊りをする。盆踊歌は八木節か木崎節である。囃す鳴物は四斗樽・太鼓・鼓・笛等である。

秋田縣鹿角郡宮川村地方 （內田）

秋田縣鹿角部宮川村地方

內田武志

齒堅め 六月一日、小正月に作つておいた干餅を食べる。子供等は山に行き樺櫻《カバザクラ》の實を採つて來て食ふのも式の一つになつてゐる。此日大人は山入嚴禁の日で、蛇の脫殼を見掛ると惡いと云ふ。

なのかび 七月七日を七日《ナノカ》びと云つて七回水を浴び、七回飯を食ふ。

此日、小豆澤では每年順番を氼めて各家から一人づつ、七人の若者が出て、五ノ宮嶽の下方にある折敷山に行き、五ノ宮の御神馬に手向けると云つて萱刈りをする。此時何處からともなく御神馬の嘶き聲が聞えて來るさうで、これを聞くと其年はけかち（飢饉）になると云つて、その聲が耳に入らぬやうに各々大聲で歌を唄ひながら刈る。刈つた萱は其儘其處に捨てゝ來る。萱を刈る場所は、四角に區切られてあつて、此日以外には刈つてはならぬ事になつて居る。

晩におちや餅（餅に味噌をけつて燒いたもの）を、七夕樣に上げ、女は針仕事の道具を供へて拜む。七夕樣は裁縫の神と云ふ。

字谷內では六日の晩、ねむり流し（侫武多祭）をする。

盆　七月十三日の夕方、墓場に棚をかけ、筵の上に蓮の葉を栽せてそれに御供物を供へる。家の佛壇には長い昆布を注連縄の様に張り、それにかけ素麵を螺旋狀に卷きつけ、小さい林檎に糸をつけて昆布からぶら下げる。供へるお花は桔梗、粟花（女郎花）、みそ萩である。

十五日にはお萩の様な恰好の餡付餅を供へる。これをひながと云ふ。

十六日の朝に供物と飾物とを皆川に流す。

十六日から二十日迄盆踊りをする。

丑の湯　土用の丑の日に附近の溫泉に行き湯に入る。さうすれば一年中病氣にかゝらぬと云ふ。

沖繩の年中行事

牛島軍平

六　月

十五日　ウマツィー。又この日、綱引きがある。以前は何日と日は極まつてゐなくて、大體、十日以後にやつたものだ。

二十五日　折目。小豆飯をたく。

七　月

七日　タナバタ。墓に行つて掃除をする。

十三日　十五日まで盆。タナバタに墓を掃除してあるゆゑ、盆には掃除をしない。佛壇には、甘蔗を二十八本又は、三十六本を三角に束ね、二つ拵へ、それを死者の骨とする。西瓜を頭とし、阿旦の實又は、ぱいなつぷるを齒とし、ばなゝを手とし、又、甘蔗を四尺位に切り、佛壇の兩側に立てゝ、これを杖とする。その他、梨・なすび・きうりなど、總じてその時期に出來るいろ〳〵のものを供へる。これがすむと、大體午後になる。すると、家の中の一人又は二人が、お迎へと稱して、墓參りする。六時ごろになると、愈佛樣がお出でになるといふので、たいまつを門の兩側に焚いて、門に出で、家內一同お迎へするをンケエといふ。そして、御飯と、豆腐・里芋を小さく刻んだものを汁にしたものとを供へる。

十四日　餅米のお粥に、冬瓜の漬ものを供へる。又、大豆・牛蒡・きのこ・豆腐を實とした白味噌のお汁もあげる。

十五日　十四日同樣のものを供へる。この三日の間に、親戚緣故のもの、淸明茶と線香を持つて、お參りに來る。線香は、一人三本を手向ける。

夜の一時過ぎに、ウークイ（お送り）と言つて、ンチャビーをして拜む。これがすんで、線香もお供へものも皆取り拂ひ、祭器を門の片側において拜む。さうして、佛をお送りするのである。

十六日　ウークィヌナーチャ（お送りの翌日）と云ひ一般に休む。

肥前國西彼杵郡茂木町飯香浦

木下利次

六月

田植休み　六月一日はツチナガシ（土流し）といつて、若い人は藝者をよんで遊ぶ。又稻佐戸町（長崎にあり）の廓に行く。長崎の藝者は昔から網場《アバ》（東北約六粁）の者が多いので、この邊の者が一番上手に歌を合せられると云ふ。

穂の出る頃茂木神社から虫除けの御札がくる。これを竹にはさんで畔に立てる。御札には「裳著神社於前五穀豐實蚜蚄驅除神符」とある。

蟲送り　今から卅年前頃迄行はれた。

舊七月頃田の虫を追拂うために、晩方鐘・太鼓・鐵砲（空彈をうつ）を持ち出し、村人の農をする男は總出で、一番高い所の田から、これらをならしながら二手に分れて各々先頭の者はたいまつをつけ、相手の火を合せて進み濱まで虫を誘つて下り、そこで一緒になつて、後盛に火をもやして虫を殺す。この虫が沖の漁船の火を親たつて、飛んで行くことがあるので漁師はなんぎをしたと云ふ。

六三《ロクサン》除《ヨ》けの話

長嶺文省

越後中頸城郡新井町地方には六三除けと云うて、如何なる醫者に見て貰つても治らぬ時に、六三に罹つてゐると稱して六三除けをして病氣平癒を祈る。それには先づ六三に罹つてゐるかどうかを見なければならん。其の方法は其人の年齡を九にて除し其の餘つた數で知るのである。譬へば三十一歳の人なれば四が殘る。其の四は左記の謌に依つて見ると胸腹部に當る。そして此の人の病の原因は胸腹部にある事として六三除けをするのである。九才以下は其の數で直ぐ六三に當つてゐる箇所が分る—十才二十才と云ふ樣な十の倍數には六三はないのである。六三の箇所を知る歌は「九は頭、五七の肩に六二脇、四腹八つ股一三の足」である、但し肩と脇と足は男女に依つて左右が違ふ。そして此の六三除けの方法は豆腐一丁を其人の年齡の數に賽の目に切り酒一合と醬油少量を添えて日常信仰する神前に—譬へば八幡樣とか稻荷樣とか藥師樣とか—供へて祈願する。其祈の歌は「五王ある中なる王に釣こまれ病はとくに逃げ去りにけり」と云ひ、是を十遍唱へて御酒を三口戴き豆腐は五つ切喰べて殘は白紙九枚に包んで海か川へ流す。是は今尙中流以下に盛に行はれてゐる。六三のいはれは六と三と加へた九で除すからとも言つてゐるが不明である。

此外に瘡の一種に俗名どもと云ふのには手の親指のまむし指の人からつぶして貰へば直ぐ治り、子供の癇には二た子の分れのばあさんから其の子供の咽喉を吹いて貰へば治ると云ふ信仰も可成り行はれてゐる。

昔話五篇

雀と燕

南方隨筆（紀州俗傳の三、三百六十八頁）に雀と燕の話が出てゐるが、私が小學校の頃郷里（熊本縣八代郡下松求麿村）の古老に聞いたのは、昔天竺で釋迦の涅槃の時、人間は勿論地上の禽獸草木は悉くその臨終にかけつけた。その時眞先にかけつけたのは雀で、泥のついた儘の着のみ着のまゝであつた。しかるに燕はこの一大事にかゝはらず、紅鐵漿をつけたり美服をあれかこれかとおしやれをしてゐたので、遂に死に目にも合はなかつた。お釋迦樣は遺言して、眞先にかけつけた雀は、毎年出來た稻の初穗を誰よりもさきに食つてよいことを許した。そして燕は泥と虫とより外に食つてはならぬと言ひ渡された。だから雀は田が出來ると、作つた人間よりもさきに稻穗を啄み、燕は泥田の上を飛び廻り、「泥食《ク》て虫食《ク》てグイー〳〵」と鳴くのだと。

蛇と蛙

又、その時蛙もかけつけて、さて歸途蛇に會つた。何處へ行つたときくので、「さても不信心者奴、お釋迦樣の御臨終ぢやないか、お前のやうな奴は尻でもくらへ！」と言つたので、蛇は大いに立腹して蛙に食ひついた。蛙は驚いてグイ〳〵鳴きながらお釋迦樣に命乞を祈つた。すると、蛇も不屆だが蛙も惡い、だから蛇は蛙をとつて好いが、尻だけより取ることは出來ぬとあつた。今でも蛇が蛙の尻をくはへて鳴かせるのはその爲めだといふ。

龜の甲

これは別の話である。龜が毎晩岩の上に上つては奇麗な月をながめて、あそこに行きたい〳〵と憬れてゐた。月の神はそれをあはれに思つて或時使ひの者を龜のところに遣はして天上に連れて來させることにした。使のものが行つて言ふには、「これから天上に昇るには非常に速く飛ぶので目がまふから、よしと言ふまでは決して目をあいてはいけない」と注意して、さて藁しべを一本くはへさせてぶらさげ飛立つた。しばらくすると龜は、大切な注意を打忘れて目を開けると忽ち目がまはつて墜下し、下の岩にあたつて、甲良はチリ〴〵に壞れてしまつた。使は驚いて、その甲の片を寄集めて、繩で括つてやつた。けれども遂々もとのやうに滑々とならず、今のやうに怪我の跡が殘つたのだと。

蚤と虱

蚤と虱がある時伊勢參宮を思ひ立つた。しかし間だるつこい虱と一緒に連立つて歩くことの嫌な蚤は、どちらが早く着くか早くらをしようと言ひ出した。虱は仕方なく承諾した。

さて蚤は例の跳力をたのんで、ピン／＼飛んで行つた。虱は仕方なくゴソ／＼歩いた。或晩虱が汚い木賃宿に泊ると、そこに泊り合せた一人の男はこれも伊勢參宮をするといふことを同宿の他の男に話して居た。虱は早速その男の着物の縫目に這ひ込んだ。お蔭で苦勞せず伊勢に着いた。着いて見たが相手の蚤公はまだ姿が見えぬ。二三日その邊をうろついてゐると、蚤がやつと着いた。蚤はやれ／＼と安心してホツと一息つくと横合から思ひがけぬ相手から聲をかけられてびつくりした。どうしてそんなに速かつたと聞くので、一件を話すと腹立てまいことか、烈火のやうに怒つて、拳を固めて根限り虱の背中を打ち据ゑた。その時あまり怒つて血が逆上して蚤の體は一ぱい眞赤になつてしまひ、虱の背中は爲に血が寄つてそこ丈けか赤くなつたのである。

以上の話を聞かしてくれた爺さんは、數年前に他界した。小學校の頃しばらくこの爺さんと會ふ機會を許された私はその後こんな話を聞く機會が全くなくなつた。その頃こんな話を聞くのに慾はなし、今となつては、何故もつと色々聞いておかなかつたかと殘念である。（以上四項、肥後天草郡、濱田隆一）

「蛤の家」に似た話　（越後長岡）

向山氏の、童話「蛤の家」（本誌一卷四號）に似た話を、子供の時、母からきゝました。私の母は、長岡市に生れ大部分そこで育つたのですが、子供の時、暫く新潟市にゐましたから、或は新潟の方で行はれてゐたものかも知れません。

「蛤の家」と違つた點は、鯛を助けた男の所へ嫁が來て、それが鯛であつたことと、汁が沸騰した時小便をしたことと、發見されてから、助けて貰つた鯛であることを述べて、泣く泣く出て行つたことだけです。（桑原岩雄）

豐後直入地方の民間傳承補遺　（一ノ六參照）

長山源雄

一、金神とは何にか充分に解かつて居ません。今度近日彼地へ參りますから此節申上げます。

二、都野村「かたげ祭」には、必ず他の男子に接しなければはならない習慣があつた樣で、これは、乙女に限らず有夫の女も腰に手拭をかけた樣です。

「或る時一人の男が、一人の女をかたげて來て見ると、母親であつた。母親はビツクリしてお前は何故私をかたげて來たかと質すと、外の男にかつがれると危《あぶな》いからかたげて來た」

と云つたやうな話さへあります。

三、「お日待ち」の日に「各組」といふのは、村の中に五六軒より七八軒と人家が集團して居るので、その一集團の意味であります。集まる家は別に一定して居ないやうですが、毎年決つて居る處もあるやうです。その家は別に何いふ意味もないやうです。

四、地神祭には各字毎に地神塔といふものがあつて、(高さ七八尺の石碑形）之れに御神酒を供へ、その附近の柴原、或は集會所(各字に集會所を建てゝ居る)で酒を呑む。

五、風祭にも地神祭と同じく、各戸よりお酒錢何錢とか集めて、お神酒を供へ(此地方では祖母山を祭る)集會所或は柴原で酒を呑む。此日は畑や田には這入らない事にして居る。

秋田縣雄勝郡地方の植物の方名

高橋友鳳子

此所に揭げた植物菌類の方名は主として自分の生地(西成瀬村)で採集したものである。

草本

マルギ　おほばこ
ホギ　ふき
オランダギク　えぞぎく
ゴンボ　ごぼう
ツヂゴ　かはらよもぎ
コブクロバナ　ききやう
カラスン(ウ)マコ　からすうり
ボンボラ　かぼちや
キグカボチヤ　ぼうふら
アンヂュウリ　まくわうり
シロコガネ　をとこへし
コガネバナ　をみなへし
ニドエモ　じやがたらいも
ナンバ　とうがらし
ホヅキ　ほほづき
マハツブ　いがほほづき
ヨガノハシ　げんのしようこ
レングヮ　ほうせんくわ
ウルエ　ぎぼーし
ヤヂウルエ　みづぎぼーし
アメフリバナ　ひるがほ
ネナシヅル　ねなしかづら
ン(ウ)マゼリ　どくぜり
ヨサグマメ　ゐんどう
ササギ　ささげ
クゾ　くず
センノ　わさび
ケドギ　けいとう
サシドリ又はトット　いたどり
ン(ウ)マシカン　まだいわう
シカン　すいば
オゲコバナ　かんあふひ
ドグダビ　どくだみ
カッコー　あやめ・はなしやうぶ・かきつばた

野内兒童誦詞錄

貝森格正

津輕の東郡野内《ナイ》村では兒童達が口の端にのぼす詞章が相當ある。今、左にその幾干報告いたします。

正月(舊)近くなると兒童達は指折り數へて待ちつゝ口々に誦へる

しよがづ〳〵
どごさ來て
くる〳〵山のかげさ
まづ(松)は杖についで
よづ(柚)の葉かづで(かつぃで)
大き臼でどつたら
小せ臼でどつたら。

正月(舊)十一日の朝兒童達が餅を燒いて烏に投げ與へるとき

と一たよ
あんぶらからすねもづ(餅)はんぶ(半分)ほら。

夕暮烏の塒に急ぐのを見つゝ

からす〳〵
な(汝)え(家)どごで
かんぢやの松原
おど(御堂)こ建て行がいね
あつちやもどれ〳〵。

また、

からす〳〵かんざぶろ
おめ(お前)のえ(家)燒げだはで(から)
早ぐ行つて水かげろ〳〵。

また、

からす〳〵
な(汝)なして(如何して)泣げば(泣くんだ)
腹減つて泣ぐわね
腹減たら田つぐれ
田作れば泥つぐ
泥つだら洗られ
洗らいば流いる
流いだらよしの葉さたづばれ
たづばれば手切いる
手切いだらますの粉こつけろ
つければしもる(泌みる)
しもればなごる。(なほる)

螢狩りに

ほだるほい
さんじやぐ三寸けらはで(與へるから)
こちや下《サガ》れ〳〵。

蜻蛉捕りに

だんぶり(蜻蛉)〳〵
あつちの水おまぐね(甘クナイ)
こつちの水おめ(甘イ)
こつちやこい〳〵。

野内兒童誦詞錄　（貝森）

相手の兒童を嘲笑するとき

とんびとやまの鉦たゞぎ
鉦こたゞいでなんまんだ。

　男女の兒童が二人で遊んでゐると嘲笑して

おどごどおなごどちよーせんこ
鉦こたゞげばなんまんだ。

　山道などで大便をもよほしたとき耐え乍ら尻をたゝいて

えんこや〳〵
うしろがらおま(馬)くらはで(來る故に)
ふこめ(引つ込め)〳〵。

　女の子ら集りて一列に列ぶ。二人がその前面に立つて向ひ會つて立ち兩手をあげてつなぎトンネルをつくると一列に並んだのがみんなして

こゝはどうこの細道じや
てんじんさまの細道じや
どうか通してくださいな
御用がなければ通されぬ
この子の七つのお祝ひに
お札をお納めにまいります

　と誦すると手でトンネルをつくつてゐる二人が

そんなら通してあげませう

　といふ。すると、行列が

行きはよい〳〵歸りはこはい

　といひつゝトンネルを通り拔ける。處がこれと同じ遊戯が相模川崎市の兒童達の間にも行はれてゐるが詞章が違ひまたトンネルをつくつてゐるのも殘らずうたふ。卽ち

さくら〳〵
やよいのそらに
みわたすかぎり・
いざや〳〵
もろともに。

手毬唄（信州南安曇郡一日市場）

有賀喜左衛門

一向ふ通るは源太ぢやないか。
鐵砲かついで、小脇差さして、
何處へ參るよ。鳥打ちまいる。
雉を料つて、お茶々を上れ。
お茶も新茶も御無用《よ》でござる。
橋の下《しつた》で小石を拾ひ、
砂でみやいて、やすりをかけて、
おこや女郎衆へすとんと投げて、
おこや女郎衆は金だと思《おも》て、
行けば餅よつく、酒買つて祝ふ。
トーントー一つかん、つきました。

二やーえも、やーえも、おをけどの。
おをとやえものおとむすめ。
としは十六、名はおろす。
七とこ八とこえ貰《もら》はれる。
花の權太へむらはれる。
お江戸の庄やへむらはれる。

あちらこちらへやるよりも、
花の權太へやりませう。
さらば仕度を仕立てませう。
ちん／＼縮緬二重戝《さい》、
赤うら小袖を二重戝、
白無垢《むく》きんこを二重戝。
これほど仕立てゝやるからに、
出ても來るなよおろすどん。
去られて來まいと思へども、
先の姑の氣も知れぬ。
行つて一年二年目に、
お産の紐がとけかゝる。
枕元にはお醫者さま。
すなはち脇には姉妹。
權太はどこへと問ふたらば、
權太はお江戸へ商に。
さらば一文やりて見よ。
一文やりても返事なし。
二文やりても返事なし。
三文四文に驚いて、
血藥粉藥買ひ集め、
花ん袋へつめこんで、
乘鞍馬へぶち乘つて、
千里ヶ原を一のぼり。
萬里ヶ原を一くだり。
おろすのお寢間へ驅けこんで、
敷《ひ》いて寢たかや、この蒲團。
着ては寢たかや、この夜具《やぐ》を。
姿を見たかよ、この鏡。
牡丹の花ひ《イ》腰をかけ、
牡丹の花は二度に咲く。
死んだ佛は今許り、今許り。

三 名古屋のお城はお高い城で、
一段上り、二段下り、
三段上りて、南を見れば、
よりこよりしょが三人通る。
一よりしょは糸屋の娘。
二《に》のよりしょは二の屋の娘。
三のよりしょは酒屋の娘。
酒屋一番大金持で、
五兩で帶買つて、三兩でくけて、
くけ目くけ目に口紅さして、
おり目おり目に織房下げて、
所々へいろはと書いて、
通る道者に讀ませて聞けば、
七つ女郎が八つ子を孕んで、
生むにゃ生れず、下りるにや下りす。
向ふ通るは醫者ではないか。
何と醫者樣藥はないか。
藥御用なら、袂にござる。
それを煎じて、にがざき入れて、
いーやと思へば、子が下りる。
若しやその子が男の子なら、
爺しや抱かしやれ、お前の孫だ。
婆さ抱かしやれ、お前の孫だ。
爺さ婆さが抱かないならば、
菰に包んで麻繩《をなは》にしばつて、
背戸のお川へ持つて流す。
背戸のお川で三味線《しやみせん》ひくは、
おらが息子か、藤吉さまか。
おらが息子は十にもならぬ。
椿油でもつて流せ。

手毬唄（有賀）

四 嫁と娘と一度に孕んだ。
嫁の孕むのは浮世のならひ。
娘可愛や何よ買つて呉れず。
伊勢のりうだのせり／＼川の
あーいのやうなら、煮て吸はしよ。
おや、煮て吸はしよ。

五 ゆうべ生れた龜の子は
けさ早や起きて池《ゆけ》のすま。
ゆけのこずまばみなちらす、
かたはのもみぢは色に出る。
どーん
どん一さま、どん／＼／＼
どん二さま、どん／＼／＼
どん三さま、どん／＼／＼
どん四さま、どん／＼／＼
どん五さま、どん／＼／＼
どん六さま、どん／＼／＼
どん七さま、どん／＼／＼
どん八さま、どん／＼／＼
どん九じゅさま。
九じゅや熊野て、
いつかついた。
落しちやなるまい。
おや、さーんば。
しいものや、しいものや。
これより下《しも》の大下《おほしも》の
しーをり長兵衛と申すもの。
娘一人《ひとら》に婿三人。
又もとりたや士を。
俺か死んだら共の跡は
源内坊主にかつがせて、
板屋の姉さに膳をすえ、
茅屋《かいや》の姉さに伴をさせ、
後《あと》は野となれ山となれ、
行く先や蓮華の花となれ、
又行く先はつぼみの花。
おしろのや、おしろのや
おんさむらひに
おん手にかゝりて、
醫者様いしやをか、
一文目に手をたゝき
二文目に手をたゝき
三文目に手をたゝき
四文目に手をたゝき
五文目に手をたゝき
六文目に手をたゝき
七文目に手をたゝき
八文目に手をたゝき
九文目に手をたゝき
十文目に手をたゝき
おや、手をたゝき、
お手水のお手から
お水か おもーる。
てん／＼ 手ばたき
醫者をかのうかえ、
しようしやかうらい、
こけらも浮世で、
これかしようぶで
そら一つ。
正月え、正月え、
羽根や羽子板で目をつくえ、目をつ

くえ、
二月はえ、〳〵、
お釋迦、かけじよで目をつくえ、〳〵。
三月え、〳〵、
雛《しな》や唐子で目をつくえ、〳〵。
四月はえ、〳〵、
甘茶貰《もら》ひで目をつくえ、〳〵。
五月はえ、〳〵、
五日《こんち》の節句で目をつくえ、〳〵。
六月え、〳〵、
舞台祭で目をつくえ、〳〵。
七月え、〳〵、
盆や踊子で目をつくえ、〳〵。
八月え、〳〵、
八朔祭で目をつくえ、〳〵。
九月はえ、〳〵、
九日《くんち》の節句で目をつくえ、〳〵。
十月え、〳〵、
柿屋藥師で目をつくえ、〳〵。
十一月え、〳〵、
金山祭で目をつくえ、〳〵。

十二月え、〳〵、
節季師走で、いそがしや〳〵。

六 いづ〳〵いー
いづくまの
番頭さん。
もめんが一反いくらだね。
三百三十三匁。
いもちつとまけねか、
しかねか、ぽん。
ひーや、ふーや
みーや、よーや
よい〳〵吉野の千本櫻に
雀が三羽とーまつた。
一羽の雀は嫁入なさる。
一羽の雀は婿入なさる。
一羽の雀は鷹に追はれて、
あれや、ぽん〳〵
これや、ぽん〳〵
ちょいとお鷹をかーくした。（毬ヲ袂ニカクス）
おや、かーくした。

能登羽咋一宮の雜謠

藤井 春洋

おらちやあねさま朝起き上手
朝やとつくに朝かみゆうて
風もふかぬにきり〳〵まうて
雨もふかぬに唐傘さいて
前の小藪へ青竹切りに
竹はなん竹紫竹だけ小竹
駕籠に編むなら三つに割つて（或は編んで）
左駕籠にはあんさまをのせて
みぎり駕籠にはあねさまのせて
中にちよんぼりさかづきおいて
あんさまひと口あねさま三くち
親の乳よりまだあまい〳〵
すりとん〳〵
とんと打ち出す火事太鼓

◇

どんとうちだす大事の太鼓
火もとはどこやとたづねたら

能登羽咋一宮の雜謠（藤井）

先づ一ばん櫂の助
二ばん松板かべの助
三ばん横町はいどさま
四ばん火もともんどさま
いかなもんどうしも
ひようし木たゝいて
走り込む〳〵

◇

向ひの小寺をたれゃ立てた
八幡長者のおと娘
みめゃよし　きりょよし　姿よし
手にはにほんの玉すへて
足には黃金の沓はめて
あぉよべ〳〵とせめかける
この山ひと山越えたれば
お馬にのりたきゃ　のりやしゃんせ
お駕籠にのりたきゃ　のりやしゃんせ
お馬もお駕籠もわしゃきらい
わしゃきらい
すりとん〳〵

◇

てつぽさま〳〵
てつぽかたんでどこへゆかしやんす
向ひの小山へ雉うちに
雉をうつたら二三羽くされ
おまやしらはで何にする
わたしやしらはでいらねども
おらちゃあねさんいたやへ嫁に
いたや一番だてしやでござる
五兩の帶こて三兩にくけて
くけめ〳〵とよりべんさいて
立てりやしやくやくねまればぼたん
あよぶ姿はゆりの花
すりとん〳〵

◇

うちのおせどのもちの木に
雀が三羽とまります
一羽の雀のいふことにゃ
あれの座敷も廣ござる
莚三枚ござ三枚
六枚屛風を立て廣げ
よんべよんだる花嫁か

なにが不足で泣かつしやる
なにも不足で泣かねども
うちのとゝつあん金山へ
金がわくやらわかぬやら
一年たつてもまだ見えぬ
二年たつてもまだ見えぬ
三年目にお狀が來て
お狀の上書き讀んで見たら
三人の子供をどうどした
一人はおばごへあづけます
一人はお寺へもの書きに
一人は緣につけました
緣につけたる裝束は
赤い小袖や十二枚
白い小袖や十二枚
帶や襷や十二すじ
足駄やぼくりや十二足
これほどしたてゝやるほどに
出て來とおもなや姉娘
わたしやでゝ來とおもはねど
あつちの男のもよ次第

千石積んだる船でさへ
風があはねばでて戻る
やんれ

◇

よんべござつた花嫁が
けさ早おきて門《カド》（家前《カド》）に立つ
なにが不足で家前《カド》に立つ
なにも不足でなけねども
こなたのやかたはくずや葺
わたしのやかたへ行《イ》て見れば
七間まなかは板びさし
ふめばりん〱かねの音
せどへ廻つて倉見れば（せどー家々には必ず有る）
酒倉、しち倉、寶倉
酒倉あけて中見れば
甘酒　から酒　げこの酒
杓は黄金のまがり杓

◇

お寺の前にたゝ紙ひろて
なんじやと思《オモ》て
ひろげて見たら
もの書きならへ
きん機《バタ》ならへ
小袖のつまの縫ひならへ
それこそ上手のしぼり草
しぼつた草を
やぐらへ上げて
下から見れば
牡丹花も
牡丹の花は
ちぎつても咲くが
櫻の花は
今ばかり〱

手まりうた

いも〱いもやさへ
おいもは一升いくらだえ
おいもは一升三十五文
もちっとまからか　ちやからかぽ
おまさんのことならまけてあげよ
さらおとし
ますおとし
少々まかへてだしかける
隣の嫁さんちょとおいで
お目をむっこらがいてお茶あがれ
お茶をいやならごめんなさい
頭きりょなら八っ頭
びいふうみいよをいゝむうなゝやあこ
こと

◇

かたがりべーかたがりべ
かたがりべえでもだんないぞ
おとゝやおかゝに問ふたれば
かんけのわざやとおっしやった

ひつちよこうた（おてだまのこと）

おじやめー　おふたー〱
なってくりよ
とんけー
おじやめざくらざぁーくら
おふたざくらざぁーくら
おみいざくらざぁーくら

能登羽咋一宮雜謠（藤井）

およをざくらざぅーくら
すてしをーぬけ
おなゝさぁーられ
ひとつおーぬけ
ぬけた
ふたつおーぬけ
みよをがぁーやし
おなゝおーぬけ
とてっぱぁーられ
まねけ

◇

いどーの、がわのせいらい、なんしよけ
いさまぁーよ
ひとしよー
ふたしよー
みいしよー
よをしよー
いゝしよー
むうしよー
なゝしよー
やあしよー

こゝなしよ
とをべおろいて、うちかたそでかた、お
てはねえーしよ
いっちよれん
にちよれん
さんちよれん
しちよれん
ごちよれん
ろくちよれん
七ちよれん
はっちよれん
くちよれん
じゆうめいがら、九百めいまで、どやさ
ん〳〵、
どをや、いっちよさん、
どをや、どん〳〵

臼すりうた

秋は來るやら こら いい 鹿さへ鳴くに よい
なんで紅葉が色づかぬ よう いい やれこら いい
さ

四六四

○火見でやから島伏木で出島
紅葉川とはこのことか
皀の向田のどら神主や、神に神樂をあ
げずして
かゝに神樂をあげたそな
尾山燒けても城さへ燒にや
城に親子もおらねども
親町尾張町身はかけづくり
袖に涙をつゝみけり
淺野川から犀川までも
常に思はにや通ふもせぬ
虎は千里の藪さへこすに
たゞの一夜はまゝならぬ
表通ふ道や千里が一里
腹の下るときや一走り

紙上問答

○たとへ一言一句でもお思ひよりの事は、直に答をしたためて頂きたい。
○一度出した問題は、永久に答へを歡んでお受けする。
○どの問題の組みにも、もあひの番號をつけておくことにする。

問(二七) 二卷四號二八一頁、問二二に、喝食を男に限つた者の樣に書たが、女の喝食も有たらしい。續群書類從卷八六九所收看聞御記に、永享八年四月廿五日晴、賀茂祭也、近所之問、爲見物(入江殿)今御所岡殿方丈御喝食御所(岡殿)喝食兩人(一人德大寺息女)實際菴等參來と出づ。この女喝食は何を勤めた者か。此他にも所見ありや。敎示を仰ぐ。石田軍記一、秀次公の姫妾三十餘人誅せられた條に、十九番には「於喝食の前也・尾張國住人坪内市右衞門が娘にて十五歳とかや、武士の心に男の子の姿有て、器量類ひ有ざれば、兒の名をぞ付られける、萠黃に練貫の一重衣の重れに、白き袴引しめて」刑場に出た由見える。所謂喝食姿に裝ふたらしい。甫菴太閤記一七に、濃川坪内三右衞門尉息女、おなあの御方十九才とあるは同人か。其れが女の喝食から出身して秀次に寵された時も於喝食の前と呼れた者か。(南方熊楠)

問(二八) (イ)カイ(貝)の方言。(ロ)トンボ(蜻蛉)の方言(但し各種の蜻蛉の方言をも)。以上御敎示に預りたし。猶小生の知る處の例二三。

(イ)の例
キャーガラ(肥後北部)
ケェーガラ(筑後一圓)
ケァカラ(青森縣南部地方)

(ロ)の例
ヘンボ(肥後北部)
ヤマヘンボ(ヤンマのこと)。
ショーロサンヘンボ(お盆頃群生する赤色の蜻蛉)。
カワヘンボ(體細く青味を帶びたる黑色のものにして川畔に多し)以上肥後南關所近
タンブリ(青森縣南部地方)
エンヂダブリ(ヤンマのこと)
チゴクタブリ(肥後のカワヘンボに當るらしい。
メンソ、色黑味を帶びた茶色にして敏捷なり)(能田太郎)

答(四) 朝鮮丁若鏞の「牧民心書」二十二、勸農に「朱子在南康勸農之文曰、本軍田地磽埆、土肉厚處、不及三五寸、設使人戶、及時用力、以治農事、猶恐所收不及他處、而土風習俗、大率懶惰、耕犂種蒔、既不及時、耘耨培糞、又不盡力、所以營生足食之計、大抵疎略。又朱子勸農榜云、雨水調勻、田畝茂盛、仰人戶、及時芸留、拔去草根、多用土糞、如法培加、已帖知佐、月半以後、不測下鄉、點檢將田中有草無糞之人、量宜決罰、的無輕恕六月六日 朱子在漳州勸農文曰、本州從來不宜桑柘、蓋緣民間種不得法、今仰人戶、當於冬月、多往外路、買置桑栽、相地之宜、逐根相去一二丈、間深開窠窟、多用糞壤、試行栽種、待其稍長、即與削去細碎拳曲枝條、數年之後、必見其利、如未能然、更加多種吉貝麻苧、亦可供備衣著免被寒凍。案此時吉貝、但以著絮、不以織也。」と云ふのが見えます。糞のまゝ用ゐたものかどうかは疑問ですが、此文は朱子全書の中にありませうし、又農政全書などをお調べになれば、もつと詳しい資料が出て來はしますまいか。これは原本を參照したものでありませぬから、民俗學誌上にお出しになるには及びませぬ。

朝鮮の慶尙道地方で、犬糞をそのまゝ麥畑に用ゐることはあります。春さきになると藁籠(俗に犬糞網槖といひます)を肩に下げて犬糞を拾ひ歩く人を農村の街道に善く見受けます。犬糞ではお役に立ちませんか。(孫晋泰)

答(五) 栃木縣日光町では、カウヤマキ(金松)が屋敷内にあると、不幸が絶えないと云ふ。この意味からして、日光植物園に寄贈されたものが植ゑて居る。もつとも、この木は、この附近には、多く無い。羽山常太郎氏「安房傳說」に千葉縣安房郡白濱村名倉では、胡瓜の種子を下すと、忽ち不幸がめぐつて來て、横死をとげずには居ないと云ふ。血氣の若者が幾度も試みて見て、同じ因果に命をおとした。これは建武年間に大塔宮を弑し奉つた淵邊義博の流れを汲む者が當地に居り、同家の定紋の鷹の羽は瓜二つ割りと云ふことを意味するからであると云ふ。(木下利次)

答(一〇) 美濃國加茂郡太田町にてはかまきりの卵を烏《カラス》のよどと稱せり。(林魁一)

答(一六) 陸中鹿角郡尾去澤村地方では、舊正月十五日の晩、辨當持ちで坊主山に登り、明方月の入りを見て、其年の豐凶を占ふさうです。これを「おくれァ拜む」と云ひます。この外、花輪町宮川村の方でも行ひます。(内田武志)

答(一二) 南方氏の問はれた白頭翁は陸中鹿角郡宮川村地方にも春、野原に多く生えて、チバカシラと呼んで居ります。女の子供達は唾でぬらして髮を結つて遊びます。其外毛を毟り取り澤山集めて「ゲヤ〱下なれ、ムシノコ(虱の卵)上なれ」と云ひながら掌中でまろめます。すると毛は中になり、子房は外側に出て手頃の毬になります。これははづまないので、手玉に取つたり投げたりして遊びます。(内田武志)

答(一二) 『オキナグサ』を美濃國加茂郡太田町地方にては『ガガンボ』と稱し、花辨の落ちた後で女兒の石交りの原野にて取り來り、長い果毛を唾でぬらし、髮を結びて遊んだ。然れども此の風は今日にては大に衰へて殆んどない。

(林魁一)

正誤表

二卷六號四〇四―四〇六頁。寸白に付ての拙者に誤刊多く、それが爲讀で全く意味の通ぜぬ處ろも一二に止まらず。因て左の通り正誤を出されんことを願ふ。(南方)

			誤	正
四〇五頁	上段	末行より二行	長さ	長き
同	中段	二行	此處を此處を	此處を
同	同	七行	は一二下。	。はを刪る
同	同	十二行	片筋	片節
同	同	末行より十行	正泰	正恭
同	同	末行より二行	腹	服
同	同	末行	冠	冦
同	下段	十三行	のみで	ので
同	同	末行より三行	若	昔
四〇六頁	上段	七行	守	介
同	中段	六行	能	熊

以上

學界消息

○大正大學宗教學研究會講演會　は六月三日同大學に於て開催され、矢吹慶輝氏の「摩尼教について」金田一京助氏の「神のくにと人の國―アイヌの宗教の一面」と云ふ講演があつた。

○神道學會　は六月十三日に開かれ、松村武雄氏の「農耕經濟と宗教神話」と題する講演があつた。

○立教大學宗教學會創設第一回講演會　は六月十四日同大學講堂に於て開催され、飯田堯一氏の「どちりな・きりしたん　に就て」小林彥五郎氏の「宗教研究と宗教信仰」宇野圓空氏の「宗教の情緒的基礎」と題する講演があつた。

○國學院大學國文學會大會　は六月廿一日同大學講堂に於て開かれ、金田一京助氏の「民衆語原に就て」金澤庄三郎氏の「片假名の起原に關する一考察」と云ふ講演があつた。

○東京人類學會六月例會　は六月廿一日午後一時半より東大人類學教室に於て開催され、原田淑人氏の「燕の下都」駒井和愛氏の「支那旅行視察談」と云ふ講演があつた。

○考古學會例會　は六月廿四日午後六時より東大山上會議所に於て開かれ、中尾萬二氏の「考古學的遺物の顯微鏡的觀察」中山久四郎氏の「左右尊卑考」と題する講演があつた。

○秩父袂紗人形の實演　が六月十四日早稻田大學文學部大會に於て催された。

○松村武雄氏　第一書房發行の「國文學研究」に「上代文學の一觀點」を寄稿、目下「宗教及び神話の人文地理學研究」を執筆中。

○折口信夫氏　旅と傳說七月號に「七夕祭りの話」を寄稿。

○早川孝太郎氏　旅と傳說七月號に「盆の踊り場」を寄稿

○松本信廣氏　史學九卷一號に「外者款待傳說考」を寄稿。

○アグノーエル氏　六月廿四日日佛會館に於て「古代日本の宗教舞踊」を續講した。

○小泉鐵氏　「東亞」七月號に『蕃人の信仰と禁忌』を、「青年」七月號に『蕃社の集會所制度』を、「旅と傳說」八月號に『南澳蕃の蕃社』を、「文藝春秋」七月號に『臺灣の夏の旅』を、讀賣新聞に『山の蕃人』を寄稿、尙日本青年館から『年齡別階級制と成年式』が出る。

○方言と土俗　といふ方言研究の雜誌が橘正一、東條操、大田榮太郎氏等の發起によつて生れる。方言の採集と地方々言研究家の聯絡を圖ることを目的とし、其第一號は八月上旬刊行の豫定であると。希望者は盛岡市新馬町中通り橘正一氏宛申込れたし。會費は四册分一圓。

民俗學關係文獻要目

○民俗藝術第三卷第六號六月號

採集圖　中島繁男
長崎に於ける傘鉾の變遷及發達　本山桂川
岩代安達の里に傳はる太々神樂　本田安次
岩手縣の獅子踊　澤田定三
奧淨るり小控　北上生
浪花神樂　池村信男
肥前松浦山代の大念佛　石橋機三
沼名前神社の御手火神事　社務所報
佐渡木崎神社輪くぐり　青柳秀雄
祭禮映畫目錄

○旅と傳說第三卷第四號六月號

平秋東作の東遊記　三田村鳶魚
當初の帶留と帶揚　宮本勢助
香取神宮神幸軍神祭を觀る　本山桂川
滴石城に於ける白米事蹟　田中喜多美
德川時代の京坂旅籠屋客引　田村榮太郎
鳥蟲木石傳　佐々木喜善

學會消息

周防の大島　宮本常一
京丸と京丸牡丹(二)　納富重雄
西出雲雜筆　小村力藏
紀州傳說　塚本篤夫
續野邊地方言　中市謙二
鬼介島の昔話　岩倉市郎
富山縣下新川の瓜子姬　竹田正
三味線に關する訛傳迷信　佐藤敏
本渡町附近　濱田隆一
紀州大蛇退治譚　樫山嘉一
既刊郡誌書目解題(三)　大藤時彦
眞澄翁の跡を訪れて　胡桃澤勘內
刺なきイバラ　南方熊楠
高陽民話(二)　榊木敏
田螺聟入譚　柳田國男

○九州民俗學一ノ六
古琴節の由來　筑地健吉
各地便所に關する習俗
鳥の傳說集　安部幸吉
中山太郎氏より鳥についての通信
梟の話　村田鈴城

○芳賀郡土俗研究會報第九號
芳賀郡土俗資料第一編を讀む一　南方熊楠
尻馬の尻馬の又尻馬に乘る　同
二股大根について　磯部鎭雄

琉球の猥談　金城朝永
覺之書　高橋勝利
斧について、オシタルについて、ホーソー送り、蟲送りの木札　同

○史苑四ノ二
唐音語の研究と其實例五則　中山久四郎
古神道の事相に及せる支那思想　中山太郎

○史學第九卷第一號
外者款待傳說考　松本信廣
バビロニヤ洪水傳說とギルガミシユの史詩　森磐
羅先生「矢彝考釋」補箋　西川寧
、日本石器時代の民衆と馬との關係　直良信夫

○日本研究第一册
石敢當の研究　西村眞次
佐渡國分寺阯の研究　今井滋三
東京府下玉川村竪穴住居阯郡　池上啓介
信濃大町の借馬市　洞富雄
日本古墳系統及其發達　木村幹夫
朝鮮土俗　徐元出
佐渡民謠、雨乞四例、奴奈川姬傳說
オロツコ辭典　セルゲー・レニーキチ著　平竹傳三譯

○藝文廿一ノ六
桂包の研究　江馬務

民俗學關係新刊要目

○內藤博士頌壽紀念史學論叢　西田直次郎編　弘文堂
○東北の土俗　仙臺放送局編　三元社
○古代研究民俗學第二篇　折口信夫　大岡山書店
○民家圖彙　山梨縣　大塚巧藝社
○鄉土地理研究　小田內通敏　刀江書院
○福井縣方言　大田榮太郎
○甲斐昔話集　土橋里木　鄉土研究社
○昭和四年の國史學界　代々木會　筑波研究所　岡書院
○口碑珠玉　五十嵐力　酒井雄文堂

民俗學談話會記事

第十二回民俗學談話會は六月十四日（第二土曜日）午後五時より明治神宮外苑日本青年館二階會議室に於て開催された。當日は松村武雄氏より前月及本月號所載の「生杖と占杖」の概要の說明があり、次に同氏と折口氏との間に宍生部と其杖、宍師、未とうらない等に關して質問が取交され、十時頃散會した。

◇前號目次

第十三回民俗學談話會

七月十九日(第三土曜)、青山北町、明治神宮外苑、日本青年館二階會議室に於て談話會例會を開きます。當日は石田幹之助氏の講演(題目未定)をきくことになつてゐます。御出席を願ひます。

△原稿・寄贈及交換雜誌類の御送附、入會退會の御申込會費の御拂込、等は總て左記學會宛に御願ひしたし。
△會費の御拂込には振替口座を御利用ありたし。
△會員御轉居の節は新舊御住所を御通知相成たし。
△御照會は通信料御添付ありたし。
△領收證の御請求に對しても同樣の事。

昭和五年七月一日印刷
昭和五年七月十日發行
定價金八拾錢
編輯兼發行者　岡村千秋　東京市神田區表猿樂町二番地
印刷者　中村修二　東京市神田區表猿樂町二番地
印刷所　株式會社　開明堂支店　東京市神田區表猿樂町二番地
發行所　民俗學會　東京市神田區北甲賀町四番地　振替東京七二九九〇番　電話神田二七七五番
取扱所　岡書院　東京市神田區北甲賀町四番地　振替東京六七六一九番

MINZOKUGAKU

THE JAPANESE JOURNAL OF FOLKLORE

Published by the

MINZOKU-GAKKAI

Volume II July 1930 Number 7

Page

Articles:

Short Notes:

Folkloristic Notices:

MINZOKU-GAKKAI
4, Kita-Kôga-chô, Kanda, Tokyo, Japan.

民俗學

第貳卷　第八號

昭和五年八月

民俗學會發行

民俗學會會則

第一條　本會を民俗學會と名づく
第二條　本會は民俗學に關する知識の普及並に研究者の交詢を目的とす
第三條　本會の目的を達成する爲めに左の事業を行ふ
イ　每月一回雜誌「民俗學」を發行す
ロ　每月一回例會として民俗學談話會を開催す
　　但春秋二回を例會とす
ハ　隨時講演會を開催することあるべし
第四條　本會の會員は本會の趣旨目的を贊成し會費（半年分參圓　壹年分六圓）を前納するものとす
第五條　本會會員は雜誌「民俗學」の配布を受け例會並に大會に出席することを得るものとす　講演會に就いても亦同じ
第六條　本會の會務を遂行する爲めに會員中より委員若干名を互選す
第七條　委員中より常務委員三名を互選し編輯庶務會計の事務を負擔せしむ
第八條　本會の事務所を東京市神田區北甲賀町四番地に置く

附　則

第一條　大會の決議によりて本會則を變更することを得

私達が集つて此度上記のやうな趣意で民俗學會を起すことになりました。

考へて見ますと學問が大學とか研究室とかに閉ぢこめられてゐた時代は何時まで何時までつゞくものではないといふことが云はれますが、然し大學とか研究室とかいふものを必要としなければならない學問のあることも確かに事實です。然し民俗學といふやうな民間傳承を研究の對象とする學問こそは眞に大學も研究室も之を獨占することの出來ない學問であります。然しさればといつてそれは又一人一人の篤志家や學究が個々別々にやつてゐたのでは決してものになる學問ではありません。出來るだけ多くの、出來るだけ廣い範圍の協力に待つしかないものと思ひます。日本に於て決して民間傳承の資料の蒐集なり研究なりが閑却されてゐたとはいへません。然しそれがまだ眞にまとまるところにまとまつてゐるとはいはれないのが事實であります。かう云ふ事情の下にある民俗學の現狀をもつと開拓發展せしめたいがために、民俗學會といふものを發起することになつた次第です。そして同樣の趣旨のもとに民間傳承の研究解說及び資料の蒐集を目的として、會員を募集し、會員諸君の御助力を待つてこれらを發表する機關として「民俗學」と題する雜誌を發行することになりました。

どうかこの一般國民生活の中に深く生きてゐる事實の意義及び傳承を生かす爲めに、そして民間の學問としての學的性質を達成せしむる爲に、本會の趣旨を御諒解の上御入會御援助を賜りたく御願ひ申します。

委　員

會津八一	秋葉隆	有賀喜左衞門
伊波普猷	石田幹之助	移川子之藏
宇野圓空	岡正雄	折口信夫
金田一京助	小泉鐵	今和次郎
中山太郎	西田直二郎	早川孝太郎
松村武雄	松本信廣	宮本勢助

昭和五年八月發行

民俗學

第貳卷 第八號

目次

資料・報告

海外資料學說

民俗學

年中行事

——民間行事傳承の研究——

折口信夫

年中行事を箇々に述べれば、到底こゝに擧げきれないが、今お話しする位のものゝ意味を考へれば、大體の概念は得られると思ふ。

私は若い頃から始終旅をしてゐるが、日本全國を歩いて年中行事を採集し盡すといふことも出來ないので、あなた方に滿足を與へる程、その村々の話にぴつたり合つた話が、出來るか何うかわからない。疑問の點は遠慮なく質問をして下さつたならば貴方々にとつても私にとつても共々に利益が多からうと思ふ。

一

民間傳承といふのは、ふおくろあと言ふ言葉の飜譯であるが、此言葉は、家とか土地・地方とかに古くから傳つてゐる事柄、と言ふことである。民間傳承は言葉の上の傳承といふことゝ、民間の行事・祭り・風俗といふた方面と、二つに分ける事が出來る。年中行事といふのは、日本で古くから用ゐられてゐる言葉であるが、我々の畑に入れて考へると、行事傳承といふのが、適當かと思ふ。それで、題にも民間行事傳承、とつけた訣である。平たく言

2

へば、年中行事でよい訣である。

年中行事に關した書籍では、今まで傳つてゐて、利用の廣い本に曲亭馬琴の俳諧歳時記といふ本がある。近頃では、用ゐる人も少なくなつたが、昔は便利なものだつたので、利用の範圍の廣いものであつた。刊本が二三種ある。其他にも年中行事に關する本は澤山ある。中山太郎さんもあるすの兒童文庫に、「年中行事」と言ふのを書いてゐられる。尙、年中行事の事を調べたものは多いが、宮中や幕府の年中行事に關するものが多くて、民間のものは少ない。唯、俳諧を作る人達が、民間の年中行事に興味を持ち、地方の祭り・月々日々の習慣などを、俳句の季題として用ゐたので、歳時記として傳へられた。

年中行事は、上から下へ及ぼしたもの、又は下々で模倣したものと、下より上に上つて行はれてゐるものと、兩方を調和して話さなければならない。そして、それらは次第に亡びて行くので、難しい事ではあるが、今の中に、も一度見直しておかなければならない。近頃、地方農村のさびしさがとり分け目につくのは、長い間の年中行事を、農村自らが破壞して了うた爲で、今後百年二百年して、新しいものが起るまでは、農村特有であつたうるほひがなくなつて、淋しい生活が續くことであらう。民間の生活には、書物を必要としなかつた。たゞ昔からの風俗・習慣が、都に於ける書物のやうに必要であつた。今でこそ、書物は大切なものになつてゐるが、昔は、都でも其用ゐられる範圍は狹かつた。まして田舍にあつては、年中行事が人々を支配し、進歩せしめて行つたのであつた。古書を古典と呼ぶならば、田舍の年中行事は、卽生活の古典である。

我々が、古事記・日本紀・萬葉集等を讀むのは、直接利益を得る爲とか、氣分の上の影響とかを別としても、其等古典を讀む事によつて、何となく背景のある、うるほひのある生活を求めるからである。此とちようど同じやうに、田舍で年中行事を繰り返すのは、床しく古へを振りかへる事になる。我々の生活には、生活上の古典となるものが、失はれてはならない。近頃の青年は、此生活の古典を失うて、その生活が荒んで來て、都會の生活を憧れて許りゐるが、民間の生活の古典を、も一度振りかへつて見なければならないのだと思はれる。

年中行事には、所謂公家・武家の年中行事と、町方・田舍の年中行事とがあつて、一つに論ずる事は出來ないが、遡つて考へて見ると、元は一であつたものが、次第に分れて來たものである。都會の年中行事は、田舍のものゝ延長である。唯、都會的に、幾分洗練せられてゐるといふに過ぎない。ところが、公家・武家などの階級のものと、町方・田舍のものとの間ではその差別が著しい。其は、個々別々に昔からの違つた傳へを守つてゐる。傳承してゐる中意識的にも、無意識的にも、他の行事から區別する努力が、行はれてゐたから、非常に違つたものゝやうに見える。

人によつては、實際は民間の事は、一概には言へない。公家と武家とは爲來りが異り、又町人階級は、新しく出來たので、更に違つてゐるし、古くから日本にゐた異民族の風俗は、區々であつて、皆宮廷のそれと違うただらうと言うてゐる。尤らしい話であるが、さうとも、簡單には言へないのである。年中行事は、相互作用で影響しあつて、變化して來てゐるのであるから、昔から頑固に、一習慣を守られて來たとは信じられない。けれども、大體此だけの事は言へると思ふ。卽、文字が日本に渡らない前、記・紀の時代よりも前に支那系統の人々が、支那の道敎の信仰を日本へ傳へてをり、其爲に日本の傳說・習慣・年中行事等に道敎味が入つてをり、又東北地方には、あいぬの風習言語等が殘つてゐて、それが南の方にも混じてゐると言ふ事である。

4

併乍ら、此はあいぬ或は朝鮮人の行つてゐる事、又は彼等が三百年前に行つてゐた事に似てゐるから、此地方の風俗・習慣は、あいぬ、又は朝鮮人の其だとか、それを行つてゐるから、あいぬ・朝鮮人の子孫だ等と簡單に定める訣にはゆかない。途中でどんな變化をしてゐるか、わからないのである。其で年中行事の中には、變化した部分とさうでない部分とがある事を考へなければならない。又、或時代までは往時の儘を守つてゐたとしても、一度變りはじめると俄に變化して了ふ、といふことも考へねばならない。

松本・伊那・諏訪といふ風に風俗・習慣を比較して見ると、全體として、漠然と乍らも變化がある。又松本近くの村村にして見ても、其大字・小字を較べて見ると違つた處がある。尙、家々によつても異つてゐる。殊に、古い歷史を持つてゐる家では、特殊な慣はしを持つてゐる。此は、松本に限らず、何處にでも言へる事である。

壹岐では、字によつて、風俗が、がらりと一變してゐる。沖繩になると、其が殊に著しい。宮古島・八重山等では道が一筋通つてゐるだけで、其を挾んだ村々の言葉までが違つてゐて通じない。郡道を距てゝ顏を見合せてゐても、言葉の內容が異り、一々の行事が違つてゐるといふ風である。此不思議は、その人々の仕へてゐる神が、違つてゐるところに原因があるのだ。

昔の生活で、後世まで印象を殘して行くのは、信仰に關したものだけである。年々繰り返して同じ事の行はれるのも其爲で、其他は、一度限りで消えて行く。心理的の印象は、其が殘され、度重なつて、新しい文明を築いて行くが、信仰に根がないので、常に繰り返される事なく、當座限りで變化して了ふのである。

前述のやうに其行事の違ふのは、祀つてゐる神が違ふことに起因してゐる。例へば、信州の牧々でも、もつてゐる祝殿の神が違ふと、牧々の行事もちがつて來る。信州の牧々の祝殿といふものは、大昔まで遡つて考へる事の出來ないものであるから、其に拘泥して言ふ事は出事ないが、一例として話したのである。とにかく、自分の仕へてゐる神が違つてゐれば、自然行事にも相違が出來て來る。何處の神は、松が嫌ひだとか、茗荷が嫌ひだとか言うてゐる。其嫌はれる原因は、神が村を廻つてゐる時に、(又は娘の處へ通ふ時に)躓いて松の木で眼をつかれた、以來氏子に松を植ゑさせない。と言ふ風な說明をしてゐる。村によつて松といひ茗荷といひ、近世では、胡瓜といひ隱元豆と傳へてゐる。更に下つては、とまとおを嫌はれる等と言うてゐる處さへある。よるところの信仰は一つであるが、村によつて、傳へは、種々違つて來てゐる。更に遡つて根本まで行つて見ると、其區別が起つたもとは、神が違ふといふ事である。定める論理は、一つでも、自分の神は、他人の神とは違ふから、他處と區別しなければならない。其爲には、他と違つた事をするやうになつた。又其一方、競爭心からして、他に勝つ爲に變へて來た。大晦日・小正月・節分等に、村同志かけあひや、喧嘩をして、何うしても相手の村を負かさなければならなかつた。違つた事を言はなければ、爭ひに負けるのである。かうした心持が働いて、村の生活の古典が、根本的に變らなければならない土臺を持つて來る。村々で大同小異は免れない、と言ふやうな大ざつぱな事は言うてゐられない。言葉で言へぬ程似てゐても、少しでも違へねばならないと考へてゐた。此違ひは、もとは一つである。

ある村の氏子の生殖器は、曲つてゐると言ふ信仰がある。大阪の祇園の氏子も、且つては大阪の町を三分して、其一を氏子にしてゐた天滿の天神の氏子も、曲つてゐると言ふ。探せば斯うした信仰は、まだ〳〵外にもあるに違ひないと思ふ。事實は何うか判らないが、とにかく昔からの言ひ傳へで、氏子たる特徵として、さうなければ

6

ならないと信じてゐた。氏子自身は、自分の所だけだと思うてゐる。他處に似た所があるといふことが判ると、少しづゝでも變へて行く。自然のうちに、次第に分れて行くのである。

大抵は、何の原因か知らないが、或特徴があると傳へられてゐる。其では物足らなくなると說明を加へる。然も其が忘れられる事もある訣である。

自分の氏神といふより、村々の神―產土神と言ふと新しくなりすぎる―によつて行事が違うてゐるが、根本は違はない。其が前述したやうに、違へたいといふ心持が働き、又近所に多少違つた行事があると、相互に影響を受けて變つて來る。極端には言へないでも、あいぬや支那人の色合ひのある村があると、その村では自分の村の生活と、他村の生活とをすつかり分けて考へてゐる。

年中、國中を巡つてゐる祝言職人や、芸人の團體は、風俗・年中行事の傳播者であつた。此人々に播かれた同じ種も、土地によつて違つて育ち、或は似てゐるにしても、何處か相違した發達をして來た。同種の種も、土地によつて、育つところと、育たぬところとが出來て來る譯である。年中行事は、書物に書かれたもので見ると全國一律のやうであるが、實際は家々によつてさへ異つてゐるのである。例へば、正月の門松等も、次第に都會風になつて、一律になつたが、其でも未だに、昔のまゝの門松を立てゝゐる處もあつて、段々探つて行つて見ると、何處の松であると言ふことも判つて來る。何れにしても、同化力と特殊化する力とが綯ひ交ぜて作用して、非常に變化の多いものとなつた。

日本の年中行事に、通じて見られる根本の論理は、繰り返しと言ふ事であつて、民間の行事・風習には、何事によらず、繰り返す事が多い。春やつた事を、夏・秋といふ風に繰り返して行ふのである。すると、其繰り返した行事・風習に、春だからかう、秋だからあゝだ、此目的の爲に行ふのだ、と言ふ風な時代相當の合理觀の加はつた理會をして來る。日本の年中行事は、複雜に見えるが、元は簡單で、大抵は、一つの行事の繰り返しなのである。

年中行事を變化させた一つの大きな原動力としては、暦が少なくとも、舊暦・新暦・一月遲れと對立して行はれてゐる事も考へに入れなければならない。昔は、暦法は國々によつて違つてゐた。天體の運行を觀て、それを人民に敎へる爲に、暦を發布する力が、同時に君主として、國を治める勢力となるのである。斷片的に必要に從つて、示されてゐた暦が、度重なり進歩するにつれて、表となつて來た。繰りかへし役に立つ暦が考へられ、その一般的な暦に對して、急に襲うて來る風雨を敎へる、臨時の暦も考へられて來た。君主が、村を治める神秘な勢力の源は、其處にあり、其最古い典型が、日本に於て見られる。

日本の宮廷でも、刷り物ではないが、暦を出してゐる。各天子が、御自分で定められた暦を、其天子從屬の日《ヒ》置《オキ》部《べ》にもたせて、諸國に遣はされた。此暦を遵奉するものは、天子の民であり、其土地は天子の領地となつた。暦をもつて行く天子の臣を、日《ヒ》置大舍人《オキノオホトネリ》といふ。暦の神秘な力の源は、君主の宗敎的の力にある。

信州の諏訪、又は、戸隱に行はれてゐる筒粥の神事―粥の中に五穀を入れたものを筒でかき廻して、筒の中に入つた五穀の種類・其數を、一種のほと見なして、其年の農作物の豐凶を定める―なども、神官が神意を計つて、暦を作つたものである。

暦が天子によつて異り、又、計り知れない位、昔から移住してゐた支那人・朝鮮人も、皆各自の暦をもつてゐた爲に、年久しい間に起つた、暦法の上の混亂は、非常なものであつた。それで同じ行事も、村により部落により、

8

異つたものとなつて來る。土地の氣候などのためではなく、根本に暦法の相異が、横はつてゐたのである。亂れた暦法を、劃一的に統一しようとした事があるが、さうした努力を、すればするほど、暦法の混亂は、甚だしくなつて、今のわれ〳〵には、どれだけ亂れて了うたか判らなくなつて了うた。其爲に同一年中行事を地方によつては、時期を變へて繰りかへし、或地方では、違つた事と思うて、時期を變へて行うてゐるなど言ふ事も生じた。併乍らよく考へて、重複をさつて見ると、年中行事の數は、僅かになつて了ふのである。（未完）

傳承保有者の一面

早川孝太郎

民間傳承が如何なる過程の下に保存され繼承されるかに就いては、今後多くの事例を尙必要とすると思ひます。それと同時に、各種傳承の保有者で、次代への繼承者であり、或期間の保有者でもある傳承保有者に對する觀察も、一層注意さるべきと考へます。このことは傳承の本然的傾向を考察する上のみでなく、單に當面せる採集方法の點から言ひましても、必要と信じます。殊に採集効果の上から言ひますれば、傳承者の素質なり人柄に據つて、供給せられる資料にも、重要な影響を齎らすことは言ふ迄もありません。

民俗採集の事業は、貴重な資料の集積を目的とする上から、如何なる場合にも、純眞でさうして混濁の尠いことを要求いたします。從つて之が一面の供給者である傳承保有者は、一個無形の記錄である點を思ひますれば、その人の選擇も亦關心を要するものと思ひます。勿論問題に據りましては、之を敢て必要としない場合もあります。單に眼で見、耳で聽くだけで、目的は達せられるものもあります。然し之とて、全く說明者を必要せぬ訣にはまゐりません。

一言に傳承者又は傳承保有者と言ひましても、それ〴〵要求する問題に據つて、各樣に分れて來ることは當然であります。例へば昔話・傳說・民謠の類から、各種の行事・慣習・特種の言語等に據つて、その人は異つて來なくてはなりません。さうして一方それ等の人々にしても、その環境・年齡・境遇等に據つて特徵を具へて居た訣です。

私は玆で傳承者の本質とか、或は心理學的影響等に就いて言及する資格はありません。單なる採集方法の上から、一部の傾向とか素質に就いて言うて見るに過ぎません。

一面に採集者として、推奬せられる人は尠くありません。殊に老媼夜譚・江刺郡昔話・柴波郡昔話を初め、斯種の多くの著書を有つて居られる佐々木喜善さん等は、その業績から考へましても、貴重な體驗と考察を有つて居られることゝ思ひます。更にアイヌ研究の權威である金田一京助氏等は、一面にアイヌの各種傳承者の傾向素質等に就いて、特種の觀察を抱いて居られると信じます。その他この種の問題に、造詣の深い方は尙澤山あると思ひます。この點私の經驗は餘りに貧しく、言ふに足らぬことを豫めお斷りして置きます。

傳承保有者の一面（早川）

何等の前提もなく、漫然傳承保有者といふやうな名稱を用ゐましたもの丶、その名稱の及ぶ點は廣汎に亙つて居て、簡明に限界は決し兼ねます。或は說話・民謠・慣習等、それ〲問題を設けて區別した方が適當かとも思ひます。此點未だ取扱ひが不用意であることを恥ぢますが、一先づこの儘に話を進めます。假に一ツの土地なり部落を單位として申しますれば、或期間其處に生活した者であれば、問題に據つては、傳承保有者としての一面の資格を具備して居ります。さうして生活に對して、相當關心を抱いて居る者も、唯單に言語を解して居る程度の者も、之を外來者である採訪者から見る時は、等しく材料の供給者である點から、傳承者といふことが出來ます。然しさうなりましては、問題は無くなります。それで私は便宜上、之を段階的に見て次の三ツに分類して考へます。

一、部落生活の一般的智識の保有者・

二、特種の行事又は事象に對する精通者

三、尋常智識の保有者

この中の第三は、單なる村人と申してよいかと思ひます。以上は判然たる區別は勿論定め兼ねます。事實第一に概當する者は、第二の場合を兼ねて居ることも多いのです。それでこそ第一に概當する人物でありますが、第二の場合と特に區別する爲に一通り言うて置きます。

之に當る人物は、多くの場合、その土地なり部落なりの長老とか有力者とかいふ地位に見かけます。土地の政治經濟から慣習歷史又は文化の狀態等、一般生活に於ける點に、概括的智識を具備して居ります。程度に深淺こそあれ、この種の人物は、何れの土地又は部落に參りましても必ず存在したと言えます。その職業上から申しますと、小學校の校長とか、時に警察の官吏等にも見かけますが、之は其地に生育した者でない限り、其觀察なり智識の程度は淺薄を免れません。何處かに徹底しない表面的な所があります。それで多くは土着の者で村治に交涉を有つ人に見かけます。斯うした傾向の人物は、外來者殊に民俗採集家にとつては、先づ土地の一般狀勢を知る上に於て有力であります。外來者に接觸の機會も多く、外界の狀勢にも通じて居て、事物を客觀的に取扱ふことも出來ます。その用語等も、內外兩樣を辨へて居て、方言と標準語の使ひ分けも自由でありませす。そうして一般にも故老とか物識りとして推奬されて居ります。

單に採集者の立場から批評しますと、この種人物の傳承保有者としての缺陷は、その地位等の關係から、土地の代表意識が旺んで、外來者に對して、最もらしく自己の解釋から特色づけ觀察せしめようとか、時には此方の目的を誤解して、或程度の事實以外に立入ることを懼れる風もあります。それのみでなく前言うたやうな關係から、或一ツの問題にしても、その傳承事實は、多く概念的であります。一般的村落調査とでもいふ場合は、或は適當かも知れませんが、眼に見えぬ特種の民俗傳承等を知らうとするには、尙飽足らぬ點があります。

以上のやうな理由から、私の特に傳承保有者として關心を抱いて居りますのは、前掲の第二の場合に當嵌る人物であります。

第二の場合の、特種の行事又は事象に對する精通者といふのは、問題は別に限りません。各種の事象に對して、尋常以上に經驗と記憶を有つて居る、之には時に分擔的である場合もあれば、三四の問題に亘つて併せ有つこともあります。多くの場合、殆んど一事だけに精しいといふやうな例は尠いやうであります。さうして男女とか、一方階級的にも差別はありません。年齢の長短は言ふ迄もなく、その地位から言ひましても、子守・下女・下男を初め、あらゆる人物を含んで居ります。例へば昔話を澤山知つて居るとか、歌の文句に詳しいとか、狩とか祭りの作法次第とか、數へ上げれば種々雜多であります。時には又自己の職業乃至業務の關係から、その作法出來等を辨へて居た場合もあります。

この種の人物は、今日迄の傾向ではそれ〴〵の有つ事象に對する一般的の比較眼に缺けて居ります。之が寧ろ傳承保有者として有意義であります。よく耳にする事でありますが、未知の土地へ行つて、變つた風習か、面白い物語りはないかといふ類の質問方法であります。多くの場合その問は失敗と思ひます。土地に居住して居る者が、さうした質問に卽座に答へ得る者があれば、その回答は寧ろ危險と申さねばなりません。忠實な傳承保有者は、表面には容易に表はれてまゐりません。

次にはこの種傳承保有者の中に、婦人の地位を見逃すことの出來ぬことであります。婦人は問題に據つては、男子に比して一段優越でありますが、外來者に對して胸襟を開いて接することは稀で、容易に接近の出來ない不便があります。さうして男子が總て概念的であるに對して、之は專門的で、その觀察も細密であります。昔話を初め、民話傳說等の保存には、或は近世では婦人の功績が男子に比して勝れて居たかと思ひます。殊に婦人は特種の體驗を有つて居て、一段と保守的であります。次の話はその一ツの例でありますが、嘗て茨城縣久慈郡の山村で、正月の行事を訊ねました時、松迎へとか、歲棚の飾り方等は事なく知ることが出來ますが、歳神を送る時の作法とか、供へ餅の作り方數量等は兎角不明瞭であります。偶々久慈郡黒澤村上卿の或農家でありましたが、その家の主婦が歳神送りの次第を心得て居て、知ることが出來ました。勿論その家だけの作法であります。仍ち松を惠方に向つて倒すと、其の儘送るべき屋敷裏の明地へ敬虔な氣持で運んで行きます。さうして下に置く時に、ホーイ〳〵と三度聲を掛けて終ります。何でもないことでありますが、實驗者でない限り言ひ能はぬことです。何でも生家の作法を凝視して居て、それを其儘行つて居たのです。松を迎へるとか歳棚を飾ることは、重要な儀式として居て、男子が當つて居るのでありますが、之を送る事は已に問題として居なかつたのであります。主人も勿論そんな事が、年々繰返されて居た事は氣が附かなかつたと申して居りました。斯うした事實は案外多かつたかと思ひます。次に供へ餅の大さ數量等も、婦人は厨房に携はつて居ただけ、容易に正確に回答が得られます。

斯うした經驗と素質を有つた人々が、今後の民俗學には、最も要求せられるかと思ひます。資料蒐集の上から言ひましても今日では一般概念的材料よりは、一層深刻な、基礎的であり純眞なものを要求します。傳承者としても雜然とした物識りよりも、一事に精通する人の方が信賴が置かれます。假に昔話で言へば、話題を豐富に有つて居ることは勿論結構でありますが、嘗て聞いた儘を、時に脱落はありましても錯誤なく供給し得る人の方が貴いと思ひます。

次にはさうした傳承の保有者が、或事象に注意を傾け、記憶するに至つた原因と思ふものであります。之には或動機から、期せずして辨へるに至つた場合もありませうが、多くはその性格に起因したと思ひます。或は懷古的とも申しませうか、現實を離れて或別個の世界を凝視して居る如き態度であります。之は問題に依り區別はありましても、根本は總て同じと言へます。

それでこの種人物の特徴として、第一に考へられるのは記憶力の强大であります。事實昔話とか傳說民謠等は、記憶力の劣つた者は、その資格に於て已に缺けて居たことは當然でありますが、之を原因の全部とすることは出來ません。記憶は寧ろ從で、事象に對する注意力と興味が主であります。この事は柳田先生も度々指摘して居られます。

記憶力に次いで考へられるのは年齡であります。年齡の優劣は結果に於て經驗の幅度の大小に歸する訣になります。從つて問題に依つては絕對の武器でありますが、一般傳承の上から見ると、之又特別の優越は認め難いのであります。それで採集者としては、徒らに年齡をのみ問題にする必要はなくなります。

柳田先生はその昔話の研究に於て、之迄の日本婦人の、傳承と年齢の關係に注意せられて居ります。說話保管者の生活を大體三期に分つて、第一が話を覺える時期で之は年少時代、次はその潜伏期で、婦人が人妻から母親として活動する時代で、家庭の主婦として最も忍苦の多い期で、この頃は昔話を顧みる暇は與へられない。次が流布時代といふべきもので、年配も五十歳前後から始ります。當面の生活苦から漸次解放されて、之からは孫などを相手に、靜かな回顧的の日が多くなります。その頃から幼年時代の記憶が蘇つて來て、それ迄の沈默勝の態度が革り、次第に饒舌癖を發揮するといふのであります。之は主として說話保存の年次と、傳承律に就いて考へられたことでありますが、何れにしても傳承繼承の時代は、少年期であります。從つて單に傳承保有者としての年齢は問題でなくなり、寧ろ次代への傳播を促す時期として意義を認めます。

貧しい一事例に過ぎませんが、嘗て採集致しました能美郡民謠集であります。この說話者である女性等も、當時は五十四五の年配でありましたが、歌を記憶したのは、七八歳から十六七迄の間で、主として子守りから雇女として過した期間でありました。或年期以後にも勿論歌を聽く機會は數々ありましたが、殆ど忘却したと申して居りました。

又私の鄕里に生れて、十三の年に村を出てしまつた者がありましたが、この人が語つたといふ昔話が幾つかあつて、幾人かの口から聽いたことがあります。聞かされた方が寧ろ年長であつたのです。その少年は非常に艱難な日を送つて居りまして、性質も僻んで居たやうであります、それで昔話をする事は、相手方の機嫌をとる手段の一ツであつたと申します。

數年前三河北設樂郡の分地といふ寒村を訪れました時、其處の池田某の男は、未だ三十に手の屆かぬ程の年配でありましたが、昔話・民話の類を數多く知つて居るのに驚いたことがあります。

之も同じ郡の御殿村月の尋常小學校で、校長の岩瀨義三氏が試みられたことですが、五六年の生徒に、家庭で聞いた話を綴らせてそれを寄與された事があります。その中の一人の女生徒の書いたものに、神隱しに遇つた男の話といふのがあります。その事實は別の方面から私も二三聞いて居りましたので、よく事情は知つて居りましたが、觀察が行屆いて居るのに感動したことがありました。勿論聽いた儘を書いたに過ぎませんが、只それだけと決めて終ふ訣にはゆきません。父親を亡くした氣の毒な境遇だといひましたが、學業の方も成績が宜いと聞いて居ります。

斯うして昔話とか歌の文句とか、或は各種の事象に注意と關心を有ちますのは、前にも言ひましたやうに、その世界に對する興味が性格的に働いて居たかと思ひます。單に年を老つて居たから昔のことを多く知つて居る。變つた事實を辨へて居たとする類は問題でありません。三河北設樂郡川宇連の石田龍平といふ獵師は、現在八十九歳になると思ひますが、久しくこの地方の狩人の頭領格で、一に早鳴り龍平と渾名のある豪の者であります。その獵人生活の足跡も遠江信濃から美濃越前若狹迄も及んで居ります。然し以前の狩の作法、狩詞等に於ては、氏の後輩で、十幾つも若い佐々木今朝十氏には遠く及びません。狩人の本分である狩獵その物には實に得意でありましても、その生活に對する感興は反つて薄かつたと思ひます。

狩人の話の次手に、もう一つ例を擧げて見ます。茨城縣の八溝山麓の獵師で、本多末藏氏は、私が同地で遇ひました狩人の中では最も弱年でありましたが、狩詞を豐富に知つて居た事は第一でありました。

以上擧げました年齡とか、記憶力の如何を別にしましても、傳承保有者たる素因は多々ありませうが、私の特に興味を覺えますのは、その境遇から來る影響であります。

傳承保有者が、系統環境に據ることも勿論考へられます。假に系統觀から申しますれば、家にさうした傾向を有つた者があると、その子なり孫なりが、その素質を享けます。之は屢經驗する處であります。然し傳承の保有者が、次代への繼承を求める場合は、その子なり孫に限つては居りません。意外な所に、その跡を遺して居た例は多いと思ひます。已に傾きかけた家の軒に、白髮の老爺の前に蹲まつて居る少年、或は衆人が雜談を交す席に、凝と聽耳を立てゝ居た兒童の姿は、獨り吾々の空想ばかりではなかつたと思ひます。それで問題は、傳へんとする者より、寧ろ求むる者が中心になつて來ます。斯の求めんとする態度が、少くも境遇に據る影響から來たものがあると思ひます。然もその多くが、一面に生活的に惠まれぬ孤獨者の上にありました。その一例として、嘗て民族（第三卷五六五頁）に二三の事實を擧げたことがあります。或は私の經驗が偶然であるかも知れませんが、その人々が孤兒とか寡婦又は獨身者に多かつたのも事實であります。その理由は種々に考へられますが、一方それと反對に、家庭生活も惠まれて居て、何等生活的に缺陷の無い種類の人に、勝れた傳承保有者を見ることもあります。此頃出版された甲斐昔話集の中心であつた說話者等は、その代表的とも言へます。之は理論上はさうあるべきですが、實際の例は反對の現象が反つて多かつたと思ひます。遠野物語の第十二番十三番に、村の者が乙爺と呼ぶ新田乙藏といふ老人の傳があります。土地に關する多くの言傳へ歌謠の類を知つて居て、それを何人かに聞かせようとするが、體の哭い爲に誰しも相手にせず、唯一人淋しく死んで行つたといふ事實であります。之は寧ろ傳承者心理を現はしたものとして興味が多いのですが、一面には斯うした孤獨生活を送つて居た人が、反つて民俗傳承上のよき戰士であつたことの類型といふことも出來ます。

さうした類例の一つとして、近ごろ氣が附いたのでありますが、三河の東北部から、信濃の南部地方には、今でもヲヂボー又はヲヂボーズといふ稱呼が行はれて居ります。この二三十年前迄は、土地の狀況から、多くの家庭に(殊に貧困者)この稱を與へられて甘んじて居た人が居りました。ヲヂボーは伯父坊でその家の主人から見れば伯父で、上座を占めては居るが、何等家庭上に權力の無い、一種の生活癈失者であります。以前の山村の生活に於ては、耕地は限られて居て分家は叶はぬ、さう言うて養子先も求められなかつた者が、生涯その家の掛り人となつて終ります。二男三男が兄弟二人で、やつと一人の女房を持つて居たなどと耳にするさへ陰慘な事實があります。三河北設樂郡本郷町の原田清氏などその例を多く知つて居られます。之は何も山村に限られない、孤島の生活等にも繰返されて居て、私の知る限りでは羽後の飛島等でも、現在は二男三男に生れた者は北海道・樺太等の漁場に出て獨立の生計を立てゝ行きますが、以前は家の掛り人となつて終つた者が多かつたのであります。

斯うした人々が、案外土地の慣習とか、昔話又は歌の文句祭りの次第等に注意を傾けて居たかと思ひます。花祭りの採訪にも、度々經驗したことでありますが、所謂「はなずき」として、行事の次第から古い舞の手、其他祭文とか神歌等を辨へて居た人の中に、さうした類の人がありました。不幸にして生活地位が低い爲に、土地では問題とされて居りません。

婦人にも又この種の人のあつた事は考へられます。村の物持の臺所から、何十年も出た事のないといふやうな人、男女に限りませんが、斯うした人が、說話民謠等を豐富に記憶して居たことは、屢聞く處であります。其他杣とか木挽又は炭燒、桶職などが、多くの物語りを有つて居たのも、一ツにはその職業關係から、世渡りの方便として利用した點もありませうが、境遇上の影響もあつて、時には職業そのものが、已に境遇から選まれたものもあつたかと思ひます。

紀伊の國の端唄（再追記）

南方熊楠

二卷七號四三七頁に、此唄を合作した新宮藩士闕匡、玉松千年人兄弟の妹が藩主水野忠央の愛妾と、小野芳彦君の來示の儘出し、扨同號四四〇頁に、同じ小野君の水野家系譜に據て、雜賀貞次郎君が告越されたに由り、件の藩主の愛妾玉松氏、名は多摩子は嘉永元年七月歿したと載せた。四三八頁に書た通り、紀伊の國の唄が發行したらしい安政末(六)年に、闕匡が廿四歲、弟玉松千年人が丁年前後、それを假りに此兄弟が年續きに生れたと定めて廿三歲、扨其妹多摩子の方も年子に出胎したとしても、安政六年より十一年前の嘉永元年に、この婦人は十一歲で逝た筈、なんぼ藩主が好色だつても、十一歲の少女を愛妾とは、藩主の偉器と共に受け容れ得ない。上頭の場で死だ沙汰も聞ず、不審の至りと、氣をもむ處え、七月廿五日、小野君から左の一書が著いた。是でタツプリ通和散を用ひた如く、始末が底迄よく屆くと、卽ち寫して差上る。

〔前文略〕小生の御報申上候傳聞にして、幸ひに訛誤無之候はゞ、先生の御斷案は山の如く憾かざる者と奉敬服候。闕匡氏は廢藩の際江戶詰家老の職に之有り。四十歲以下にして家老職に昇れる例無之由に御座候へば、先生の御推定有せられたる通り、安政末年の頃には廿四五歲以上に、有之候事も必然に可有之と存じ申候
闕氏と玉松氏の妹は藩主忠央公の愛妾と御報申上候は、全くの誤聞に有之、忠央公の愛妾多摩子の方は、玉の井樣と稱し、(「玉の井」は下熊野地〔新宮町の大字〕源行家屋敷跡の附近にある名所にて、丹鶴姬樣の「朝夕にみればこそあれ熊野なる、おく白露の玉の井の橋」の遺詠も傳はりおり申し候。)實に第十代藩主大炊頭忠幹公の御生母に有之、御里方は(上州或はいふ武州)在某農家の女と申すも詳かならず。されど忠央公の寵愛を鍾められたる上、世子忠幹公を生れたるにつき、其御名に因み、新たに玉松といふ一家を興し、闕氏の弟千年人氏をして其家を承しめられたる者の由に有之、玆に不敏を叩謝して正誤申上げ候。〔闕、玉松二氏合作の此端唄を閱正したと傳えらるゝ〕二世川上不白宗匠には、他に幾つかの端唄を作れる由に有之。宗匠の娘より常磐津を學び、只今京都在住の某老媼。その一二は記臆致し可有之かと被存候。就ては早速聞合せ、幸ひに相分り候はゞ直に御報可申上候。

熊楠謂く、此端唄最初に、新宮領の音無川上に立せ玉へる船玉山を擧げ、扨東國に至りては玉姬稻荷が云々と、玉の字を二つ迄重ねたは多摩子の名に因んだ事歷然だが、主君の愛妾を狐の嫁入云云と、狐に比したは、作者の無禮放佚沙汰の限りでも面白くもある。(完)

資料・報告

河童の話

松本友記

說話採集ノートの中から、河童に關するもののみ抜き出して報告して置きます。これ等の話は、宮崎市を中心として、その附近に昔から語り傳へられる河童の話、及び鹿兒島地方の分も二三まじつてをります。一話毎の題は、自分で勝手に、便利のためにつけたのですから、そのお積りで讀んで下さい。

◇河童の名前

宮崎地方ではガラッパ、或はヒョウスンボと言はれ、鹿兒島地方ではガラッパ、或はカッパと呼ばれる。

◇河童の俚言

一、河童の川流れ　（宮崎地方）

一、加治木島に川內ガラッパ　（鹿兒島地方）

加治木《カジキ》は鹿兒島縣加治木町のこと、川內は鹿兒島縣川內（センダイ）町のこと、ズルイものゝ代名詞に用ひられてゐる。

一、ガラッパのごぜむけ　（鹿兒島地方）

ごぜむけとは「結婚」のこと、鹿兒島地方の方言。

◇河童の移動

梅雨時には山の方から鳴き聲をあげて川の方へおりてゆく、ひようひよろ、ひようひよろ。そして稻の刈上げ時には河から再び山の方へかへつてゆく。ひようひよろ、ひようひよろとなきながら。冬は山に住む。（宮崎縣西諸郡地方・鹿兒島市附近）

河童は春の彼岸に山から川へ下り、秋の彼岸に川から山へかへり、冬の間は山の中にすんでをる。（鹿兒島市總務田町・宮崎縣兒湯郡木城村）

◇河童と相撲

1

宮崎市外蟹町に日高政二郎といふ人があつた。この人が或る時、對岸の大淀の中村町に用件ができて大淀川を小舟で渡つて行く途中、岸にあがつてすぐ、そこの桑畑の中で河童が出てきて相撲をとらうと云ふので、生來力自慢の政二郎さんは懸命に河童と相撲をとつた、所が政二郎さんの力が强いので、河童の奴、手を引いて逃げてしまつた、政二郎さんはその足で中村町の親類の家に行つた所が、その家の人達が非常に驚いた。といふのは政二郎さんの體は血みどろにかきむしられてゐるからであつた。その時の河童は三才の童子の樣で全身毛が生へて、ツルツルしてゐたといふ。

2

同じく宮崎市外蟹町《カニマチ》に日高といふ兄弟がゐた。九つになる弟が或る夏の日、水泳ぎに行つたぎり夕方になつてもかへつてこないので、兄は心配して河原の方に探しに出て行つた。河原に行つてみると、そこに三尺位の高さの子供が十人餘り、一人の子供を眞中において盛にかわるがわる相撲をとつてゐるのをみた。子供達の恰好が少し變なので近くに行つてみると、正しく河童で中なる一人が自分の弟であつた。河童達は直にその場から姿を消してしまつた。弟は全體爪でかきむしられてゐて、その夜からひどく發熱した。

3

宮崎市外木花村に昔相撲取りが住んでゐた。或時この相撲取りが河童に相撲を申込まれて、河原でとつてやつつけられてしまつた。所が丁度その頃その附近に有名な山伏がすんでゐた。この山伏は河童をよび集める力があつたので、村人が事の由をこの山伏に話すと、山伏は早速河原にゆき、經を讀んで河童を集めてみた、そしたら何十となく集まつてきたそうである。

◇河童の恩返し

1

宮崎市江平町に昔、「彥さん」――今でも土地の人はさうよんでゐる――といふ人がすんでゐた。瓜生野（宮崎市から約三里餘りの所）に河童がとれたといふ話を耳にしたので早速、買つてきて見世物にしようと思つて出かけて行つて一匹買ひ求めて、自分の中に可愛がつて飼つてゐた。所が河童は毎日近くにある江平の池や大淀川に出かけてたくさんの魚をとつてきては彥さんに與へた。

2

宮崎市外檍村字江田に、桑畑銀平、長友菊次郎といふ人がすんでゐる。その二人と河童との話。

二人が一緒に村はづれの田圃道を歩いてゐると、道を横ぎつてゐる水路にはめてある土管に、何か子供の樣なものがはさまつてゐるので大いに驚き、助けてみると、子供ではなくて河童であつた。桑畑銀平さんは非常に漁がすきであつたが不幸に盲目であつた。それでも杖を頼りに網（手ですくふ網）をもつては毎日出かけて行つた。河童を助けてからといふもの、銀平さんは毎日たくさんの漁をしてくるので村人達は、これには驚いてゐた。村人達は、河童が助けられた恩返しに、銀平さんに魚をとつてやるからだと、今でも信じ切つてゐる。

◇河童の呪ひ

宮崎市と大淀町とをつなぐ所、今の橘橋がまだなくて、渡船が通つてゐた頃の話。渡守の爺さんが或日いつものやうに客をのせて宮崎の岸から大淀の河岸に渡し、又宮崎の方の岸へかへる途中、河の中程までくると、そこに一人の人間がニヤニヤ笑ひながら水中に座つてゐるので、どんなにしたのだらうと思ひ、その人を助けてやつた。其後幾月か經つて、渡守の夫婦の中に子供が生れた、がその子供は生れつき馬鹿であつた。折角河童がたらしこまふとしてゐた人を助けて、仕事の邪魔をしたので、河童は大いに怒り爺さんの子供を馬鹿にしたのであつた。馬鹿の子供の名を正次郎と云ひ、宮崎市内の今、四拾才位の人は皆知つてゐる。

◇河童の子を生んだ話

1

今から五十年ばかり前のこと、宮崎市から一里ばかりの處に南方といふ部落がある。そこに河童の子供を生んだ婦人が居た。或時その婦人が急に産氣づいて、産婆を呼ぶひまもなく生んでしまつた。お産は至つて輕かつたが、何人も何人もピヨロピヨロ〳〵獨り手に生れ、どれもこれも生れるとすぐゾロゾロ部屋からはひ出して、その近所にある池に入つてしまつた。この婦人は河童の子を生んだのであつた。

2

この話は宮崎縣都城市に傳はる話である。極く近頃の話で、産婆の經驗談である。

川岸に一人の後家さんが淋しく一人暮してゐた。然しいつ、誰と關係したか分らないが姙娠してしまつた。里人達は不思議なこともあるもんだと噂してゐる中に臨月になつて産婆さんが行つてみると、變なことには、座敷に、新鮮な、たくさんの河魚が籠に入れて据へてあつた。その日婦人はお産をした。所が生むわ生むわ、ピヨロピヨロ〳〵何人もの子供が生れたけれ共、生れた子はどこに居るかと探しても、一向一人もその部屋には居ない。最後の子供が生れてしまつたかと思ふと、それも姿をかくし、先刻おかれてあつた魚籠も、もうそこになかつた。これは、河童と關係して河童の子を生み、この日、父なる河童が魚をとつて子供を迎へに來て、みんなつれて行つたのであつた。

◇河童と腰卷

夜、女の腰卷を屋外にほしたまゝにしておくと、必らず河童がきて、その腰卷の持主の女に惡さをする。（鹿兒島市總務田町附近）

◇河童と遊女

彼是四拾年も前、宮崎市松山の花街、今はないがその頃一島家といふ娼家があつた。その娼家の一遊女と河童の話は次の樣である。遊女の名前は不明。

毎夜毎夜、客がかへつた後も尚彼女の部屋は騷々しかつた。電燈がついたり消えたり、話し聲がきこえたり、不思議でならなかつた。仲居は、或晩正體をみとゞけてやらうと考へ、客がかへつた後、彼女の部屋を隙間からのぞきこんでゐると、案の定、何者かがやつてきては彼女と戯れる、けれ共仲居はそれが、何者であるか一向姿を見ることは出來ない、然し誰かがきてゐることは確かであつた。かくして幾日かが過ぎて行つた、所が突然、何者かに通ひつめられてゐた彼女の姿がみへなくなつた。まもなく彼女は近くの大淀川に身投げしてゐることが分つた。廓の人達は、彼女は河童に見込まれて河童の家につれてゆかれたのだと信じた。

◇河童の入浴・

1

宮崎縣兒湯郡寒川（カナカワ）村字天神谷、この地方は、家毎に大抵風呂桶をもつてゐて、然もそれは概ね家の外側に据へられ、風呂水は崖から湧き出る水をカケヒで導いて入れるやうになつてゐる。夜に入つて家内の者が皆入つてしまつてから、少し湯加減がぬるむ頃になると、チヤブチヤブ〳〵風呂水をかきまぜる音がする。これは河童が風呂入りに來てゐるのである。河童が入つた風呂水を翌朝みてみると、必らず風呂水の上には一面に毛が浮いてゐる。河童はカケヒの水を傳つて風呂に入りに來るものである。

2

宮崎市丸山町、ここは今から五拾年も前は實に淋しい所で人

家も少なかつた。その頃一軒の藥湯屋があつた。毎晩おそくなつて入浴する人も少なくなり、次第に湯がぬるくなつてくると、附近のどこからともなくたくさんの河童が集まつてきて入浴するのであつた。河童が入つた湯は毛が一面浮いて、その臭氣ときたらとてもたまらないやうな臭ひなので湯屋の主人は非常に困り、或晩湯を終へてから、すつかり湯槽から湯を落して置いた。明くる朝、主人がひよつと井戸端に出てみると、そこに自分の馬が馬舍からひき出されて殺されてゐるのを發見した。馬を殺したのは河童で、入浴を絶たれて怒りかくも馬を殺したのである。

◇河童の通路

河童は雨のふる時ヒヨヒヨなきながら川や溝をつたつてゆきする。（宮崎市附近）

川岸とか或は崖の先端とか、最早それから先の方へ通れないやうな場所を「お先」と普通呼んでゐるが、このお先は河童の通り路である。そしてその通り路は一つしかなく一定してゐるので、もしその通り路に家でも建てると河童に惡さされるので「お先に家を建てるものではない」と云つて家を建てることを忌む。斯様な場所に家を建てると、毎晩河童に家をゆすぶられる。この話は宮崎縣の山奥、兒湯郡の天神谷といふ山仕事を業としてゐる人達が住んでゐる部落に傳はるものである。ずつと

以前川端のお先に家を建てた所が、毎晩家がゆれて仕方がないので、何者の仕業か、みとどけてやらうと考へ、主人が或夜鋭利なナタをもつて待つてゐた所が、案の定、河童がやつてきて家をゆすぶり初めたので、ナタをふりあげて切りつけた。所が切付けたのは河童ではなくて自分の家の大黑柱だつたといふ。

◇河童と生膽

河童は非常に金持であつて、金持の河童は人間に害はせぬ、人間をとるのは生膽をとるためであつて、人間の生膽は河童の病氣にとつて一番の藥である。彼等は貧乏になると人間の生膽をとる。宮崎市から一里ばかり離れた一ツ葉といふ海岸にすむ漁夫達は、昔からこのやうなことを言つてゐる。

◇河童の姿

河童は決して自分の姿を人にみせない。（宮崎市附近）

河童は決して自分の死體を人にみせない、卽ち人にみつかるやうな所では決して死なない。（宮崎市附近）

鹿兒島市にもこんな話がある。

鹿兒島市附近の山には河童がすんでゐて、山に一人でゆくと、何かしら體に物がまつわつてきて仕樣がない、どんなにもがいて離さうとしても、何かしらまきついたやうで離れない。これは河童がまきつくのであつて、こんなときいつも體中爪でかきむしられてゐる。この際河童は決して自分の姿をみせない。

◇五月節句のチマキダンゴの由來

五月の節句には必ずチマキダンゴを作る。このダンゴと河童と結びついた言ひ傳へは次の樣である。

或る處に、五月の節句まへ、河童が訪ねてきて『あんたん所の一人息子を節句の日某の刻にきつと、もらひに來るからその積りでゐてくれ』（刻は不明）とその家の母親に言つて立去つて行つた。母親は非常に心配して、たつた一人の息子をとられては大變だと、その日から息子を外出させないやうにしたけれ共、腕白盛りの子供はどうしてもきかないので母は益〻心配した。節句の日がきた。お母さんは思案の果、たくさんのチマキダンゴをこしらへて息子にもたせ、『これをもつて遊びにゆきなさい。そしてお友達に會つたら、みんな一緒にこれをたべなさい』と言ひきかせて遊びに出した。子供は遊びに出て行つた。ところが、いつのまにか、どこからともなくたくさんの子供達が彼の周りに集まつてきたので、彼は母親から言はれた通り、早速もつてゐたチマキダンゴをみんなにたべさした。みんな非常によろこんでたべてゐる中に、段々時間が過ぎて行き、先日約束した子供をもらふ約束の時間までも過ぎ去つてしまつたので、河童達は言つた。『今日俺達はお前をもらひにきたのであつたが、お前の團子をたべてゐたら約束の時間をはづしてしまつた。それでお前を俺達はとることは出來ないのだ』と言つて去つて行つた。五月の節句にチマキダンゴをつくるならわしは、かうした話から始まつてたものであると。

肥後天草郡一丁田村採訪記　（濱田）

◇河童の形體

1　顏

宮崎に今も生きてゐる人であるが日高盛之といふ人が、友達二三人と一緒に一ツ葉の入江にボートを浮べてゐた。その日は天氣よく、風も吹かず、波靜かな日であつた。所が突然、舟の周圍の水が激しく波立ち、次第に激しく舟が覆へさせられるやうにゆれるので、皆は何事だらうと不思議に驚き、岸に漸くのことこぎつけて上陸することが出來た。陸にあがつたとき、ふと水面をみた所が、水面近く、顏の眞赤なものがゐたので、これはてつきり河童につけられたのだと恐れて逃げかへつた。

2　手

河童の手は伸縮自由自在であつて、右へひけば右に、左にひけば左に、どれだけでも伸んでゆく。一方にひどく引張ればその反對の方の手はみんな流れるやうになくなつて引張られる方に伸んでゆく、それで河童の手はどんなに引張つても少しも手ごたへがない。

3　足

河童の足跡をみると三指の跡がある。（このことは宮崎市では言はない。兒湯郡寒川村邊でかく言ふ）

4　指

手の指はエビの鋏のやうになつてゐる（兒湯郡木城村）

◇俚　言

水あびに一人ゆくと河童が尻の穴から手をさしこんで內臟を引き出す。

以上は私が採集した河童の話であります。河童が實際居るものであるかどうか、今ここでは問題外としておきますが、人々の間に可成り根强い力で河童の話が生きてゐることは確かであります。然もこの話は全國的なもののやうに思はれます。河童の形態、存否を早く結論づけないでもいゝでせう。それよりも一つでも多くの說話を集めて、思考の基礎工事を丈夫にして置くことが大切だと思ひます。河童に關する總ゆる傳承を知り度いと思つてゐます。各地の誌友諸兄の御報告を願つて擱筆致します。（一九三〇・七・一）

肥後天草郡一丁田村採訪記（下）

濱田隆一

二〇　板ノ河內の若宮《グウ》

板ノ河內には宰川といふ姓が非常に多い。みな、この板河內開拓者の宰川荒左衛門といふものゝ子孫と稱してゐる。この祖先荒左衞門を祀つたのが若宮である。天草では部落の氏神（産土神）に對して一族の祖先神を若宮と呼ぶさうである。その字川荒左衞門が板河內に來たのは元祿頃といふ。當時は板河內は人間の氣は全くなく、山わろの跳梁地であつた。荒左衞門はその山わろにかう申し込んだ。「人間と山わろと笑ひの競爭をしよう、そして勝つた方がこの土地を取る。そしてその笑ふのは、只二人で笑つたゞけでは勝負はつかぬから、笑つてその木の葉の落しくらをしよう。」先づ山わろが笑つた。山わろの笑ひ聲は聞くと氣絶する程だから、彼は耳に栓をしてゐた。遂々木の葉は落ちなかつた。今度は彼の笑ふ番となつた。彼は山わろをだまして目かくしをさせた。そして鐵砲を持つて來て山わろの耳もとにあてがひ銃先を前の木の葉に向けて、ドンと一發放つと共に目かくしを取つた。山わろば、恐ろしい大きな人間の笑ひ聲を聞くと同時に、目の前に木の葉の落ち散るのを見た。荒左衞門はかうして板河內の地を山わろから取つてこの地を開拓した。

二一　太田代神社

これも若宮の一つである。今、この地の神官田代氏の先祖である。もと薩摩國出水郡田代からこの地に渡つて來た。死ぬるとき、薩摩の方の見ゆる所へ葬れとの遺言があつたので、高尾に葬るつもりで死骸を擔いで行つたのが、太田代で棒が折れてしまつたので其處に祀つた。

二二　丸山嘶

一丁田川の下流に小島があり森の中に數軒の農家がある。丸山といふ。この部落の人達はむかしから、途方もない話をするので、一丁田ではそれに類した話を丸山嘶といつて居る。例へば

（一）川を渡つてゐると魚を足にふんだ。捕つて家へかへつて煮て食つたが村中して食ひきれなかつた。

（二）丸山に出來た大きな甘藷を煮ようと思つたが、そんな大きなのを煮る鍋がどこを搜してもなく遂に腐らしてしまつた。

（三）德利の皮をむいてくれと賴まれたが「あまりむき方が速くて賃金が高いから到底拂へまいので氣の毒だから」といつてかへした。等といふ類の嘶である。

二三　釜の三神

釜に小祠があつて、祠前に蘇鐵が叢生してゐるのは珍らしい。祠中に中央に辨財天、右に山神、左に龍神の木像（高さ各二尺位）が祀つてある。こゝの龍神と山神を一緒の筥の中に入れておくと、どちらか一方必ず怪我してゐるといふ言傳へがある。又一丁田では、辨財天はあまり別嬪で誰も嫁にもらひ手がなく遂に蛇の嫁御になつたと言つてゐる。

二四　胴突音頭

突き初めの歌、益田の池田區長から敎へられたのは

肥後天草郡一丁田村採訪記（濱田）

先づ一番に突く石は黄金の胴突　エンサノサ
その次ぎつくのは白金かとりで　エンサノサ
といふのであつた。下田の老人から聞いたのは
まづ一番に突く石は、いぬゐの隅から突き初め　アラエンヤラサ　サノエ
といつた。それから後は何でも緣起の好い文句の一切りづゝ唄つては、エンヤラサと皆で拍子をとる。

正月の二日の晩のはつゆめに
あさらぎ山の　くすの木を
きつてたわして　板にわき
新造つくりて　いまおろす
舟はしらがね　ろはこがね
白がね柱を　おしたつる
金のこせびを　ぐわへさせ
帆はきんらんを　まきおろす
てなわみなわは　琴のいと
とものみこしに　松をうゑ
松風あらしを　帆にうくる
寶が島にぞ　はしり行く
寶がしまに　なりぬれば
積めや〳〵と　寶つむ
どのまにづばりと　積みこんで
またわがところと　かへりくる
またうちにぞと　かへり來て
大福長者と　いはひます

二五　一丁田沿革

現今の河浦（中村、葛河內《ツヅラ》、平野）を寬永の頃まで河內浦と稱した。上古海であつたことが、この名からも地勢からも察せられる。往古こゝに河內浦三郎入道なる人あり其子孫天草氏ならんといふ。天草尙種時代勢力盛に天草地頭となる。兵藤太郎高弘と爭ふ。（鎌倉時代）

天草鎭種―種直二代は伊豆守と稱す。切支丹を招致、葡人イルマン、ダルメーダ。當時敎會堂の跡が河內と今田（今の今村）に各一ケ所づゝある。しかし現今は切支丹信者なし。佛敎盛に特に、天草亂後鈴木代官の創建にかゝる四本寺の一、淨土宗の崇圓寺がこの地に在るところから同宗信者がもつとも多い。その次に眞宗、それから禪宗、神道を若干數へるばかりである。

天領時代は、天草十組中の一つで、河內浦を中心に附近十三ケ村を一組にまとめ河內浦に大庄屋（野田氏）を置いた。

二六　氏神中心

往古は一丁田城の守護神として、四方に住吉、生田《ユキタ》、愛宕《アタゴ》、八坂を祀つてゐたといふが天草氏は住吉を天滿に換えてこれを

氏神として信仰し（今下田城趾に在る神社）他の神も殆どかへりみられなくなつた。

天草亂後、代官は敬神崇佛を奬勵し、各部落に氏神を定めそれを中心にして來た。その今に村社として殘つてゐるもの

今村神社　（今村）　十五社
谿田神社　（谿田）　十五社
八　幡　宮　（中村）　八幡神
菅原神社　（下田）　菅公　（元は住吉）
諏訪神社　（白木河内）　素神尊
十五社宮　（久留）　十五社

と六つある。十五社と言ふのは、上に言つた亂後各々氏神を祭らせるのに氏神を持たぬ部落又は以前切支丹信仰によつて神社が破毀されなどして祭神が誰であつたかを忘れてしまつたところはすべて十五社を祀らされた。これは阿蘇の十二神を勸請してこれに皇太神、八幡神、春日神を合祀したものである。

現時、なほ舊幕時代の如くこの部落氏神を中心としての行動は、村としての協同一致の精神を缺くといふところから、村の中心中村の氏神八幡社を大中心にしようと、學校、役場が躍起となつてなるが、中々その實が上らぬと先生がこぼしてゐた。

二七　田植うた

古い田植うたはないかと老人にきいて見たが、一二句づゝ覺えてゐて完全に覺えてゐるのがなかつた。

1．あさおれて　まへだをうゑて　よをとのに　ながむれば
2．むこどのは　今日もこられん　ひよをだて　あすはこらるばえ　たびのそらどん
3．こひふなは　よけにすめども　よしのねにすむ

よけとは小溝のことださうだ。

二八　籾つきうた（もんつきうた）

1．籾(もん)つきや　なかとろ〳〵と　米にやはごがさいて面白や
2．沖のせのはた　おりはたたてゝ　波におらせて　瀬にや着する
3．竹のふしさよ　よでかはる　うたのふし〴〵　ところでかはる
4．外にや籾つく　座敷にや茶うつ　中にや手代衆が　金かくる

二九　蚊帳縫

蚊帳を縫ふときは、必ず一日で縫ひ上げぬと凶事がある。出來上つたら座敷に吊つて、中で酒をのむ。その時の歌は「お前百までわしや九十九まで、ともに白髮の生えるまで」しかし今はもう自家で縫ふところはない。

三〇　若水

これも今は古式を行ふことは滅多にない。庄屋園田氏の舊幕時代には、下男と下女で流れ川の水を汲んださうだ。下男、下女は必ず兩身の揃つたものでなければならぬ。だから若し兩親揃つてゐない時には、特別に雇つて來る。そして男が鹽と米を川上から流すと女が下に居て汲みとる。その時の唱言葉

あらたまの　年の始に汲む水は　大瀧の　瀧尾が下の　その
水を　よろづのたから　我ぞくみとる

三一　節分

赤大根の輪切にしたもの、鰯の頭の横ぬき、葱の根をひげをつけたまゝ、これを以上の順序に串にさし、鬼の首と稱し戸口にさして邪氣の入るを防ぐ。

三二　二《ニ》才組《シャゲミ》

昔の青年組織である。集合所が各部落にあつて二才小屋と稱した。村内の娘を支配する權利を有した。夜、娘の家に自由に遊びに行ける。親が戸を閉めたりなどしておくと承知せぬ。若し他村のものが夜遊びに來るのを見つけると、皆で捕へて、丸山の淵に連れて行き裸にして、霜月の寒中でもへたばるまで漬ける。又他村からの移住者等に娘が意を通ずれば、二才組はその親に抗議を申し込む。しかし結婚となれば親の承諾なしには出來ぬので、たとひ他村の者と緣組が出來ても何とも言へぬ。その代りその結果の披露には二才組に必ず酒を出さねばならぬ。そしてその娘が他に馴染の男でもあつたとすれば、その夜はその男は式の中に石を投げたり色々の亂暴をする。しかし家のものはそれに對して制裁の權利はないことになつてゐた。

三三　サナボリ

田植が終了したことをサナボリと稱し、その時は、荒神樣と田の神樣をまつる。荒神樣には稻の苗を二把よく洗つて供へ、田の神樣には一升桝に赤飯を盛つて供へ、それを下して田植の加勢人がいたゞく時は、必ず姙婦を見つけて來てそれに一番に食はせそれから後みな食ふ。實入りがよいといふ意味である。

三四　苗うち

田植には苗うちといふをやる。諸國に殘つてゐる泥かけと同じもので、お互に泥のついた苗を打ちつけ合ふ。昔は知らぬよそものが通るのにでも打ちつけたといふ。そしてそれが晝飯前まではやつても好いが、晝飯以後は一切相成らぬことになつてゐる。これは例の晝飯持の女を殺す土俗の有力な一資料であらう。

三五　野狐

この村では野狐に關する態度實に嚴である。野狐かひの家の娘と結婚するよりも癩病の家と結婚するがましだと言ふ。從つて野狐の家と思はれてゐる家とは決して緣組をせぬ。いくら金持でもこれに關してはあはれである。

三六　虫追ひ

七月、第一の田草取りのすんだ後で虫追祭と稱して、各部落から一本づゝ、七間位の竹竿に五色の絹地六尺流を三四十筋づつ着けたのを押し立てゝ八幡社に集る。十三部落あるので、この旗竿が十三本賑やかに勢揃すると、こゝを出發して海の方まで隊伍を整へて虫を追出して行く。しかし今では、經濟關係からもう廢止しようとの說が有力になつ來てた。

三七　結び

迷信頗く病氣等も醫者の手を煩はすことなく、神佛に祈願をこめることを最先にする。幾多の迷信は別に紹介することにした。

村に小社が立つまで

板橋　源

(A) 小　緒

村――素朴な生活――に小社が建立されるまでの一經過が東北の山村に於て最近ごく短期日の間に經驗された。備忘にと記錄して置いた採集ノートから拔萃したい。

(B) レポート

採訪日　昭和五年三月二十八日晴

採訪地　岩手縣岩手郡松尾村字長者屋敷

グループ　久畑盛夫　高橋妙子　板橋　源

a. 動　因

去年の春、岩手日報はかなり大きな見出《みだ》しで眼疾に靈驗あるといふ松尾村の泉水が、土民のみならず四境の人々にも尊敬され、その尊敬ぶりは又尊敬以上のものがあつたと報じた。

泉水のある地名は長者屋敷であり、金の雞と古い劍が作出したと云われてゐること、一年と經たないその年の冬までにはもう立派な小社が建立され繪端書までが刊行された程の殷賑ぶり等に關心が動く。

b. 採　集　一

盛岡から奥羽脊梁山脈を越して秋田の花輪へ通ずる豫定の花輪線の山寒小驛松尾で下車。驛前には靈泉までの順路を圖示した立札が出來てゐる。津輕街道を北に十丁も行つてから左折した山間であることがこれでわかる。途上一緒になつた野良仕度《のらじたく》の五十がらみの男に誘ひをかける。話の筋が面白い。

この村の高橋三平の祖母は年來の眼疾に苦んでゐた。かなり醫藥にもついてみたがどうも結果は思しくなかつた。去年の早春だつたと云ふ――昭四――眼疾に惱む老女は薪取りの歸り長者屋敷の泉水で眼を洗つてからは、永年の病疾も全く平癒した。特に眼疾の多い北奥の土地でのことだから一時にこの噂は

村に小社が立つまで（板橋）

四邊に擴まつた。田植の農繁期後といふものはそれは〳〵澤山な人出で毎日バケツで二つも三つも賽錢が上つた。ある日などは五つもあつたといふ。村で神社を立てたのはその年の冬だつた。

c・採集二

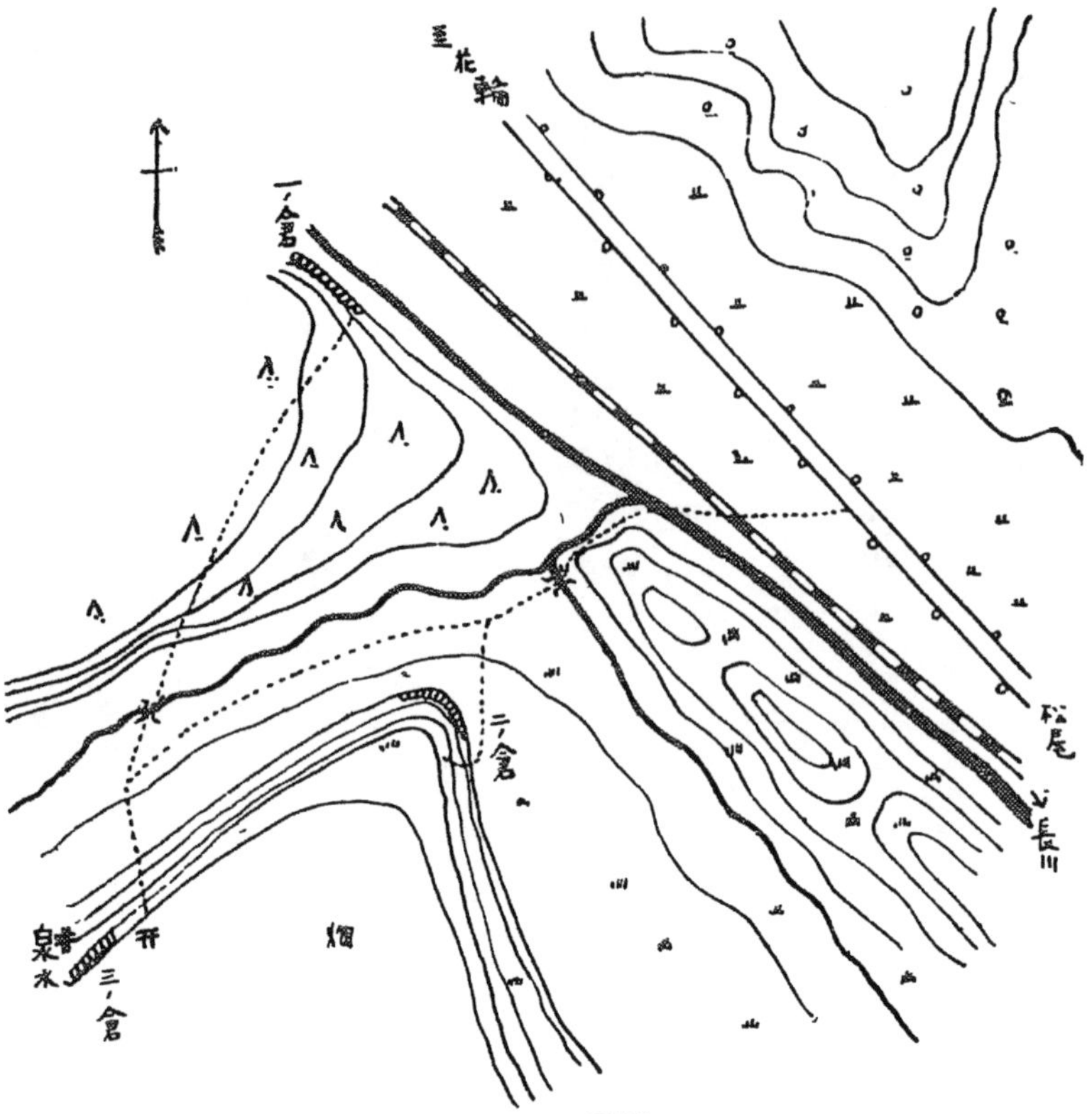

The Map of Chojayashiki　Scale: about 2万分1

ご利益《やく》に與つた老女の家を訪る。泉水への途中津輕街道の右側にある柾屋根の家である。茅葺きの多いこの地なのに柾は珍らしいと思ふ。主人三平さんが折よく居合せて話してくれる。泉水の近くから出た寶物もあるから是非見てくれ、とても不思議なもんだからと云つて三寶を下して來る。六寸位の磨製の石斧（石質不詳）二寸有餘の白色陶土製の鷄、田舍の小祠にありがちな鐵片の劍、熈寧元寶一、天聖元寶一、元□通寶一等がそれである。腐蝕した昔の古い劍が出た金の鷄が出たと神秘化して喧傳された眞相がこれで分明した。

d・採集三

泉水のある長者屋敷には昔立派な長者が居た。今の一ノ倉、二ノ倉、三ノ倉などはその址だと信じられてゐる。

（圖版參照）

註。

一ノ倉、二ノ倉、三ノ倉は長川及びその支流の側浸蝕による安山岩の柱狀節理の露出。

長者屋敷が先住人居住趾なることは、同社内に保存されてある神社建立の際の出土品の繩紋土器であることで知れる。

泉水は疎簡な柱狀節理の安山岩よりなるこの土地の伏流(Ground Water) が Prominent Spur の浸蝕尖端面に於て湧出せるもの。

小社の前に出來たプリミチーブな掛茶屋の三四軒は門前町の原型を思せる。

何時の世、何處に於てゞもあらう、賽錢が問題になつた。老女は老女で自分にたれたご利益《やく》からして自分の有として主張するし、村人は高橋家が他村(田頭《でんどう》村)の人だといふので村の共有にすると云ひ張つた。結局新しくこの村に移つて來た三平さんは大勢の村人の云ひなりになるより仕方がなかつた。だからそれ以來泉水は眼にあまり効がなくなつたんだと老いた村人の一人がこつそり囁いてくれた。

機織り女と道具及び遺風（二）

田中喜多美

糸撚り車とガワも嫁道具である

糸を撚る爲に此の車を使用する風習はさう古いものでは無いらしい。的確な年代は判らないが、自分の宅などにも糸撚りの小道具は傳へられてあるが、川漁師の眞似をしてゐた祖曾父が使つたと言へば、糸撚り車の使はれる樣になつたのは古い時代ではないらしい。兎に角手撚の方法は私の祖曾父時代が使用下限では無かつたかと考へてゐる。」

それは實に幼稚な原始的な方法であり簡單な小道具である。私の幼時父は撚り車のあるのにも係らずその手撚方法で糸を撚り綱を繕ひ作つてゐたのを記憶してゐる、或は綱用の糸を作るには車よりも何れかの點に於て勝れて居たかも判らないが、昔が悉くその方法であつたと傳へるから、或時代には斯うした方法を授つてゐたと見ることが出來るであらう。面白い方法であるから左に圖解して示さう。

註、麻糸をオム(紡)んで、ヘソ(玉形に巻いた糸)を作り適當の水漬にして圖の樣な高い橫木に糸の一端を越し、針金に葦《ヨシ》を通して糸を結び付け、針金の先端の少し曲つた部分に糸を巻いて葦の抜け上らない樣にする。斯くしてヘソの方の糸をそれ以上伸びない樣に押へ、針金の下の柄を兩手で適度に撚つて放すと、眞直に垂れた糸は手を放されたのであるから次第に撚られて少しく上へ縮み上る。

方法は註記の通りにして繰返し撚れた部分を捲いて行くのである。限度に達すれば是を別の葦と取換へて行く、葦に巻かれた撚られた  形のものを「ツムネ」と唱へるのである。如何にも原始的でありノンキに見えるが、我が古代の糸撚の方法は斯くもあつたであらうと想像させられる。ツムネは更らに「ガワ」と稱する曲物に捲き移されて燥すのである。

「ガワ」の材料は檜などで、此地方の大敷《オシキ》膳と同じやうに樺皮などで縫はれてゐる。徑八九寸のもので幅は普通一尺位であつた。今は曲物は廢れて殆ど「竹ガワ」と言ふ籠が使用されてゐる。

此の二種の道具（今はガワト車）は今でも新婦が里親から必ず贈られて持つてゐる狀態で、自分の糸は自分の道具で始末する様になつてゐる。

機織る里の春の情景と女の立場

斯く婦人の機道具を持つて往來するのは春であり新婚の女の初年頃のみの場合だけである。そして里と婚家の間には一定の禮式とも見らる可き型式の送迎が行はれ、主として姑と里親が是に當り、姑の代りには夫は妻を助けて里親へ送る事もあるが、女親達が是に當るのは本式とされてゐる。未だ若いから里の母親の元へ歸り其技術を仕込んで貰ふ意味も多分にあるであらう。そして殆ど麻布のみが衣服用であつた此地の風習は、衣服として用ゆる布の外には商賣用として產出する麻布の賣却金の外に殆ど絕對に女達の收入はなく、一年中の衣服たる自家用「シラソ布《ぬの》」へ、商品として產生し「たタダソ布《ぬの》」を賣つた金で以て凡ての衣服を辨じ、夫や子供自分を世話して行くのであるから並大抵の苦勞では無かつたのであつた。舊藩時代とても男は冬分など出て働いた賃金は衣服を購入する費とはならず他の方へ使用せねばならぬ程餘裕のない經濟狀態であつたらしい。されば女の腕一つで冬分に織出された麻布に依つて一家の衣服を辛うじて支へて來てゐたのである。衣・食・住に於ける衣は全く唯一の麻布に依て支へられて來てゐた此地の風習は、如何に麻に對する執着の强いものであつたかは拙文「麻と女の關係」を讀んで貰へば分るであらう。經濟的に全く引合はない麻布の製作を未だに斷念し得ず來てゐることは、今日雫石麻布と呼ばれた慥かな苦しい執着の餘影も手傳つてゐると見られる。

此地方の男は、妻は麻布を織つた收入で凡て衣服を調製するもの男は衣服料として女に金を遣る可きものでは無いと信じて來てゐたし、女もそれを當然と心得て來てゐた、今猶ほ此地方の女は麻布の收入で夫や子供の衣服を支辨すべきものと信じ、小さい經濟を立てて來てゐる。されば婦人は嫁入に際して調度された衣服以外は着ることなき狀態であり子供の殖へるに隨つて晴着は次第に子供の衣服に仕立返へされてゐるのである。而も商品用麻布の製出は極く近代にあるらしい、故に彼等の少し舊い時代には專念衣服用として自家用としてのみ冬期其製造に親んで來たのらしい。そして夫れは我日本の古代の女の姿ででもあつたらしい。それ程女は衣服製造を課されて來てゐた。

糸撚り車の音はブウン〳〵と鳴り、梭打の音と筬ひく音は淺春の里に響いてゐる。ガワの麻糸は戸毎に家の前に干されてあり、陽炎の燃える頃である、雪は日向が消へて日影にのみ殘り女は全く麻布の機織りに餘念のないのは恰度雪消へ頃の雫石地方の情景である。

夜は撚つた麻糸の整理や「クダ」取りに忙しい。漸く陽は永くなり身體が生理的に何となく慵怠を感じ眠氣が生じて來る。川原千鳥が夜の闇を刻む樣にピーッピーッと鳴いて里の空を高く廻つて來て、今迄緊張して來てゐた睡眠は一層烈しく襲ふ頃には膝枕にしてゐた兒童も昔話に飽いて何時か眠つてしまつてゐる。女達は一樣に居眠が始められ、あくびは續くが未だ千鳥の鳴聲は里の空に高く響いて來る。『眠《ねむ》た鳥《ごりこ》』の異名ある所以も自と判つて來る。

梭を持つて往來した傳説

羽後と陸中を結ぶ國境に、國見峠と稱する古い街道は開けてゐる、峠の上は一面の雜木林で、その樹林に圍まれて一の湖水がある。

昔何時の時か判らぬが、羽後の方から陸中の方へ嫁入つて來た婦人があつた。何うした事か此の婦人は、機織りとして國歸りをする途中此峠に至つたが、この湖水に身を投じて死んでしまつた。或は主になつたとも言ふ。此婦人は梭を持つてゐた、以來茲に機道具持參して通ると必ず禍《わざは》ひがあり、以來仙北と岩手の婚姻が絕えたと傳へ、それで今でも岩手の雫石地方と秋田方面とは婚姻が結ばれてゐないと稱してゐるのである。此の仙岩道は陸州にあつては外ヶ濱街道に亞いで鎌倉の初期に旣に開けてゐた（奧羽沿革史論 原勝郎博士）唯一の北方陸奧出羽を繫ぐ通路と考證され、現在は縣道になつてゐる。（東北本線の鐵道は盛岡より支線を分岐して此線を辿り盛曲線の横斷線となつてゐる）

シラソ・タダソ及びクダ

「クダ」とは梭の中に入れる糸で、所謂「ヌキ糸」を適度に小さく捲いたものを言ふ。「タダソ」の製法は、麻畠から引いて來て蒸氣で蒸し、是を乾かした麻から、太く長いものだけを選定して、水に漬けて剝ぎ、そして粗皮《そひ》を取つたものが即ちタダソ糸であつて、隨つてタダソ麻布《ヌノ》は堅緻なのである。又「シラソ」細く短い麻を選定—選定の方法は、太い長いものから一番二番三番四番といふ樣に類別し一二番はタダソ、三四番五番はシラソ—して是を苗代又は水溜池《みづぬるまし》に漬けて三四日位にして粗皮を腐敗せしむる程度にして、一度に三本乃至五六本を一纒めとして剝ぎ、是を製したものが「シラソ」で柔かい糸が出來るのである。

漁夫の忌む事など

紀州田邊　雜賀貞次郎

紀州の海岸一帶に漁夫は婦人の產火を忌む、漁夫の家に子を產んだ場合は漁に出るものは三十三夜（出產から三十三日目）まで煮焚する火は勿論煙草の火まで產婦の用ゆるものと別にする。又、漁夫は死人あつた家では飲食は勿論、煙草の火まで用ひない。若し火を共にした場合は火ガマヒと稱して七日間漁に出るを休む。葬家の親族知己等で葬儀に役を勤めた者も七日間漁を休む。但し賃錢で雇はれて役を勤むれば障なしとし假りに雇はれた形式を執り賃錢として金一錢を受ける所もある。

漁夫は又海上で獸のことをいふを忌む。殊に牛、猿の語を忌む。日高郡印南《いなみ》浦では牛をクロツポ、猿をマシ、西牟婁郡周參《すさ》見《み》浦では牛をクロ、猿をヱテ、田邊の諸浦では牛をクロツポ、猿をヤヱンといひ、日高郡衣奈《えな》浦では犬の語をも忌み若者といひ、同印南浦では蛇の語をも忌みナガといふ。

女子に釣竿を跨げられると魚が釣れぬと田邊でいふ。

漁夫は出漁中に金屬のもの――小刀、釣針其他を海に落すを忌む、若し誤つて落した時は其代品を細い綱などに縛りて海中に入れ之れを引揚げ落し物を拾ひ出した形に裝ふ、而して歸浦後必ず祈禱する。

漁夫、出漁中誤つて船から海に陷ると不漁續くとて忌む。

マンボウ魚は姿のまゝ持ち歸ると祟るといひ又は形を姙婦に見せると惡いといひ、田邊地方の漁夫は漁獲すると共に沖で割き全形のまゝ持ち歸らぬ。

船乘りは梅干の核を海に棄てぬ、若し棄てる時は割つて投ず生芽を葬らぬといふ意味らしい。

沖合で神に祈るを日高郡衣奈浦で忌む。

田邊地方では舊曆正月十三日、五月十三日、九月十三日は龍宮祭りといひ漁浦は總休業をなし素人角力など催す、此の日浪靜かなれば龍宮の釣鐘の龍頭が海底に見えるといふ。又田邊地方では潮流惡しく不漁續く時は漁浦總休みをなしヱベスさん（浦安神社）を祀り一同會飲す、之れを潮祭り又は浦直しといふ。

自浦の漁船難破して乘組員の行衞不明（多くは溺死）の時は、僧侶を請うて海濱にて讀經法要を營む之れを流れ灌頂といふ、之れを營まねば他日其浦の漁船が沖に出ると亡魂に襲はれるといふ。

尙ほ不漁の際、觀音さまに祈る所もあり、妙見さまを信仰する所もあり、稻荷下げして豐凶を占ふ所もある。

漁網を造る（方言すく）は丑又は酉の日に限る。

圍爐裏の座

福井　保

丹波國福知山地方の圍爐裏のある民家ではその爐にあたる際

の家族の座席の順位が定まつてゐる。まづ正面である神床に近い方を横座と云つて座の中では最尊の座で神聖な場所と考へられて、こゝには戸主が坐つて一座の中心となる。猫や馬鹿者は此の規律を知らないでどこにでも坐るので昔から「猫と阿呆は横座に廻る」或は「阿呆と旦那は横座に坐る」と謂はれてゐる。横座の反對側の席を木尻といふ。これは木をさしくべる所から起つた名らしく下男下女がこゝに坐ることになつてゐて最末座である。家の入口に向つた方を鍋座又は女子座と稱し女子は皆玆に坐る。鍋座の反對の側は男座又は向ひ座といひこゝには戸主以外の男の家族とか來客が坐る。

徳川時代男尊女卑の風が盛であつた頃は花嫁の實家の者なども木尻にうづくまり「厄介者を差し上げて濟まぬことです」と謙遜してゐたさうです。

鬼ドツチ其他

矢頭和一

明治二十七八年戰爭以前迄、西三河下市場地方にあつた子供達の遊戲。

鬼ドツチ　此遊び方は何所にもあり、又今日も見受ける遊びであるが、其鬼に成る者を定める遊び。

氏神や寺の境に子供が多勢集まつた時、其中の一人が鬼ドツチやらアと云ひ出すと、それに同意した他の者は直ちに圓陣形に密集して各自一方の掌を擴げたまゝで差出す。すると、年上の一人が片方の指先で大勢の掌をつゝき廻りながら

イツチクドツチクドニワ　鬼ノサライクサラカイタ、一トサラ二タサラ……九ノサラ十サラ、トツセンガワラデ簑キテ笠キテ棒ツイテ、ダーレガ鬼ヨトサダマリキーツタ

と一種の節で唱ひ、最後のタで掌を突き切られた者を鬼にする。

草履カクシ　一人に目かくしをさせて居る間に、他の者が相談して其者の草履を一寸見出し悪い場所へ隱して「ヨーショ」と合圖する。と目かくしを外して隱された自分の草履を探し出す遊び方で、鬼ドツチと同じ樣に密集して出し合つた掌を突き廻りながら、

草履隱シクネンボ、クネンボノゼンガ、二十四文タランデ

馬ウリ牛ウリチヤン／＼バコノフタトーリ、

最後のリで掌を突かれたものが草履を隱される。隱された草履をどうしても探し出すことの出來ぬ時は、「チヤアワカイタ」と大聲で呼ぶと、外の者が出して與へる。

メクラドツチ　手拭か前掛けで堅く目隱をした一人を中心に、大勢が兩手を繋ぎ合つて圓形に横歩みに廻りながら、

鬼ドッチ其他（矢頭）

中ノ中ノコオボトケ、ナンデセイガシトナラン、親ノ日ニ
エビクツテ、ソーレデセイガシトナラン

と、唱へ終つた所で一同が靜止すると、目隱の者が其中の一人を捕へて手探りに、其何人で在るかを云ひあてる。若し間違つたら何度でも同じ事を繰り返すが、其目隱をする者を極めるのは鬼ドッチなどゝ同じてあつたかどうかは不明である。

大カマ小カマ　最初は片方が親一人で、他の方は大勢子供を連れたもの二方に分れて、親一人の方が他の方から段々一人づつ子供を貰ひ受ける遊び方で、親一人の方を甲とし、他の方を乙として、

甲、乙、「大カマコカマ」
乙「ドノコガホシイ」
甲「何々サ(實際の名)ガホシイ」
乙「何々サヤルガナニヨクワシテオキヤル」
甲「一文マンジユンコヲツケテ」
乙「ソレムシドクヨ………」
甲「十モンマンジユンコヲツケテ」
乙「ソレムシドクヨ」
甲「ムギメシトロロ」
乙「ソレムシドクヨ」
甲「不明……メシデカボカ」
乙「ソレムシドクヨ」以下不明、
甲「アイニホネナシミヲトツテクハシヨ」
乙「ソレチトヨカロ」

で、名指された者が甲の方へ移るが、最後の一人になると甲の方へ移つて行く途中に色々の障害がある。（只口で云ふ計りです）例へて見ると子供が、「大き深い川があつて行けぬ」と云ふと甲が「裸體に成つて泳で來い」と敎へる、わざ〳〵裸體に成つて着物を頭に結び付けて水泳の眞似をする。次に「大きい石があつて行けぬ」といふと、「あちらの方へ轉がして來い」と敎へる、力まかせに「ドツコイシヨ」と掛聲して大石を轉す眞似をする、と云ふ風で、其時其子供の思ひ付きで何んな事を云ひ出しても構はぬ、乙の方から全部子供が甲の方へ移つてしまつた時に、全部が入り亂れてワーツワーツとさわいで一回終る。

之等の遊戯は男女混合で、日清戰爭頃から後は鬼ドッチの鬼を極めるに、ワン、トウ、オイと云ふ簡單な言葉で、各自が思ひ思ひに片手を擴げたり握つたり又指二本延ばして差出して負勝を定め、最後にまけた者が鬼に成ると云ふ風に變り、草履隱し、メクラドツチ、大カマ小カマなどは其姿を失つてしまつた。

蛇と蚯蚓の話その他

高橋文太郎

一　蛇と蚯蚓はその昔、歌と眼とを取換へっこした。だから今では蚯蚓はヂー／＼と歌を唄ふが眼を持つて居ない。蛇は歌こそ唄へぬが眼を持つてゐるので、結局蛇の方が悧巧なのだ（武藏北多摩郡保谷村の老婆の話）。

また同村の老人などは、人が所有地を賣り段々身代を喰潰して行くのを譬へて、メメズ（蚯蚓）の様に地《ヂ》を食つてしまふと云ふ。尚、メメズは地《ヂ》を食つてしまふと食ふ物が無いので、のらりくらりと地面に寢ころがつて居る、メメズの腹の中には食ふた泥が一杯詰つて居ると云ふ。

二　燕は親が大病であるとの沙汰があつても一向平氣で、口紅をつけたり著物を着替へたりお洒落れをしてから親の元へ行つた罪で、泥の巣に棲む樣になつた。處が、雀は親の病氣の知らせのあつた時、著物も着替へず平生着の儘で駈付けたので、塵《ご》芥《み》の巣に這入れる樣になつた。今でも尚、雀がごみの巣に燕が泥の巣に棲むのは、この因果だ（同上）。

尚同村の人達は次の如く云ふ。燕が毎年巣をかける家は工面が好くなる。渡つた來た燕は三度雛を孵すが、第一番目の雛は翌年又その巣へ來て子を育てる。

三　烏《カラス》は色の黒いのは憎くまれないが、口の惡いのが憎くまれる（同上）。

美濃の國に於ける雨乞に就て

林　魁一

美濃國加茂郡坂祝村黑岩地方　旱天の打ち續く時には、五分山の間に在る「よし池」の水を汲み取りて鰻を捕らへ、水に洗ひて元の「よし池」に放てば雨降ると云うてゐる。

加茂郡太田町　各組の人々は各組の村社に籠つて雨降るを祈り更に降雨なき時は、俗に云ふ三社樣の前なる原野にて、夕方から各戸より一本づゝの大松明を持ち寄りて火を點し、或は木曾川の岸にて松明を燃すこともある。斯くして尚降雨なき時は、伊勢多度神社に使を送りて多度神社を迎へる。此時途中に休息すれば其處に雨降ると稱し、使は二人以上にて途中支度するにも一人は必ず多度神社即ち御幣を持ちて歩み居りて休息せず、交代にて支度をする。斯くして多度神社を八幡神社境內に安置して一週間神樂を奏した。而して後は多度神社を笛や太鼓を打ちて木曾川まで送つて流した。斯くしても降雨なき時は、多度神社から黑幣又は金幣を迎へたが、これには多額の費用を要したので容易には迎へなかつた。近來は大旱天となるも雨乞を行はない。

植物方名

秋田縣雄勝郡地方

高橋友鳳子

ハコベ　かたばみ
カダゴ　かたくり
ガンバ　がま
ヘビノデェモジ　てんなんしやう
ヒロコ　のびる
ニギリエ（イ）モ　つくねいも
シゲバックリ　ほくろ
ミヅ　うはばみさう
ン（ウ）マアザミ　やまあざみ
トーゴンボ　やまごぼう
ヅックベ 又ハトロトロコ（子供語）　つくし
ンバベタ（老婆女陰）　くまがゐさう
アギビ　あけび
カブドギグ　とりかぶと
トッキビ　きみ

木本

ヒャクナギ　しやくなげ
アヲギバ　あをき
フシ　ぬるで
ヒョウ　やどりぎ
コンジ　かうぞ
イハシバ　はんのき
ヒモロ　ひむろ
ヤス　さはぐるみ
ホンノギ　ほほ
センノギ　はりぎり
ヲッコ　あららぎ
ショーブノギ　いぬがや
ハナノギ　かへで
チヂミタモ　こぶにれ
アヲタモ　こばのとねりこ
サビタ　のりのき
ハビロ　はくうんぼく
マギ　まゆみ
ドロ　やまならし
カタシミ　あづきなし
ウリキ　めうりのき
ゾミ　がまずみ
エンツツジ　れんげつつじ
エンザェンセウ　いぬざんせう
オケヨノギ　つりがねつつじ
ヒラグチ　さるなし
ケンプナシ　けんぽなし
クマエヂゴ　ふゆいちご
タヂエヂゴ　くまいちご

菌類

オーヒメヂ 又ハオシメヂ　しめぢ
ロクショハヅダゲ　はつだけ
ヤマドリモダシ　くりだけ
カツクレモダシ 又ハボレミキ　ならだけ
ムギダゲ　ひらだけ
マェゴ　まひだけ
ツチモグラ　つちかぶり
ケブダシ　きつねのちやぶくろ
ハギモダシ　はうきだけ
シシタゲ　こうだけ

雑謡

能登羽咋郡一ノ宮採集

藤井春洋

でかいとつつあまにものひかすれば
前のこもそが出てなめる

でかいとっつあまがおしまの濱に
立てりぐそこいて
なにもほしないざしほしい
（おしま、地名。ざし、葉の切つたもので使所に使ふ）

ことしや豊年どし穂に穂が下がる
あれ〱見やんせ田の中を
桝かいらいで箕にはかる

○手臼すりうた

すゐすかいなごはさらいこでらちやけ
あらかこまこかあと見やれ

○糸とり歌

やなぜぐるまに　あはづみかけて
そばにわたおきゃたじとれる
（やなぜ、あは、地名。くろま、つみの良品を産す。）

親のいけんと茄子《ナスビ》の花は
千に一つもあだがない

盆踊口説歌覺帳拔萃

あはのなると

1 あはのとくしまじゅうろへいのむすめ
2 としはこゝのつなはおつる
3 じゅんれいすがたでちゝはゝを
4 たつぬるしだいをたつぬれば
5 しやくにをいづるつゑにかさ
6 じゅんれいすがたでちゝはゝを
7 ふだらくきしうつみくまのに
8 なちさのをやまへをとだかで
9 みるまにをゆみはたちあがり
10 ぼんにしらきのこゝろざし
11 ようこそさいこくなされきた
12 さだめてつれしゆはをやこたち
13 いえ〱わたしはしとらたび
14 とゝさんかゝさんかをしうで
15 むりにさしあげさしもとじ
16 しよう〱ばかりのこゝろざし
17 なき〱わつれるわがむすめ
18 のびやがりたちやがり月をくれて
19 やまこし川こしかんなんを
20 してきたじゆんれいただしとり
21 こゝのつなるこのてをひいて
22 ぢうろべうやかたのもんのうち
23 とくしまろうかのぢうろべう
24 わがことしらずにくびをしめ

（あはのなると終）

採集手帳より

供給者　石川縣能美郡梯村遊泉寺出身　立山いと氏
日　時　大正十三年八月—十月

婚姻習俗

1 **サケ**　結納をいふ。普通五升が規りである。「サケヤ濟んだか」などいふ、結納は終つたかの意である。

2 結納は婿の兄弟と、媒酌人と、親類の一人、この三人で持参するのを普通とする。

3 **ナカド**　仲人で、媒酌人をいふ。

4 **ムカイド**　嫁迎ひの者で、之は男子である。

5 **ヨメドリ**　輿入れをいふ。多く深夜に行はれる。

6 **ヒトモヤイ**　輿入れの當日、嫁の里から赤飯と酒を持参する、それをいふ。之には容器に桐油をかける。

7 **ムコドノ**　婿殿で、嫁取りの當日は之には何等の役もない。全くの手持無沙汰である。服裝等も平常と變ることはない。從つて一切關係の席へ顏を出さぬ。納戸の隅や、背戸口、又は勝手元の人込みの中で、酒の燗など手傳つて居る。翌日の披露が濟んで三日目の夜にならなければ、嫁と顏を合せることも、又客人の席へ出ることも出來ぬ。未だ顏も知らぬ嫁などの場合は、着到と同時に、隙間見たい氣もするが、之をすると忽ち批難を受ける。

8 **オクリド**　嫁の送り人である。母親、姉妹の一人、媒酌人の女房、この三人は必ず加はるものとして居る。勿論男も加はる。その時の狀況で便宜代ることはある。

9 **ウチツキノ餅**　ウチツキノカイ餅ともいふ。到着第一に一同に出す餅で、おはぎである。三ツ宛椀に盛る。之を各自手で摑んで食べる。

10 **マエワイの餅**　ウチツキノ餅の次に出る、之は普通の餅で、多くの場合二片である。

11 **ウチツキ**　嫁が婿の家に到着した刻と、一方その夜をいふ。ウチツキノ餅を食べて、嫁の一行は、入口からその家の納戸に通る。納戸の口には多く暖簾がある。嫁が中には入ると同時に、暖簾を引いて中は見せぬ。因に暖簾には鶴の丸、扇面など、その家々に依つて模様が染拔いてある。

嫁が納戸に通つて稍落付いた頃に、舅を先に、一家と近所の者が挨拶に出る。その時送り人に向つて挨拶の詞、これは極く一般的な例である。

「お手傳ひあつたらうに、にやーにや(娘)をよこして下されて有がとござります」

一方嫁に向つての詞

「にやーにやよく來てさんしたねえ」

之は女性の挨拶である。この場合、嫁は多く口籠つて居る。挨拶が一通り終つて、後にウチツキの酒事がある。この時マヱワイの餅も出るのである。

12 **コワバナレ** 輿入れの荷物を運んで來た人夫には、庭先で腰かけのまゝ酒を飲ませて歸す。之をいふ。

13 **オカザキ** 角かくしをいふ。

14 **朝餉** ウチツキの宴が終り、混雜して居る間に、時間は進行して、夜があける。披露が始るのであるが、これを一にアサメシといふ。赤飯と白飯で、一家《いつけ》の者、媒酌人、それに近所隣の主人が列席する。之には婿は勿論送り人と嫁も顏を出さぬ。仕度は汁、酒、汲物、小盞物其他家に依つて異る。

15 **ザツシヨ** アサメシの披露が濟んで、一旦座敷を改める。ザツシヨは一にヒルメシともいふ。やはり披露であるが、之には部落内の、各戶の女(主として主婦)が招かれる。之はアサメシに比して一段と献立が劣る。この時送り人と嫁が挨拶に出て、嫁は一通り汁を汲むで引込む。一家の者が取持して酒が廻つて、女達の間に歌が出る。

16 **タチオイ** タッチョイともいふ、アサメシ・ザツシヨを通じて、最も献立がよい。一に夕飯ともいふ。送り人と、一家近所の者、それに特に招かれた有力者が列席する。それで席の順は、向つて右方の上席が區長とか土地の顏役、左方は旦那寺の和尚で、一般にドウジヨウ(道場)といふ。一同席に着いた處で、嫁が出て、順次汁を汲む。一通り終ると嫁は引込んで、後は酒になる。

17 **シバチ** タチオイに充分酒も馳走も廻つた後に、再び嫁が出て、改めて茶を汲む。それをいふ。茶を立てゝ先づ佛壇に供へ、後を一同に汲むのである。因に三河の自分の郷里等で、振舞の最後の飯を「しいばち」又は「おしいばち」というて、無理强ひに一杯進めることがある。それと關聯があるやうだ。尙タチオイが濟むと、送り人の中の男達は歸る。

18 **ヨナミノ酒** タチオイが濟んでから、更に席を改めて、屋根葺膳に、汁、小椀に小盞物位で、部落中の各戶の男を招く。それをいふ。之が、前後四回を通じて最も賑やかである。之にも勿論嫁が出て汁を汲む。男達は嫁の汲みぶりをさま〴〵の言葉で批評して嫁が差出すのも容易に受取らぬ。嫁は其の間次へ立つ訣にはゆかぬ。其間滿座注視の的となつて最も恥かしい當惑する時である。披露の席には總てこの傾向があるが、この場合が最も露骨である。之で披露は終つた訣である。

19 **ミツンマイ** ミツミマイともいふ。輿入れから三日目である。嫁の里から餅を搗いて來る。黃粉と小豆の二種類である。男親がそれを荷つて、女親は小袖を着て後から從いて來る。之は片親の場合は片親だけである。餅を舅を初め家中の者に食べさせて、一家近所へは、別に配る。さうして容器は殘してゆく。歸る時は多く夕方になる。これと一緒に送り人の女達も引上げる。尙ミツンマイには、家により、ヨッンマイ、イッツンマイ迄行ふ場合もあるが、多くミツンマイだけである。

20 **初夜** 送り人の女達が歸つてから、卽ち輿入れ三日目の夜に、婿と嫁は初めて床の上で顏を合せる。床はネゴサ（寢蓙）で之は二枚つぎ、嫁が持つて來るもので、敷くのは媒酌人の女房である。

21 **ナカイレ** 輿入れから七日目に當る日を言ふ。ミツンマイの中の餅の容器に、赤飯を入れて、之を舅が荷ひ、嫁の供をして里にゆく。この時婿は加はらぬ。

22 **ムコヨビ** ムコドリともいふ。之は格別日は定つて居らぬ。この時作法は嫁どりと同じで、婿が嫁の里に行くのである。この時嫁も一緒に行くが、之は正式ではない。それで服裝等も、嫁の方は平常の儘で、多く手傳ひに行くとして居る。

出產習俗

1 **ハイムシロ** 產所は格別定つて居らぬ。板の間に莚を二ツ折にして、その間に、木灰を敷く、之がハイムシロで、產婦の席である。

ハイムシロの上に、藁蓙を敷き、中央に直徑一尺程の穴を明け、產婦はその上に反り氣味に座る。文字通り藁の上から拾ひ上げるのである。

2 **バテ** 出產直後から三日目迄、嬰兒をくるんでおく、その布をいふ。尙出產後產婦の席は、別にハイムシロを仕立てゝ座らせておく。之は七日目迄そのまゝである。

3 **ウブギ** 產衣は三日目に着せる。尙ウブギは生れて後に縫ふものとして居る。

4 **イヅメ** 七日目以後から、嬰兒をイヅメに移す。イヅメは藁製の籠で、エヅコともいふ。

5 **エナ** 胞衣は今は鋏で切るが、竹で斷るとしてある。十二日目に屋敷內に埋める。多く厩の前などに、ハイゴサと一緒に埋めた。

昔話八篇

蕎麥と麥

昔し蕎麥と麥とがあつて、弘法樣のお伴をして諸國を廻つた。或所で川を越すことになつたが、蕎麥は寒いのも厭はず尻まくりをして渡つた。一方麥の方は厭だといつて拒んだ。その因緣で、蕎麥の脚は赤くなつて居るが、その代り今では寒さに向ふ前に刈り取られて寒い思ひをせずに濟む。これに反して麥の方は、人の厭がる寒さの前に芽を出して、冬の間雪の中に埋れて苦勞せねばならぬ。

弘法樣と渡し守

白山から流れ出た梯(かけはし)川が海に灌ぐ地點は、日本海の濤に打上げられた土砂で川口が埋もれて水の排けが悪い。それで附近一帶の村は、長雨の折にはいつも水に浸つて難儀をせねばならぬ。これは昔し弘法樣が廻國された時、此處に渡し場があつたが、渡し守の男は弘法樣の風體の悪いのを見て馬鹿にして、渡して進ぜなかつた。その罰で以來斯樣なことになつた。

芋掘長者

或處に若い夫婦があつた。夫は怠け者の上に、ちつとも神樣を祭ることをしない。或時女房に神樣が夢枕に立つた。そうしてお告げがあつた。こんな家に何時迄居ても果報はないから、これ〳〵の處へ行けと言はれる。それから女房は急に夫が嫌になつた。さうして夢のお告げの處へ行く事に決めて家を出た。行つて見ると、今迄に見たこともないひどい山の奥であつた。やう〳〵尋ねあてて見ると、それは山芋掘りを渡世にする男であつた。女が神のお告げの譯を一通り話したが、男は飯が食へぬと言つて承知しない。女が袋の中から小判を出して、之で米でも味噌でも買つてくれといふと、男は一目見るなり、こんなものなら、俺が芋を掘る山に木の葉の埋もれた程あるといふ。それでそれを拾ひ取つて、忽ち神のお告げのように長者になることが出來た。

啄木鳥

啄木鳥の前生は赤い前垂れをした娘であつた。親が病氣で寢て居るので、如何なる日でも一日に三種の蟲を捕つて之を養はねばならぬ。それであゝして毎日木を啄んで虫を探して居るのである。

鳩

鳩は前生では仕方のない横着者であつた。親が山へ行けと言へば川へ行き、里へ仕事に行けと言へば山へ行つた。それで親が死ぬ時、あんな不孝者だから、山へ墓を作れと言つたら、必ず川へ持つてゆくであらうと思つて、俺が死んだら、川の傍へ墓を作れと言置いた。親が死んでから鳩ははじめて吾身の不孝を後悔した。それで親の言ひつけ通り川のはたに墓を作つた。それで雨の降る日には、親の墓が水に流されはせぬかと案じて、てゝ(父)ぽゝてゝぽゝと言うて鳴くのである。

獵師六兵衞

鯖江三萬石の殿樣は、以前は六兵衞といふ貧しい獵師であつた。或時隣屋敷の女子衆が、主人の奥方の腰卷を盗んで、匿し場所がないので、背戸の柿の樹の根元へ突込んで置いた。奥方は腰卷がないので方々詮索を始めた。女子衆は困つた。それで隣りの六兵衞に事情を打明けて、占ひを以て見付け出すやうに

採集手帳より(早川)

採集手帳より（早川）

仕組んでおいた。果して六兵衛の占ひで腰卷の在所が判つた。それが忽ち評判になつた。その頃鯖江の殿様の一人のお姫様が、譯のわからぬ病氣で、永い事患つて居た。そして段々重くなつてゆく。殿様は六兵衛の評判を聞いて呼出した。さうして姫の病氣の因を占つて見よと命ぜられた。もと／＼六兵衛は占ひの辨へはないので、當惑したが、其場は二十一日間の猶豫を願つて引下つた。家へ歸つたが旨い思案も浮ばなかつた。それで之は氏神様に祈ることにしようと、二十一日の願を掛けて籠つた。いよ／＼滿願の日となつたが何のお告げもない。六兵衛は途方に暮れて、お宮の隅の方に蹲んで寢て居た。すると隣屋敷が何だか騒々しい。見ると狐が澤山集つて歌を歌つて騒いで居る。

　鯖江の六兵衛今夜が終ひだ

と口々に歌つて居るのである。するとその中へ一匹の若狐がは入つて來て、歌の譯はどうしたことだと訊ねた。すると一匹の狐が言ふには、六兵衛獵師の奴、占ひも知らぬのに、生意氣を言うて殿様から受合つたが、あのお姫様の病氣の因が判る筈はない。あれは御殿の泉水の脇の松の木の根に、蝦蟆が片足挾まれて居て、それが祟るのだが六兵衛には判る筈はないと語る。

　六兵衛はそれを聞くと喜び勇んで、早速殿様の前に出て、占ひの結果をこれ／＼と申上げた。殿様は臣下に命じて檢めさせると、六兵衛の言葉の通りであつた。そこでその蝦蟆を助けてやると、姫の病氣も忽ち快き方に向つた。殿様は喜んで、六兵衛を鯖江三萬石の大名に取立てられた。

無常は虻と鑿

　或處に諸國行脚の六部があつた。或晩行暮れて氏神のお宮に宿をとつた。眞夜中頃にお宮の奥の方で話聲がする。話の主は其處の氏神と、隣村の神様であつた。隣の神様の聲で、御一緒に參らうと言ふと、氏神の方で、今夜は相憎客人があつて同道致し兼ねる、何分賴みますといふ。隣村の神様はそれではというて出て行つた。暫くして又聲がして、只今行つて來ましたといふ。男か女かと訊くと、男だと答へる。無常はと訊くと、職は大工で、無常は虻と鑿と答へて、隣村の神様は去つてしまつた。其晩その村で果して男の子が生れた。それが成人して大工になつた。或時仕事の最中に一匹の虻が咽喉に止つた。それを追はうとして手に持つて居た鑿で拂ふと、手許が狂つて咽喉を突破つて死んでしまつた。

無常は水

　前と同型で、歳は五歳無常は水といふものもある。生れた子が五歳の時に、親達が充分注意して居たが、誤つて納戸の暖簾に頸を絡んで息が絶えた。暖簾には水の字が一字染出してあつた。

早川孝太郎記

海外資料學說の一

マリノフスキーと「未開人社會に於ける罪と慣習」

中村康隆

二三の書齋に於ける勞作から離れて、ニューギニア東端の北東に位する Trobriand 諸島その他に於けるメラネシア人（セリグマンの所謂パプオ・メラネシアン）社會についての五歲餘に亘る field-work から歸つての後の、Bronislaw Malinowski ほど、めざましい多產的な稔りぶかい收穫を次々にと我々に示し、新しい興味と驚嘆とを與へたものも少ないことであらう。Man や Psyche に於いて續々とその論文を發表すると共に、幾つかの輝やかしい著述を我々にもたらしたのであつた。たとへばかのデュルケム學派の領袖モースに依つて「記述社會學の最良なるものの一つ」と稱せられたる Argonauts of the Western Pacific. London, Routledge; New York, Dutton. 1922. を初めとして、幾多、いづれもすぐれて嘆稱に價するものである。いまそれ以前の及び以後の著作を左に順次掲ぐることにする。（雜誌論文は省略す）

"The Economic Aspect of the Intichiuma Ceremonies". *in* Festskrift tillägnad Edvard Westermarck. Helsingfors. 1912.

The Family among the Australian Aborigines. London, University of London Press (out of print.) 1913.

Primitive Religion and Social Differentiation. Cracow (in Polish, out of print.) 1915.

"The Natives of Mailu." *in* Trans. of the R. Soc. of S. Australia for 1915. pp. 497-706 Adelaide. 1915.

"The Problem of Meaning in Primitiev Language" *in* The Meaning of Meaning, *by* Ogden and Richards. pp. 451-510. London, Kegan Paul; N. Y., Harcourt Brace. 1923.

"Magic, Science, and Religion." *in* Science, Religion, and Reality *ed. by* J. Needham. pp. 19-84. London, Sheldon; New York and Toronto, Macmillan. 1926.

Myth in Primitive Psychology. London, Kegan Paul & Norton. Kegan Paul; N. Y., Norton. 1926.

Crime and Custom in Savage Society. Kegan Paul & Harcourt Brace. 1926. Demy 8vo. pp. xii-132. 5 S.

The Father in Primitive Psychology. kegan Paul & Norton 1927

Sex and Repression in Savage Society. Kegan Paul; & Y., Harcourt Brace. 1927.

"The Life of Culture" *in* Culture. The Diffusion Controversy., *by* Elliot Smith and others. pp. 23-42. Kegan Paul & Norton. 1928.

The Sexual Life of Savages in North-Western Melanesia. London, Routledge. 1929.

このやうにして、マリノフスキーは、第一に民俗學に於ける內深的方法(intensive method)がどんなに新しい事實を白日の下に持ち來らすかを、さうして第二には把へられたる問題の basis（手掛り）による彼の如き追體驗的探索がどんなに社會的諸事象の眞の解決に必要であるかを示してくれたのであつた。* われわれがいまこゝにとり扱はうとする業績 "Crime and Custom in Savage Society" も、さうして、彼の關心によつて初めて明るみにもちきたされたごとき未開人習俗に關する極めて精彩ある諸考察を含むものである。そこに於て、われわれは、幾多の示唆的なる暗示にぶつかることであらう。それをわたしはいくらか述べてみたいと思ふ。

* biais と、所與 (donné) としての現實社會の選び取りとについて、Davy の Moret との共著なる Des clans aux empires, p. 3. を想起してよいであらう。マリノフスキーはそれに加へて、フレザやマレット以來傳統的である心理學的考察を含めてゐる。殊に「西太平洋のアルゴノート」の方法は、心理學的循環法の主唱者ゲォルク・ウォーバーミンを悦ばしめるに足るであらう。特に Argonauts, p. 13 參照。

初めにマリノフスキーは方法論的態度に於て新しき一つの轉回をわにしらに要求するであらう。それをわれわれは單なる記述社會學乃至民族誌的主要方法として受取るのではなく、かへつてあらゆる理論社會學に於ける理解的態度とし、同時に、宗教學的研究の根本的態度としての敎唆として受容すべきでさへあるであらうが。一言にして言へば、それは、あらゆる社會事象をたゞそれの種類性質等に關する記載分析及び假說づけを以て釋解せりとするのではなく、かへつてそれの社會的構造に於いて占むる地位及び聯關の仕方を理解することに依つて、いはばそれの生活態に於いて有する「生ける意味」を把握する、といふことである。それは、事實を事實に於ける姿態に於いて理解し、抽象せられたる形式、姿態、性質に於いて把握しないといふ態度であり、事實を事實の有態に於いて見直さうとする諸傾向の中心を占むる希求に一致してゐやう。それ故にこの方法は人類學や民族學乃至社會學の――つまりあらゆる人間中心的なる――努力の核心を正しく摑んだものであると同時に比較的宗敎以來のさ迷へる宗敎學的研究の根本要求に致合するものといふことが出來やう。實際、事實にあらはるる價値を重んずるとの點に於て「宗敎經驗の種々相」の著者の態度はわれわれのマリノフスキーのそれと同轍的である。とはいへ、そこに於てジェームズは、いさゝか彼の實用主義、及び極端なる若しくは擴大せられたる形態、事例に於いて見んとする方法とに殃ひせられつつ、「その根にてはあらず、その果實によりて我らその樹を知るなり」*と述べたのであるが、われわれのそれは、むしろ、「その幹の、その枝の、その葉の、またその果實の色彩、形狀等を知りたりとて何かあらんや、彼等のそを植ゑ、培ひ、袋かけ、摘採り、巷衢に賈するを知りて、かくてその果實の市民等の口を悅ばす、と同時に彼等栽培者等の口をはぐくむ、かの桃なるを、オレンヂなるを、メロンなるを知り、また彼等がなりはひのさまをも詳らかにするを得るなり」と述べらるべきものであらう。さればかのジェームズ・フレザが、マリノフスキーの方法を「いはば、彼は人間を平板的にではなく、立體的に眺めるのである」(he sees man, so to say, in the round and not in the flat) と「西太平洋のアルゴノート」の序文に於て評したのは肯綮に價するであらう。それはまた「人性の複雜さをさながらに說明すること」(full account of the complexity of human nature) である。**

* W. James, Varieties of Religious Experiences. p. 20.

** J. G. Frazer, Preface of "Argonauts of the Western Pacific". p. IX. 「原始心理に於ける神話」の研究に於いて、マリノフスキー自身も、かう言つてゐる。「民話、傳說、及び神話は彼等の紙上の平面的な存在 (flat existence on paper) から高められ、まつたき生の立體的現實性 (three-dimensional reality of full life) のうちに置かれねばならない。」(Myth in Primitive Psychology, 1926, pp. 125-6)

マリノフスキーの方法を、そこで「アルゴノート」に依つてこゝに回顧することも必ずしも無駄ではないであらう。* 彼は言ふ。

民族誌的資料の蒐集に際してとらるゝ態度と方法とは言ふまでもなく能ふ限りいなむしろ絕對的に公平なる無拘束的な仕方に於て材料を扱ふとの sufficient generosity を以てはたされ、且つ事象に沿つて適用しそれを全き不分明さのうちから照し出すところの methodic sincerity のくまなき探照燈をはたらかせねばならないだらう。かくして彼の直接の觀察と土民の敍述、解釋との結果を提供し、彼の一般知識と心理學的直規に基く推理を切離して述ぶるべきである。** 併し乍ら他の歷史科學と異り民族誌の領域にあつては探究者自身が自身の chronicler であり同時に historian でもあるのに、資料は目の前にふれられつつも甚しく捕へがたい複綜的なものであり人たちの行動と記憶とに現示さるゝに過ぎない。(同書二―四頁) われわれの前にあるのは一系の生活體系であり事實である。それは生きた、何らの固定をも見ざるごとき諸複合態である。こゝに民族誌家の苦慮があり、現地探索者の精密な準備が要求せられる。Fieldwork の出立は、そこで、まづ次の如き三つの首要原則の上になされねばならない。

第一に、言ふまでもなく、研究者が眞の科學的目的を有ち、今日の民族誌の價値と標準とを知識すること。第二に、最もよき條件の下に仕事に從事すべきこと、卽ち、就中、白人たちから離れて、土民らの唯中にあつて生活すべきこと。最後に、その事證の蒐集、取扱ひ、整定のいくつかの特殊方法を適用すべきこと。(六頁)

科學的知識と目的なしには如何なる勞作も始め得ない。現地探索者は全く學說からの靈感にたよるのである。(九頁) と彼は言つてゐる。先入見は勿論有害でしかないが、理論的研究によつて得られた問題を多く有する程、そしてもし事實に從つて彼の説を形作りゆき、しかも説に賴りつゝ事實を眺めゆき得るならば、彼は充分に仕事についてよい準備を果したといはれてよいであらう。（九頁）マリノフスキーは書齋にあつての二つの理論的著作の後に彼の輝やかしい現地踏査に進んだのであつた。

次に、土民のうちに彼等との接觸に於て住まひ、觀察することは、何よりも研究者の日常生活の雰圍氣を彼等のそれと同樣ならしむることであり、そこの全き環境に於て諸現象をあるがまゝに、起るがまゝに始終に亘つて受取り、考察し、理解するとのことである。（七・八頁及び「原始心理に於ける神話」一九・二〇頁參照）あらゆることが彼の眼前に起り、堂下に演ぜられる。さうして彼自身彼等と共に如何に振舞ふべきかを知り、彼等と事を共にし、彼等の感情をも感知するに至らう。（八・一八・二一頁）この如き touch に依てのみ、ひとは、實生活の血肉を感受し、彼等の行動の特に顯著な重要なる諸類型を擇び出し得るであらう。質問による、又は推量による文獻に依つては記載され得ない如き、たゞ彼等のくまなき現實さのうちに認めらるゝ如き一系の重要なる現象「現實生活と及びテイピカルな行動との不可測、不可量的なるもの」（the imponderabilia of actual life and of typical behaviour)を、彼等の社會構造のうちに於て、その上にあり、それを充すものとして、察知し得る。（一八・一九・二〇・二一頁）またひとはこの如きタッチに於てのみ、能ふ限り廣き範圍、連りに亘つての、若しくは、を通じての具體的資料を蒐め得ることであらう。（一三・一七頁）さうしてそれを能ふべくんば精神的な圖表にあらはし、諸事象の共觀的圖表に示して、民族誌のドキュメントとする。（一三―一七頁）この方法――それをマリノフスキーは the method of statistic documentation by concrete evidence（具體的事證の統計的記載法）と呼んでゐる（一七頁）――に依つて、部族生活の固きスケレトンが最初に確められる。民族誌的現地探査の最初的基底的な義務と理想とはそれである。部族生活のあらゆる諸規律と規制、あらゆる恒常的にして且つ固定的なるものを描き出し、部族の有する文化の分析をなし、彼等の社會の構成、即ち社會制度、設定、構造等の明確なる輪廓を描寫すること（一〇・一一頁）。例へば親緣關係、系譜學的表、從つて所有權及び權益の讓渡、經濟行爲の表、社會體制、等々。一言にして言へば、最も廣い意味での土民らの文化の骨組と社會の構成との外廓が、かゝる現實態の記錄と研究とに依つて提示され得る（一七頁）。

ところで、つまらない、くすぶつた、平常的なものでも、異常的な、驚異的な出來事でも區別することなく、諸現象の全き攝がりを、部族文化の夫々の面に於て (the full extent of the phenomena in each aspect of tribal culture) きはめ、同時に、部族文化の全領域をその全面に於て (the whole area of tribal culture in all its aspects) 研究の對象に取り入れ、同樣に夫々の部面に於て得られた恒常性、規律と秩序をばひとつのつながつた全體 (one coherent whole) のうちに結合するとのことが、マリノフスキーにあつては、民族誌的勞作の根本的な態度であるのである。單なる宗教、技術、社會體制等の研究はそこにある對象、生活態の全野を切離して了ふことにならう(一一頁)。

このことは、われわれには非常に重要なことに思はれる。そこにあるのは諸の現象群、しかもひとつの連鎖中のものとしての、互に交錯しあひ、錯雜しあひ、影響しあふところの、生活態――それの結構と血肉とを有し、諸部分と總體との特殊と全貌とを具ふる――である。それは諸の網の目に依つて連がり、吸引し、作用しあふところの一つのとくべからざる網を形成する。それ故に、われわれの對象の分析は、諸要素の摘出、特にその機構的、骨骼的なるものと、上層的、實踐的なるものとの區別と關聯づけの下に於ける摘出。從つて諸要素のそこに於ける文化全體のうちに於て占むる地位の識認。各部分、諸要素を中心としての全體的搜索。諸要素の錯雜混淆せる全體としてのそこにある文化的形姿の識認。全體的統一づけ。從つて諸要素をそのつながりのまゝに、その關聯に於て、理解する。かくして初めて現象の持つ眞の意味が理解せられ、生活態としての集合體の眞の形態、機能、勞營が理解せられる。マリノフスキーの仕事はほゞ上の如きものかに考へられる。*** さうしてそれはデュルケムのよきひとりの後繼、マルセル・モースの "phénomènes sociaux totaux" 若しくは "faits sociaux totaux ou généraux," と呼ぶものと甚だしく近似するであらう。****

それ故に、部族生活の骼を形作るところの部族的構成と結晶的文化事項との確固たる輪廓が最初に明らかにせられ、次にかかる骼の上につく血肉、生きてゐる行動、動いてゐる諸事象、即ち日常生活と行爲とのデイタが眺められねばならない。この如き實生活の不可量的な、しかもまつたく重要なる諸事實が社會構造態の眞の實質をなすのであり、またそこには家族、氏族、村落共同體、それから部族を維持する無數の綾絲が織り込められてゐるのである(一九頁)。この如きもののうち、民族的日誌の手段に依つて特にテイピカルなものがたしかめられ、したがつて現實的事實のつながりのうちにそれが認めれる。かくて、行爲をその部族生活に於ける正當な地位に置くこと、つまり、それが特異的であるか通常的なものであるか、土民らが日常事の如く振舞ふものか若しくは彼等の全行動がそこで變形して了ふやうなものであるかを示すことが出來るであらう(二一頁)。此の上に、尙ほ、最後に、精神——彼等の有つ見解、意見、言辭ーが收錄せられねばならない。何故なら、部族生活の如何なる行爲にあつても、先づ習慣や傳統に依つて規定せられて居る常規、手順(routine)があり、次にそれの果遂さるゝ仕方、振舞(manner)があり、最後に、それに對して彼等の心中に抱かるゝ註解、釋義(commentary)があるからである。ひとはなにらかの動機に驅られ、何らかの感情にしたがひ、何らかの觀念に導かれて、種々なる習慣的義務に服する。ところで、これらの觀念、感情、及び衝動は彼等が住まつてゐる文化に依つて形作られ、條件づけられてをり、それ故に所與の社會の人種的特殊性(an ethnic peculiarity of the given society)なのである。一定の共同體の一員としての彼等の精神狀態は、彼等のそのなかで生活してゐる諸制度、傳承と土俗との影響、思想の媒介者即ち言語等に依つて性質づけられ、きまりきつた型になる。彼等がそこで動いてゐるところの社會的及び文化的環境(environment)が、彼等をして一定の仕方で考へしめまた感ぜしめるやうにする。*****そこで現地探査の第三の律令は、そこの共同體の制度及び文化に相應する思考と感情のテイピカルな仕方を見出し、且つ結果をば最も確かな仕方でフォミユレートすることである。それは、決定的重要事項の逐語的な記述と、また彼等の分類組織語や、社會學的、心理學的及び工藝上の術語の擧示と、彼等の思想の出來るだけプレサイズリな言葉による輪廓を與へることに依つて、一言にして言ふならば、言語の採錄に依つて彼等の持つ精神狀態を示すに足る、土語による Corpus inscriptium の蒐集によつてはたされるであらう(二二―二四頁)。

* マリノフスキーは「アルゴノート」の序論 (pp. 1-25) のすべてをあげて「主題、方法及び概觀」として彼の採つた調査の仕方を述べてゐる。我々はそれを殆んど逐語的に述ぶるにとゞめる。

** Frazer's Preface, pp. viii—ix 參照。The Andaman Islanders (Cambridge 1922) の著者 A. Radcliffe Brown は記述と說明とを分つとの理由で、その著を二分し、後半にその事實の Interpretation を示す。解釋とは起原の發見ではなく意味の理解である。それは、諸多の制度慣習が、一全體卽ち一體系をなして、共社會の生活を決定して居る中に於て、一定の制度慣習が占めて居る立場を知ることである (ibid., p. 229 sqq.)。秋葉隆「Intensive Method に就て」(社會學雜誌、五十七號、一—一一頁) 四頁を見よ。フレザは前引箇所で「社會學の目的は、社會に於ける人間の行爲を單に記載するだけではなく、かへつて了解することである」といつてゐる。マリノフスキーも、民族誌的現地探索の目的地は「土民の、彼の世界についての彼の幻想を實現すべき觀點、人生關係を把握することである。我我は人間を研究すべきであり、したがつて我々は最も親密に彼に關係するところのもの、卽ち人生が彼について有つたところの把握(彼を把束して生かしむるもの) を研究すべきである」(二五頁) と言つてゐる。マリノフスキーが如何にブラウンに似るかを讀者は頁をくるに從つて諳せられるであらう。

*** 秋葉氏はこれを超記述的なものの體得として、ブラウンのGene

ral impression に比し（前引箇所、六頁）、小山榮三氏は之を「實生活の雰圍氣」と呼んでゐられる（社會學雜誌五十八號、七三頁）。しかし、わたしにはどうもそれだけでは分り兼れる。むしろ、ただ考へ及ばない、推量し得ない如き從つて單なる質問や又は文獻によつては把へがたい如き實生活の事實といふのではあるまいか。とにかくそれは全き生活の共享、接觸によつて、眞の事象のそこにおける重要性が理解され、土民の生活に深入することからして、あらゆる部族的處爲に於ける彼等の行動、彼等の所在の仕方（their behaviour, their manner of being, in all sorts of tribal transactions）が、もつと明白になり、容易に了解し得るやうになるとのことを意味して居る。（See Argonauts, pp. 21—22）

*** Crime and Custom, p. 123; Myth in Primitive Psychology, pp. 55—58 を參照せよ。及び後者の結論（一一八—一二八）特に、一一八—九、一二三—一二六頁を參照せよ。また context of social life が、如何に經濟、法律、性等に關する相つゞく諸研究のうちに、切り離さるゝことなく視野に收められてゐるかを、マリノフスキーの書を手にするものは知ることであらう。

**** M. Mauss, Essai sur le don, *Année Sociologique*, n.s., t.I, p. 32,179 et suiv.「すべてが解けがたいひとつの網のうちに纏れあつてゐる」（tout se mêle en un inextricable lacis de…）(ibid., p. 38) なる表現！ マリノフスキーも "wide network of social co-relations and cultural influences"（Argonauts, p. 510）と言つてゐる。

***** それぞれの環境に卽しての特殊なる文化が形成されるとは、マリノフスキーにあつては一つの根本的なる見解であつて（Argonauts, p. 11 參照）、之に依つて、彼はスミス一派の文化傳播説に反對して、環境説とも名づくべきものを主張してゐるのである。（"The Life of Culture," 1928: See, especially, pp. 34ff., 36,41f）。此の民族學方法論上の立場が、如何に、エリオット・スミス、ペリー、リヴアーズ等の所謂マンチエスター學派の一味、及び「民族學方法論」の著者グレブナー、アントロポスの將師「宗敎民族學週間」のプレシデントたる學僧シユミットらの所謂文化圈説、文化史學派の一團、さうして更にはそれらによる米國民族學界の反響たる、ゴールデンワイザー、キスラー、シライター、スワントン、ロウイー、スピンデン等の所謂 Convergence Theory を立つるものの一群の間にあつて、特殊な地位を占めるか、また文化の自然的環境に重きを置くとの點で、如何に人文地理學のラッツエル一派、及び社會形態學の佛蘭西社會學派とつながりを持つか等を知ることは興味多いことである（「民俗學」二卷一號七二—三頁及びアルゴノート、五一五頁以下參照）。

要之、彼に依れば、民族誌的現地探索のゴールは三つの街路によつて近づかねばならないのである。（一）部族の體制と、及びその文化の分析とが確固たる、明白なる輪廓に於て記載せられねばならない。具體的、統計的記載法がよつてもつてその如き輪廓の與へらるべき手段である。（二）かゝる外骼のうちに、實生活の不可量的なるものと、行動の型とが滿されねばならない。それは土民の生活との近密な接觸によつて可能とせらるる、民族誌的日誌といつた種類の形式での、綿密な、委細なる觀察によつて蒐集されねばならない。（三）民族誌的叙述、特性なる談話、典型的言辭、フォークロアの諸項目及び呪術的呪文の蒐録が corpus inscriptionum として、即ち土民の心意性の記錄として與へられねばならないのである(二四頁)。

われわれは隨分とながくマリノフスキーの方法について語つて來た。冗漫と繰返しと前後の轉倒とが讀者を飽かせなければと思ふ。とにかく遂語的に彼の思想と態度とを眺めた筈である。さうしてそれが「罪と慣習」の考察をも裏づけるものなのである。われわれは再びそこに立戻らう。

さて「罪と慣習」とに於ても、それ故、マリノフスキーは、從來の原始法律に關する諸假說にとらはるゝことなく、一つの社會に於けるそれらの觀念、それらの遂行についての「生きた事態」を捉へやうとする。かくて彼は、一方に於て、これら未開人社會に於ける集團的感情の優越、社會的羈絆の過重さを特徵とする如きすべての說（原始雜婚、集團婚の假說や集團感情、集團責任、集團正義、集團財產、共產制等の類似觀念やに立ち、氏族連帶性を强調し、個人の集團への奴隸的、痲痺的、受動的服從を考へる、謂はばあらゆる個人沒却說、乃至、未開人の習俗法遵守の Mental inertia の考へ、automatic acquiescence, and instinctive submission to the tribal laws の考へなど――たとへばデュルケム、ハートランド、リヴアーズ、ロキーなど）を退け（同書、三―四、一〇―一四、一九、三〇、四八、五〇―五一、五五―五八、七三頁等）、且つ、與へられたる社會に於て集團生活をいとなむそれらの諸個人のあるがまゝなる動きに於て問ひをとらうべく、他方、所謂 hearsay sociologist の方法を價値低く扱つてゐるのである（七八頁以下一二〇―一、一二五―七頁）。

マリノフスキーがそこに於て取扱はうとするのは、それで、あらゆる先入見を離れつつ、それらの社會に於て、諸個人が若しくは諸集團が、それの集合的諸活動のさ中に於て如何に諸個人と若しくは諸集團と相對峙し、相交涉するか、如何にその集合的生活態の圓滑なる遂移のために相互に振舞ひ、義務を負ひ、また相制約し合ふかを、またそれらの諸形態の下に流るる社會的心理的復合叢のさながらの相がどのやうであるかを明らかな認識に持來らさうとのことである（一二、一五頁參照）。

法律と及び立法的諸勢力との錯雜なる浸潤を彼等の生活相に認め、かくて、これらの部族生活の面のあひだより、あらゆる拘束的義務 (binding obligations) と考へられ、また、として行はるゝ如き諸規律を見出し、それを分析し、その如き拘束的諸勢力の性質を辨別して、それらの有効とせらるゝ如き仕方にしたがつて諸規律を分類する。このやうにして、何らの先入觀念、既成定義にわづらはさるゝことなき、諸事實の歸納的なる檢證によつてこれらの未開人社會に於ける諸規範、諸規律の滿足なる分類に達し、またこの如き原始法律と他の習俗の諸形態との明白なる差異を――何故なら、法律の諸規律、一定の拘束的義務を具ふる諸規律は單なる慣習の諸規律よりも秀でて居る（三〇頁）からである――あきらかにし、かくて更に新たなる未開人社會組織に關する動的なる觀念を捉へ得ることであらう。（一五―一六頁）

さて、それだからしてまた、われわれの關心は先づ何よりも刑法的諸事象のではなく、それらの市民法的諸事象の把捉と理解とに向けられる。このことなくしてひとは恐らく未開人社會に於ける特異なる刑法的諸事象、特に刑の執行とその逃避の諸形態に關する望ましき承認を持ち得ないことであらう。なぜなら、積極的法令よりなる市民法は單なる禁令の總體よりもはるかに發達せる形態であり、したがつてそのことの關心を含まざるすべての刑法的諸研究は未開人の司法的生活の最重要なる現象をかへつて看過することとなり、致死的なる過誤と謬見とに陷るでさへあらう（三〇―三一頁）。マリノフスキーがその著の前半（Part I. Primitive Law and Order）を社會的生活の諸形態を支配する義務的制約と規制との敍述に費したのはかくて正しい理由を有つ。

そこにあるのは社會的構造と行爲との複雜な諸組織である。そこに存するどんな特異な關聯の形態を、連鎖を我々は見出すことであらうか。そして、それについてのマリノフスキーの功績が、どんなに最近の民族學的興味の尖端をゆくものであるかは、次の三人の名を、つまり「誓信。契約の問題の社會學的研究。契約的紐帶の形成」（La foi jurée. Étude sociologique du problème du contrat. La formation du lien contractuel. Paris, 1922）の著者ダヴィ（George Davy）「贈與論」等のモース「バナロの社會」（Die Gemeinde der Bánaro. Stuttgart, 1921）等のテユルンワルト（R. Thurnwald）などの名を擧げるのみにて十分明らかであらう。

まづそこに存するのは、部族生活に於ける交換の非常に擴がつた契約組織の一つのつながりである。カヌーの所有と使用に於けるカヌー組合員間の相互的義務と權利（第二章）、海岸村落と內島村落との間の魚貝野菜の相互的供給（第三章）、婚家と緣戚との義務的給付（第七章）、呪術的及び宗教的儀禮に於ける義務性・社會的拘束性及びそれの果遂への社會的報酬の形態（第六、八章等）、――いはば社會的行動と社會共同體との間に橫はる制約性、相互的契約の諸關係。そこには廣漠とした一體系があるのである。

最初に、マリノフスキーは、そこの自然的環境の顧慮から出發する。それはひろい礁湖にとりかこまれた平低な珊瑚島の一群である。豐饒な土に惠まれた陸地、そして魚介に富んだ礁湖。靜かな晴れた日にはそこに浮ぶ幾多のカヌーの群を、どんなに活動的に眺めることだらう。彼等の生活の大部分の時間がそこに過ごされる。これらのカヌーは合法的な一人の所有者即ち組頭と幾人かの組員とに依つて所有と使用權とを保たれる。それはそれらの人達の群を一つの勞働組（working team）にと結合する一系列の定まつた義務と責務とから成る（一八、二〇頁）。それは相互的であり、一定の地位、年齡、才能等に結合して配置される。彼等は夫々その地位利權を親緣者や友等に、相當の支拂ひ、償ひを以て、譲ることも出來る。彼等はいはば特權と任務とを負ひ、お互への相互的義務の契約に立つ joint owners（二〇、二一）であり、組員としての夫々の地位と役目と結びつきとを有つ。組員はカヌーの建造、その他協同を必要とする場合には支配頭と協力し、結びつけられてゐる。支配頭は組員間の仕事をみとり、外部的にはそれを代表し、カヌー建造の祝宴等には組員におかへしを支拂ひ、また組員のものがカヌーでの彼の位置につくことを要求せられても拒み得ないのである（二六頁）*そしてカヌー自身またもつと廣い組織、もつとひろがつた活動のうちに動くべき連結にあつては、それぞれにカヌー隊の一定の地位と活動とを有つのである（二〇頁）。そこに我々はリヴアーズの如く共產制的な習俗、カヌーの共同所有を認めてはならない（一九頁）。そこには法律と制規と特定權とよく發達した義務の一體系とがあるのである。そうしてそれは更に內島的村落との食物の相互的供給のすぐれた協定によつて一層こみ入つた網をなしてゐる。實際、獲物の分配に於て、彼等海岸村落居住者即ち漁夫たちの手に殘るのはそのほんの僅かな一部分に過ぎない。彼等は魚介を提供し、農作物を受ける。つまり、海岸と內島との村落は、互に食物の供給に於てお互に賴り合はねばならない。相互の有つ缺乏からの需要との經濟的な自然の理由にもよる一種の分業制でもある。また此の交換は精密な儀禮に從つてなされ、明らかな儀式的一面を浸透してゐる。土民の公共的生活の甚だ重要な一面を形づくる、海岸での、あらゆる大儀式的な食物の誇示と分配とは、內島の豐饒な地にとれる特に大きく、すぐれた或種の野菜類（yam と taro）を以て行はれ、之に對して內島での普通の分配と祭宴とには魚類が用ひられるのであつて、宗教的な風俗がいはばこれらの交換的契約を運ばせてゐることが分らう。**加之、それは贈答の形式でなされるとはいへ、贈り物を受け取つたものにはそれに對して再び酬ひするやうにさせる相互的義務の體系 (system of mutual obligations) として、亦法律的側面をも存し、兩者は贈り物を拒むことも、お返しの贈り物をするのに吝だつたり、または遲滯したりすることも出來ず、更にそれを怠れば何らかの仕方で罰せられるとせられてゐるのである（二二、二三頁）。***いはばそこには兩村の人爲的な文化的依存關係が存する。まことにこれらの社會に於ては、原則として、相對峙する二つの共同體が相互に他に對して責を負ひ、奉仕し、義務を遂行する、あらゆる種類の道德的物質的給付のもとに立つ。****そしてかゝる相互主義(reciprocity)の鎖は相依關係の全組織の部分たることに依つて一層拘束的なものたるのである(二三頁)。それは單に二つの共同體間の協約ではない、それは更に擴がつた社會生活の綾にまで浸潤してゐるのである。(未完)

*カヌーの建造と所有等については Argonauts, Chapters IV,V. 參照。

** これが、マリノフスキーがクラと共に ceremonial barter with deferred payment 中に入れてゐるワシ(wasi)である。(See Argonauts, pp. 187-8) そしてワシのこんな分配の形式が、それが單な食物の缺乏を滿足するにはなく、かへつて、習慣的に認められてゐる食用物の誇示の社會的要求を滿すためのものであることを示すであらう(ibid, p. 187-8)。

*** かくてそれは經濟的、儀禮的、法律的諸面を持つ。このことはモース、ダヴイらにても同じく言はれてゐる。V. M. Mauss, op. cit., Le Don, p. 38, 179sq. do, An. Soc., XI, p. 296sq; Davy, op. cit., La Foi, p. 166 et suiv., Davy et Moret, Des clans aux empires, Paris, 1923, p. 25. また贈物のやりとりに於ける此の如き性質が、モースの贈與論の全篇の考察の主題となつてゐるのである。

**** モース、ダヴイらは早くよりこれを prestation と呼び(前註諸所その他)、新しくはモースは"système des prestations totales"(Le Don, p. 37, 39, 41, etc.; Parentés à plaisanteries, Annuaire 1927—1928, École pratique des hautes études, 1928, p. 3n. 1) と名づけて、この協約の性質を明快に把握してゐる。

マリノフスキーと「未開人社會に於ける罪と慣習」(中村)

大蛇に呑まれた人の話

千葉縣香取郡米澤村は、佐原町を南に距る三里餘の山村で、同村の武田區の鎭守八幡神社は、同區から同村毛成《ケナリ》區に通ずる里道の傍にあつて、境内はさして廣からぬ地域であるが、社殿を距る一町位の所に廣さ三畝位もあらんかと思はるゝ三方山に圍まれて、小松、葦などの生えてゐる卑濕な處があつて、昔から八幡樣の主と云はれる大蛇が住んでゐると傳へられてゐる。

年に一度位は人目にかゝることがあるが、偶々これを見た人は惡寒發熱二三ケ月は臥床するが普通である。明治四十四年の或る夏の朝、同村新《シン》區成田龜之助(當時三十七八歲)飼馬の飼料にと未明草刈に行つたが、九時十時になつても歸つて來ないので、家人は不思議に思ひ隣人にも賴んで殘る隈なく搜して、八幡神社を去る一町餘の小山に同人の鎌草履などの遺棄されてゐるのを發見したが、姿は遂に見當らなかつた。其後警察にも屆けて行衛を探したが其甲斐なく、巫女占者に見て貰ふと、當人の魂は消えて此世にないと云ふ卦が現れた。そこで家人も諦め其日を命日として追善供養を行ひ今日に至つてゐる。(伊東　亮)

紙上問答

問(一九) 若い時屢ば聞た笑話に、蒲燒きを拵えてる最中に、鰻屋の門を幾度も〳〵徘徊して鼻をうごめかし、扨家え歸つて喫飯するを恒例とする吝人あり。鰻屋主人そう毎日匂ひをたゞかぎでは此方の本がきれると、よい加減に作つた勘定書を持て請求に往くと、吝人委細承知と財布をふり續け、鰻の匂ひは錢の音で仕拂ふから、たしかに受取て歸れと言たそうだ。今年五月三日倫敦發行ノーツ、エンド、キーリスに、特に予を指名して、この笑話は日本で最古く何の書に出居るかを問た人あり。餘り必要ならぬ事乍ら、答へずにおくも殘念と、手の及ぶ限り書物を調べたが見出ず。大曲省三、宮武省三氏等に尋れたが分らぬ由答へ來り。自分鰻屋で多年小話研究に潜心さるゝ宮川曼魚君も、是はたゞ寄席でしやべくつた斗りで、書物えは出なんだ者だらうとの判定だつた。然し一八一三(文化十)年に出た一九の金草鞋五編、鹿島行きの船客の語に「腹がへつた、そこらへ行て、蒲燒の匂ひでもかいで、結びを食てこやうか、それが一番錢が入れえでよい云々」とあるをみれば、其頃又は其より古い本に、件の笑話があるかもしれない。誰かの敎示を仰ぐ(南方熊楠)

答(一〇) 廣島縣豐田郡吉名村では蟷螂の卵を「カラスのツバ」と申します。其他とりとめもない事ですが、松茸の事を「ナバ」虎杖の事を「タヅナ、スッポン、タチガレ」と云ひます。燕の鳴聲を「唐《カラ》でもち食て、この方で土食て口すい」と云つてゐます。同地方から出稼ぎに來てゐる酒造男にきゝました(兵庫縣今津町鷲尾三郎)

答(二十七) 南方先生の女喝食は看聞御記にもつと見えてゐます。伏見宮貞成親王第一王女性惠女王が九歳にして應永三十一年四月十九日入江殿に入室、廿一日喝食となられましたが、御里を御慕ひになつて御落涙になつたとあります。「廿一日晴、今日吉日間御喝食被成申、御戒師未定之間、法名未被付申、先御髮許方丈被剪申云々、尼衆達濟之祗候、面々如何と崇敬申云々寺中福貴之式如大名云々、代々由緒當座名利勞以歡喜無極、御喝食ハ舊里戀慕、時々落涙云々、心中被察不便也」。又、大聖寺之記には「喝食ヒタイノ事モ大聖・寶鏡ノ兩寺ハ二重カツシキトテ、其形外ノ比丘尼御所トハ違フナリ、外ノハ一重ナリ、大聖寺宮御喝食二重ニ出ス、上臈モ喝食ノ出シヤウ同事也、御近仕ノ比丘尼ニナラントノ喝食モ得度ノ日一日喝食ニナサルヽ也、ヒタイノ出シヤウ皆以二重ナリ」とて二重喝食の圖を載せて説明してゐます。喝食には男女共にあることは勿論で、入寺したばかりの未だ正式の剃髮受具に堪へない幼僧の職位であります。私の見ました大聖寺上申に「喝食侍者之譯、宗規幼年ニシテ通戒ヲ受ケ、不剃髮着僧衣之ヲ喝食ト稱ス、而シテ受戒得度之ヲ沙彌ト稱ス、而シテ侍者ニ進級、以上皆幼僧之職位也」とありました。ですから仰しやるやうな特殊の對象となつたものは寧ろ異例と考ふべきではないでせうか。尤も宣胤卿記文明十二年二月六日の條に、豐後國萬壽寺(東福寺末寺)の衆僧が亂行甚しかつたので、去年十一月十八日に俄に寺地が陷落して僅に廁に入つてゐた沙彌一人と喝食一人が遁れたといふ話があり、また、續本朝通鑑卷一百六十二に「永享八年丙辰正月廿六癸巳、義敎令五山曰、諸喝食可著一色衣、不可著紅色、且禁綉織服、(禪徒童形垂髮者曰喝食)とある服色の制限などは或は或種の弊害に備へたものであつたかも知れません。

序に、犬の生れがはりと云はれた喝食の話が建内記一嘉吉元年五月二十三日の條に見えてゐます。玄周來、蔡壽喝食(十歳)論義已下暗誦令悅耳了、件蔡壽者無量壽院下男子也、犬再誕之由人稱之、彼寺有犬、僧衆於佛前勤行之時、此犬必同音吠、送年如此、終於佛前斃、不幾而下男之妻懷姙所誕生也、仍有此疑云々」(板澤武雄)

學界消息

○伊波普猷氏　「國語と國文學」八月號に「琉球語の母音組織と口蓋化」を寄稿した。同氏はまた「短歌月刊」の八月號から毎號、「琉球短歌釋義」と題して、大淸乾隆六十三年（西暦一七八九年）に琉歌集の中で最も早く編錄された琉歌百控乾柔節流百九十三首を連講する。

○折口信夫氏　七月五、六の兩日、松本市にて伊勢物語を、八月一日よりの國學院大學の萬葉講座に於て萬葉集短歌を、八月七日鎌倉夏期大學講座に於ては「文學史上に於ける鎌倉」を八月十日の信濃教育會北佐久部會主催の講習會に於て「江戸時代文學史」を講義する。

○早川孝太郎氏　旅と傳說八月號に「歸らぬ人、菅江眞澄の故鄕」を寄稿した。氏は八月七日羽後飛島へ再度の採訪旅行に出立した。

○宮本勢助氏　七月中旬伊豆大島に赴き、盆踊を見學且つ其の景物を小型映畫に收めて歸つた

○新村出氏　は國學院大學主催の萬葉集夏期講座に於て萬集植物二三と題する講演をした。

○有賀喜左衞門氏　は長野縣稻荷山町の有志に招かれて同地に赴き、鄕土調査に就いて二日間講演をした。歸りに松本の天神祭を見て來た。

○太田榮太郎氏　は方言研究に對して啓明會から補助を受けることになつたので、近々地方方言の調査及採集に出かけるさうだ。

○濱田隆一氏　之迄に約二千五百餘語の天草方言を集め、それの語原的解釋及用例を附したが今夏更に動植物を主とした方言を集むる由。

○山本靖民氏　は七月中旬肥前天草本渡町に赴いた。尙肥前島原語彙稿を目下整理中。

○宇野圓空氏　は岩波書店より出版する宗敎學を校正中。

○橋浦泰雄氏　信濃敎育會東筑摩部會では東筑摩郡誌別篇第二編として東筑摩郡石像類の採集記錄を刊行することになつたので、其採集調査を柳田國男氏の推選により橋浦泰雄氏に委囑した。同氏は目下同郡に滯在、七月中に平地と東山方面を終り、八月中は同郡嶺間部と稱する山地部落に入つて調査する由。

○橘正一氏　は國學院雜誌八月號から盛岡辯の疑問法を連載する。

○デュルケイム社會學派經濟學者にして、ヂードと並び稱せられて居るシミアン氏（M. Simiand）が、統計局の招聘に應じて九月來朝する。

○アフガニスタンに二度の探險を試み、サンスクリツト及西藏語の泰斗、圖像學者として令名ある。ギメ博物館主事アツカン氏（M. Hackin）が來朝した。氏は今後二年間日佛會館の指導者として滯在する。

○岡山文化資料第二卷第六號は南方熊楠氏の「アマンジャクが日を射落した話再記」をはじめとし、桂又三郎氏の「石の傳說と信仰」は岡山縣下に於ける石に關する傳說百九を郡誌、地誌、旅行記等より抄錄し、卅九の項目を設けて分類し、嶋村知章氏の「岡山方言の語法」（その一）は同地方の名詞の敬語法、代名詞について詳說し、其他佐藤淸明氏の「岡山縣植物方言」、嶋村氏の「むかし噺」「猿雜話」「子供揶揄詞」桂氏の「見聞漫錄」岡長平氏の「アメリカ萬歲」時實默水氏の「邑久郡東部土俗資料」松島毅美夫氏の「上道郡芳野村北部に於ける童謠」武鎚禮太氏の「兒島郡土俗資料」橋本正次氏の「四國普通寺の穗投祭其他」等も收載されて、體裁も美麗で內容も充實した資料集である。（會費六册一圓六拾錢、岡山市門田屋敷九一文獻研究會發行）

○愛媛縣周桑郡鄕土研究會の人々が今回、同地方の史實、傳說、遺物、遺跡、土俗、言語等に關する調査を發表する爲、每月「愛媛縣周桑郡鄕土研究彙報」といふ小謄寫版の雜誌を發行することになつて、最近其創刊號が發刊された。その中民俗學關係の重なる項目を擧げれば、

學界消息

杉山正世氏の「周桑郡に於ける口語動詞」「死ぬ」の「語態調査報告」「風の稱呼」他地方の資料として「家宅の間取の稱呼」「埼玉縣入間郡の俗習俗信俗説」渡部盛義氏の「椀貸傳説」等、なほ同誌は他地方土俗、方言の寄稿を、同地方のそれと比較するため歡迎すると。（會費一册分拾錢中込愛媛縣立周桑高等女學校内渡邊盛義宛）

民俗學關係文獻要目

○旅と傳説　第三年七月號

旅と傳説　中山　太郎
周防の大島　宮本　常一
異聞集錄　濱田　隆一
朝鮮ばなし　金　錫宗
下里村の民譚　栗山　一夫
民謠と筏乘り　西川林之助
瓜こ姫この一例　橘　正一
浦島太郎　奥田　太郎
北海道に於ける善光寺傳説　深瀨　春一
芳賀郡昔話　高橋　勝利
岩手の安達ケ原　田中喜多美
伊豫の傳説　橫田　傳松
方言雜記　山本　靖民
既刊郡誌書目解題　大藤　時彦
平秩東作の東遊記　三田村鳶魚
文殊樓の目無鬼　島津　久基
盆の踊り場　早川孝太郎
七夕祭りの話　折口　信夫
隣の寢太郎説話　柳田　國男

○民俗藝術第三卷第七號七月號

祭禮の今と昔　北野　博美
淡路人形座訪問　竹内勝太郎
人形頭諸相　内海繁太郎
地獄の芝居　越原　富雄
武藏澗戸村式三番所感　九重　左近
越中射水郡下村の石搗踊り　野上　兵作
奥淨瑠璃小控　北　上　生
朝鮮の古樂　小寺　融吉

○短歌月刊七月號

女房歌の發生　折口　信夫
野鳥雜記　柳田　國男

○史前學雜誌第二卷第三號

史前學の目的　大山　柏
臺灣古代に於ける黑柿の用途　鹿野　忠雄

○史學研究第二卷第一號七月號

日本建國の精神　白鳥　庫吉
室町時代の食饌慣習の推移　櫻井　秀
「奇蹟」觀念の史的變遷に就て　朝日　融溪
大鵬傳説に就いて（第二回）　山下　寅次

○史苑第四卷第三號

古代ヘブライ民族の家族道德　楊　能漸
語部に關する研究　丸山　林平

民俗學關係新刊書要目

○山の傳説　青木純二著　丁未出版社
○言語誌叢刊　第一期刊行書　刀江書院
蝸牛考　柳田國男著
南島方言資料　東條操編
莊内語及語釋　三矢重松著
壹岐島方言集　山口麻太郎著
○看聞御記上卷　續群書類從完成會
○日本文化史概説　西村眞次　東京堂
○日本若者史　中山太郎　春陽堂

第十三回民俗學談話會

七月十九日午後六時から日本青年館の會議室に開いた。暑中休暇になつて歸省した學生が多かつたので來會者は、宇野、松村、小泉、柴、高崎、岡村、村上其他の數氏に過ぎなかつたが、石田幹之助氏はふおく・ろあのお話は出來ないがと斷つて、洛陽長安に於ける富豪と庶民との銷夏法に就いて種々の文獻を引用して面白く話された。當時既に宴席に氷を使用したなど、云ふ夏向きのお話は僅かな會員で聞くのは惜しいことであつた。

司馬江漢著　東北帝國大學教授　村岡典嗣校

天地理談

最新刊

五百部

四六判總紙數二五二頁（内表組一四六頁）
コロタイプ廿五葉
用紙上質天金クロース裝

定價參圓八拾錢
送料二十七錢

司馬江漢は徳川文化が生んだ一奇才として、ひとり繪畫のみならず、種々の方面から研究に價する人物である。こゝに、彼が晩年の遺稿の天地理談を紹介するのも、江漢研究の爲に、一新資料を提供するにほかならぬ。附錄として添へた論文と年譜と、ともに未熟不完全のものながら、彼について、些かにても闡明し得たところあらば幸ひである。（村岡先生序の一節）

本文目次

寫眞目次

新村出著　典籍叢談　四六判　價三、五〇　送〇、二七

南方熊楠著　南方隨筆（正・續）　四六判　價各三、五〇　送各〇、二七

山中家編　共古翁記念文集　趣味と嗜好　菊判　價三、〇〇　送〇、二七

三村清三郎著　江戸地名字《あざな》集覽　菊半截判　價一、八〇　送〇、一八

東京神田區北甲賀町四　岡書院　電話神田二七七五番　振替東京六七六一九番

◇前號目次

△原稿、寄贈及交換雜誌類の御送附、入會退會の御申込會費の御拂込、等は總て左記學會宛に御願ひしたし。
△會費の御拂込には振替口座を御利用ありたし。
△會員御轉居の節は新舊御住所を御通知相成たし。
△御照會は通信料御添付ありたし。
△領收證の御請求に對しても同樣の事。

昭和五年八月一日印刷
昭和五年八月十日發行
定價金八拾錢
編輯兼發行者　岡村千秋　東京市神田區表猿樂町二番地
印刷者　中村修二　東京市神田區表猿樂町二番地
印刷所　株式會社　開明堂支店　東京市神田區北甲賀町四番地
發行所　民俗學會　振替東京七二九九〇番　電話神田二七七五番
取扱所　岡書院　東京市神田區北甲賀町四番地　振替東京六七六一九番

MINZOKUGAKU

THE JAPANESE JOURNAL OF FOLKLORE

Published by the

MINZOKU-GAKKAI

Volume II August 1930 Number 8

Page

Articles:

Short Notes:

MINZOKU-GAKKAI

4, Kita-Kôga-chô, Kanda, Tokyo, Japan.

民俗學

第貳卷　第九號

昭和五年九月

民俗學會發行

民俗學會會則

第一條　本會を民俗學會と名づく

第二條　本會は民俗學に關する知識の普及並に研究者の交詢を目的とす

第三條　本會の目的を達成する爲めに左の事業を行ふ

イ　毎月一回雜誌「民俗學」を發行す

ロ　毎月一回例會として民俗學談話會を開催す

　但春秋二回を大會とす

ハ　隨時講演會を開催することあるべし

第四條　本會の會員は本會の趣旨目的を賛成し會費（半年分參圓　壹年分六圓）を前納するものとす

第五條　本會會員は雜誌「民俗學」の配布を受け例會並に大會に出席することを得るものとす　講演會に就いても亦同じ

第六條　本會の會務を遂行する爲めに會員中より委員若干名を互選す

第七條　委員中より常務委員三名を互選し編輯庶務會計の事務を負擔せしむ

第八條　本會の事務所を東京市神田區北甲賀町四番地に置く

　附　則

第一條　大會の決議によりて本會則を變更することを得

私達が集つて此度上記のやうな趣意で民俗學會を起すことになりました。

考へて見ますと學問が大學とか研究室とかに閉ぢこめられてゐた時代は何時まで何時までつゞくものではないといふことが云はれますが、然し大學とか研究室とかいふものを必要としなければならない學問のあることも確かに事實です。然し民俗學といふやうな民間傳承を研究の對象とする學問こそは眞に大學も研究室も之を獨占することの出來ない學問であります。然しされぱといつてそれは又一人一人の篤志家や學究が個々別々にやつてゐたのでは決してものになる學問ではありません。出來るだけ多くの、出來るだけ廣い範圍の協力に待つしかないものと思ひます。日本に於て決して民間傳承の資料の蒐集なり研究なりが閑却されてゐたとはいへません。然しそれがまだ眞にまとまるところにまとまつてゐるとはいはれないのが事實でありますかう云ふ事情の下にある民俗學の現狀をもつと開拓發展せしめたいがために、民俗學會といふものを發起することになつた次第です。そして同樣の趣旨のもとに民間傳承の研究解說及び資料の蒐集を目的として、會員を募集し、會員諸君の御助力を待つてこれらを發表する機關として「民俗學」と題する雜誌を發行することになりました。どうかこの一般國民生活の中に深く生きてゐる事實の意義及び傳承を生かす爲めに、そして民間の學問としての學的性質を達成せしむる爲に、本會の趣旨を御諒解の上御入會御援助を賜りたく御願ひ申します。

委員

會津八一　秋葉隆　有賀喜左衞門
伊波普猷　石田幹之助　移川子之藏
宇野圓空　岡正雄　折口信夫
金田一京助　小泉鐵　今和次郎
中山太郎　西田直二郎　早川孝太郎
松村武雄　松本信廣　宮本勢助

昭和五年九月發行

民俗學

第貳卷　第九號

目次

資料・報告

海外資料學說

神嫉考

宮武省三

數年前京にゐる妹が九州路に新婚旅行でやつて來たとき、なに心なく宮島でも見物して歸つたらどうかと、すすむと「あそこは都合がわるい」と妹が言ふので、成程と、そこは多年土俗研究に趣味を持つ自分のことゝて察しが早く、あとの釋明を俟たずに素通さした事がある。畏友出口米吉氏の原始母神論にも一、二例記せらるやう新婚者が神のお嫉みを氣遣て、お詣りを憚るところは宮島、お伊勢以外にもまだ在る。自分の郷里讚岐でも新婚者で金毘羅詣りを忌むものがあるが、筑前の名嶋《なじま》辨天も矢張其一つで、博多などでは相當年輩の夫婦で、なほ玆處にお詣りするを遠慮するものがあると耳にしてゐる。甚しいのは同國志賀嶋で、こゝではお詣りどころか結婚しても三々九度の式は志賀明神に氣がねして昔からしない事となつてゐる。昨年正月此の宮の步射祭拜觀に出かけたとき氏子の一人から聞くところに由れば、是は三韓征伐のとき神功皇后、志賀明神に仰せらるに、爾《なんぢ》、軍功あらば歸朝の曉、夫としてゆるさむとのお言葉であつたが、さて目出度凱旋しても更にその御氣色もなかつたので、明神あてがはづれ、つぶやかれたとの口碑に由て嶋民は今日まで正式結婚の姿を此の神さんに見せるのを避くるのじやと言ふのである。

1

神さんじやとて人間と同じく戀もし、燒餅をやかれることもあらう別に不思議はないが、しかし、同し人間ても骨相學者に言はせると鷄頭骨とて頭が鷄、七面鳥のやうな恰好せるものは情慾つよく、鶴頭骨とて鶴の如くまるみある天窓《あたま》の持主は熾烈でないと言ふが如く濃淡樣々あつて理齋隨筆などには夫が常々水神の賦を誦するとて水神まで嫉んだ女が在つたと見えてゐる。神さんのうちでも無論此差別程度あるにちがひなく、例へば豐前京都《みやこ》郡、今井祇園の如きは悋《や》くどころか却て夫婦連れ又はオギン（企救郡、又は京都郡では年頃の娘をオギンと言ふ）など連れてお詣りするを神さんが喜ぶと言ひ、こゝの祭、殊に舊六月十四日の宵祭《よひまつり》の如きは男女のお參りで、なか／＼賑ふのみか、附近の寺は無料で是等の男女を宿《と》めてやり朝はお茶漬の一つも振舞たと言ふ事で私の知合にも若いとき此朝飯に呼ばれた一人がゐる。すきあふ同志が互に手に手をとり田舍の夜道を喃々蜜語しつゝお詣りすることが如何に行樂の一つであるか「今井の祇園百段御座る、樣《さま》とまゐらば九十九段」といふ俚謠で其心持が偲れるのである。此意味は今井祇園の石磴は百級在て上り苦しいが愛人と一緒に詣ると足の運びも輕るく百段も九十九段しか思はれないと一寸乙にしやれたものである。そして其翌日の山鉾かきには町內年頃の娘が浴衣《ゆかた》に襷がけ赤湯卷の姿エロチックに、あちら、こちら駈けまはり、水をくみてはホデル若衆のからだに、ぶつかけてやるなど其光景は此山鉾のうしろに控る八撥とともに興味ある看物である。

日向の鵜戸神宮の如きも宮崎地方では新婚者は必ずお詣りせねばならぬことゝしてゐる。本來こゝは夫神が約に脊て產室を覗いたに嫌氣がさして女神の去り給ふた民間で申さば夫婦喧嘩に花が咲いてお別れなされたやうなものであるから、あたりまへなら新婚者はお詣りを憚るべき筋合なるに事實さうでなく、先年宮崎町長であつた加藤七五郎氏から耳にした咄に今は廢たれたが、新婚者が此宮にお詣りすると其身內の者は新夫婦の歸る頃を見計ひ大淀橋に馬を牽て出迎へに行き、こゝで嫁御を馬に乘せ新郎をして其手綱をとらしめ歸宅さす風が在つたといふ事である。あの洋々たる大淀川のほとり馬上でかへる花嫁の面恥しひ姿、又其手綱をとつて徒歩する新郎のお目出度い面相、當節の茶眼が見たら屹度「なんて、まがいんでしやう」と吠えるところじやが、たしかに一幅の畫趣は在つたこと丶自分は思ふ。

今一つ鵜戸神宮境内では母神にはなれた鵜葺草葺不合尊が飴で養はれたといふ口碑から此邊の娘連が參客につきまとふて飴を售りつける風が在つた。ところが、曾て香川縣出身の某が知事として此地に在官中、其夫人がお詣りして境内にさしかゝると、もとより知事閣下の奥方と知る筈なき此邊の娘共、遠慮會釋なく飴を售りつけたといふ事が、後に警察部長殿の耳にいり、不屆な振舞、爾後押賣ならぬと嚴達したとかにて自分が大正九年行たときは娘一人も影を見せず甚だ寂寞を感じたので在つた。內閣の交迭ごとに運命をともにする官吏が、民情に無關心無知なのは仕方がないと諦らめはしてゐるが、こゝの娘どもは此飴を售つた零砕の金を貯めて帶を買ふとか簪買ふとか婚資の補ひにしたものであるから此御法度は實に物のなさけを辨へぬ譏を免れぬものであると自分は當時の旅日記にもしたゝめ置いたのである。

余計なことを喋《しや》べりすぎたが、しかし、叙上の神の嫉みといふことは希臘神話などにも隨分多いことで、アポロが嫉妬のあまり戀の女神水精コロニスの胸倉を矢で射つたとか、なんとか、神さんのやきもち沙汰は他にザラにあるのみか、希臘悲劇の泉源は實に神さんの嫉妬に胚胎せられてゐるとまで稱されてゐる。「アルタバース」が「サークセス」に語つた文句の中に「見なさい、神さまは己を低うする者に祟《た》ることはないが、高うとまるものを見なさると屹度其儘に捨て置くことはしなさらない。お眼障りとなる高樓高木にも絶えず霹靂を加へる。要するに神さんは己を憚らず得意がるものをお許るしなさらぬのです」とあるやう希臘の通俗道德では神の嫉み

Phthonos Tôn Théôn といふことを、うけいれてゐると、ゼーエーケ、トムソン氏著反語論に見えてゐるが如く神のそねみは必しも色道のみに限られたものでなく、日本でも餘りに建築が結構すぎると魔神がさすとて讃岐金毘羅の賢木《さかき》門の如きも魔よけのため殊更に門柱を倒《さかさま》に立てゝ之をサカキの門と呼んだと言ひ、日光陽明門裏側の左柱も俗に「魔除けの倒さ柱」と稱されてゐるが如く、同じ俗信のもとに其雲紋は全部家光公命にて倒に彫られたものじやと言ひ「滿つれば缺ぐ」の諺にもれず、增長の揚句逆落しとなつた長者物語はもとより、木花開耶姫を山靈とする不峰の見ゆる靜岡、九州では豐前八面山（山姿うるはしきより一名美人山とも言ふ）の見ゆる部落いづれも美人を産出せずと言ひ、拾ひ出せば神の猜ねみ（Divine Jealousy）といふ思想に合致する例話はいくつも在るのである。今でこそ人は天を惧れず我儘勝手放題の熱を吐き尖端屋で得意がつてゐるが、未開時代の彼等先祖はどうで在つたかと言ふに全く反對に絶えず己が環境に氣がねし、眼には見えぬが自分には猜忌心でみつめてゐる恐しいものが附きまとふてゐるとの觀念から小いさくちいさくなつて出しやばることは禁物としてゐたものである。例へば亞弗利加ザンベジイでは、人から「うつくしひ子」などゝお愛想の一つでも言はれやうものなら其母親は直ぐ「イヤ醜い子じや」と打消さないと空中にさまやう惡靈に氣附かれると恐れた如く、又、王樣に男の兒が生れても女であると、あべこべに言ひふらすなど、（ラオレトアリエル著マインド・オブ・ザ・サベージ參照）ちやうど、日本でも醜い名まへをつけて置けば息災に子が育つとて、今なほ華冑界に多く見うけらる秀麿、…麿などいふマロが便器オマルのマルと同じく芳しからざる語義であるが如く、要するに、あることも無いやうに裝ひ、否認の形式をとることが、自家防衛の道であると信じたのである。そして如何に世が合理化を唱へる時代となつても人間は己が幸福を打算するときは理性も糸瓜もあつたものでなく、すべてを犧牲として盲進するのが通癖であるから、他人の事なら笑ふてすますことでも我身にふりかゝると笑ひ事ですまされず、尖端屋も忽ち原始民族の心持に戻るのである。新婚者が、ある神にお詣りを憚るのも歸するところは此心理に則してゐるのである。

（昭和五年七月廿八日）

二十様の由來

埼玉縣北埼玉郡大井村の片邊りに、二十樣と稱する墓が建てられてある。小兒の百日咳の治癒に驗かなために、今尚ほ里人の信仰の的となり、祈願の母達が絶えない。願かけにゆく場合には、二ッの竹筒を作り酒を容れてそれを墓前に供へ、病氣の平癒を祈りてのち持歸りて、小兒の額に其の御水を塗ると治癒するのであるといふ。

時代は解らないけれども、昔村の創世時代に旅の尼僧が何處からか訪れて來た。村人に乞ふて、村中に一の庵を結び、託鉢によりて佛を守つてゐた。

ある日のこと、何事か感ずる所あつてか、村人に頼むのであつた。それはこの私の體を地中に埋めて下さいといふにあつた。かうした無暴な願に村民は唯あきれる許りであつたけれども、堅い眞實を顯しての願であることを知つて當惑したが、結局願は容れらるゝ事となり、地中は掘られ用意された。

今日いよ〳〵生埋の日、尼僧が村人に言ひますのに「私は地下に於て童兒の守りとならんと約束し私を埋めてから其上に節を拔いた竹を插して下さい、私は地下で鈴を振つて、生きてる限り讀經を續けます、此の鈴の音が聽えなくなつた時其の日が私の命日です」と遺言を終つて生きたるまゝ地下の人となつた。寂しい鈴の音が細くも鋭い讀經と共に細い竹筒を通して聽かれた。そうした日が續いて丁度二十日目の朝、鈴の音がはたと止んで、虫の音よりも細く讀經の聲も微かに絶えた。里の人此に墓を作り碑を立てゝ二十樣と稱した、蓋し其の命日の名を取つたのである。

遺言によりて近在の鄕氏の心願常に絶えず、香の煙と共に、永く後世までも口授せられて來たのであつた。

以上が口碑に傳はる由來である。（野口豐）

巫字考

齋伯守

許愼の說文解字に巫字の小篆文𢀛を掲げて「巫祝なり。女の能く無形に事へて以て神を降す者なり。人兩褎舞ふの形に象る。工と同意。古は巫咸初めて巫となる。𢗊は古文の巫なり。」と說明してゐる。段玉裁は巫と祝との差別を重視し「巫祝なり」との一句に異議を挿みて「祝は乃ち覡の誤りなり」として考證する所があつた。若し許愼の解に從へば、巫は我が巫女にあたるから、祭辭を讀み祈禱を事とする祝卽ち我が神官にあたる者との間には自ら區別がなければならぬ。併し許愼はおそらく「無形に事へる者」としての巫祝を漠然總稱したるに過ぎぬと思へるからして、必ずしも段氏の如く拘說する必要はない。

而して許愼が特に「女」を以て巫を說いたことは「覡」字卽ち男巫との差別に拘りたる爲めで、巫は必ずしも女たるを要せない。但し巫は狩野博士の說の如く一種のシャマニズムなるが故に、敏感性に富む女性が之にたづさはるは自然あり得ることで、所謂女巫の存在してゐたことは言ふまでもない。而して、狩野博士はシャマニズムなるが故に巫は無智者のよくする所であると說かれるが、私は巫は寧ろその全盛時代に在りてはそが敏感さより來る智力の聰明なることによりて文化の指導者であり開拓者であつたことを想像したい。是れ巫彭醫を作り巫咸筮を作る（呂氏春秋）巫咸鼓を作る（世本）昔の天數を傳ふる者は殷商に巫咸あり（史記）等の傳說の仍つて存する所以である。從つてその社會的勢力も亦頗ぶる大なるものがあり、巫咸巫賢のごとき國政に參與せしものすらあつたのである。

然るに既に人智開明の世に至りて巫は漸次その勢力を失墜し、終には莊子に「鄭に神巫あり季咸と曰ふ、人の生死存亡禍福壽夭を知り、期するに歲月旬日を以てすること神の若し。鄭人之を見れば皆棄てゝ之を去る」と見ゆるが如く、氣味惡き人々の存在として竊に忌避さるゝことにもなり、或は巫師蠱をなす故に巫蠱といふとか、巫鼓は猶ほ妄說するがごとしとか謂いて甚だしく蔑視さるゝことにもなつた。

さて今巫の字形を案ずるに、許愼の說いて「人兩褎舞するの形」とするものは□の字形を指すのであるが、これは單に二人相面するの形であつて「舞形」の由つて出づべき何等の理由も發見し得られぬ。試みに殷代の文字である龜版文字に徵するに、舞は□に作り□に作り□に作つてある。蓋し手に執るものありて舞ふの形に象つたものである。これに據れば□はおそらく舞形とは無關係のごとく思へる。

然らば工は果して何を示すものであらうか。許愼「工」字を說いて「巧飾なり、人の規矩あるに象る、巫と同意」と言ふ。規矩ありとは規矩準繩にあたるが如く平直中正であるとの意である。そこで段玉裁はこの工の古文たる□字を引き「□はそのよく飾るに象り、巫は無形に事へてまた規矩あり、而して□はその兩褎に象る」と說いて許氏の意を敷演してゐる。若し兩氏の說に本づかば巫とは正に「舞を以て祭事を盛飾して中正莊重にする者」の稱となる。併しこれは象形文字としては稍〻抽象的の感がないでもない。

元來、小篆文なるものは古文を改省して作製したもので、筮字の小篆文である□が古文をそのまゝ襲用してあるのを觀ても兩字の必然的關係が想像される。乃ち巫字は古文の□もしくはその省略たる□と□とを省略してゐるることに氣づく。畢竟「工」の形が巫字を解決する唯一の手がゝりでなければならぬのだが、併し既に許愼は私の首肯し得る解釋を與へて吳れなかつた。

今溯りて殷墟文字に徵するに、羅振玉は[巫]字を引いて「巫、神幄中に在りて兩手玉を奉じて以て神に事ふるに象る」と說き、(殷墟書契考釋)而して陳邦懷は更に鐵雲藏龜に見ゆる[巫]字を引いてその工形が玉字の省改されたものであることを指摘し、且つ龜文と古文及び小篆との間に必然的連關があることをも注意してゐる。(殷墟書契考釋小箋)これは巫の字義解決上の重大なる發見である。

今羅陳二氏の說に本づいて愚見を加ふるに、小篆文に靈字があり、許氏は之を巫字と說き「玉を以て神に事ふ」と注してゐる。乃ち龜文は小篆に於いて猶ほ形を失はずして殘存してゐるのであつた。漢民族の玉を愛好するの風尙は實に久しいものである。

なほ羅氏は冂形を以て神幄と解するが、私は寧ろ雨字の省略されたものとして見たい。雨の古文は[雨]に作り、殷墟文字は[雨]に作り[雨]に作り[雨]に作り[雨]に作る。各字體に粗密の差こそあれ共に象形たることは一見して知り得る。小篆の靈及び[靈](許氏曰く靈なり或は巫に從ふ)は共に巫の意であるが、その霝形は雨の降る形に象つたものである。然らば靈は玉を奉じて雨乞をする意味を持つものであり、[靈]は雨乞をする巫を現すものとして解釋し得る。既に龜文が玉の殘痕を小篆に留めてゐる以上は、小篆の形を以て更にその淵源たる龜文の形を類推する可能性が認められる。冂形はおそらく雨字の省略でなければならぬ。

由是觀之、巫字の原義は兩手玉を奉じて雨を禱る形に象りたるものと解することが出來る。かくて古文に至りては、兩手に配するに兩人を以てし、兩人兩手にて玉を奉ずるの形に象つた。その構造は詳密を盡してゐるが、その意義に於てはなほ何等の變化をも來してはゐぬ。而して𠕁形は𠙴形の省略であるが、おそらく霝字の㗊形、卽ち雨滴の象形より系統を引くものと思ふ。既に古文に至りて龜文の雨の象形を省略したが爲めに、そが雨の殘痕は纔に𠕁形に留まることになつたのではなからうか。すれば古文も依然として雨乞の原義を失つてゐないこととなる。然るに小篆文に至りて初めて巫字の原義は分散して數字中に藏せられることゝなつた。卽ち人の玉を奉ずるもの〻形として巫字を存し、巫の雨乞をする形として靈字を存し、更に兩義共に存せしめて㚃字を作出したと考へられぬでもない。

かく觀來れば、巫字變化の間には整然として脈絡の存することを發見する。而して私は終に巫の舞形たるの意義を發見することは出來なかつた。畢竟、許氏の說は文字そのもの〻中に成立することを不可能ならしめる。蓋し許愼の時に當りては巫字變改の迹既に滅却し、その由來は到底辿り得可くもなく、たゞ纔かに當時の民俗に着て說をなすの已むなき事情があつたのであらう。

論語にも舞雩のことが見えてゐるが、雨乞をする時に舞を行つたことは事實である。周禮春官司巫の條にも「若し國に大旱あれば巫を帥ひて雩に舞す」といひ、女巫の條には「旱暵なれば則ち雩に舞す」といふ。雨乞と巫と關係があると同時に、巫と舞との關係あることも明瞭な事實である。而してかゝる風習は秦漢を經て許愼の當時にまで及んでゐるものである。要之、許說は字義に於いてその當を失せるも、その意は未だ遽かに之を撥することは出來ないのである。

庚午の年と馬の語原

坂井衡平

本年は干支《かんし》庚午《かうご》卽ち國語の『かのえうま』に當つてゐる。『かのえ』は五行《ぎやう》の第四位金《こん》性の初《え》位の名であるが、干支の順序では庚、午共に第七位の陽數に當つて居て陽性の年である。併し一方年暦上から云ふと、我皇紀二千五百九十年、西暦の千九百三十年、其《それ》に易《えき》の本源なる支那も、民國になつては僅か十九年であるが、周武時代よりすれば三千七百十年であるから、世界の主なる國家が何れも十の倍數の陰數年であるのも面白い。庚、午の太歳名は上章《じやうしやう》、敦牂《とんしやう》である。

干支は言ふ迄も無く六十年一巡であるから、此前の庚午の年は明治三年で、維新の新政が緒に就き藩制改革など行はれて大いに改革の實《じつ》が擧らうとした年である。其點は昭和の御代《みよ》の初頭に來た本年と似た所がある。其前は江戸文化の盛りの文化七年である。戰國時代では元龜元年、平安末期では久安六年、奈良朝では天平二年などがある。其等を見ると一般に幾分か時代の大きな變動の前期に當つてゐる樣な所がある。併し庚午の年で最も名高いのは天智天皇九年の此年で、是は直ぐ前に文化の改新が行はれたが——後に天武朝や藤原朝、奈良朝の變動も有つた——全國の戸籍名帳を改めた庚午年籍《かうごのねんじやく》の出來上つた年である。今の全國戸口調査の樣な統計事業の完成した年であつた。庚年の滅門大禍日は乙年と同一である。

十干で庚の意味は説文《せつもん》に[illegible]と見えて人の臍《へそ》を表はす[illegible]に象つた象形文字《しやうけいもじ》である。即ち腹部に充ちて立つ貌《かたち》である。方位では西方に配し、廿四氣の白露で、申酉《さるとり》の間、鳴雁來《めいがんきたる》の候、從つて秋に關係がある。庚月《かうげつ》は中秋で己月《きげつ》を受けて成熟の辛月《しんげつ》に接すとしてある。廿八宿の畢《ひつ》星、昴《ほう》星に當る向である。尤も庚星《かうせい》と云へば太白星で長庚を『ゆふづゝ』と云ふ。又月名では窒《ちつ》とも云ふ。金氣剛性で陰に屬する。秋につけて万物變化の性有りとし、律歷志註等に、庚更也、萬物皆肅然更改、秀實新成象、秋時萬物庚々有實也など〻説明してゐる。其他和庚は律名、六庚は天獸、蒼庚は鳥名である。庚《かのえ》については午《うま》よりも申《さる》が名高いが、之は庚申《かうしん》で平安中期に盛んに御遊《おあそび》や庚申待《かうしんまち》が行はれたから其風は我國でも餘程古い。例の三猿の戒守《かいしゆ》の像が行はれてゐるが、一般には七の數で其七庚申と云ふのは十干の序位から來てゐる。佛敎の青面金剛《しやうめんこんがう》信仰に支那の三尸鬼など云ふ道敎思想の混じた民間信仰であるが、元來は方位星宿などを祀る天文信仰即ち十干十二支の思想である。其方位は西南方一帶である。勿論歳德神方《さいとくしんはう》（惠《ゑ》方《ほう》）は之とは別で、乙《きのと》、庚《かのえ》の年は共に金《きん》の方即ち西方としてある。

次に十二支の午《うま》は説文《せつもん》に[illegible]とあり、註に啎也屰《ぎやく》也、五月侌氣《ゐんき》啎屰《ごぎやく》、昜《しやう》冒レ地而出也と云ひ、又四月純陽、五月一陰屰レ陽冒レ地出、故製レ字以象二其形一、古横直交互義二之引申《ひきのぶるを》一也など見えてゐる。吾《ご》を音符とし屰《さから》ふ意がある。人は人で陽、一は地、丨は陰氣地を脱して出る形である。象形屰字や矢の字と同じである。仵の字も逆らふ義である。縱横相交る樣を午と云ふ。陰陽の氣漸く動き出でゝ相逆ひ相對向する象《しやう》である。旁午は分布雜沓の意である。廿四氣では南方夏至《げし》、鹿角解《ろくかくさくる》の節としてある。だから午字には元來馬の義は少しも無いのである。十二辰の時の名で、經度《けいど》に子午線と云ふ樣に子午は尤も標準時の名、即ち中日中夜である。古傳に黄帝の時十二辰に十二獸を配して六陽六陰を分つた時、午に馬を配して陽獸としたと云ふ。司馬晋《しはしん》が司馬官を典午《てんご》と改めた如きは既に馬の義である。従つて午の年には午字の性と馬の性とが合體して表はれる次第である。

馬の字は說文《せつもん》に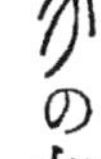の如く、馬の頭《かしら》、髦《たてがみ》、四足《しそく》、尾《を》の形を象はしてある。其音 ma の去聲（古音には上聲もある。）で、後世 ha, ho の音となつた。我國では『ま』、『め』、『ば』である。註に怒也武也とあつて武獸としてある。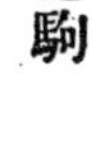駒《く》は馬の二歲、駣《てう》は三歲、驕《けう》は老馬、は馬の一歲、絆《つなぐ》二其足一意、馯の字で音絃《げん》又は管《くわん》である。馺《はつ》は八歲馬、騆《かん》は一目白のもの、騏《き》は青驪《せいり》で文《あや》の有るもの、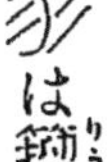は籀文《りうもん》馬である、馯《くわん》に似た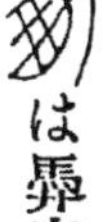は馵字、音祝《しゆく》で馬の後足左白きを云ふ。騭《ちよう》は牡馬、騇《しや》は牝馬、駟《し》は馬一乘、馼《ぶん》は畫馬、驫は音風《ふう》又は放《はう》で衆馬の走る形である。卽ち馬字は主として馬の自然の形體に採つたもので、其性は早く古代から戰陣用に用ゐられた事を示してゐる。乃で古く戎《じう》馬、甲《かふ》馬、䮯《ご》馬の別、毛馬、相馬の別、又野《や》馬（實際の野馬と日氣水氣の野馬と二語ある。）、陽《やう》馬（水氣の陽馬と建築上の角木の義と二語ある。）等の語が出てゐる。

字典に正韻說に馬生レ午火氣、不レ能レ生レ木、故馬有レ肝無レ膽、膽木之精也を引き、又馬地精也とも見える。

馬は陽であるから易《えき》の乾《けん》である。繫辭傳《けいじでん》に乾象レ天、天行健、君子以自彊不レ息、故象レ馬とも見えて名高い句である。一體支那人の生活は、其原始時代から馬の始原地たる西域、大苑《たいえん》等に近かつた爲、非常に馬に密接して行はれた。其が爲馬の消息が古代文献からして極めて多い。易《えき》の中にも馬の記述が隨所に見えてゐて、本經に牝馬之貞（坤卦）、乘馬班如（屯卦）、白馬翰如（賁卦）、良馬童牛（大畜卦）、馬壯吉（明夷卦）、喪馬（睽卦）、馬匹亡（中孚卦）等多くの例が有る。此白馬や乘馬は婚姻時の風俗を述べたもので、其趣が宛ら我古事記八千矛命の越《こし》の沼河姬《ぬなかはひめ》に通はれた時の樣に似てゐて、文化の比較上大變に面白い。上象傳《じやうしでん》に坤元、牝馬地類、行レ地無レ疆《きはまり》とも見える。說卦傳《せつけでん》には乾爲レ馬、坤爲レ牛と云ひ、其馬の類に良馬、老馬、瘠馬、駁馬を擧げ、又坤の方にも善鳴馬、馵《しゆく》足馬、作足馬等を入れてゐる。其他詩經や書經にも馬の記事は非常に多い。詩經の風馬牛の句など誰も知つてゐる所である。

要するに是等を以て見ると、本年の字義上の年相《ねんさう》は頗る多事多望にして將に動かんとするものがある。先づ上の下位である。陰陽に於ては陽性が勝り、方位に於ては西南方、季節に於ては夏秋、易《えき》の性に於ては乾《けん》である。所謂天行健、無疆で努力精進男性的の氣に充ちてゐる。且干支共に萬物大いに更改して新成し滿に至らんとし、或は陰柔の氣地を破りて出で、陽剛の氣と相對し、將に雷霆風雨生々大動有らんとする相がある。恰かも山雨來らんとして風樓《かぜらう》に滿つるの趣である。併し其動《どう》は突發の物で無くて成熟の大過程である。且健行の性は君子自彊不息の形であるから、決して不祥の物では無く、努力に依つて大いに世運を開發する意味があるのである。之を我國家の現狀に按ずると、新年初頭から金輸解禁、議會問題、支那其他の外交問題、政界文敎界の廓正問題、倫敦海軍條約、產業問題、不況對策等頗る多事多難の時機に際して、今や國民を擧げて國運の打開《だかい》に努力しなければならない時である。是れ庚午の年相に頗る一致してゐる次第である。知らず我國民は果して現存に於て是等の難關を突破して、能く柔剛中和成熟の美果を國家の上に齎《もたら》し得るであらうか。返す〴〵も自他相戒めて全國民が渾身《こんしん》の努力を拂ふ可き秋であらう。

次に馬の語原に就いて考へるに、古記にまだ明かに記した物が無い。古事記に高天原《たかまのはら》に天斑馬《あめのふちこま》の名見え、出雲の八千矛命《やちほこのみこと》の歌の條にも御馬《みま》の鞍《くら》、御鐙《みあぶみ》とある。大國主命《おほくにねしのみこと》頃盛んに騎馬の風が行はれた樣子を想はせる。彌豆麻《みづま》岐《きの》神とあるのは水求神《みづまきの》で瑞牧神《みづまきの》では無からう。牧《まき》の語原については別の折に讓る。多くの化生神の中に馬は無いが、書紀には保食神《うけもちの》之頂化《いたゞきになれる》二爲牛馬《うしむま》一と明かに五穀と共に牛馬の化生した事が見える。又記では素尊の大神の齋服《いみはた》殿《どの》の惡行に單に逆剝《さかはぎ》とある所を、紀には剝二天斑馬《さかはぎあめのふちこま》一と記し、一書には單に斑馬《ふちこま》とも有る。斑馬は和名抄に駮馬《かうは》、布知無萬《ふちむま》とある物である。實際にも貝塚や古墳から頗る古い馬の土偶が澤山出てゐる。兎に角是で見ると馬は我神代から既に用ゐられてゐた事が判る。馬に關する言葉に『うま』、『むま』、『ま』、『ふちこま』、『くら』、『あぶみ』などが存在してゐる。

然るに後の物では馬は百濟傳來で固有の物ではないと云ふ說が大分有る。釋日本紀の私記《しき》の答問にも此事を擧げて不審としてゐるが、兼方《かねかた》は天斑馬《あめのふちこま》の例を指して以前から多く有つたと斷定した。又和訓栞《わくんかん》の如きも仙覺抄の『うまひと』の起原の條に『昔百濟より馬を獻《たてまつ》る。いばう耳の物と名く。秦《はた》氏の祖乘用を掌《つかさど》り、帝いみじき物として其名を『うま』と定めらる。後生《い》駒《こま》山に飼へり云々』とあるを引いて古くより『うま』と云つた證とし、和名抄に馬《は》、和名無萬《むま》とあれば、延喜天曆後『むま』の訓が行はれたが、上總の馬野《うまの》、辨內侍日記の臨時の祭の御うまの例等に依つて兩訓が行はれたと說いてゐる。仙覺抄の『いばう耳の物』の名は何に依るか明かで無いが、恐らく六月大祓《みなつきおほはらひ》の祝詞《のりと》に『高天原《たかまのはら》に耳振立て聞物《きくもの》と馬牽《ひき》立て』と有るに因んだ名であらう。『いばう』は『嘶《いは》ゆる』の訛である。祝詞《のりこ》に依れば『耳振立て聞物《きくもの》』と云ふ名が考へられる。倘祈年祭詞《としごひまつりのことは》には白馬《しろきうま》、白猪《しろきしい》、白鷄《しろきかけ》とあり、馬爪《うまのつめ》とも言つてゐる。（白馬は平安時代白馬節會等には『あをうま』と呼んだ。）又秦《はた》氏の祖は應神帝十四年に弓月君の歸化の時と見え、帝とは此朝らしい。語義はいみじき物と愛で『うま』と呼んだと言ふのは、稱美の意、甘美の意の『うま』である。古語に佳人《うまびこ》、美酒《うまさけ》、美少女《うましをとめ》、愛孫《うまご》（蘇我馬子《うまこ》も此意。後世馬方の馬子《まご》とは別語である。）、甘《うま》し物阿倍橘《あべのたちはな》等の例に見る『うま』である。又栞《かん》の谷川《たにかは》說《せつ》の『うま』『むま』の先後や延喜天曆以後說も問題である。

馬の百濟傳來については本居翁の古事記傳にも、古宇馬《こうま》の註に『和名抄に駒《く》、古麻《こま》、馬子也と云ふも、古は馬を古《こ》麻《ま》と云ふ事多しと。牛馬は百濟渡來說有り、後漢書にも我國牛馬無と記せれど八千矛命《やちほこのみこと》の御馬《みま》あり』とて紀をも引いて神代固有說を示してゐる。釋紀《しやくき》の兼方《かねかた》と同樣である。是は如何にもさうで、高天原《たかまのはら》の逆剝《さかはぎ》の條や六月祓《みなつきはらひ》の祝《のり》詞《と》の趣を見ても、馬は牛と共に我國に固有の物と見える。無論其起原地は大陸と思はれるが、其渡來は地理的にせよ、人文的にせよ、非常に遠い太古地質時代の事で、神話時代よりも更に古く、其點で固有の物と十分に言へるのである。保食神《うけもちの》の化生神に牛馬が見えるのは既に農耕用、家畜として用ゐられた意味の文化的神話である。支那に古く武獸軍用として用ゐられたのと對して比較上面白い。其上百濟傳來と云ふ事も餘程疑はしい點が有る。百濟の入貢は神功皇后紀の四十七年を初とするが、之より先九年の三韓征伐に當り新羅王が馬梳《むまのくし》、馬鞭《むまのむち》の貢を上り、捕虜を飼　部とした事が見えてゐて、貢馬としても新羅の方が早いのである。加之《しかのみならず》貢馬は貢物の例で有るから、必ずしも馬の我國に入つた最初と見る事は出來ない。

古語の例には記に馬御樴連《うまのみくひのむらじ》、馬來田《うまぐたの》國造、馬婚《たにけ》、馬槽《ぶね》等、紀に驄馬《まだらうま》、驛《うまや》、馬並《ならび》、續紀に馬形、牧等、姓氏錄に馬工連《うまのたくみの》、延喜式に近江馬見《うまみの》岡社、馬路《うまぢ》石邊社など、三代實錄に御厩《みうまや》中央《なかみ》御玉《たまの》神などが尙多くある。餞を馬《うま》の鼻向《はなむけ》と云ふ事も奈良平安時代盛に用ゐられた。萬葉集には勿論種々の用法が發達し、乘馬の風が盛であつた。馬足《うまのあし》、馬乘衣《うまのりごろも》、馬買《うまかへ》、赤駒《あかごま》、馬睢《うませ》越《ごし》、馬並《うまなめて》、龍馬《たつのうま》の如き、又冠詞に馬じ物《もの》（繩取附けて、立て躓き等に接す）の表出も行はれた。戲訓に馬聲《い》蜂《ぶ》音石花《せ》蜘蛛《くも》荒鹿《あるか》と五動物を訓んだ中に嘶聲《なきごえ》を取つた例も有る。馬聲を『い』と云ふにしても、今の樣に『ひん』と言ふにしても、『うま』の名が此擬聲《ぎせいご》語に出た物で無い事は明かである。是等の文献上のみならず、實際古土器や金器、埴輪《ににわ》馬、土偶《どぐうは》馬等の出る工合から見ても、我國に馬の太古から存在した事は全く明瞭な事實である。馬の語原も亦固有の國語に求めなければならぬ。

尤も馬の語原に外語說が隨分ある。韓語說、支那語說等が其である。其方から見ると相當類似した點も無いでは無い。㈠蒙古語 Mori (Muri) ㈡滿州語 Morin ㈢韓語 Mat (Mas), Mar（麗語なり。末の訓。乘馬を轄打と云ふ。）㈣支那語 Ma (Mak)

の如く兩語系共 Mo 又は Ma の音が國語に似てゐる。(五)アイヌ語では Umma である。牛は peko で彼土語で語あるが此方は國語から入化したものらしい。序でに印歐語を見るに(一)梵語は阿濕縛《あじは》 Aśvadjit で、涅槃經に四馬の譬喩があり、婆伽羅《はから》は長毛である。(二)佛語の Cheval (三)英語の Cavalry は此類系語である。普通の(四)英語の Horse は(五)A・S《あんぐろさくそん》語の Hors (六)I・L《あいすらんど》語の Horss から(七)獨語の Hros, Ross に類系し、(八)獨語の Pferd (九)英語の Palfrey (十)伊太利語の Paraveredus や(十一)希語の ἵππος は其中間性の語形である。(十二)希語 Pegasus は有翼の天馬でヘリコン山上に住する神話上の馬であるが、丁度其と似て漢書西域傳《さいいきでん》には大宛國《たいえんこく》高山に五色の天馬が居る事を記し、龍馬《りゆうま》の思想も支那に古く傳つた。(十三)羅典語は Equus で稍希語の形に近く、(十四)佛語の Equestre, Equipage と同系語である。其他(十五)英語の Pony (十六)Ross に近い Ass 等がある。印歐語を通じて、ツングス語や支那語の特長である m 音が見えない事、p. s. q. 音等を採る事は著るしい對照點である。

偖『うま』の韓語說若くは漢語說は ma 音に類似點はあるが、同じ字音語の牛《うし》が韓語 Syo, 漢語 Riu で共に全く關係が無い所から見ると餘程難かしい。韓語の mar の語義は何に出て居るか、其性質は丁度支那語と蒙古語滿洲語との中間に在る樣である。國語の『うま』に類似した語には前に言つた(一)甘美の『うま』(阿行のウ音初)、(二)生《うむ》、產《むす》の『うむ』(末行のム音初)と(三)馬の『うま』、『むま』、『こま』、『ま』がある。『うま』の語は元來此阿行音であるか、末行音であるか。古語の趣から見ると、(二)と同じく末行の唇音卽ち『むま』を原始形とするらしい。牛の『うし』は全く口音で之と異つて居る。從つて『こま』の語も小馬《こうま》の義と云ふが、牛、犬等に小牛《こうし》、小犬《こいぬ》の語が有つて、『こし』、『こぬ』と言はぬと趣が異つてゐる。(因に駒、小馬の名は支那の月令に見えて古く、又一說には、胡馬の音語で牛を胡水と書くと同じとも云ふ。)『ま』は『うま』、『むま』の約形で必ずしも漢語に出た物ではない。そして『むま』が原形であるが、此三形語共餘程古代から行はれた樣子が

庚午の年と馬の語原　（坂井）

見える。㈢末行語の例には『むめ』(梅)、『むもる』(埋)、『むし』(虫)等がある。是又孰れもm音が漢語と共通して居るけれども、漢語に出た語では無い。

然らば『むま』の原義は何であるか。祝詞《のりと》に見える『耳振立て聞物』では語形が大分離れてゐる。但耳や『もの』は關係が有る。第一に㈡のム音なる『生む物』の古語名詞法ア音形かと言ふに、馬に小馬の義で『こま』の語が愛用せられた所などは此義が適當であるが、其等は家畜語としての起原であるから原義は尙古い意味でなければならぬ。同じ家畜語の『うし』を見るに、言海等の大獸《おし》の轉も如何。栞《かん》には勞《うし》又は大肉《うし》の義と云ふ。古事記に諸神の化生神に飽咋之宇斯神《あきくひうしの》、患之宇斯神《わづらひうしの》の名が見える。之は併し牛神では無く、後、漢語の大人に當て〻大《お》人《し》と云つた『うし』で、其義は定めて領有者《うしはくもの》の畧語である。牛の方は野生生活に於ける角鬪の樣などから『押し物《もの》』の畧であらう。犬を嗾す『うし〳〵』又は『おし〳〵』の語なども此點に關係がある。第二は耳の物の義である。祝詞に出てゐる上にム音初にも都合可いが、馬の原始的の命名としては不自然でもあり、音韻上も左迄容易でない。乃で第三に野生的の意味では『む』は群《むれ》の意である。野馬が比較的に群生した動物として人間に接した時代の思想であらう。睦《むつ》む、慣《なつ》むが群連《むれつる》む、慣連《なれつる》むの意有るを見れば、『む』に群《むれ》の意有るは至當である。群《むれ》の語からは古く『村《むら》』の語が名詞形に出てゐる。尤も此群《むれ》も其起原を生產《むむ》とすれば結局第一の義と一致するが、馬の名の發生したのは群《む》れたる野獸としてゞあらう。英語のHorseの語原は走る物の意である。

次に『ま』であるが、獸名に『ま』の附く物熊《くま》、猫《ねこ》ま等がある。（猫又《ねこまた》又は麻《ま》多《た》は猿の類）是等も馬の『ま』と同じく、毛物《けもの》、聞《きく》物《もの》、馬《うま》じ物《もの》などの『もの』を畧約して名詞形にしたものであらう。熊は黑物《くろもの》か組物《くむもの》、猫まは泣音物《なきこえもの》又は泣兒物《なくこもの》である。卽ち『むま』とは群物《むれもの》の義で、群馬の野生狀態に名けたものと思はれる。『うま』は其音便語形で、『ま』は『むま』の重音約形であらう。（完）

易の占なひして金取出したる事

南方熊楠

宇治拾遺八章が此譚だ。曰く「旅人の宿求めけるに、大きやかなる家のあばれたるが有けるに由て、爰に宿し給ひてんやと云ば、女の聲にて、よき事宿り給へと云ば、皆おりゐにけり。屋大なれども人のありげもなし、只女一人ぞあるけはひしける。斯て夜明にければ、物くひ認めて出て行くを、此家にある女出來て、え出でおはせじ、留り給へといふ。こはいかにと問ば、己れが金千兩を負ひ給へり、その辨まへしてこそいで給はめと云ば、此旅人の從者共笑ひて、あらしや、さんなめりと云ば、此旅人暫しと云て、又おり居て、皮子を乞寄て幕ひき廻らして、暫し斗り有て、此女を呼ければ出來にけり。旅人問ふ樣は、此親はもし易の占と云ふ事やせられしと問ば、いささや侍りけん、そのし給ふ樣なる事はし給ひきと云ば、さなんなりと云て、扨も何事にて千兩金負ひたる、其辨へせよとは云ぞと問ば、己れが親のうせ侍りし折に、世の中にあるべき程の者抔得させ置て申せし樣、今なん十年有て其月に、爰に旅人來て宿らんとす、其人は我金を千兩負たる人也、それに其金を乞て、堪難からん折は、賣て過よと申しゝかば、今迄は親の得させて侍りし物を、少しづゝも賣使ひて、今年と成ては賣べき物も侍らぬまゝに、いつしか我親の言し月日の疾くこよかしとまち侍りつるに、今日に當りて宿り給へれば、金おひ給へる人也と思ひて申すなりと云ば、金の事は誠なり、さる事有ん迚、女を片隅にひきて行て、人にも知せで柱を叩かすれば、空虚《うつほ》なる聲のする所を、くはこれが中にの給ふ金はあるぞ、あけて少しづゝ取出て使ひ給へと、敎へて出ていにけり。此女の親の易の占の上手にて、此女の有樣を考へけるに、今十年有て貧しく成んとす。其月日易の占する男來て宿らんずると考へて、斯る金あると告ては、まだしきに取出て、使ひ失ひては貧しく成ん程に、使ふ物無て惑ひなんと思ひて、しか言敎へ、死ける後にも此家を失はずして、今日をまちつけて、此人をかく責ければ、是も易の占する者にて、心得て占ひ出して、敎へ出ていにけるなりけり。易のうら方は、行末を掌の樣にさして知る事にて有ける也」と。

明治廿五年予倫敦え往き、ケンシントンのブライスフイールド町といふ陋巷に、一週十志か何かで二階住居し、同卅年の秋迄住だ。胡瓜の漬物斗り専ら食ひ、乞食以下の暮し乍ら日夜書と仇をなし、一考出る毎に書留め置た物が今も手前にある。故孫逸仙を首め、木村駿吉、鎌田榮吉、加藤寛治、齋藤七五郎、吉岡範策等の諸名士勇將偶ま訪れた折々も、所謂手筆を措かずで談論し乍ら書き續けた。今と成ては自分の手業と思はれぬ程至極の細字だ。それを頃日病中せう事なさの餘り、蟲眼鏡でそこゝ搜索する內、見當つた一つは右の宇治拾遺の一條で、この譚本と晉書卷九五、藝術列傳、隗炤の條に出づと熊楠は考えると添記しある。卅餘年前に讀だきり故何の事か記憶せざるを、晉書に就て調べると有た〳〵。隗炤汝陰人也、善ニ於易一、臨終書レ版授ニ其妻一曰、吾亡後當ニ大荒窮一、雖レ爾愼莫レ賣ニ宅一也、却後五年春、當ニ有レ詔來頓ニ此亭一、姓龔、此人負ニ吾金一、卽以ニ此版一往責レ之、勿レ違レ言也、炤亡後、其家大困乏、欲レ賣レ宅、憶ニ夫言一輒止、期日有ニ龔使者一、止ニ亭中一、妻遂齎レ版往責レ之、使者執レ版、惘然不レ知ニ所以一、妻曰、夫臨レ亡手書レ版、見レ命如レ此、不ニ敢妄一也、使者沈吟良久而悟、謂曰賢夫何善、妻曰夫善易、而未ニ會爲レ人卜一也、使者曰噫可レ知矣、乃命取レ蓍筮レ之、卦成撫レ掌而歎曰妙哉、隗生含レ明隱レ迹、可レ謂鏡窮達而洞ニ吉凶一者也、於レ是告ニ炤妻一曰、吾不レ相ニ負金一也、賢夫自有レ金耳、知ニ亡後當ニ暫窮一、故藏レ金以待ニ太平一、所ニ以不レ告ニ兒婦一者、恐金盡而困無レ已也、知ニ吾善レ易故、書レ版以寄レ意耳、金有ニ五百斤一、盛以ニ青瓮一、覆以ニ銅柈一、埋在ニ堂屋東頭一、去レ壁一丈、入レ地九尺、妻還掘レ之皆如レト焉。五百斤と千兩、五年と十年、堂屋の東頭に埋めたのと、柱の中に匿し置たのと等、多少の差ひはあるが、大體に於て宇治拾遺の譚が、晉書の傳を書き替た者たるは疑ひを容れず。明治卅年より前に、此事に氣付き發表した人有るを知らば、幸ひに教示を吝む勿れと讀者諸君に切願する。太平廣記二一六に國史補遺より隗炤の此事を引たるも、本と晉書より抄畧したのだ。

此頃又愚考するに、北京の天竺三藏曇無讖譯、大般涅槃經七に善男子、如ニ貧女人一、舍內多有ニ眞金之藏一、家人大小無レ有ニ知者一、時有ニ異人一善知ニ方便一、語ニ貧女人一、我今雇レ汝々可ニ爲レ我耘ニ除草穢一、女卽答言、我不レ能也、汝若能示ニ我子金藏一然後乃當ニ速爲レ汝作一、是人復言、我知ニ方便一能示ニ汝子一、女人答言、我家大小尙自不レ知、況汝能知、是人復言、我今審知、女人答言、我亦欲レ見、幷可レ示レ我、是人卽於レ其家掘ニ出眞金之藏一、女人見已、心生ニ歡喜一、生ニ奇特想一、宗ニ仰是人一、善男子、衆生佛性亦復如レ是云々。此經の譯出は西曆四一六—四二三年の間だで（Eitel, Hand-book of Chinese Buddhism, 1888, p. 87.）晉書に隗炤の時代を錄せず。だが其傳の前後に列した人々の年序から推すと、西晉の末、東晉の始め頃の人らしいから、かの經文の譯出に先だつ事約百年、所詮かの經文を讀でそれに倣ひ五百金を埋めた筈はないが、諸多の名人傳に例多き如く、新譯の經文を讀だ人が、百年も前に死だ隗炤に、件の譚を捏造寄托したのでも有う。（七月卅夜稿成る）

龜の甲（二卷四五四頁參照）

南方熊楠

濱田君が出された此話は予に至極珍らしい。話中月の使者が持た藁稈をくわへて龜が空中を旅行する內、使者の訓えに負き目を閉て迷眩し、地に落て甲を片裂したてふは、多分印度説より出た思ひ付きで有う。西暦紀元前二百年頃カシュミル國で編れ紀元後六七世紀迄に完成され、再三重譯されて西亞掛て歐洲に弘まり、數億人を悅こばせたてふパンチャタントラに、湖中に二雁一龜友とし善つたに、旱りが十二年も續いてやりきれない。二雁他の水に徙るに相談をきめ、龜に對して名殘を惜むと、所謂石龜の次國太をふみ、果して此湖が乾き終つたら、貴公等は餌が乏しくなる丈だけれど、僕は忽ち落命が必定、それに山もみえざる假初に、江戸三界え往んして、いつ戻らんす事ぢやゝら、殺して置てゆかんせのう、放ちはやらじと泣たので、二雁ほと〳〵もて餘し、羽根なき衆生は度し難し、どうしてお前が吾等と一緒に、旅の空を飛でゆけようと言た。是に於て龜一計を出し、棒を一本持來れと望む。雁が棒を持てくると、其眞中え龜がくひ付き、其兩端を二雁が銜へゆすらずに飛でくれたら、どこか相應な水邊に到り得る筈と言た。此計頗る妙、然し飛行中一寸でもお前が咄しかけると最後、棒から離れて地上に墮ち、微塵に成て死なにや成ぬが合點かと尋ねると、委細承知、空を飛ぶ內は屹度默り續けると誓ふた。因て迷惑乍ら棒に龜をくひ付せ、兩端を二雁が銜へて或る市中の空を通ると、古今變らず、どこにもヒマな人物多く、何の用もなきに眺め廻して之を見つけ、アレ鳥が二羽して飛び運ぶ、棒からぶら下つたは何でござりませう。鳥も賢こく成て車に乘て行くとみえる。ナニあれは南方先生の陰嚢さ、先生は有名な片キンだが、航空のあぶなさに縮んで、小さい方が大きな方に合併したのだ。成程陰嚢とみえて、上に正銘の龜頭があるとムダ口を交換す。龜之を聽て誓言を忘れ、一寸口を開いて、あれら人間は何を言合ふのだらうと尋ねた刹那、棒を離れて地に落下るを、天の與へと人々が、切り調へて食てしまふたと出づ。セイロンに傳はつた佛本生譚には、佛前生にビナレスの梵授王の輔弼だつた。此王生來饒舌で人に發言の遑無らしめたから、機會を竢て規諫せうと思ひ居た。處ろにヒマラヤ地方の池に龜と二雁と住で好友たり。一日二雁龜に對ひ、吾等はシッタクータ山の高原の金洞中に絶好の棲家をもつが、君も倶に往てみないかといふ。どうして往き得るかと問ふと、口を始終閉て一語も出さねばよしと答ふ。それは何でもない事といふと、然らば往く迚、龜を棒に吃ひ付せ、其兩端を銜へて飛で往く。ビナレス王宮の上にさしかゝつた時、村童之をみて、アレ〳〵二羽の雁が棒に付た龜を運びゆくと呼はつた。龜之を聞て、吾が友達が吾を運びゆく、汝に關する事でないと言ふ積りで、口を開くと忽ち宮庭に落て、其身が二つにわれた。王諸臣と共に來り見て、子細を佛の前生に問ふた。佛上述の次第を述べ、餘り好んでしやべる者は、みなこんな目にあふと諷したので、王其意を曉り、爾來寡言に成たと見ゆ。セイロンの村居ヴエッダ人の所傳には、二羽の鸛《こう》が、永い旱魃で涸れた池を去て他へ徙る時、泣付れた儘、例の棒に龜をくひ付せて飛行く影をみて野干が、扨も厄介な者を道伴れにした者だと言た。龜之を聞て、この厄介な者は、汝の母え進物として擔はれゆくと、言了らぬ内はや野干の前に落ち居た。首尾と四肢を甲の内へ縮めて、手の付け樣がないから、種々轉がして口のつけ所を求むる内、龜甲の中より、永い旱りで干された吾身は食へる物でない、水に浸して食ふがよいと敎えた。乃ち龜を銜え池に入れ、一足で押へおると、大分よく潤ふたが、足で押へらるゝ所がまだ乾きおると言ふ。因て足を揚た間に龜は逃れ、それを素早く捉えると、汝はケタラの根を龜と見誤つて押へおるといふ。野干あはてゝ眞の龜を放し、最寄のケタラの根を押へる間に、龜は確かに逃げ課せたと有り。其より野干詳議して龜衆を鏖殺せんとかゝつたが、龜共其詐謀を察し逆さまに之を紿むいた次第を述ある。(Benfey, 'Pantschatantra,' Leipzig,' 1859, I. S.XIII; Ryder, 'The Panchatantra,' Chicago, 1925, pp, 3, 147—149; Cowell and Rouse, 'The Jataka,' vol. ii. pp. 123, 124; Parker, 'Village Folk-Tales of Ceylon,' 1910, vol. i. pp. 234—239.)

此話が支那で初めて著はれたは、西暦二八〇年歿した康僧會、是は祖先が康居國から出て世々天竺に居り、父に至つて商業の爲め、安南に移り、僧會に及んで弘法の爲め吳に來り、西暦二五一年舊雜譬喩經二卷を譯出した。(梁慧皎撰高僧傳一。Eitel, 'Hand-Book of Chinese Buddhism,' 1888 p. 146.) 其下卷に、昔し一鼈あり、湖澤乾き竭きて食へなく無た時、其邊え來た大鶴に救ひを乞ふと、鶴之を銜え都邑を過るに、鼈默り居らず、爰はどこかと問て止まず、鶴便はち返答する迚、口を開くと、鼈は女の白い脛や黑い毛をみた久米仙同樣、眞ッ逆まに落て人に料理し食れた。夫人愚頑不レ謹二口舌一其譬如レ此と有て、二雁や二鶴の代りに一鶴とし、鶴が鼈を銜えたにして鼈がくひ付べき棒を拔きにしてある。次に西暦四二四年、劉宋の佛陀什と竺道生が共に譯した彌沙塞部五分律にも、上にセイロン所傳佛本生譚より引たと、略ぼ同樣の譚を出し、二雁が龜に木を啣へしめ、其兩端を啣へて飛ぶをみて子供が、雁が龜を啣へ去るは可笑しいなといふと、龜瞋つて、汝等の知た事でないと言ふと同時に墮て死だ。其龜は調達の前身で、昔しは瞋語で死苦を受け、今は如來を詈つて大地獄に墮つとは因業極まる奴だと、佛が諸比丘に告たと記す。この二譚は故芳賀博士の攷證今昔物語集上冊、四五三―四五五頁に法苑珠林より孫引きしある。今昔物語五巻二四語は龜不レ信二鶴教一落レ地破レ甲といふ題目で、件の舊雜譬喩經の短文を、種々入れ言して引伸した者。其末に「世の人不信の龜、甲破ると云は此事をいふとぞ語り傳へたるとや」と添たをみると、平安朝の諺と成て人口に膾炙したらしい。

濱田君が説れた天草譚は佛説の雁や鶴を月の使者、涸た池湖から水多い處へ移るを、月世界へ上る抔と替た迄だが、墮て破れた甲片を聚め繕ふた故、現に怪我の跡線が殘りおるといふは面白い。今みる通りの龜甲の起因に就ては、パプア人謂ふ、昔し龜が諸鳥の畑を荒し、捕はれてビナマ鳥の宅に繋がれ、諸鳥之を殺し饗宴せん迚先づ菜根を掘りに往た跡で、龜ビナマ鳥の兒輩を欺むき木椀を背に被つて海に入つた。諸鳥追跡して夥しく大石を投たが、毫も傷つかなんだ。爾來海龜はみな木椀を背に被ると。蓋し其邊の人は時に甚だ大きな木椀を用ひ、それが海龜甲に酷似するより、かく言出たとみゆ。之よりもずつと天草譚に近きは、アフリカのカラバル土人の誕に、龜曾て木より落て甲が破れた。其片々をつぎ合せたが、繼ぎめが滅せず今に殘るといふのだ。是迄述たはみな、龜が自ら過つて高處より落ちたのだが、他の動物が故意に龜を落したので著はれたは、古希臘の詩仙アイスクロスの殃死だ。プリニウス説に鷲に六種あり。第三種モルフノスは、生れ乍らにして龜を高きより落し、其甲を破り食ふ事を知る、と。扨アの頭禿たるを石と誤認し、攫んだ龜を墮しあてたので、アは天に撃れて死すべしてふ豫言が中つたといふ。北阿の鬚鵰（ラムメルガイエル）は今も龜を落し破つて殺ふ故、正しく彼の詩仙を殺した鳥だろうといふ。(Ker, 'Papuan Fairy Tales', 1910, pp. 3-7; Codrington, 'The Melanesians', 1891, p. 316; Warner, 'The Natives of British Central Africa', 1906. p. 239; Plinius, 'Historia Naturalis', lib. x. cap. 3; Smith, 'Dictionary of Greek and Roman Biography and Mythology', vol. i. p. 42, 1844; 'The Cambridge Natural History', vol. ix. p. 150, reprint, 1909). 印度の諸譚悉く龜を飛ぶ能はずとし、鶴や雁に啣まれて空中を旅行したと作つた。然るに支那では、晉の王嘉の拾遺記十に云く、崑崙山上九層あり、第五層に神龜あり、長一尺九寸、四翼あり、万歳なれば則ち木に升りて居り、亦能く言ふと。淵鑑類函四四〇に、膠鬲曰く龜千年なる者よく蓬萊山下に至り、仙人が丹鼎を洗ふた水を求め、之を服すれば輒ち翅を生じよく飛び、變化測られずとは是ぞ洵とに飛だ話しさ。（八月二日朝十時稿成る）

往古通用日の初め

南方熊楠

明治廿九年頃、横濱正金銀行龍動支店勤務で、後に其支店長と成た巽孝之丞氏、本店に參考品として備え置べく、諸國の錢貨を買集め、其內若干の査定を予に賴まれた。尤も現品を渡すと、先生得意の卽時變化術で、金でも銀でも十分立ぬ內に鎔けて酒、それから小便にさるゝは受合ひと有て、摺本斗り手渡されたは癖か惡い。扨其中に就てトルコ其他回教諸國錢貨の年記を調ぶるに緊要と感じ、彼方の曆法を探る內、今は知ず、其頃迄彼の方一汎に、日沒を一日の初とする習ひありと判つた。其後大英百科全書、十一板、四卷九八八頁より、伊太利やボヘミアでも左樣にすると知た。又古カルデア人は日出を一日の初めとし、近世希臘人亦然すと見え、古埃及人は今の歐洲の多くの民と同樣、夜半を通用日の初めとしたと出でおる。和漢三才圖會五に後漢の蔡邕月令注云、日入後三刻、日出前三刻、皆屬レ晝云々。按夜半子刻以後屬二翌日一。古埃及や今の歐洲に同じ。本邦亦天智天皇十年より、支那に倣ふて之を用ひた(日本百科大辭典、七卷九二九頁)。然るに紀州和歌山等多くの地で昨夜をヨンベ(ユウベ)、一昨夜をオトツイ(オト、イ)ノバンと云ひ習はし、田邊地方では昨夜をヨンベ又ユウベと呼ぶにかはりは無れど、一昨夜をキニョオノバン(昨日の晚)といふ人が多い。京阪、和歌山抔の人には、昨夜とのみ解せらる可れば、不便少なからずと、毎々拙妻等を叱正しても一向直らぬ。いかにもヘンな事と多年怪しみ居た處ろ、今夜ふと今昔物語を繙とくに、卅卷十語、白經方といふ男が、國府へ召れたと妻を欺むき、情婦を訪ふて共に臥し、采戰數番にして疲れ眠つた。夢に本妻來り罵しり、二人が中に入り妨げ騷ぐとみて覺た。怪しみ怖れて歸宅し、夜明て後ち妻をたばかる詞に「今夜御館に事の沙汰共有て、頓にえ罷り出ずしてねざりつれば、苦しき事限りなし」とある。之を聞て「妻の云く、己れはつれなき者かな、今夜正しく女の彼許へ行て、二人臥て愛しつる顏よと、云ば」、誰がそう語つたかと問た。妻答へに「夜前出て行しに、必ずそこへぞ行らむと思ひしに合せて、今夜の夢に、彼女の許に我が行たりつれば、已れは其女と二人臥て、萬づを語らひつるをよく聞て中略、引妨げたりつれば、女も己れもたち騷ぎてこそは有つれ」と述たと出づ。夜明け後此對話をしたと本文にあれば、正しく昨夜と云べきを、今夜と三度迄夫妻が言たを考ふるに、今も田邊で一昨夜を昨日の晚と云に等しく、平安朝時代に尾張等で昨夜を今夜(今日の夜)と呼だのだ。夜前とは宵の內を意味したらしい。是れ天智帝御宇前の本邦で、トルコ等と同じく、日沒を通用日の初よりとした遺習だらうか。兎に角田邊地方以外に、一昨夜を昨日の晚と呼ぶ處ありや、諸君の高敎をまつ。(八月廿一日午前七時成る)

資料・報告

大江・崎津・魚貫・牛深の村俗

濱田隆

大江村

北向稲荷

西海岸の絶壁に在る。北西南三方は渺茫たる東支那海、海岸から少し離れて北に大ケ瀬南に小ケ瀬、小ケ瀬は二本の羊の角にそつくりの形であるので、支那人は羊角嶼と名づけた。これは大江、崎津の港への重要な目標となつてゐるのである。

それらを見下す絶壁の中腹の洞穴に、小さな社殿を造り掛けてある。登りの道は新式のコンクリート、これによつても、この稲荷の靈驗がこの頃頓に著しくなつたことがわかる。洞穴の中には幾百の小さな鐵の鳥居があげてある。社殿の板には牛の繪をかいたのが幾枚も張りつけてある。

緣結と授兒の信仰での参拝者が多く、この絶壁の岩石は陶石で、洞穴の附近は信者が削りとつて行く爲めに、白々と眞新しい色をしてゐる。それをゴメ石と稱へて、これを粉末にして眼病の藥としたり腹病の藥としたりする。實驗者は、明かに醫者の藥よりもよく利くといふ。余のしばらく立つて居る間にも老若男女引きつゞき〳〵やつて來た。草鞋脚絆の者が多い。聞いて見るとみな、天草島の隅々まで知れ渡つてゐるとのことである。

崎津村

飯盛《メシモリ》さん

むかし、赤鞘の二本差の武士から飯盛さんが追ひかけられて、潟の桶屋の家にたどりつき、自分は追ひかけられてゐるから、追手に教へてくれるな、その代り自分の所持の品全部をあげるからといつて與へ、自分は草鞋を後ろばきにして今の飯盛山の八合目位のところまで逃げた。するとすぐ後に件の武士も桶屋のところに來て、さきの男の行つた方を教へてくれ、これをやるといつて大金を出して與へた。桶屋はそれに目がくらんで行方を教へたので、武士は後を追つかけ遂に殺した。後幾年か經つて、潟の一農夫に夢の告があつた。自分は以前殺されたまゝ、今に至るまで行路の人に頭を踏まれてゐるから頂上に祀つてくれと。そこでその頭を捜し出して頂上に祀つたのが今の飯盛さんの祠である。そして飯盛さんが殺されるとき「あの桶屋は七代とは續かせぬ」と呪つた。果して桶屋は「最初二人から得た金で大きな家を造つたが、すぐ火事で焼かれてしまひ、次には大風で倒壞し、代も三代ぎりで滅亡してしまつた。

飯盛山といふのは、大江から崎津に山越する中途で右手に一番高く見える山である。

万靈塔

小學校の調査に甚だ古昔のもの丶如く誌したるは誤り。又奈良朝時代朝貢した琉球船の難破漂着したもの丶靈を祀つた如く思つてゐるのも誤り。天草には到るところ閭巷この塔を見る。これは寛永後佛教興隆の結果設立されたものである。

或漁師が病苦になやみ、易者に頼んだとき「万靈塔をまつれ、するとよくなる」といはれ、土中に埋沒してゐたのを今の如く新しくまつつたのだといつてゐる。

船の顚覆

この万靈塔の在る海岸から四五間離れて海水の中に岩の頭が隱見する、小便岩と言つてゐる。この岩と陸地の間を舟が通れば必ず顚覆するといつてゐる。

神社

村社

今富神社　十五社　祭日舊九月十八、九日

諏訪神社　武御名方命　同　現今十一月十五日
昔　九月九日

小島神社　十五社　同　九月二十三日

無格社

部落名	神社名	祭神	祭日
船津	天滿宮	菅原道眞	舊八月二十五日
中町	金比羅宮	大物主命	三月一日
		崇德天皇	
同	權現宮	秋葉明神	十一月二十日
同	稻荷宮	倉稻魂命	九月二十一日
下町	西宮宮	惠比須	十月十四日
大河内	天滿宮	菅原道眞	九月二十五日
向江	祇園社	素盞嗚尊	六月十五日
小島	天滿宮	菅原道眞	八月二十五日
同	山ノ神		十一月廿日

宗旨

神道、眞宗、淨土宗、法華宗、基督教、禪宗等あり、禪宗が多數、寺院はなく、大江村の江月院の庵が今富と小島にある。眞宗は一丁田安養寺の庵が崎津に在る。淨土宗は一丁田崇圓寺の門徒。

基督教は、寛永亂以前からかくれて信仰をつないでゐる所謂古キリシタンで、今富方面に少數と崎津の方に多い。教會堂がある。

冠婚葬祭

1. 三日祝　誕生兒の命名
2. 神詣　男兒は生後三十二日目、女兒は三十三日目
3. 誕生祝　初誕生日には、その子供の前に高膳に米・算盤・筆・錢・鋏等をのせておきそれをとらせてその一番に取つた品物によつて將來のその子の職業を卜する
4. 節句　三月・五月の節句他所と變りなし
5. 厄拂　男子　二十五才　四十二才
　　女子　十九才　三十三才
6. 還暦祝
7. 結婚　以前掠奪結婚の風があつたが、今は漸次すたれて來た。

年中行事

一月　七日　鬼火やき
　十一日　帳祝
　十五日　十五日正月休み
　二十日　二十日正月休み
二月　二日　灸日（日不見ともいふ）知友等集り灸をやく
　初午　稲荷祭
三月　三日　桃節句
　二十一日　太師祭　今富には八十八ケ所ありもつとも盛大
四月　八日　佛生會
五月　五日　男節句
　末頃　虫追ひ
六月　十五日　祇園祭
七月　七日　たなばた祭
　十日　施餓鬼
　十三日―十五日　盆會
　十七日　觀音逮夜
八月　十五日　十五夜
　二十五日　天神祭
九月　九日　崎津諏訪宮祭
　十八―十九日　今富十五社祭
　二十三日　小島十五社祭
　二十九日　神待ち
十月　十日　金比羅祭
十一月　丑ノ日　山ノ神まつり

大江・崎津・魚貫・牛深の村俗（濱田）

十五日　恵比須祭

金無垢の御神體

崎津の氏神諏訪宮の御神體は金無垢だといふ。嘗て長崎の人達が、こんな田舍には勿體ない、長崎の諏訪神社にお連れ申すといつて連れて行かうとしたが非常に重くなつて動かされず、そのまゝにしてあるといふ。

評語

小島の張り倒れ
今富の食ひ倒れ
崎津の新銀とり

惡口

崎津の漁師達は他の惡口を言ふときは「ゲベクロ」とか「アカイン」とか言ふ。

新銀とり

崎津・牛深では女郎のことを新銀とりといふ。彼女等は、諸國の船乘の旅愁を慰めたもので、むかしは何處の船着場も同じく、ここでも夜になると漁師の女などが春をひさぎに出た。宿屋なども別に女中といふものはなく客に女の註文があると宿では民家から娘をたのんで來る。所謂一夜妻で、これが食事から身の廻り万端、夜の伽までするのである。若し女をたのまねば、一切何もかも客が自身でせねばならなかつた。その新銀とりの

名は、薩摩の新貨新銀を携へて薩摩人が盛にこの地に來て彼女等にふり蒔いたからだと言はれてゐる。今でも多少この面影は存せぬでもない、丁度余が訪れた四五日前に、歌人旅團長として有名な某將軍が微行で遊びに來てゐたとこの地の巡査からきいた。

魚貫《ヲニキ》村

神佛

村社一
住吉神社　祭神　八衢比古神　八衢比賣神　久那斗神
この境内に唐櫃あり、御年大神、保食大神を祀る

其他
恵比須社（一）　海の神
權　現（一）
稻　荷（一）　この地の炭坑で祀つてゐる。
祇　園（一）
金刀比羅（一）
天滿宮（一）
山の神（一）　祭日には鏡餅二つとかざし（鏡餅の上にのせる小餅のこと）三つを供へる、それをさげて歸る時途

中に子供が待ちうけてゐて鏡餅をもらふ。その時一つは必ずくれてやる。別に米の碎いたのと鹽と麴を一緒に藁苞にしてあげる。

田の神（一） 別に祀つてはないが、祭るときは小餅二つを供へる。

浄土庵（一） 本寺は久玉村無量寺　信者數　四百五、六十戸
日蓮宗（一）　信者數　二〇戸
天理敎（?）　信者數　一〇戸
眞宗　久玉　信者數　一〇戸
禪宗　信者ナシ

年中行事

一月　元日　若水汲み　午前二時頃各家の男子が「福くみ、德くみ、寶の水をくみとつた」と唱へて汲む。
晝は終日休みで、村内の神佛參拜
雜煮、吸物、にらみ魚（頭つきの魚二匹づつ）等を食ふ。
子供の遊戲　男はうつてんご女はまりつき

二日（二日正月）若飯、初働、初寄り

三日（三日正月）雜煮を食ふ

七日（七日正月）七草雜煮　七日の朝一番鷄の鳴く前に起き「唐の鳥が日本の土地に渡らぬさきに七草菜ずしコツ〱〱〱」と唱へて七草をたゝく。
消防の出初式

十四日（十四日正月）おんべやき、吉書揚、餅やき夜は歲德神の祝

十五日（十五日正月）春万壽（楊柳のけづりかけ）を神佛に供へ、又それをもつて初嫁の尻うち

十六日（十六日正月）男女青年、又かけて願をかけてゐる人が夜の午前一時頃から夜を徹して一丁田古江大神宮へ參拜し、歸途久玉無量寺に詣つてかへる。

其年初めて詣つた人の爲に特にお樽を叮の道傍に出しておきかへりの晩宴會を開く。

二十日（二十日正月）粟餅をくふ（蜂がさゝぬやうにといつて）

二十三日　二十三夜待ち

節分　豆まき

三月　三日　桃節句

二十一日　弘法太師祭　太師をまつゝてゐる家では餅をつき接待をする。

大江・崎津・魚貫・牛深の村俗 (濱田)

四月　八日　誕生會　この日佛に灌いだ甘茶を蚊帳にふきかけて百足虫の出ぬ呪ひをする。又、俵藤太秀鄉と書いた紙を倒に柱に張り甘茶をかける。

五月　五日　端午節句

　二十三日　三夜待ち

六月　十五日　祇園祭

七月　七日　七夕祭　朝早く露を集めて墨をすり字を書きまつる。

六日の夜は、男の子供は紙で着物をつくつてもらひ、それを他所の家に持つて行き、豆や團子をもらつて來る。

十四―十六日　盆會、十六日午前一時頃精靈流し

八月　十五日　十五夜、午前二時頃綱引、新町と高手の二組に分れて。

九月二十三日　三夜待

十月二十二日(新暦)　住吉祭　お下り

　二十三日　二十四日　二十五日

△祭典の役割　　服　裝

御衞係　青年幹部　裃姿に六尺棒

太　鼓　青年團員　五色の鉢卷に襷

笛　黑紋付

獅子舞

鹽ふり

大　音

挾　箱

御鳥毛　}青年團員　黑の法被、黑の股引脇差一本

薙刀　三才以上の男子　赤振袖、陣羽織

宮雀　一般村民の男子　白法被一枚に角帶

△祭典の順序

1. 太鼓と笛　2. 獅子舞二人　3. 鹽ふり　4. 大音　5. お手ふり　6. 挾箱　7. 薙刀(五十人)　8. お鳥毛(三十)　9. 御神輿――お旅所は役場の横　一晩夜明し

△二十三日お上り　奉仕者に酒の振舞、

△二十四日　相撲

十月二十九日(新)　上り通夜(神送り)未婚の女達は御馳走をもつてお宮に參拜し賑合ひ、良緣を祈る

十月亥の日(舊)　亥の子　石で庭をたゝく

「祝ひす、よいとんな、よいとつきや餅がある　納戸のすみにや　今年から福にや　來

年から萬作にや　亥の子もちつこぢや　エイ〳〵〳〵　亥の子もち一つ祝はつしやれ」と唱へて餅をもらつて歩く。

十一月二十九日(新)　下り通夜(神待ち)　未婚の青年男女がお宮に參籠し御馳走をして賑合ふ

十一月十五日　△姪子祭　漁業よかりし時は「アカネ祝」とて乘組員一同に赤白の布や手拭を配つて祝盃をあげる。

△紐とき

十二月一日　師走忘れ　小豆飯をたいて馳走

歳　暮　初嫁のあつたところは聟方から嫁の里へ鏡餅、一斗樽、魚をおくる。

牛深町

三日《サンチ》もどりの餅

嫁して三日目新嫁は郷里に挨拶にかへる。その時、むこの餅九十九、嫁の餅百持つて行く。「お前百までわしや九十九まで」の意である。

神佛

大江・崎津・魚貫・牛深の村俗　（濱田）

八幡宮　天草五郷社の一つ、宮崎の地海岸に在る。往古、紀伊國宮崎鎭座の八幡宮を勸請したので、この地の宮崎の地名も生じたといふ。寛永の亂の時舊記を燒失した。境内に八坂社がある。

惠比須　長手のが最も大きい。八幡社境內宮崎の波止場、天附等所々に在る。

山王樣　古久玉

天滿宮　宮崎の丘陵上に在り、社殿の下には梅干の種子が山をなしてゐる。富川といふ個人の祭祀

辨財天　黑島と下須島の間の岩礁上

金比羅　天附・長手・岡に在る。岡の金比羅は、外に秋葉明神と生田樣を祀る。生田樣は布呂敷をからつた姿をしてゐられて疱瘡の願をきかれるといふ。

小童海大神　鬼塚に在る。八幡樣の御神幸の時の寄所

稻荷　いっちよん山（遠見山—舊幕時代遠見番所の在つた山）うらんこ山、長手等に在り、いっちよん山のは一番大きく、幕末番所の役人の寄附の石燈籠等も見える。

十五社　鬼塚に在り、小祠。

山神　鬼塚水源溜水池の下の老樹。うらんこ山。

水波能賣大神　水道溜水池の岸、石の唐櫃一つは池の中央、この石の頭が見えるやうになると雨が降るといつてゐる。

牧の神　下須島、鈴木さまと混同してゐる。

大江・崎津・魚貫・牛深の村俗　（濱田）

若宮　岡の地に在り、牛深で一番古いといつてゐる。
サクラギサマ　水源地の上の山中、如何なる神か判明せず
加藤神社　脇の地に在り、今津屋の主人が郷里肥後八代から個人で勸請したものであるが今は手深人士の一般の崇敬を受けて立派な社殿が建つてゐる。
諏訪宮　牛深と久玉の間に在り小祠。
地藏　宮崎・脇等のもの尤も眼につき、脇の地藏は、享保・安政等の年號の見える萬靈塔と並んでゐて、一枚紙に、「め」の字數十字、「は」の字數十字並べたのが貼りつけてある。眼病、齒痛の祈願である。
觀音　船津・岡・須口等に在る。
船津の觀音堂は最も大きく又立派なものであり、木像の千手觀音らしく、水桶と柄杓を持つて居られるお姿で、こゝに安置以來船津には未だ嘗て火事がないと稱し、火事除けの信仰が盛である。寛永十七年に薩州長島から渡つて來られたといつてゐる。
岡の觀音は、石像で端正な姿であつた。裏にたゞ第二番と彫つてある。町の老人の話に「むかし一本齒の下駄をはいた和尚が觀音像を背負つて町を鉦をたゝいて廻つて居たのがこゝに下し、それから後天附から茂串の方へ廻つて行つ

たが、何者であるか何處へ行つたかわからない。こゝの觀音とよく似たので、久玉無量寺のが一番、こゝが二番、天附のが三番になつてゐる。」

アンヨイ〳〵

漁師が、大漁で港に漕ぎかへる時は、一同樂しい聲をそろへて、「アン、ヨイ〳〵　アイマノヨイ〳〵」と掛聲して櫂を押す。又三月の節句には、男女皆船に乘つて太鼓三味線で騷ぎ、同じ「アンヨイ〳〵」の掛聲で水合戰の勝負をしたさうである。しかしこの風習は殆どすたれてしまつたと話してゐた。

新銀とり

これは前の崎津の風習と全く同じもので、今は全く廢れ、「ヤマ」と稱して町の一劃に遊廓が出來てゐる。舊幕時代に盛大であつたことは「牛深三度行きや三度裸」の俗謡が至るところに知られて居るのでもわかる。

そこで一般の風習は餘程淫靡であつたのかと町の老人に聞いて見ると、昔の二才《ニシャ》組は決してそんなことはなかつた。新銀とりは船着場のあたりの全く無智文盲の漁師の娘で數も限られてをり、一般はむしろ嚴格であつた。勿論何處も同じく、青年が年頃の娘の居る家に自由に出入する風習はあつたが、それでも例へば、青年が或る娘の家に遊びに行つて居て嫁の親父などゝ

話をして居る時、娘が挨拶に出なかつたり、又熱いとき寢ころんで話をしてゐたりするとき、娘がその枕許などを無作法に通ると、親父の前でゝも女を叱る權利を持つてゐたものだと語つて聞かせた。

眞宗信仰

こゝには寺はなく、久玉村の無量寺(淨土)正光寺(眞宗)の庵がある。船津の眞宗信仰はもつとも猛烈で、こゝのみは、皇大神宮のお札を決して戴かぬ。

又、向ふの薩州で、眞宗を禁じた時は、薩州の信徒はすべて、牛深・久玉に逃れて來て信仰したものだと言つてゐる。

はいや節

牛深の人達は、はいや節は牛深が本場だといふ。しかしどうもやはり鹿兒島からの輸入らしい。

三下り

はいやー　瀬戸や松島　つけずとすぐに
　早く牛深にサアーマ入れてくれ
囃　エーサ牛深三度行きや　三度はだか　戻りや本渡ん
　瀬戸かち渡り　鍋釜賣つても　酒盛りやして來い
はいやー　可愛や　今朝出た　船はやー
　どこの港に　ついたやらエー
囃　エーサ　黒島沖からやつて來た　新造か白帆か白さ
　ぎか　よく〳〵見たれば　吾夫様だい
はいやー　黒島沖で　夜はほの〴〵とやー
　話す間もない　サアーマ　夏の夜はエー
囃　おまや　どこから來たかい　薩摩から　碇も持たず
　によう來たものだい

二上り

はいやー　底も知れない　千尋の灘にやー
　あだな碇がサアーマ　おろさりよかエー
囃　おもてを見て來い　新地のだしに
　大判小判は　金吉丸だい
はいやー　岩に松さへ生えるぢやないかヤー
　思うてかなはぬサアーマ　事はないエー
囃　エーサ　一夜でも　によんぼだい
　かはいがつてやらんせ　又來るだめだい
はいやー　北かと思へば又南の風ヤー
　風さへ戀地のサアーマ　邪魔をするエー

神隱しの話（雜賀）

囃　權現山のさんしゆの木　ぶらりと下りし藤の花
しかとだきついて　おてついたものだよ

はいやー　五三の竹に球磨麻の與繩でヤー
あなたにつらせてサアーマ　わしが抱くエー
囃　川端石だい　起せばがねだい　がねのなまやきや
食傷のもとだい　食傷がねなら　色なしがねだい

天草名所（大津繪節）

春の日永い舟遊び
廻ろぢやないか下須島
瀬戸の早瀬を漕ぎのぼし
辨財天をば伏し拜み
米は入れねど米櫃や
烏帽子二子の仲のよか
さつき忘れてしらの瀧
眺め見あかぬ濱景色
名殘はつきぬ簗の島
水の名所は宗林寺
帆が島に帆かけて廻り
碇をざんぶと港入り

神隱しの話

紀州田邊　雜賀貞次郎

紀州の熊野地方に於ける神隱しの話は、拙著牟婁口碑集(六七頁―七四頁)に記したが其後知り得たものを左に錄する。

一、文化五年五月十九日の夜、新宮宇治屋利兵衛の前髮勘次、四ツ頃便所に立ちしまゝに行衞知れず各所を捜し求むれども分らず、丑の刻過ぎ藏の庇に立ちあるを發見せり、元結切れ髮にも着物にも蜘蛛の巣、すゝきの穗一面に附着しあり、三日ばかり唯寢るばかりしたる後語りけるは其夜旣に内に入り休ませんとせしに山伏來りて我と行くべしとて手を取て引上げ空中を翔りしに唯疾風耳を撲つを覺ゆ、其早きこと知るべし、或る所に下して是は大熊權現なりといふ、社壇の有樣、瀧の氣色を語るに少しも相違なし、又提行て櫻木の權現、鞍馬等の所々を見せたり、其の間步行する所もありしとなり。尙ほ珍らしき所を見せばやと思へども故鄕餘りに騷しきゆゑ一先づ歸るべしとて鞍間より唯一飛に歸り向への酒倉の上に下したり、下を見れば我を探すと見えて提灯の往來引もきらず、稍暫くありて人の出入も稀になりければ向ふの藏の上より唯一とまたげに此庇までまたげしと語りぬ、夏の夜の短きに纔に二時間程の間に斯く所々を見し事誠に不思議なり、其後勘次山上參りせしに此處にはケ様ケ様の所ありと同行に語るに果していふ所の如くなりしと聞きぬ、此の勘次は後に直外となり一﨟に登り今猶存生せり。

（宇井菊珠、舊事談）

二、去る天明年中南部鄕或る商家の下婢冬の夜櫛けづりて後子ノ時ばかり家を出ていづくとも行方しらず家人大に驚きて尋ねさわぎけるに虛空にかの下婢の聲ありてしば／＼諸神の名を唱へ助け給へと呼ぶ聲しければいと恠しく人々只空をあふぎてかなたにやこなたにやとおしはかるにその聲東になり西に聞え北南に聞えつゝ明がたになりてしばし聲絕ぬ、やう／＼明行光に海づらを見渡せば鹿島より數町こなたの波間に女のうかべるあり是こそかの下婢ならめと小船こぎいだしたすけのせて歸るにひえこゞへてうつし心なし、されど衣服も胸より上のかたはいさゝか濡たる所なく髮も露ばかりみだれざるを人々いとあやしと思ひながら火たきて溫めける　にやう／＼うつゝ心つきにけり、その後はたゞ平日の如くにて更にかはれることもなし、はじめ夜半ばかり家を出づるときいかゞして思ひたちしぞととふに寢所にいらんとて厠よりいでて手洗ふ時手たらひのもとに白き鷄のあるを追ふと思ひしが其後は何事もおぼえざりきといへり其をり親しく見し人あまたいひ傳へたり。（紀伊名所圖繪）

三、明治三十七年三月二日、日本盛航會社の帆船第二號九棚丸が田邊から西北約一里の堺浦に繫泊し陸地から約四十間ばかりの所に船を浮べてゐたが、翌三日早曉、船の炊夫坂上代五郎（帆船では炊夫は船員の最下級で多くは十七八歲から二十歲前後の者、乘組員見習の格である）が忽ち見えなくなつた、其直前まで船內にゐたことは船員が皆な知つてゐるのだし端艇で上陸した形跡もなければ海に投じた形跡もない、しかし代五郎が船から無くなる刹那のことは船中誰れ一人知るものが無かつた。不思議々々と言ひながら其まゝに放置出來ないので直ちに其旨を田邊町大字南新町に住む代五郎の父坂上森助（生地は田邊在南富田村大字中浦）に急報したので森助を初め中浦の親戚の人人堺浦に馳付け、近傍の山中を探り或は海底に沈沒しあるにあらぬかと再三網を入れて探し索め又は死屍となつて近海の濱に漂着しあるかも知れずと警察署へ屆け、又乘客中の學生に其狀況を書かしめ船主に報知する等百方手を盡したが其日も其翌日も發見せず、偶ま親戚の者、三舞村の德兵衞（牟婁口碑集六七—七〇頁）に占ひを請ひしに同人のいふには案ずるに及ばず、必ず近日歸り來るべし、若し搜すならば其船から東方の山中を探せとの事なりと告げ來る、親戚等は東方の山とは必らず目良（現田邊町の內）の山であらうと皆打つれて其方面の山へ行く、獨り森助のみは斯かる說を信ぜず船にて九棚丸に往く、時に？日五六兩日の内の午後七時頃だつたが、それから凡そ二時間を經た後、他の炊夫が船上に登るや忽ち一陣の風吹き起り、何やらん眞黑なるもの飛び來つて船上に落ちた、其響き凄まじかつたので炊夫は驚いて室に逃げ下り、暫くして船の人々船上に出でゝ見ると不思議にも代五郎は船上中央の薦を敷いた上に俯伏してゐた。森助等驚喜して近づき代五郎氣を確かにせよと呼び起すと、心配すな氣は丈夫なりといふ、船內に抱き入れ見るに顏色青ざめてはゐるが心氣少しも變つた所がない、因て森助はいろ／＼ありしことを訊ねたが、『三日午前五時朝飯を炊かうと竈に火を焚きつけ置き船上に赴いた時、風吹き來り誰れかゞ目を閉ぢよといふ、怯みながらも兎も角目を閉ぢると直ちに船から身體が離れた、親戚の人々が探して吳れたり屆出したりしたことは聞いて知つてゐる、今日午後一時非常な御馳走になつた、而して午後七時に出發して船に歸つた』といふ外は話することは一切禁ぜられてゐるとて一言も語らず。かくて代五郎は翌朝、父と共に田邊の宅に歸つて靜養した。（宇井可道、璞屋隨筆）

四、紀伊東牟婁郡上太田村大字西中野川の坂本佐平妻かん（當時四十八）は、明治三十年八月十一日未明家を出しまゝ歸らず、村の人々鉦太皷にて附近の山川田畑其他を探索すること四日間に及んだが見當らず、此上は詮方なしと諦めてゐたが越えて二十三日午後四時頃、佐平は娘つると共に或る稻田へ往つた序、傍にあつた草部屋前日幾回も搜した所也を窺ひみしに、不思議や妻かんは積藁の上に熟睡しあり、奇しき事と思ひながら搖り起して問ふに唯『昨晩此所に落されたるなり』と答ふ、失踪十三日の長きに及びながら身心共に異狀なく何れに行けるかといへば北海道に行きしなりといふ、如何にして行きしかといへば大樹の上より何とも知れぬ者連れたり、尤も海上を行く時は甚だ怖かりしと語れりと（明治三十年七月二日熊野新報記事要領、璞屋隨筆）

牟婁口碑集には四つの例を記したが之れで八つとなる譯である。尙ほ宇井菊珠は新宮藩の儒者、紀伊名所圖繪は嘉永四年の版、三の九棚丸のことは當時田邊の鈴木融翁（現存）が東京哲學館雜誌に報告したものを、宇井翁が璞屋隨筆に收めたのである。

土佐檮原の猿猴即ち河童

中平悅麿

河童を土佐ではエンコといふ。檮原の話はよくある型のもの村誌の原文を左に――

　往昔或る夏の夕檮原村の庄屋の家僕その飼馬を檮原河畔に牽き行き繫ぎ置きたるに、突然駈け戻りたるが、その牽き繩に猿の如き小さくして頭の頂凹みあるものまつはり居るより是必ず猿猴ならん打殺さんと犇きければ、彼涙を流して憐みを乞ふ。庄屋曰く「從前より此川筋にて人畜に危害を加ふるものは汝等なるべし。自今永切惡業をなさゞる事を誓はゞ生命を助けん。」と。彼大いに喜び惡事を爲さゞるを誓ふ。乃ち之を赦す。

翌朝軒下に吊したる木の鉤に多くの魚類を掛け、鉤は其重力の爲缺け損ぜるを見、思へらく是必ず猿猴の謝禮の爲に持ち來れるものならんと。更に大なる鉤に取替へたるに翌朝亦斯くの如く數日繼續するを以て、堅固の鉤に取替へんと鹿の角を用ひしに、其後絶えて來らず、蓋し猿猴は鹿角を忌むが故に來らずなりたるべしといへりとぞ。而して其後は人畜の害に逢ふ者無かりしといふ。因に其馬を繋ぎたる所は今の鄉社三嶋神社の下流にして、今に馬淵の稱あり。

幡多郡でもエンコが鹿角を忌むとの俗信は行はれて居て釣に行く人は水難を免れる禁厭として、鹿角で作つた、鉤入又は煙草入の緒締等を携帶する。（四年十一月七日記）

飛驒國平湯温泉記其他

細井一六

一、平湯温泉記

今夏飛驒國平湯温泉に滯在中、代々同所の名主を勤めて居た舊家小林氏の宅に傳來の、平湯温泉記一卷を借覽する事を得た。右は貞享二年、時の高山城主金森侯の儒醫官であつた幽嘯軒角田享斧（守株子と號す）の筆になるもので（現存のものは後に火災に遭つて復寫されたものである）、同所に現在安置されて居る藥師の由來、溫泉の靈現、効能等に就いて識されて居る。左に藥師、及び溫泉の靈現に關する部分を掲出する。

尾陽豐族次村老舍、其家一女艷容乃聘以歸、期年之後翁媼相携遠投婿家、高門深宮終日而不得相見、嗚咽而還、其女女鑄醫王金像遙送父母曰、家山遼夐晨昏無供、若欲見我惟像惟父母感泣建營神宇於溫泉之傍安置此像現今尚在焉、」歲月蔓延信州神巫跋涉到此乃假叢祠匄蘋以薦幣惟奉金音鈴鈴羅衫翩翩忽驚叫而斃里人遽往救之一身無瘢舌無復有矣噫其神靈譴怒乎、抑且山鬼所使乎可謂奇異矣」、中古北越管領甲陽武公龍處吞怒鷸蚌相窺之日吾邦東郡多屬管領矣武公輙使

飛驒國平湯溫泉記其他（細井）

山縣某爲上將侵奪焉上將、受鉞屯此霜飱露宿、備嘗嶮岨毒霧射人蒸濕侵肌士卒多手足頑痺而不能荷戈而疾走將士彷徨不知所爲矣會看一老白猿蹩躚而浴軍士皆怪看焉移時跳梁而去、衆知其爲靈泉而競浴卽日精神益然身體壯健而能握兵上馬矣、自爾以降遐邇相告都鄙傳呼、於是輿病抱恙者車駕相銜人肩相摩、

二、粽

平陽では粽を又笹巻《サヽマキ》とも呼んで居るが、笹の葉を溫泉に漬け、更に粽に卷いたものを溫泉で茹で上げるのである。之が病を除ける効があると云ふので、入湯の客が土產として持ち歸るのである。此の如く平常でも粽を造る事は昔から行はれて居るのであるが、只端午の節句には之を造る事を忌むのである。夫は村の兩側に川が流れて居る。卽ち川の合流する處の內側に村がある場合に端午の節句の時に粽を卷くと水を卷き上げてしまふと云ふ口碑に依つて居ると聞いた。この地方でも他の部落では矢張り粽を卷くのは端午の節句の時丈けだそうである。

三、挨拶の言葉

この邊では訪問者を迎へる時、「御苦勞さんでした」又は「御苦勞さまで御座います」と云ふ言葉を「よくいらつしやいました」と云ふ意味に用ひる。知らない者は盛んにこの言葉をかけられて一寸面喰ふ事がある。又路上で立話しを交した後にも別れる時には必ず「お靜かに」又は「お大事に」の言葉を以つてするのである。いづれから來り、いづれに行くにも常に、嶮岨の山坂を過ぎなければならぬ人々の言葉としてまことに相應しいものに思はれた。

四、二百十日盆

昔は勿論舊曆に依つて盆の行事が行はれて居たが、太陽曆が行はれる樣になり、又養蠶が盛んになつて、二回以上の收繭を見る樣になつたので此頃ではこの地方では新曆の九月一日を盆と定めて、二百十日盆と稱して居る。他の部落では盆踊が行はれるが、平湯の盆踊と云ふものは無く、滯在中の浴客が踊るに過ぎないそうである。浴客は高山及び船津の町民がその大部分を占めて居るのである。

平湯の俗謠と云ふ樣なものもなく、唯十數年前に當時の小學校の敎員某氏が作られた平湯節が歌はれる事がある丈けである。その一節を示せば

平湯よいとこアルプス岳のネ
雪がわきでて湯の花ざかり
アラウレシヤ万病なほす。 （五、八、二〇）

美濃國の雨乞（二）

林　魁一

加茂郡西白川村白山字宇津尾　旱天打ち續いて作物の枯れんとすれば、組中から錢を集めて酒を買ひ、組中の人々は花籠一個を立て、「願雨」と書きたる笠を戴き、衣服の裾を折り（雨降りを意味する）て、村社又は白山神社前に集り殆んど圓陣を作り、中央に大鼓打四人鉦打一人居り、圓陣の外部には音頭一人と笛吹き二人居つて、音頭取が先づ古來唄ふ歌を唄ひ初めて衆之れに和して踊る。其歌は一定してゐないが大略左の如きものである。

〽これより下の。川下の（音頭の語）以下皆一同で唄ふ　一羽の鷗が立つ時は。雨降れ〳〵よと。云つて立つ。』一雨下され。御山樣。氏子が難澁します。』

此踊は先づ村社にて行ひ、猶降雨なき時は白山神社にて行ふことにしてゐる。此雨乞踊は晝行ひ、其時はなか〳〵酒を飲むさうである。

斯くしても猶降雨なき時は「御神木引」を行ふ。之を行ふには七寸角長二間位の木を、有志者から寄附さして、兩端に繩を結び付け、區民相集りて區中の川上より里道を西へと曳き來りて、村界に近き溪流の傍に置くもあり、或は各區連合して下油井に到り、飛騨川の岸に置く事もある。此の木を置く所迄川水の增加する位に雨の降るを伊勢大神宮に祈る意味で、此の御神木は必ず增水の爲に伊勢の海迄流れ行くと信じ、一面に「大一」と云ふ文字を墨書する。

此時道中到る所で酒を汲み飲み、音頭取と云ふべき人は御幣を持ちて、御神木を止めるにも進むにも音頭の歌に從ふのである。其の歌左の如し

〽御伊勢參いたらホイ〳〵（掛聲）御子が出來てホイ〳〵　御名を付けます。伊勢松とホイ〳〵』

（以下の歌皆句の終にホイ〳〵と掛聲を入れる）

伊勢の宇治橋。東京で御橋。出羽では秋田の天王橋。

御伊勢樣程。金が在るに。なぜ御本社が。苅葺《カヤブキ》。

伊勢の津の津の殿樣が。御立と云へば雨が降る。

又御神木を止めて休む時には音頭取は

御神木の止まつた〳〵

と云ひ、一般の人は

ヨイ〳〵。と唱へて御神木を止めるのである。

又御神木を曳く時には音頭の歌ふ言葉次の如し

此木を此處に置ては。あまり水が高すぎる。皆樣やつて下さい。

美濃國の雨乞　（林）

斯くて終日御神木を曳きて、休む所にて酒を飲み區民は總休業と云ふべき狀況にして多くの費用を要するので、容易に行はない。
御神木を伊勢木と云ふ村多し。

加茂郡東白川村神土字河原起　俗稱タビロ谷に龍宮淵あり。昔は龍宮の乙姫樣から膳椀を借りることも出來たが、今日では借りることが出來なくなつた。

　大旱の時に、此淵の水を汲み出して無くする時は、必ず雨が降ると稱して、大旱の年には此淵の水を汲み出すと云ふ。

加茂郡黑川村　柿反川に龍宮淵あり。日照の時に水を汲乾して雨を乞へば雨降ると云ふ。

　或は七社廻をなして雨を乞ふ事もある。

　猶降雨なきときは村社又鄕社に區民集り、社前に神酒を供へ、音頭取は社前に坐し其後に區民は半圓形に並び、鉦を打ち大鼓をたゝいて、雨乞踊又雜魚舞を行ひて雨を祈つた。其の踊る方法は扇子を持ちて舞ふもあり、又は「イカキ」を以て小魚を捕ふるが如き方法にて舞ふこともあつたと云ふ。

　此時、音頭取先づ第一に歌を唄ひ初めると、其他の人々之に從ひて歌ひ踊ると聞いてゐる。

　其雨乞歌は口傳にて大略左の如し

〽本年何月何日より日照で。畑作田作燒けて枯れ。氏子が迷惑するで。荒雨や、嵐は止めて。地雨でさんぶり下さい。
（拍子ヨイ〳〵）。
たんたん狸の。たわけめが（拍子エンヤラヤト）道の小草に晝寢して。人に踏まれて。きやんきやんと。そこで七十と五人の「かりうど」（獵夫）が。赤犬黑犬追ひかけて。そこで狸が。たまらぬで神々樣へと。御立願。神の御りう所は。有りがたい。赤犬黑犬引取つて。そこで狸が助かつて。奧山なんぞに逃こんだ」

總て句切の所には「エンヤラ〳〵」と拍子の掛聲を入れる。
此くして雨降れば、御禮と稱して旗や燈籠を作りて神前に至り、上に記するが如き歌の踊や舞を行ふと云ふ。

郡上郡嵩田村字木尾　木尾の長良川岸なる大岩に徑七尺程ある穴二個、徑五尺程なる穴一個あり。之を俗に「おかま」と云ひ、常に水の溜り居りて、昔は膳椀の必要なる時に借りたる所なりと云ふ。旱天打ち續きたる時は此のおかまの內にある水を區民集りて汲み去り、其の穴中にて火を焚きて御酒を供へると云ふ。けれども、字半野の者は、昔、旱天の時、此の「おかま」の水を汲みて雨乞をせしに大雨となり、其の川下なる半野の人家は皆流失せしを以て、此事を行はないと云ふ。

武儀郡下牧村谷戶　大旱の時には第一に八幡神社に一週間籠りて雨を乞ひ、猶降らない時は三日目に權現神社にて雨を乞ひ、それでも降らない時は三日目に瓢嶽に登り、生木の枝を集めて火を付け終夜眠らず雨乞ひをした。

何れの宮にても區民は各戸より一人位づつ蓑笠を持ちて宮に行き、左記の雨乞歌を歌ひ酒を飲んだ。これが爲めに費用を多く要したと云ふ。

〽よれ若い衆。よれ若い衆。皆打ちよせて。場をならし。西東しず迄。歌下ろせ。當年六月は（大旱の月を云ふ七月も八月もあり）大旱。作り草木燒けはてて。かうぞの水迄ひりはてゝ。氏子も迷惑仕る。瓢嶽（八幡神社なれば八幡神社と云ふ）の神樣へ參いろー。參いろかの念指しで。今こそ參いたで。是樣へ雨の願ひで參り來た瓢嶽の神樣は。雨と申せば下さる。南へ見へかかつ。黑雲を西から東へ引まわし。之より東の御嶽の水を卷き揚げ。氏子の高《タカ》へ（天之意）引き廻《マワ》し。誠に御無理の願ひ。夕雨に「そろり」と下されよ。夕雨にそろりともらうなら。後に御禮に參ります。之より東の布池で。十三小女郎が管を刈る。何にすると管を刈る。蓑にするとて管を刈る。蓑ではあろまい。笠であらう。笠は何處笠。越後笠。七十三所糸かけて越後の町へ出たれば。一〆五百と價を付けられ。一〆五百に賣ろよいも。おいて小女郎にかぶらせます。袖が濡れるが。やれ小女郎小妻がぬれるか。やれ小姫。へたな長歌是迄も。ゆんべ生れた雉《キジ》の子が。けさはほど巣だちて。ほろろ打つは七度。

特殊な薩摩語

楢木範行

(イ) テチョ　父

(ロ) ネニョ　母

十數年前までは平民階級に用ひられた言葉である。只今でも「テチョ」の語だけは雄鷄を呼ぶに用ひられてゐる。

(ハ) デクヮン　下男　圍爐裡でも、横座の向ひが「デクヮン座」である。序に客座の向ひが「チャニ座」である。

(ニ) ガマ　横穴(洞)　神聖視してゐるやうである。出水郡地方では「オガマド」と呼んでゐる。「オ」は勿論敬語であらう。

「カマド」と關係無きや。

(ホ) ガマ　(魚の名ゴモのこと)

(ニ)とアクセントが違ふ。(ニ)は雨の發音と、(ホ)は飴の發音と同じである。姶良郡北部その隣郡宮崎縣西諸縣郡では水神と考へてゐる。ガマ全部ではなく　水神がガマの姿に現はれると云ふのである。それで是を急に驚かすと死ぬ。私の近所にもそのために死んだと云はれる人を知つてゐる。おばさんであつたが一緒に魚取りに行つて經驗したことである。

（ヘ）マブル　祭るに近い言葉。一方大事に保管して置くことにも用ひられる。專ら主婦に用ひられる語である。

是と一聯と思はれる語に「マブシ」と言ふ語がある。是は蠶の繭を作る簇のことである。もう一つは「マッボリ」である。是は一家の豫算にない主婦の利得である。主婦が台所經濟の剩餘を主人の知らぬやうに大事に保管してる金を主として言ふ。古代研究民俗學篇第二冊七三八頁には一寸書いてある。

（ト）デッヂョサマ

主婦の守護神である。普通大黒樣と言つてゐる。勿論現今はさうだが、元はさうではないやうだ。是に供へた物は男は勿論女子供も食べてはいけない。勿論他人に食べさしてはいけないと言つてゐる。

（チ）ユキバジョ　雪婆女であらう。雪の降る夜に出て來る妖女である。勿論空想的なもの。「バジョ」は老いたるの意で「バジ「馬」」などと言ふ。

（リ）ジョボン

領分のことであるが、宮崎縣西諸縣郡加久藤村大字西鄕の內にある二家を稱する名前である。是は霧島山腹にある白鳥神社に屬する山法師が里に下つた時こゝを宿にしてゐたから斯く云ふと云はれてゐるが、もつと或關係を持つてゐる家かも知れないがもう忘れられてゐる。

山法師と言へば　山法師の起原を說くのに次の樣に言つてゐる。

戰國の世、島津さんが大友氏と戰つて利あらずして英彥山に逃げ込まれた。その時、山法師が多勢で送つて來て、島津領內（宮崎縣西諸縣郡加久藤村）まで來た時、もう大丈夫だとて一部の者には馬を與へてかへされ、殘りの者には夫々各家に配置された。それで明治の初年まで　野田家、境田家を廻る山法師が居て、Aの野田家からBの野田家へ順に送つて行つたものである。そして可成り鄭重な待遇を受けてゐたものである。山法師のことを「ヒコヤンボシ」と言ふ。

（ヌ）トッ《ク》ビ、　雇人の公休日である。撥音なので「ツ」か「ク」か判然しない。此の日は雇人仲間に於ては　性的に解放されてゐる樣に（十五年前までは）思はれてゐた。十字路などに男が集つてゐて、通る女に可成り思ひ切つた行動をしたものである。

（ル）ゴキ　割茶碗のこと、姶良郡加治木地方。仕樣のないことに用ひられてゐる。「馬鹿とゴキは仕樣がない」と云ふ風に用ひられてゐる。

（ヲ）ヤバタが長い　馬鹿の異名

ヤバタは臼太皷踊の時に脊に負ふものであることは周知のこ

とである。臼太皷踊の時に斯かる意味を持つ者の役の矢幡が長かつたものか今では判然しない。

(ワ)ハカマをキセル　鶏の交尾のこと。
袴着と關係のある言葉ではなからうか。(終)

老婆から聽採つた形容句

高橋文太郎

武藏北多摩郡保谷村の或老婆から聽いた譬へ文句を次に記す

一、その場合　形容句

瘠せて小さい人を見て　吹けば吹ッ飛ぶ様だ(又ハ)竹ッ棒へ着物を着せた様だ

顔立ちの惡いのを　唐獅子見たいな顔をして

恥かしく、つらい思ひをしたとき　顔から火が出る様だつた

大きな寐息をかくのを　家が割れる程(寐息をかく)

暮し向きの手堅い家を　石橋を敲つて渡る様な家だ

喧しく話した人々が歸つてしまつた後を　火のけえ(消)た様だ

妻女が繊子を顧みぬ場合など　唾氣もひッかけねー

病氣で幾人も一度に臥してゐる様な悲惨な場合を　(あすこの家では)泣く子のつら(面)に蜂でショーガネー

喋舌つてゐる仲間達を傍から　ごぜ(瞽女)の逗留で喋舌つて許りゐる

年をとつて身體の弱つたのを　穴端に腰をかけてゐる(様な身體で)

大切に取扱ふのを　腫物《はれもの》にさわる様にして

子供のベソをかいた顔を見て　三文のもののネグチ(値打)もネー

何と云つても取合はぬ態度を　うなも振らネー屁もへらネー

二、諧謔句とも言ふべきもの

廣く〱原八丁

てだら　たいまつ　見るも　ほーらく

氣樂ほーすけ

言はねーのは　げんのしよーこで

ショーガ苗《ネー》茄子苗《ネー》田無の市　(他人が仕樣がないと言つたのを尻を取つて續ける諧謔句であるが、田無とは當村の隣り町名で、其處には苗市が立つところから發明された文句であらう)

近頃は金が出來て、フガ〱だとよ　(フガ〱とは景氣のよい形容)

下野國逆川村並柳の俗信

相田良男

△空唐箕をまわすと聾になる。
△天秤棒を女がまたぐと男股になる。
△鋤の刄前を使用者が自分の方へ向けて持つと、人死に兎角縁起でもないことが起る。それは墓穴を掘る時にのみすることだから。
△草刈をする時には必ずえぼ草履をはけば、まむしに喰ひつかれない。
△餅をつく時は必ず臼の下へ藁を敷き、下駄を用ひてはならぬ。
又餅つき後に杵を洗へば不幸が出來る。
△臼の中へは入ると小さくなる。
△風呂釜で物を燒いて食べると狂人になり、または中氣をする。
風呂の中で味噌湯を飲むと疫病除けになる。
△八月十五夜と九月十三夜のおあがり（お月樣の膳部のもの）を人目につかず食べると出世出來、又見つかると浮浪人になる。
△生れた日に雨降れば嫁入婿入の日に雨が降る。
△朝飯に汁かけ飯を食ふと其の日に失敗ごとが多く、赤飯に汁をかけて食ふと嫁入婿入の日に雨が降る。
△晦蕎麵《みそかそは》を食べると小遣錢に不自由しない。
△馬飲水《マノミヅ》を沸かすに藍を用ふると火事の際馬が馬屋から決して出ない。又大神宮樣を先に出さないと馬は燒け死ぬとも馬屋から出ないものである。
△出針（出るに先だつて針仕事をすること）着縫（着物を着たまゝ縫ふこと）をすると、出先にて通り魔が縫目から這入ると云ふ。
△旅立つ時發つた人が橋を渡らないうちに拂き掃除をすると發つた人が、出先で失敗ごとが多く、また死ぬ樣なことがある。
△七日歸り（家を外にして七日目に歸ること）をすると食はぬ人（死人のこと）が出來る。
△節分の時の焙豆を井戸に投じ「この豆生えたら流行目《ヤンメ》しよいましよ。」と言へば其の年流行眼病をしない。
△十二月八日と二月八日に目籠を屋根にかけて惡魔除けにする。八目鬼が來ても自分の目より籠の目の方が多いので恐れて逃げてしまふと言ふ。
△柿の木から落ち、又は箒で撲られると三年きり生きられない。
△夜口笛ふくと蛇が來る。
△茶椀をたゝくと乞食が來る。

△夜鹽を家の中に持ち込むと火事が出來る。若し止むを得ず持入る場合は鹽の上に火をのせれば、大丈夫だと言ふ。
△六月一日に蛇のむけるのを見ると一生長者の暮しをする。
△狐にだまされた時自分のまわりに小便をすれば狐が逃げて行つてしまふ。
△熊蜂の頭を着物の襟に縫ひつけて置くと狐狸にだまされない。
△女が叺に腰をかけると難産する。
△火の交尾してゐる時灰をかけると難産する。
△くゑなの子鳥を捕ふもまた同様。
△お月見様のぼうぢ棒を柿の木に吊すと柿の實のなりが良くなる。
△三十三才の婦人の陰毛を襟に縫付け（但し當人が知らぬ樣）徵兵檢査に行けば合格しない。
△熊蜂の巣や燕の巣が多ければ多い程其の家は繁昌する。
△葬式の時の枕團子を食ふと力持になる。
△杵についてゐる餅を手でつかんで食ふと力持になる。
△川浸餅を拾つて蝕齒のいたむ時食ふと痛みがなほる。川浸餅は十一月一日に川の中に投げ入れる餅を言ふ。（子供を食ひに來る蛇に供へると言ふ傳說あり）
△朝蜘蛛が家の中へ下ると金が入り、夜下ると盜棒がは入る。

下野國逆川村並柳の俗信（相田）

△片月見をすると親の死に目にあへない。
△足袋をはいてねると親の死に目にあへない。
△笊をかぶると頸にふき出物が出來る。
△獅子舞の新獅子になめられるとふき出物が出來ない。
△死んだ蛇の腹が上向になつてゐれば雨が降る。馬糞をかけてやると蛇は生きかへる。
△蛇を指させば指が腐り、筍又は茸を指させば筍または茸が腐る。指きりをやれば元通りになる。
△川に小便すれば河童に呑まれる。
△上齒がぬければ緣の下へ、下齒がぬければ屋根の上へ投げる。すぐ良い齒が出て來る。
△脫齒の夢を見た時は下駄の齒を川へ流すとぬけないで濟む。
△鯉の夢を見ると吉事多く、鰻の夢を見れば凶事多しと云ふ。
△山で食事をする際箸の持合せなく、木やかやで拵へて食べた後は二つに折つて捨てる。二つに折らないですてると狂人になる。

羽後雄勝郡の俗信（二）

高橋友鳳子

△鳶が空を舞ふと風になる。
△鍋尻に火がつくと明日は天氣になる。
△雷の落ちた木で作つた楊枝を使ふと虫歯にならぬ。
△黒猫の死骸を竹籔に捨てると竹がよく育つ。
△脛毛の長い者はセヤミ（懶者）である。
△北枕に寢るのは死んだ人ばかり。
△マキミ（旋毛）が曲つて居る者は性根が惡るい。
△寫眞を三人で撮ると中の人は早く死ぬ。
△飯を食ふ時膳椀を叩くと貧乏神が喜ぶ。
△人の廻りを廻ると廻られた人は死ぬ。
△爐灰を掘るとアクボンズ（灰坊主）が出る。
△柿の種を圍爐裏に入れると病人が出る。
△火を二人で兩方から吹くと吹きまけた方が病氣になる。
△二子栗を食ふと二子を産む。
△指にササクレの出來るのは親不孝。
△三日歸りはするものでない。

△火事の夢は盛んに燃るのがよくいぶるのが惡るい。
△蜜柑をあぶつて食ふと肺病になる。
△朝早く女客があれば其日一日中客がある。
△子供のない者が貰子をするとヤツカミ子と云ふて子供が生れる。
△午の日寅の日に葬式を出すものでない。
△人眞似をすると猿になる。
△精進日にナマクサ物を食ふと口が曲る。
△人に物を呉れる時少しやれば目くされになる。
△便所をきたなくすると目くされになる。
△便所で倒れると死ぬ。
△藤、桔梗、ざくろ、まるめろ等を屋敷に植ゑると病人が絶へない。
△耳の大きい兒は利口になる。
△足の大きい兒は大人になる。
△火事のある家には燕が巣を作らぬ。
△火事のある家からは鼠は居なくなる。
△鶯の糞で顔を洗ふと美人になる。
△蛇の夢を見ると金がはいつて來る。
△エゴネ（淋巴腺炎）のはつた時小豆を生のまゝ飲むと癒る（一日目には一ツ二日目には二ツ）

△ホエド(麥粒腫)が出た時三軒から物を貰ふと癒る。

△初産の時亭主がそばに居ると後々の産の時にも亭主がそばに居ぬと生れぬ。

△新しい履物を半戸前からはくのは人の死んだ時ばかり、

△火事の時馬が馬屋から出ぬ時は鍋を先にして出すと出る。

△味噌豆を煮てゐる家に行つて味噌豆を食はぬと仲違になる。

△蛇を指差する時指の先を曲げぬと腐る。

△朝日の出ぬ前にとつた根無莚(根無葛)の汁を痣につけると癒る。

△御飯に汁をかけて食ふ者は立身せぬ。

△人と同じ年の家畜はかふものでない。

△ヨノメ(疣)の出た時蜘蛛の糸を卷いて置くと癒る。

△アカザで作つた杖をつくと長生する。

名古屋西郊地方の俚諺

矢頭和一

イ、小田井人足、(小田井は地名、見た所はシツカリ者でも、仕事に掛けては何の役にもたゝぬ)

ロ、助七ジョウロリで之れからだ、(助七は地名、ジョウロリは義太夫の事、之れから初めるとか、之れから掛るとかと云ふ前觸れ計りで、實際は中々仕事を初め掛けぬ事)

ハ、一宮ガラス、(一宮は地名で一宮市の事、一宮地方には烏が澤山居ると云ふ外、一宮の商人達が名古屋へ買出しに來る、口計り八釜しいが實際の商買に成らぬ事を名古屋の商人達が嫌つた事)

ニ、一宮ロクロウで食ふ程やせる、(ロクロウは轆轤で生綿を發く器械、一宮は轆轤の製産が多かつたとも、又其使用が多かつたとも云ふ、綿を發くことを綿をくわすると云い、虛弱な者が大食はしても身體の肥らぬと云ふ事)

ホ、日比津法華に榮(サコ)カツタイ、(日比津、榮共に地名、カツタイはカツタイボウ、ナリンボ等とも云ひ癩病の事、法華信者や癩病患者の數が多くて、緣談の時などには特別注意したと云ふ、癩病の方は現今では跡形も無い)

ヘ、芋種盜んでも子種は盜めぬ、

ト、小糠三合在りや養子に行くな、(コヌカ即ち來ぬか、來てくれぬかの言葉が三度も重なる程先方で信用の無い者は養子に行つても駄目と云ふ訛だとも、亦コヌカツとつたら　ウツカリした目の前の考へ計りでは養子に行くもので無いと云ふ意味とも聞いた)

チ、烏賊の甲より年の劫、

リ、鼬のハクショでキチンチヤン。

ヌ、岐阜のジヤ言葉桑名のナ言葉。

ル、病めば死ね。

ヲ、後生願と椿の木に眞直くなものは無い。

盆踊口說歌覺帳拔萃

中丈姫

1 そも〳〵ほんじをたづぬれば
2 ならのみやこのそのときに
3 うだいしようのごかろうの
4 とよなりこうのをんむすめ
5 はやさんさいのおんとしに
6 みだきやうもんをよみならひ
7 ごさいのとしにはゝぎみに
8 わかれたもうのかなしさよ
9 はやろくさいのおんとしに
10 いつさいきやうもんよみならひ
11 ひちはつさいのころよりも
12 けいぼにかけしうきゝかね
13 このはゝさまはだいあくにんで
14 とがないむすめをけいせいに
15 すでにしゆうしのはるすゑ
16 いんしんたへたるふかやまへ
17 みすてられたのかなしさよ
18 みだきやうもんのくりきにて
19 またもわがやへたちかへる
20 なか〳〵かわらぬくろかみを
21 にんほんりやうどとすりをろし
22 たへまのてらへといりたもふ
23 ひめぎみおんとし十七の
24 なつのなかばになりぬれば
25 やまとがわちやつのくにや
26 これさんごくのはすがらを
27 いちじつ一夜にあつめられ
28 はすがらよりもいとをとり
29 ごしきのいろにそめわけて
30 みどうのすみにはたゝてゝ
31 さんにちさんやにをられたもふ
32 いづくともないげしよしとり
33 わがめのまへにとたちとまり
34 ひやくたんれんげがあるならば
35 たうよにしたがいひめぎみよ
36 まんだらとてもたへまのてら
37 いまのよまでもかくれなく
38 ちゆうじようひめともうすなり

（中丈姫終）

藥師參り

1 かいやしなのゝじよろたちが
2 をやくしまへりをなされる
3 かいやしなのをよふかに立ちて
4 かみじよう下じようへをつきある
5 かみじようしもじようよふかに立ちて
6 ひらやなみやへをつきある
7 ひらやなみやをよふかにたちて
8 つぐやねばねへをつきある
9 つぐやねばねをよふかにたちて
10 たぐちたないへをつきある
11 たぐちたないをよふかにたちて
12 ゑびやくろぜへをつきある
13 ゑびやくろぜをよふかにたちて
14 はなのかどやをあがりて
15 ほんどうしらすへまへらるゝ
16 ほんどうしらすでながむれば
17 ほのかに見ゆるたきがはや
18 とりになりたいうのとりに

19 たきがはやまへすをかけて
20 とのごこいしとなかずもの
21 をやくしまへりはかくやでござる
22 いとしとのごのしがいみに
（藥師參終）

千松歌

1 うらがとなりのせんまつが
2 ことしはじめてたをうへて
3 いねはしがれるかまはなし
4 せきやのかじやへかまうちに
5 いちねんまてどもまだみゑぬ
6 にねんまてどもまだみゑぬ
7 さんねんみつきでじようがきた
8 だれにこいとのこいじようだ
9 おせんにこいとのこいじようだ
10 おせんはやらぬおなつやる
11 おなつやるにはものがいる
12 したにはちりめんちりこそで
13 うへにはたんごのふりこそで
14 それほどしたてゝやるなれば
15 うつなたゝくなをいだすな
16 しとらよこすな山みちを
17 しとらよこさばうまにのしよう
18 うまにのせずもくらがない
19 くらがなかずばかりよせて
20 かりやよせずもしとがない
21 しとがなかずばふねにのしよう
22 なみがつよくてのせられぬ
（千松歌終）

兵衞の娘の歌

1 かまくらかいどうひようゑのむす
め
2 にほんゑきこゑてをてきゝで
3 一ツでちゝをのみそろ
4 二ツでちゝをはなれて
5 みつでぞうりをはきそろ
6 よつではよりこをよりそろ
7 五ツでくだをまきそろ
8 六ツでこのはたをりそろ
9 七ツではあやををりそろ
10 八ツではにしきををりそろ
11 九ツではよめりをめされる
12 十でとのさとねそめる
13 十一ではをのこをもうけて
14 十二でかすがへまへしよう
15 かすがまへりのをみをろしに
16 七日のしようじをめされて

小栗判官一代記

1 さんじようたかくらだいなごん
2 かねふゆこうのごしそくで
3 みやこ九條にそのなもたかき
4 をぐりはんがんまさきよは
5 ひびにつとむるをうちごしよの
6 あまたつめたるくげしゆのなかに
7 はなをあざむくびなんでござる
8 ころはうづきのはなさかり
9 あるひをぐりははなみにいでて
10 はなみがへりのそのみちで
11 さけのきげんでみぞろがいけのそ
ば

盆踊口說歌覺帳拔萃

12 きのねにこしかけふゑをとりだし
13 ふきこむをとは天につうじてちに
ひびき
14 いけのだいじやもそのねにうかれ
15 むすめすがたとあらはれて
16 いつかそろ〳〵をぐりそばへよれ
ば
17 たがいにかを〻みて
18 これもいんねんづくではあろが
19 つひにちぎりをこめられて
20 これがのち〳〵をぐりがために
21 あだとなるとはゆめしらず
22 さてもをぐりはだいじやとちぎる
23 そのやとがにてひたちへと
24 をやのなさけでとのばらつれて
25 なぐりをしくもみやこでて
26 ぜひもなくとひたちのはいしよ
27 たまのごてんへはいられて
28 こ〻にかんきよのみぶんとなり
29 それはさておきさがみにて
30 こうどうきりとりよこやまとの〻
31 をやこよにんがあくしんで
32 きうになだかきてるてひめを
33 ぬすみわがやへつれいりて
34 これをせがれにみやわすこ〻ろ
35 いまはてるても十九にて
36 しとりいろ〳〵しあんをいたし
37 たとへいのちがなきとても
38 このやしとりあくとせがれ
39 なんのまくらがかへさりようもの
と
40 をもいしこ〻ろのうち
41 さすがまれなるをなごでござる
42 あるひをぐりのごてんへきたる
43 さがみまわりのこまものが
44 さがみよこやまてるてのはなし
45 きいてをぐりはふみをかき
46 いろのとりもちごとうにたのむ

（小栗判官終）

愛知縣北設樂郡奈根村
佐々木要太郎

伊豫吉田から

柴神、 喜多郡の柴神のことは横田傳松氏が郷土研究第四卷六三七頁に紹介せられて居るが私の方にそここゝにある。東宇和郡野村町の安樂寺より久保善に越える峠に石積があつて此所を通行する人は此石積に柴を手向ける毎年舊暦の十月十日に此所に挿してある柴を集めて焚く、夫は此神は片目でビツコであるから出雲へ神會議に行つても中々歸つて來ないから柴を焚いて自分の家が燒けて居る樣に見せる。左樣にすると歸つて來るのであると傳へて居る。

石神、 北宇和郡立間尻村字向山に石神の祠がある舊は此所より五町ばかり西北の山頂にあつたのを今から四十五六年前に今の所へ移した。舊い方の石神を大石神といつて居る。此神樣の祭禮は舊暦の八月九日で、當夜は子供が何十人と連れ立つて松明をつけて石神社の西麓の田道を『死んでも命のあるやうに』と叫んで歩るく、何故に松明を燈もして行くかといふと石神は聾であるから出雲へ會議に行つて居て、祭の日をいつてやつても歸つて來ないから。火を焚くと自分の家が火事だと思つて歸へるのであると傳へて居る。耳の惡い人は穴の開いた石を持て參詣するとよくなるといつて居る。祠の中には穴の開いた小石が澤山に上げてある。（長山源雄）

海外資料學説の一

マリノフスキーと「未開人社會に於ける罪と慣習」(二)

中村康隆

そこにクラ（Kula）と稱せられる部族内の、または部族間の儀式的交換の非常に綿密な遣り取りの發達した組織がある。これは土民の社會的行動を支配する贈答の最典型的なもので——「西太平洋のアルゴノート」全篇の結構を構成するテマであり——むしろワシ（wasi）はその觀念と習俗との影響に立つのにちがひないのである。*

ここで、「アルゴノート」の主題歌に聽き入るのは、われわれにとつて興味ないことであらうか？

それは、ひとつの閉塞回線を形づくる廣濶な一環列の島々、卽ち、トロブリアンド、アムフレツト、ダントルカストー、トュベトュベ、ニユウギニア東南端諸島、マーシヤル・ベンネツト、ウツドラーク、ラウラン等の島々に住まふ諸共同態によつて行はれてゐる、相互の市民的關心を以ての當事者間の好《よし》みの美き象徴たる贈答行爲からなる對峙する二者間の好意的紐帶の保持に關する、一種の廣大なそしてうつくしい協約の組織である。そして此の閉塞回線のみちに沿つて二種の物貨（vaygu'a, valuables）が、卽ち soulava（赤い海菊貝の長い頸飾り）と mwali（白いまだらいも貝の腕輪）とが、そして之等の二種のみが、反對な方向をとつて（ソウラヴァは時計の針の動きのやうに、そしてムワリはその反對の方向に）、人達の手を渡つて、（贈與の形式をとつて）、つねに旅をし、順環してゐるのである。夫々にその自身の方向を辿りつゝ、つねにその途上、他種の財貨と會ひ、それらの代りに交換せられる。クラに關はつてゐる人達は、彼のクラ仲間から一個又は數個のムワリなり、ソウラヴァなりを受け取り、そしてそれを他の、その財貨（例へばムワリ）の動くべき方向に於ける、仲間の一人に讓り、彼から交換に反對の財貨（例へばソウラヴァ）を受取る。ここにマリノフスキーのクラ環（Kula ring）なる稱呼が存し、** モースにクラが cercle を意味するものとせられる理由が存する。*** そしてそれは絶ゆることのない恒久的な且つ必然的な環であり、循環、流通、交換である。「一度クラに入つたら、永久にクラに」（once in Kula, always in Kula）なる語の示すやうに、これらの財貨も、そして取引者たる人も、クラ關係に於ては不斷のものである。****

* Argonauts, p. 188. そして若し、クラ關係に於て立つ人達が、內島居住者と海岸居住者であつた場合には、同一の協約者がワシのやりとりの仲間とせられるのである。ibid, p. 193.

** ibid, p. 81 and map (p. 82)

*** Le Don, p. 66. 嚴密にいつたならば、それは、そんな意味の指示語として cercle d'échange か若しくは échange circulaire かを示す特有語に變化したものらしい。がむしろ宗敎的語義に於ける「交換儀禮」「贈答儀禮」を呼ぶのではないかと私は思ふ。offering, tribute を意味する pokala なる語と關係がありはしないであらうか (cf. Argonauts, pp. 99, 181, 185, 186, 205, 332-4, 354-6, 360, 378)。尙ほ交換される首輪をつくる貝を呼ぶ kaloma も參照(p. 366 sqq.)。マリノフスキーが此の語義を示してゐないことは殘りおしいことである。しかし、"of the *circular* exchange of the kula, of a ring or circuit of moving articles" (Argonauts, p. 93)等の使ひ方から、それがモースに近いものを指してゐるらしいことが分らう。

*** Argonauts. pp. 83, 85. そして之らの財貨は決して止つてはならない(p. 94, etc.)。それは無限の流通性に於て循環する。

これらの取引關係はその義務的贈答の形態に於てワシに類似し、有用食物の交換でない點でそれと異り、まして有用物の商業的取引たる gimwali ―― これは部族內の小さなまたは部族間の大きいクラの會合、原始的な祭市に於て、クラに附隨してではあるが、クラに關係なく行はれる* ――と全く性質的に異る。

第一に、クラの物貨は適當に儀式的事物と呼んでよい、使用には過ぎたものであり、** 貝を以てする裝身具の一形態であるが用ひることは甚だ稀でもありまた所有者に使用の特權が限らる る如きものでもないので、その所有の眞の目的が使用とか殊には裝身の如き權利に存するのではない。*** それは一方に於て呪術・宗敎的力を有ち、**** 價値を有ち、卽ち威光を持ち名前を持ち個性と由來と物語とをさへ持ち、そして、これらの歷史的感情癖 (historical sentimentalism) によつてそれは大切にせられ、單に所有することそれ自體のために所有せられ、また所有することに依て生ずる名聲を伴ふそれらの所有權がそれらの事物の價値の主なる源ですらある。*****

第二に、これらの財貨は、互に夫々の協約者の何れかの一人、それぞれの財貨に依つて一定の側、卽ち「頸飾りの側」または「腕環の側」にある一定の仲間の手に――なぜなら、財貨は常にクラ環の中心を向いて、腕環なら左から右へ、頸飾りなら右から左へと動かねばならないのだから――贈り物若しくはお返しの贈り物として、他の種の物貨を受取る代りにとの契約のもとに、贈らるべきさだめにあるものであり、一定の方向にのみ常に動き、旅をし、止まつてもならないし、勿論逆に戻ることも出來ない底のものである。****** ひとは贈るために所有する。

最後に、この交換の規制を裏づける主原則は、クラが儀式的贈與物を贈ることからなり、そしてその贈與物は、たとへ數時間でも數分間でゞもよい、また屢々あるやうに一年も或はもつと長い期間をも經過してゞもよいのだが、時を經て後に、それに相當するお返しの贈與物を以て支拂はるべきであるといふことである。そして此のお返しの品の等價といふことは贈り手の心に任せられ强制を以て强ひられ得ないものであり、それにつれて彼此言ひ、ねぎつたり、また勘定したりして手から手へと交換されることもならない。それは余りに長い間手許に置いてはならず、またそれを讓り渡すのに遲滯したり、澁々だつたり('slow' and 'hard' p. 94)してもならない。かういつた遣り方はクラにはふさはしくないものであり、またこんなよくない、或はあまりにとり急いだ、若しくは體裁を守つてゐない處置などすると「彼は彼のクラを恰かもギムワリでゞもあるかのやうにふるまつてゐる」(He conducts his kula as if it were gimwali—pp. 96. 190.)と批評される。クラ取引の體裁よいこと、謙遜、物惜みしないこと、寛容など、一言に言へば、義務的な上品さ(Noblesse oblige p. 97)がクラ行爲の社會道德的規範なのである。******

* Argonauts, 96, 187—191, 193, 362—364. マリノフスキーは barter とか trade とか譯してゐる。語の意味は kula wala (just kula—p. 206)に對抗するもので、普通の取引(proper barter)を指し示さう。gimwali wala といへば「たゞのギムワリ」。

クラは交換の最儀式的なる一形態である。土民の經濟生活は、そのまはりに、それを中心として發展する。これらの諸問題については、ホメルスのヤソン一黨の古史詩からその表題をとつた、前述の「アルゴノート」及び "Kula" (Man, July, 1920,) "Primitive Economics of the Trobriand Islanders" (Economic Journal, March, 1921,) "Primitive Currency" (id., 1923) 等を參照せられよ。

** ibid., 89—90, 513

*** これらは最も精巧な舞踊服裝として、また祝祭時などの晴れ着としての裝身具のつもりらしい(ibid., 87—88)。そして多くのそれらはまた使用するには勿體なさすぎる、厄介なものであり、腕環など殆んど、全體の九分位までは子供にさへ小さすぎる位のものである。また飾り紐、つまり長い海菊貝の數珠緡は凡て着用出來るが、それらの幾つかは大變價高く考へられ、また屢々の使用には不便でもあり、且つ非常に例外的な場合にのみ着用されるのである。それに舞踊の時などでも、借用を乞はれれば貸すのであつて、自分の所有が自分一個の使用權とはならないのである。(p. 88)

**** ibid pp. 512, 513. 惡い靈の化身と考へられてゐる磯がにを見付けると、いくつかの財貨(vaygu'a)をその前に儀式的に置くのである。また我國のお盆のやうな週季的な(年毎の)迎靈祭の時は儀式用にその村々にとつて置いてある石斧その他の恒存的財貨と共に、棚に並べて置く。それは靈へ「彼等の心を善良にするために」與へられる最効果的な捧物たるであらう。土民らはヴイグアを兌換せられ得る富としてゞはなく、それ自身に於て優れて善なるものとして、また力ある裝飾物とし、更には力の器具としてさへ(as supremely good in themselves,……as potential ornaments, or even as instruments of power)見るのである。"To possess *vaygu'a* is exhilarating, comforting, soothing in itself". なのである。彼等はそれを何時間もの間見つまさぐりつする。たゞそれに觸れただけですら、時としてその力は傳へられる。瀕死の病人は額や胸にそれをあて、或は腹や肋骨をそれでこすり、鼻先にぶらぶらさせたりする。それが何よりよいことであり、愉しみであり、心をしづめ、しつかりさすことである。死期になると近親の者らがそれを身體につけてやり、死後も何時間かの間はそのまゝにして置いてやるのである。

**** See *ibid.*, pp. 89, 90, 271, 323, 504, etc. そこでわれわれは充分に "One of the most important and unusual features of the Kula is the existence of the Kula *vaygu'a*, the incessantly circulating and everexchangeable valuables, owing their value to this very circulation and its character." (p. 511) なることを知つたことにならう。實に之等の財貨はその長い旅の間に次第に著名になり、價値を増して來るのである。マリノフスキーはそれを王室の王冠の寶石がその歷史的感情の故に特に珍重せられるのに比してゐる (See *ibid.*, pp. 88, 89, 94) ―既知を以て未知を理解すべき一つのよき例として。

***** *ibid.*, pp. 92–93, 94, かくて反對な方向にと流れるところの "two continuous streams will constantly flow on" (p. 93) するのである。

****** *ibid.*, pp. 95–97 この如き地位と富と寛大さとのつながりが如何に土民の道德的精神と結びついて、彼等の司法生活を支配してゐるかを、「罪と慣習」でマリノフスキーは明らかにしてゐるのである。

われわれはクラ有價物 (kula valuables) の性質、それの所有、それの贈答をば簡單に述べた。次にクラ取引の諸類型と、及びクラ關係の仲間權、協約者たることの性質 (partnership) とを眺れば、ほゞクラについての人と物と行爲並に形式とを知つたことになるであらう。

われわれは、さきに、クラ行爲そのものが如何に honorable citizen としての名譽と德とにふさはしいやり方で果されねばならぬか、との點を、クラとその他の交換諸形式とを區別する一つの特徵*として掲げて置いた。それの取引はねぎつたり、かれこれ言つたりしてはならない。贈られた物に相當するやうな品物を以てお返しを果すべきはづである。のみならず、その贈與そのものもすこぶる崇嚴な形式、手續きをとる。それは正當に贈答の儀禮と稱せられてよい。かゝる儀式的なる交換の仕方がクラの主な基本的な要素なのである。** クラ贈答に於いてみらるる *vaygu'a* は "objects of cult" と言はれてよいはづの事物である。そして、儀式的にとり扱はれる。*** 法螺貝は鳴りひゞいてクラ取引きの行はるゝことを告知する。贈り物はささげられ、または棒竿に掲げられつゝ、幾たりかの人からなる行列によつて、法螺貝を吹き鳴しつつ、運ばれてゆくであらう。そして儀式的に捧げられ、受取られる。それは謙遜に、そして物惜しみもせず自由さ尊嚴さも失はずに、しかし同時にそれは合法的契約性を伴つたものとして、贈答される。**** 更にこの契約そのものも宗教的なる彩環を以て彩られ、その如き陰影のうちにとりむすばれてゐる。第一にこれらの契約に於てとり交される品物そのものが、われわれの知つてゐるやうに、呪術・宗教的なる性質を帶びたものであつたのだ。そして第二には、われわれがいま述べた樣に、それの交換、贈答の手續き、仕方に於ても、ひとは儀式的に振舞はねばならない。したがつてこの交換の契約がなにらかの呪術・宗敎的なる感情の陰影を有ち、それに動かされ、惹きよせられてゐるのは當然と言つてよいであらう。われわれは、その美しいひとつの表現を法螺貝の呪文〔The Spell of the Ta'uya (Conch Shell)〕に求めやうと思ふ。それは次の通りである。※※※※

最初にクラ開始のための告知として人たちを呼び寄せる一聯の優れた魅惑がひくくたかく抑揚を有つて流れるであらう。

"*Mwanita, Mwanita*! Come there together; I will make you come there together! Come here together; I will make you come here together! The rainbow appears there; I will make the rainbow appear there! The rainbow appears here; I will make the rainbow here."

「ムワニタよ、ムワニタ！　そこにみんなしてやつてこい、わたしがそこに貴方々を一緒に來させよう！　ここにみんなしてやつて來い、ここにわたしが貴方々を一緒に來させよう！　虹がそこに現はれる、わたしがそこに虹を現はさせよう！　虹がここに現はれる、わたしがここに虹を現はさう。」

それから、ひとに對つてクラ勸誘の句がつゞく。「…わたしが唯一の酋長たるであらう、わたしが唯一の長老であらう、わたしがわたしの對手《なかま》と路上で會ふべき唯一人者たるであらう、わたしの評判がひとり秀れてゐる、わたしの名は唯一のものである。美しい財貨がここでわたしの對手《あひて》と取りかはされる、美しい財貨がそこでわたしの對手と取りかはされる、わたしの對手の籠の中味が集められる。」

その次に多くの繰返しのある一聯が來る。それの鍵樞たる言葉は、對手を捕へ、そして彼をして應揚なクラ供進をなさしむるところの興奮狀態を示す表現である。

"A state of excitement seizes his dog, his belt, his *gwara*" (taboo on coco-nuts and betel-nuts) "his *bagido'u* necklace, his *bagiriku* necklace, his *bagidudu* necklace, etc."

「興奮狀態が彼の犬を捕へる、彼の帶を、彼のグワラを、彼のバギドウ頸飾りを、彼のバギリク頸飾りを、彼のバギドユドユ頸飾りを、云々……」

そして呪文の最后はクラを初めやうとする者の誇舞する心持を現はしたテイピカルな仕方で終つてゐる。

「わたしはクラをしやう、わたしはわたしのクラを盜まう、云々……。わたしの面容《おもかげ》は雷に似て居り、わたしの足どりは地震《なゐ》の如くである。」

全體の章句は、クラがとり行はるるにふさはしい前奏曲として、ひとつの儀禮の冒頭を飾る幾響きである。それは呪術的なる或る種の興奮狀態が兩者の契約をとり結び、とり運ばしてゐることを示すものである。

同樣な呪詞はもつと他にも求められる。＊＊＊＊＊＊要するに、對手の心を和らげ、對手の心をクラ交換に向はせ、さうして終にクラ取引のうちに卷きこんでしまうごとき類である。（未完）

* Argonauts, pp. 83, 510—513.

** *ibid.*, p. 83.

*** *ibid.*, p. 513.

**** ibid., pp. 398—391, 471—474. See Plates LX, LXI, LXII, and Frontispiece. 謙遜と大風さとのよい表現として次の句を記しておかう。'My *kuleya* (food left over,) take it; I brough it to-day; have you perhaps no armshells?' (*Agukuleya, ikanawo; lagayla lamaye; yoku kayne gala mwali;*) —— 殘飯《おあまり》です、お取りなさい、今日それを持つて來ました、貴方は腕輪をお持ちには多分ならないでせうねえ。ここには表現の謙遜と、心持の自負と揶揄とがある。

***** *ibid.*, p. 340—1 Mwanita is the native name for a long worm covered with rings of black armour. そしてこの蠕虫はその形が頸飾りと似ろが故に象徵的に用ひられてゐるのである。（See p. 341）とすると、これは法螺の音が頸飾りを呼び寄せる意味となる。之は非常に象徵的だ。そして呪術的である。さうとすれば、マリノフスキーはここの虹を呪詞の *kariyala* (magical portent) として考へてゐる丈であるが、それはモースの言ふ通り、貝殼の多彩的なる反映の美しい比喩であるととつた方がよささうである。（v. Mauss *Le Don*, p. 72 note 3.)

****** See Chap. XIII, XIV passim.

〔附記〕忙しかつた一日、つい書きかけの原稿が風に吹きとばされて、二三失くなつたのを、庭の手入で人達が入つてたまゝ、木の葉や切枝と一緒にすてられてしまつたので、とんだものになつて了ひました。それで今月は半端ですが之丈にして、次號から筆の向きもかへて新しくまた步き出さねばならなくなつたのです。編輯部と讀者には誠に申譯ないことですが……お詫び申し上げます。

紙上問答

○たとへ一言一句でもお思ひよりの事は、直に答をしたためて頂きたい。
○一度出した問題は、永久に答へを歡んでお受けする。
○どの問題の組にも、もあひの番號をつけておくことにする。

答(二八) 靜岡縣沼津市我入道
イ、キヤア、キヤアガラ(肉の無きもの)
例へばアワビツキヤア、ホタテツキヤアの如く肉の付きたるもの。
ロ、トンボ、シヨオリヨウトンボ、
精靈トンボはお盆に出て來るので年寄など「シヨオリヨウトンボウトルジヤニアーヨ」なんて云ひます。(後藤圭司)

答(二八) 當地では貝の事はケーェ又はケェッコと云ひ蜻蛉の事は總稱してアゲジ(秋津の訛ならん)と云ひます。
シマアゲジ(ヤンマのこと)
ヌマアゲジ(ヤンマに似て鶯色を帶び多く沼の如き濕地に居るもの)
カッパアゲジ(水邊に居る尾は細長きものにして眞黒又は茶赤のもの)
イナアゲジ(小性蜻蛉のこと)
タノガミアゲジ(鹽辛蜻蛉のこと)
ナンバアゲジ(赤きもの)
カネツケアゲジ(黒きもの)
又トンボの幼虫の事はアゲジバンバと云ひます。(秋田縣雄勝郡西成瀨村　高橋友鳳子)

答(二九) 南方氏質問については、小生も兼々注意して居たことでありますが、未だ書き物になつて居るものを見た事はないのです。嘗てプルタークのデメトリアスの傳の中に、或る青年が埃及のトニスといふ遊女を戀し、一夜其女を買はんと欲したれど、其女は非常に高い價を求めたので、青年は其中に其の女と樂んだ夢を見て、それで滿足してしまつた。然るに遊女は之を聞いて、青年に其代價を請求する訴訟を起した所、裁判官は兩人の陳述を聽いてから、其女の請求の金額を金盥の中へ入れて、其女の前で振つてやれと命じたといふを見て、此類話が日本と希臘のみならず、必ず他の國にも行はれたであらうと思ひ、注意するけれど未だ其他に見出すことが出來ぬのです。南方氏は日本に於ける此話の最古く記載せられる書を求められるが小生は外國に於ける類話及それの記せられる書の名について御敎示を乞ひ度いのです。

(阪急沿線螢が池　野崎壽)

名古屋西郊地方の俚諺(二)

矢頭和一

ワ、親の意見より無いが意見。(放蕩が金錢の工面が出來兼る爲めに心ならずも中止する等の事)
カ、オヤマ買の千切れ草履。(オヤマは娼妓の事、何でも無い事に金錢を投じても、必要な僅かな支出を惜むと云ふ意味)
ヨ、猫ぼう(追ふ)より血ひけ。
タ、親にあづけるよりおぢに預けよ。(おぢはお地で植木をする樣な時の事らしい)
レ、親の法事でコの時。(何かの機會で數人が心面白く遊ぶ時等)
ソ、橋の下のゴウナで杭に着いたら離れぬ。(食ひ意地の張つて居る者を諷する意味)
ツ、大曾根口か枇杷島か。(大曾根、枇杷島共に市郡の境で勞働者や小商人の往來がはげしく、夫れ等の人々の會話が騷々しい、從つて其の地方の住人も自然に言語が粗暴に聞える)

學界消息

○民俗藝術の會　九月四日山梨縣南都留郡中野村字平野に於て、同所の六齋念佛を見學した。

○折口信夫氏　八月中旬より約一箇月の豫定にて佐々木喜善氏と共に東北地方を旅行した。

○早川孝太郎氏・宮本勢助氏　は八月中旬より二週間ばかり三河北設樂郡地方に赴いて村落調査を行つて歸つた。

○松本信廣氏　近く同文館より出版される筈の神話傳説に關する論文集を執筆してゐる。

○金田一京助氏　日本文學辭典のアイヌ語及アイヌ文學の二項を擔當する。

○「村の研究」　は村落地理研究のため精進を續けて居る大西伍一氏の、村落地理研究雜誌「農村敎育研究」の特輯號であるが、これは、東京市の水道貯水池として其の大部水底となるべき埼玉縣山口村を研究のフイールドとする爲昨夏同地に於て開催された小田内通敏氏の村落地理硏究講習會に臨まれた人々の觀察記錄であり、又史學林學農學地理學を專攻する人、農村に生活する人、農村敎育に從事する人等各々夫々の立場より考察した村落地理研究の共同的研究報告ともいふべきものである。其主なる目次を擧ぐれば、小田内通敏氏村落地理研究の第一步、村落地理の研究、江渡狄嶺氏觀らるゝものと觀るもの、柴三九男根岸傳三郎氏村の生ひ立ち、山口文治氏有史以前並に上古の山口村の文化、吉田森氏山口村の村落地理觀、小寺駿吉氏森林を通じて觀たる狹山丘陵の人文、山口村に寄せる、石橋幸雄氏山口村と共耕地、小澤万里氏生業としての山口村の養蠶業、松本幸兵衛氏大笠部落の印象、大西伍一氏社寺を中心とする村民の信仰狀態、川崎和氏感想二つ、芝田忠雄氏研究を要する諸問題（定價三十錢東京市外高井戸町上高井戸農村敎育研究會）。

○ひなの一ふし　菅江眞澄翁が筆錄した日本東半分の民謠集「ひなの一ふし」の覆刻本が、柳田國男氏の校訂註解本と共に發刊された。集錄の民謠約七十篇三百數十首は、斯翁の漂遊地全部に亘り、一世紀餘り前代の田舍の民謠を直接採集した點に、此書の價値が存する。紀行の存否を明かにせぬ越後、陸前地方のものも、少なからず載せられてゐるのも興味があり、蝦夷ぶり、露西亞ぶり、琉球ぶりなどのあるのも、斯翁の新らしい事物に注意してゐた學問上の用意に感心させられる。柳田氏の百頁にあまる註解は單なる註解のみに止らず、其抱懷する民謠論の一端を吐露したものとも云へる。（定價貳圓、鄉土研究社發行）

民俗學關係文獻要目

○民俗藝術三ノ八八月號歌舞伎の民俗學的研究

移動劇場としての兩舞臺　圖師嘉彥
兩舞臺大橋座の調査　圖師・尾形
歌舞伎の地方分布と其民俗學的調査に就て　飯塚友一郎
民俗藝術としての歌舞伎　竹内勝太郎
歌舞伎の新しい研究方法
掃門長者傳說の淨瑠璃化　森口多里
聲曲雜考　佐藤敏
佐渡のお祭風俗　小島長太郎
三河北設樂の村々で行はれた神樂に就て　辻紋平
仙臺の夏越大祓式並鎭火祭　北上石城
越後直江津の祇園祭り　田中武男
筑後三池の祇園祭り　嶺雲生
伊豆熱海の鹿島踊り　齋藤要八
播州網干音頭　大田陸郞
尻烙りと百八燈　北澤怡佐雄
八月の祭りの中より盆踊りの型の記述　小寺融吉

○旅と傳說三ノ八八月號
岩手雜纂（一）　田中喜多美
襲の國の迷信　山下　邦雄
豐後瓜生島の陷落傳說　市場直次郎
高陽民話（三）　榊木　敏
金浦町のオシグランゴー　島村　知章
博多祇園山笠の繪馬　佐々木滋寬
八百比丘尼の話　北澤怡佐雄
境木　中山　太郎
方言雜記 京都市 甲州上野原　山本　靖民
既刊郡誌書目解題（五）　大藤　時彥
趁涼漫筆　中道　等
奥伊豆傳說　村松　春水
還らぬ人　早川孝太郎

○國語と國文學九月號
新たに知られた今様歌謠に就いて　佐々木信綱
唱導と本地文學　筑土　鈴寬
鹿兒島方言の音韻現象に就いて　原田　芳起

○九州民俗學八月號
島の傳說集、宇佐八幡の鳩替　安部　幸六
南筑一部の七夕風習
多々良村土井の風俗　豐島　喜重

○方言と土俗一ノ一
鄉土誌方言資料目錄（一）　東條　操
越谷吾山翁の墓を尋ねて　大田榮太郎
俗信集　橘　正一
肥前大江方言（一）　山本　靖民
對島方言集（一）　鳥居　博
ケヤケヤ（翁草の方言）　橘　正一
昭和四年方言資料目錄
新刊紹介

○愛媛縣周桑郡鄉土研究彙報一ノ二
風位考資料　柳田　國男
土用土俗
周桑郡に於ける動詞「往ぬ」の
口語態調査概報　杉山　正世
「死ぬ」の活用に就て
風の稱呼
埼玉縣入間郡の俗習俗信俗說

○岡山文化資料三ノ一民間食物號
岡山方言の語法　嶋村　知章
石の傳說（一）　桂　又三郎
岡山市附近の農家の食事　島村　知章
岡山市食物年中行事　桂　又三郎
西備戲食植物考　佐藤　清明
邑久郡東部民間食物　時實　默水
上道郡金岡村民間食物　川口　宗一
子供の食ふ野生食物　川　澄生
見聞漫錄　桂　又三郎
燕　嶋村　知章
「表」屋の起因は虐政時代の名殘　櫃田　曉雲

○防長史學第一號（八月號）
防長俗信集　小川　五郎
防長俚言集　伊藤　作一

民俗學關係新刊書目

佐渡の民謠　山本修之助編　地平社書房
ひなの一ふし　柳田國男校訂　鄉土研究社

宮良當壯解說
宮良長包採譜

八重山古謠

（初版五百部限定出版）

第二輯

四六判　二八〇頁
曲譜十七葉挿入
佛蘭西式本綴
定價金一圓八十錢
送料金十二錢

本書は歌に名高き八重山諸島の最も麗はしい古謠と曲譜とを集錄したものである。八重山の古謠は胎生期に於ける原始的文藝とも觀るべく、其中にはわが上代の古歌謠をさへ髣髴せしむるものがあり、そして其歌詞からはいにしへなつかしき言葉を數多く發見することが出來る。まことに貴重な文獻である。

本書の著者宮良當壯氏は帝國學士院補助の下に琉球列島の言語を研究しつゝある八重山出身の篤學者。宮良長包氏は二十有餘年、琉球音樂を研究しつゝある音樂家。一は言語的に其意義內容の研究より之を國語殊に古代國語と比較し、他は南國の情緒豐かな古謠を歐樂の正しい形によつて表はさうとして力めてゐる。此兩面から研究した結果が本書である。

此第二輯には十六篇の古謠を收載した。何れも原歌を讀み易きやうに適確なる漢字交りで書き表はし、それに發音通りの假名を附し、更に原歌の味を充分に盛つた譯歌を對比せしめ、難語には一々細註を施してある。

喜舍場永珣著　**八重山島民謠誌**　菊半截假綴　價一・〇〇　送費・〇四

宮良當壯著　**沖繩の人形芝居**　菊半截假綴　價・八〇　送費・〇四

伊波普猷著　**古琉球の政治**　菊半截假綴　價・八〇　送費・〇四

東恩納寬惇著　**琉球人名考**　菊半截假綴　價・九〇　送費・〇四

佐喜眞興英著　**シマの話**　菊半截假綴　價・八〇　送費・〇四

本山桂川著　**與那國島圖誌**　菊半截假綴　價・八〇　送費・〇四

東京市小石川區若荷谷町五十二　**鄉土研究社**　振替口座東京二三九一七番

◇前號目次

第十四回民俗學談話會

九月二十六日(第四金曜)午後五時半より明治神宮外苑、日本青年館二階會議室に於て談話會例會を開きます。當日は松本信廣氏が「豊玉姫傳說の一考察」と題する講演をして下さることになつてゐます。御出席を願ひます。

△原稿、寄贈及交換雜誌類の御送附、入會退會の御申込會費の御拂込、等は總て左記學會宛に御願ひしたし。
△會費の御拂込には振替口座を御利用ありたし。
△會員御轉居の節は新舊御住所を御通知相成たし。
△御照會は通信料御添付ありたし。
△領收證の御請求に對しても同樣の事。

昭和五年九月一日印刷
昭和五年九月十日發行

定價金八拾錢

編輯兼發行者　岡村千秋　東京市神田區表猿樂町二番地
印刷者　中村修二　東京市神田區表猿樂町二番地
印刷所　株式會社開明堂支店　東京市神田區北甲賀町四番地
發行所　民俗學會　東京市神田區北甲賀町四番地　振替東京七二九九〇番　電話神田二七七五番
取扱所　岡書院　東京市神田區北甲賀町四番地　振替東京六七六一九番

MINZOKUGAKU

THE JAPANESE JOURNAL OF FOLKLORE

Published by the

MINZOKU-GAKKAI

Volume II　　September 1930　　Number 9

Page

Articles:

Short Notes:

MINZOKU-GAKKAI

4, Kita-Kôga-chô, Kanda, Tokyo, Japan.

民俗學

第貳卷　第十號

昭和五年十月

民俗學會發行

民俗學會會則

第一條　本會を民俗學會と名づく

第二條　本會は民俗學に關する知識の普及並に研究者の交詢を目的とす

第三條　本會の目的を達成する爲めに左の事業を行ふ

イ　每月一回雜誌「民俗學」を發行す

ロ　每月一回例會として民俗學談話會を開催す

　但春秋二回を大會とす

ハ　隨時講演會を開催することあるべし

第四條　本會の會員は本會の趣旨目的を贊成し會費（半年分參圓　壹年分六圓）を前納するものとす

第五條　本會會員は雜誌「民俗學」の配布を受け例會並に大會に出席することを得るものとす　講演會に就いても亦同じ

第六條　本會の會務を遂行する爲めに會員中より委員若干名を互選す

第七條　委員中より常務委員三名を互選し編輯庶務會計の事務を負擔せしむ

第八條　本會の事務所を東京市神田區北甲賀町四番地に置く

附　則

第一條　大會の決議によりて本會則を變更することを得

私達が集つて此度上記のやうな趣意で民俗學會を起すことになりました。

考へて見ますと學問が大學とか研究室とかに閉ぢこめられてゐた時代は何時まで何時までつゞくものではないといふことが云はれますが、然し大學とか研究室とかいふものを必要としなければならない學問のあることも確かに事實です。然し民俗學といふやうな民間傳承を研究の對象とする學問こそは眞に大學も研究室も之を獨占することの出來ない學問であります。然しされぱといつてそれは又一人一人の篤志家や學究が個々別々にやつてゐたのでは決してものになる學問ではありません。出來るだけ多くの、出來るだけ廣い範圍の協力に待つしかないものと思ひます。日本に於て決して民間傳承の資料の蒐集なり研究なりが閑却されてゐたとはいへません。然しそれがまだ眞にまとまるところにまとまつてゐるとはいはれないのが事實であります。かう云ふ事情の下にある民俗學の現狀をもつと開拓發展せしめたいがために、民俗學會といふものを發起することになつた次第です。そして同樣の趣旨のもとに民間傳承の研究解說及び資料の蒐集を目的として、會員を募集し、會員諸君の御助力を待つてこれらを發表する機關として「民俗學」と題する雜誌を發行することになりました。どうかこの一般國民生活の中に深く生きてゐる事實の意義及び傳承を生かす爲めに、そして民間の學問としての學的性質を達成せしむる爲に、本會の趣旨を御諒解の上御入會御援助を賜りたく御願ひ申します。

委員

會津八一	秋葉隆	有賀喜左衞門
伊波普猷	石田幹之助	移川子之藏
宇野圓空	岡正雄	折口信夫
金田一京助	小泉鐵	今和次郎
中山太郎	西田直二郎	早川孝太郎
松村武雄	松本信廣	宮本勢助

昭和五年十月發行

民俗學

第貳卷　第十號

目次

年中行事（二）

——民間行事傳承の研究——

折口信夫

二、神迎へ同じく神送り

日本の年中行事を考へてゆく上に、こゝでは、異つた風俗をもつ團體の事は、暫く預つておいて、簡單に、本筋の話を進めたい。

元來、神來臨の時期といふものは、年一回でよい訣である。其では心細いと思ふ樣になると、二回三回と次第に來臨の度數を増して來る。そして其が年中行事として定まると、更に臨時に、神の來臨を願ふやうになつて來た。古い用語例では定つてゐる事の外は、皆臨時であつた。後にはそれが恒例となつても、なほ臨時と言うてゐる。大社に臨時祭と言ひながら、毎年の恒例となつてゐる祭があるのは、此考へからである。

其樣に、神迎へにも、定つたものと、後に出來たものとがある。正月・小正月・上巳・節供・春祭り・端午・田植ゑ・乞巧奠・棚機・盂蘭盆・秋祭り・神嘗・新嘗此等のものは、凡て神迎への式なのである。

話を、神迎へから神送りへ、進めることゝしよう。

1

昔は、神は初春に一度來て、其土地のなりものが、よく出來るやうに、と土地の精靈に約束させればよいのであつた。卽、心細く思はれる一方、一年を小さく區切つて、正月を幾度も行ふやうになつたので、度々神が來る事になつた。年が改まれば神が來、神が來れば、年が改まるといふ風に考へてゐた。

昔の人が、來ると考へてゐた神は、ほんとうは神かどうか訣らないものであつた。ずつと古代にあつては、魂が來たのだが、次第に變化して、われ〳〵に訣る時分になると、力の强い、神とも妖怪とも訣らないもので、土地の爲に、村の周圍を取り卷いてゐる、村に同情の無い惡いものを、抑へつけた。其は村に特別に緣故のあるもので、日本では祖先の靈魂だと考へてゐる。其が純化して神となり、不純なものは、妖怪變化と考へられるやうになつた。歲のうちに來て活躍して、歲が改まると歸つて行く。此種のものを、歲神と言うてゐる。これが春田打ちの起原となるのである。

春田打ちは、種播きから穫り入れまでの、一年中の田の行事を、物眞似で行ひながら、口で今年の農作物の出來を讃めるのである。此事は、農業には大切な事であつて、殊に、農村では印象が深かつた。

歲神を迎へることは、春田打ちの行事に、一番適切に形を遺してゐる。地方によつては、單なる靈魂と考へてゐるところ、又は、妖怪だと思うてゐる地方が澤山ある。時期も、歲末から初春にかけて行ふところと、盆にするやうに見えるところとある。暮れにやつたたまつりを、盆にも一度する、習慣を生んで來たのである。一體、盆にも一度、正月をしたいと言ふ氣持ちがあるのである。

正月に、妖怪又は魂が來ると言ふ信仰は、我が國には行き亙つてゐる。譬へば、信州下伊那の山奥から、三河の北山地にかけては、歲德神が來る以外に、何だか訣らない妖怪がやつて來る。其爲に、別の棚をも一つ設けるところがある。又五六年前の東京朝日新聞に寄せられた報告によると、奧州では春になると、なもみと言ふ化物が、

顔に鍋墨を塗つて、

なもみ剝げたか。はげたかよ　　あづき煮えたか。にえたかよ

と言ひ乍ら、家の中へをどり込んで來ると言ふ。なもみは手の火だこの事だと考へられて居るが、あづきは、何のことか訣らない。此に就いては以前に少し書いた事があるが、柳田國男先生の『雪國の春』の中には、眞澄遊覽記等の秋田邊の化物の記錄を、すつかり集められてゐる。此なもみも、初春に來る魂が、神になれないで化物になつたのであらう。

正月は、幾度でも繰り返して行はれてゐる。小正月までの間でも、小さく區切つて、三日歳取り・七日正月などと言ふ言葉で示されてゐる。つまり其日々々に、新しい事を始めると言ふ積りであらう。中でも小正月は、農村にとつて、一番意味が深く且大切な行事である。つまり元日は早すぎるし、立春は遲すぎる。小正月がやはり、よいのである。此日には、目立つて神を迎へる事は無い。此を見ても、前述の正月と神迎へとは、どうしても離して考へる事は出來ないのである。

3

次に、假作正月・棚機・乞巧奠について考察する。神を迎へれば、神を送らなければならない事は、條件的に定つてゐる。神を立派なもの、善いものとばかり考へるから、何時までも居つて貰ひ度い事にもなるが、昔の人の考へでは、强力な神ほど、よい事をして、直ぐ去つて貰はなければならなかつた。歳神は極稀に、小正月までゐるところもあるが、大抵は三日間ゐるだけである。地方によると、三日の暮れ方に、尉と姥との形をして、西の空に歸つて行く歳神を拜むところがある。

處が、上巳・端午・乞巧奠・棚機になると、歸る時の印象が、はつきり殘つてゐる。五節供の中でも、日本の生活で

4

大切なのは、上巳・端午・乞巧奠であつて、此等の日は、皆禊ぎと關係がある。湯に入る事のなかつた、古代の日本人は、禊ぎが好きであつた。神道の宗派の中にも、禊ぎを主とした宗派がある位である。

上巳・端午は、支那にあつても、禊ぎと關係がある。日本でも、恐らく先住の漢人種のもつてゐた習慣が、支那の學問が入るに及んで、學問的に嚴肅になつた、と考へるのがほんとうであらうと思ふ。

上巳・端午の節供に飾る人形は、人間の身の、古い部分を移して、持つて行くのである。神道では、其を形代《カタシロ》——穢れの部分のみを持つて行くと考へてゐる——と言うてゐる。上巳・端午には、其形代を流す事が主であつた。後に、形代を祭る習慣が出來てから、流す形代と、流さずに祭る形代とに分れて來た。形代を祭るのには、理由がある。今の考へからすれば、穢れを負うた形代は、棄てゝしまうてよい筈だが、昔の人は、形代によい部分を考へてゐたのである。地方によると、實盛人形を先に立てゝ、蟲送りの藝をし乍ら、村境まで行くところがある。古い習慣のあるところでは、實盛の草人形を作つてゐる。土地の害物の代表者として、此人形を送り出して了へば、後に害物は殘らないのだと考へられさうであるが、さうではない。實は此人形は、惡者の首領で、部下の惡者を引率して行つて呉れる、大切なものである。實盛人形を持つて行くのは、土地の精靈の大きな形代が歩いて行くのと同じ事になる。其に對しては、感謝しなければならない。古代人には、神と精靈とが、對照的に考へられてゐた。卽精靈が次第に神になつて來て、神と區別が立たなくなつた。其と同樣に、上巳・端午の形代も流される代りに、大事にかけて祭られるやうになつた。

地方によると、上巳の節句には、野山の高所に登つて、「お名殘り惜しや〳〵」と呼び乍ら、雛を送るところがある。此は我々が普通に考へてゐる雛と、同じには考へにくいものである。此は、人間の形代を送る積りらしい。

七夕の人形は、不思議なもので、我々の國でも三月・五月と同樣に、七月にも雛を祭る事を見せてゐるのである。此も流すものである。一體雛は流すものであつて、保存して置いたのでは、意味をなさない。此日は禊ぎの日で、川を泳いで渡つたり、水に漬りに行つたりしたのである。此時々に行はれた禊ぎに、種々の意味をもたせて來たのである。

奥羽地方では、七夕の時に、佞武多流し――普通ねぶり流しと言うてゐる――と言うて、竹や木を骨にして作つた、大きな人形の形の行燈に、火を燈して、擔いで廻つてゐる。此は後になつて、誇張せられたものである。其はともかくとして、此日には、睡魔を流す爲に、川に入ることになつてゐる。此は大昔、農村では熟睡してゐる間に、危險なめに遭ふ事が多かつたので、深い眠りを警めてゐた。其習慣が遺つて、七夕の禊ぎと結び附いたのである。後世、農村の生活が安定すると、眠りは夜業の妨げになるので、眠らないやうに、ねぶり流しをするのだと説明し、理會するやうになつて來る。人間の形代を流して、神送りと考へてゐるのは、形代を抽象的な靈威あるものと考へたからである。何れにしても禊ぎである事は訣る。一般に、人形のある行事習慣は、禊ぎの意味を含むものである。人形に、流すものと、流さずに保存するものと二種あることは、前に述べた。又八朔にも人形を祭るが、此は一種特別なものであるから、後に述べる事にする。

人形祭りでは、神送りの方が主となつてゐるが、七夕まつりには、神を迎へる形が見える。

古代にあつては、神に仕へるものは多く女性であつて、時々訪れ來る神を、年中待つてゐた。岩見重太郎は、妖怪に見込まれて、白羽の矢を立てられた人身御供の娘を助け、更に古くは、素戔嗚尊が、櫛稻《クシナ》田《ダ》媛《ヒメ》を救うてゐる。此等の、時を定めて、妖怪が村の女を喰ふ、と言ふ話から考へて見ると、或時期になると、女だけが、獨り村の外れに出て、參來る神を待ちうけて、神に仕へた時代の印象が殘つたのだ、といふ事が訣る。瓊々杵尊が此國に降臨なさつて、吾田笠狹《アダノカササ》の御碕《ミサキ》に行かれると、波打ち際に八尋殿《ヤヒロドノ》を立てゝ、大山祇神の女、磐長姫と木花開耶姫とが織《ハタ》を紝《オ》つてゐた、（日本紀一書）と言ひ、今申した素戔嗚尊は、奇稻田姫を救ふ爲、脚摩乳《アシナヅチ》等に八醞《ヤシホヲリ》の酒を釀させ、假庋《サズキ》八間を作らせて、姫を坐らせ、その前に、酒を八槽に盛つて置いた、――或は、假庋に姫の姿を裝うた尊がゐた――と言ふ。訪うて來たものは、一方は天孫であり、他方は大蛇であるが、遠來の神を特別な建物――たなで待つてゐる女があつた事が訣る。

地上から離して建てゝある建物がたなで、其形式の空中に立て上つたものがさずき、卽、屋根のないやぐらの形となる。其上は、人間界と往來を絶つた處で、處女が、來る神を待つのである。

磐長姫・木花咲耶姫が、織を紝つてゐたことは既に述べた。仁德天皇は、雌鳥《メトリ》皇女の織つてゐる衣が、隼別《ハヤブサワケ》皇子のものであると聞いて、皇女が、既に、皇子のものである事を知つて、お二人とも殺した（日本紀）と言ふ。此話は、傳說化したものであるが、衣を織つて、戀人に奉つた事が知れる。其原形は、新來の神に著せる爲に、織を紝つたのである。

昔の著物は、能に用ゐる裲襠の樣なものであつたらう。裲襠の起原は、長い布を二つ折りにして、其中央に穴を明けて、頭を通しただけのものだつた。一番簡單な衣服だが、前の方の布だけを、二つに裂いたものもあつたらしく思はれる。此著物をうつはたと言ふ。織つたまゝで、著物になつてゐるものである。人やものの行けない、川や海へかけ出して作つた、たなの上で、織を紝つてゐるから、たなばたで、其女が、たなばたつめである。此も考へ方によつては、支那風だと言ふことになる。

普通には、七夕といふのは、七月七日――七月六日の夜半から夜明け迄とするのが、正確な考へだ――の織女星の名の飜譯せられたものと考へられてゐる。支那の學問渡來に伴うて、新しくもち來されたとか、先住漢人種の將來したものとするが、事實は、日本本來のものであつた。日本人の古い考へでは、七月になると、遠くより水の神がやつて來る。其神を迎へる爲に、女が河・海等のたなの上で、淋しく織を紝つて暮してゐる。其たなばたつめの信仰が、奈良朝になると、乞巧奠の形と結び付いて、天の河を距てた牽牛・織女の二星が、年に一度逢ふ話となるのである。

萬葉集では、此二星の戀は、天上の戀か、地上の戀か訣らない。日本人は天上の事と、地上の事とを一つにして考へる事が出來た。だから、萬葉集に見える、天上の戀と共に、地上の神を祭つた頃は、日本在來の信仰と、乞巧奠とが一處になつてゐたと考へられる。

支那でも、七月七日に星まつりをすると、裁縫から染物まで上手になると考へて、乞巧奠と名づけてゐる。人間には事物を合理化して考へる力が働いてゐる爲に、思ひがけない事を、同一の事として考へてゐる。今では、七夕と星祭りとは、分け得ないほどになつてゐる。

此たなばたつめが、神を迎へる七夕の祭りの後に、どういふことをしてゐたかは明らかには訣らない。昔、形代を流したのは、其につけて、身體の古い部分や惡いものを誘ひ出して、連れて行つて貰ふ、といふ考へであつたのだ。

禊ぎを度々するのは、日本本來の信仰ではないと思ふ。同時に、上巳・七夕の禊ぎは、支那風だと考へてゐる。

七夕信仰の根本となつてゐる神迎への信仰は、日本のものであるが、其に支那風の、それも乞巧奠ではなく、他の時の禊ぎの風俗が、類似を求めて結びついたものである。日本では、神を迎へる時には、何時も禊ぎをせなければならなかつた。此事は後に述べることにする。

五月の端午の節供は、支那の屈原が河に入つたのを慕つて、禊ぎをするのだと言ふ。日本では此日、必しも禊ぎをする必要はない、と思はれるが、禊ぎをやつてゐる。其禊ぎの人形が、五月人形である。

五月五日、實は女を中心とした女祭りである。女だけが家の中に居り、男は皆家から出拂つて、何處かに籠つてゐる日である。此日を今でも、女の家又は、女天下の日、と言ふところのあるのは、(名古屋附近)かうしたところから言ふのである。そして恐らく、五月四日の眞夜中から、五日の夜明け迄家に籠つてゐる女の許へ、村の男は神になつて、假裝して訪問して來るのである。女は其を迎へて待遇するのである。換言すると、男は此日田の神になり、女は田の神の巫女となるのである。日本風の考へから、男の訪問に先立つて、禊ぎが嚴重に行はれた。此禊ぎが、端午の日に水を浴びて、穢れを流す方式と結び付いた。日本では、日附けは自由であつて、其に拘泥する必要はない。七夕も六月晦日大祓ひの日と接近してゐるので、信仰が其に近よつてきた。とにかく、五月中の田植ゑのはじまる頃なら、何時と限つたことなしに、田の神が女の家に一夜泊つて歸る形をすれば、其でよかつたのである。神を迎へるのには、身を淸めなければならない。其故に形代の人形が、伴うて來るやうになる。つまり、端午の節供と、田植ゑの始まりと、同じ信仰によるのである。だから、村々によつて、田植ゑと倶に、端午の節供は、氣候や植ゑつけの爲方の違ふのにつれて、日が違ふ筈である。暦が統一されると、其に記載された日に、節供をするやうに、次第に變つて來たと言ふに過ぎないのである。

9

六月の末から七月へかけては、年の改まる時である。日本では正月から十二月までを一つゞきに一年と考へないで、六月を境に、一年を二期に分けて考へた。江戸時代には、作物が思はしくなかつたり、世間の景氣が惡かつたり、惡疫が流行したりした時には、村中が申し合せて、正月をし直はす事があつた。其を假作小月と言ふのであるが、これは近世に起つたものではなくして、ずつと古くからあるのである。年に二度の收獲をする地方の人人には、一年に春が二度來るのである。其印象が殘つてゐる、日本のある部分の民族の考へが、時の經つにつれて、忘却と合理化とによつて、年の惡い場合には、も一度正月を繰り返すと、改まつてよい年になるのだと考へるやうに變つて來たのだと思はれる。支那でも、正月の十五日を上元、盆の十五日を中元と言うてゐるが、此は日本の古い考へと、偶然ではあるがよく合うてゐる。とにかく、正月を繰り返す事は、近世になる程、露骨になつて來てゐるが、昔から初秋になると、年を繰り返すと言ふ考へがあつたのである。常識的には、麥の秋と、稻の秋と二つに分けても、訣らない事はない。盆にたままつりをする信仰が、佛教の考へと一致してゐるが、もと佛教では、盆許りでなく、年に六度ほど、たままつりをしたのである。處が獨り盆のみが盛んになつたのは、此時に神の來臨する信仰が、古くからあつた爲で、此時に春になると考へたのである。盆にはたままつりに關聯してゐる話があるが、其は後述することにする。

とにかく日本には、年に二度正月をする信仰があつて、更に細かに小分けして、幾度も正月をするやうになる。其は必しも春來る神の繰り返しといふことではなく、夏は水の神、秋は魂といふ樣に、いろんな神の來臨がある。此處では農作の神に就いての繰り返しを考へて見たい。

神が春田打ちをして、土地の精靈に出來秋の豐穰を約束させて歸つたが、其通り上作であると、秋にも一度遠くから神の來臨を願うて、神を犒らひ御禮をして、更に來年もこの樣に豐作にして下さるやうに、と賴むところから、秋の祭りは起つて來た。昨年神嘗・新嘗に就いて述べた時には（大嘗祭の本義參照）、まだ此處まで私の考へが進んでゐなかつたので、秋の稔りの報告祭だと言うたが、實は其考へは不充分で、ほんとうは、前述したやうに、御禮の意味である。で、土地の精靈に向つてすべきである。けれども普通には、神に來臨して貰ふと信じてゐる。後に神嘗・新嘗と考へてゐるのは、もとは一つに、にひなめと言うた。其出來た米を天照大神に奉つて、賞美を願ふことになつてゐるのは、後の考へで、ほんとうは神への禮としての馳走であつた。其が變化して、天子の御祖先に米を奉つて賞美を願ふのを新嘗と考へ、其の中でも、神に奉つるのを神嘗・天子に奉るのを新嘗と言ふのだ、と宮廷では信じて來た。新嘗に、身分の低いものほど、先に初穗を喰べるのは、初物を神にあげると言ふ、普通のわれ／＼の考へと反對になつてゐる。譬へて見れば、郡長の次に知事が喰べ、次に京都へ奉ると言ふ風であつた。ところが、京都へ行く手順を[illegible]ないで、先に伊勢の神宮へ早稻《ワセ》の走穗《ハツホ》を奉り、それから後に、奧手を天子が御祖先と御一處に召し上ると考へてゐる。今日の宮廷で、どの樣に行はれて居るにしたとしても、昔は、かうして行うてゐたのであつた。其が長い歷史によつて、變化して來てゐるのである。とにかく最初の新嘗の根本の思想は、田畑の刈り上げを濟ませると、神を迎へる前提として、家のものが物忌みをする。其をにへのものいみ・にへのいみ等と言ふ。其が更ににへなめ・にひなめとなつたものと思はれる。五穀が成熟した後、にへとして神に奉る時の物忌み・精進の生活である。其がやゝ變化して、神を迎へて、御禮の饗應と明年の豐作とを願ふ秋祭りとなつた。

秋の刈り上げ祭りは、年毎に繰り返されても、此意味の秋祭りは、次第に民間の生活と關係が薄くなり、單に新嘗・神嘗は宮廷の爲事となつて、われ／＼と直接の交渉が無くなつた。其形のみが殘つたと思はれる大和の民家の庭かまど（歳事記）には、神來臨の爲に、家をあげて、家人が一日籠るのである。又庄內地方の農家では、秋の末一日だけ庭なひ行をする。此日庭で繩を綯ふから庭なひだ、と考へられさうであるが、此は疑ひもなくにひなめの變化したものであらう。

刈り上げ祭りの形は、宮廷にも遺つてゐるが、民間にもだん／＼遺つてゐる。大抵此日に、神は歸つて了ふ。普通、民間では、神は田植ゑに來臨して、刈り上げが終ると、歸られるものと考へてゐる。春來臨した神は、一度歸つて、秋再來るのであるが、其では心細い爲に、春二月八日頃から秋の刈り上げにかけて、田の神となつて、ずつと田につめてゐると考へてゐる。刈り上げ後は、田の神は山の神になるのである。卽同じ神が、時期によつて、田の神ともなり、山の神ともなるのである、刈り上げまでゝ役上りになる、と一般に考へられてゐる案山子が、實は此刈り上げ祭りに昇天するのである。案山子が藏はれる日は、卽、昇天する日である。昇天と言ふのは、田の神が山へ歸る事である。ところが、更に古い信仰に溯つて、よく考へると、春から秋まで連續して、山の神が田にゐるのではなく、春田打ちの神が、刈り上げ祭りに再來するまでの間に、卽、田植ゑの時にも、一度來るのである。極《ゴク》の初めには、年に一度來臨するまれなる神であつたのが、三度來る事になる。

田舍では、刈り上げを秋と言ひ、都會では、九月までを言ふが、昔の秋の考へ方は、此と違うてゐた。刈り上げの前夜までがあきで、刈り上げの夜は、ふゆである。其翌朝は、初春の光りがさしてゐた。宵から晩・朝と三度の祭りが連續して行はれたので、神は年に一度來れば、其で濟んだのである。どうしても再三來臨する訣はなかつたのである。暦の知識が次第に這入つて來て、秋・冬・春をはつきり分けると、春に來た神が、秋再來し、更にその間に一度、田植ゑ時の不安さに神を迎へるやうになり、年に三度、其來臨を見ることになつたのであらう。さうなると、臨時に度々來ることになるのである。

田植ゑには、神が迎へられて來る。霖雨の降る時には、神が來るものと言ふ考へから、五月と九月との二度來るが、其中五月は、非常に長くて、村の田植ゑの濟むまでゐた。古くは、神は夜だけ出て來ると考へてゐる。人間が晝間植ゑかけて置いた田を、夜の間に、神が植ゑてしまつてくれたと言ふ話は、播磨風土記其他に澤山其例がある。其夜の間に、神は村を廻つて、處女のゐる家を訪れるのである。其が後になると、早處女が、田植ゑをしてゐる晝のあかるい間に、神が囃し方となつて、衣で顔を隱し、太鼓を叩き、びんざゝらを擦つて來て、盛んに囃す。それにつれて、早處女が植ゑてゆく。田植ゑの時に、神や早處女が、衣で顔を隱くすのは、後に、紅白粉に變つたが、やはり、變裝をする爲であつた。今でも田植ゑには、女は美しくするやうである。此時から晝祭りは始まつたのであるが、田植ゑは古くから行はれた事であるから、何時から晝祭りになつたのだとは言ひ切れない。廣島縣や島根縣では、信仰とは言へないが、田植ゑの時には、半神半人の意識をもつて、盛んに囃し立てるのにつれて、早處女の田植ゑが行はれてゐる。又見知らぬ子どもが苗を運んでくれたので、不思議に思うて尋ねて見ると、其は地藏樣であつた、と言ふ話も、處々にある。田植ゑの行事・信仰に關聯した點で、一番昔の面影を遺してゐるのは、大山寺《タイセンジ》である。國寶の大山寺繪卷は燒けたが、其中に、一番古い話が出てゐる。卽、すさのをの命が、簑笠を著て出て來る。日本では、簑笠姿のものを、神と怪物との間のものとして、怖れてゐた。簑蟲は鬼の子どもで、秋風が吹くと、父を慕うふて泣いた、と枕草紙にも書かれてゐるが、簑を著てゐるので、鬼の子と考へられたのである。其ほど、簑笠は變なものであつた。其を著たすさのをの命も、田植ゑの神だと信ぜられたのである。

神送りには、定期に行ふものと、臨時に行ふものとある。

風邪や瘧がはやると、古い信仰では、疫病神であるけれども、逐ひ拂ふことをなしいで、名殘りを惜しむ形式で、お名殘り惜しやを繰返し乍ら、御馳走をして、叮重に送つた。又踊りがはやると、其と共に、病氣がはやつて來るので、踊りの流行を恐れて、踊り神送りをして、村境まで、踊り乍ら送つて行く。此等は皆、臨時の神送りであるが、昔は、此がなか〳〵多く、叮重に行はれたものである。

迎へた神は、送らなければならなかつた。神の留つてゐる時期は、本來短いのであるが、次第に長くなつて來た。田の神あげと言うて、田の神は、山へ上つて天へ歸ると考へてゐた。神送りと言つて、九月の末に行はれたのである。住吉の神送りは名高い、そこの神官は、九月晦日になると、海へ神を送り出して、名殘りを惜しむ。此に習うて、大阪でも諸所で行はれたが、今は廢つて了うた。

九月の晦日に神を送つて、十月に入ると神無月になる。九月末日と十月朔日では、田の行事に關係もなささうに思はれるが、此は行事の變化である。九月は秋の終りであり、十月は冬のはじめである。秋の神送りは、田の神あげと同じである。

刈り上げ祭りをする時には、新室ほがひをして、家を淸める。何もその度毎に、新室を建てるのではなくして、古い家を、口の上で新しさうに讃めるのである。其時に、出雲の故事が述べられる。住吉でも、出雲へ神を送ると言ふが、實は田の神である。出雲と田の神とは、關係があるらしい。

神無月は果して、神がゐない月であるか、どうかは不明である。平安朝の末頃から、神が出雲に集つてしまふから、一般に神無月と言ひ、出雲では、神有月といふといはれてゐるが、附會の說であらう。神無月の名に、神がゐないと感じたのは、九月の末に、神を送つて了つたと言ふ信仰があるからである。地方によると、九月の末に、蛙が神の伴をして行くのを、大根が羨ましがつて、首を伸ばすと言はれてゐる。

（東筑摩郡東部教育會での講演を、小池元男さんが筆錄せられたものである。）

日本語とオーストリッシュ語族との關係（註一、二）

(Die Beziehungen der austrischen Sprachen zum Japanischen)

ペール・シュミット述
P. W. Schmidt S. V. D.
松本信廣譯

一 序論

予が、曾つて公けにした研究「中央アジアとオーストロネシア種族との一聯鎖たるモン・クメル族」(Mon- Kmer- Völker, ein Bindeglied zwischen Völkern Zentralasiens und Austronesiens, Braunschweig 1906) 中にオーストロネジシュ語と、オーストロアジアチッシュ語と共にもつと大きなオーストリッシュ語といふ統一體に結び付けた時、自分は「此新語族は、これを語る個人の數からは劣るが、地域の廣さからは、今日まで知られた語族の中最も廣袤廣きものである」と記した（六十三頁）。

十年後アー・コンラディ（A. Conrady）が、その論文、「オーストリッシュと印度支那語との間の顯著なる關係」(Eine merkwürdige Beziehung zwischen den austrischen und den indochinesischen Sprachen)（註三）に於て地域的廣がりに於て最も大なるオーストリッシュ語と之を語る人口數最も多き語族、チベト・支那語（tibeto-chinesischen）との間の關聯を發見せんと試み始め、その論文「オーストリッシュ・インドシナ兩語の新相似」(Neue austrisch- indochinesische Parallelen)（註四）に於てなほ研究を進めた。之に對し、予は、最初の論文の批評紹介（註五）に際し滿腔の賛意を表した。

かくの如く此二つの語族は、何れも其類に從ひ最大なものであり、かつ近隣なるため、その接觸地帶に大なる混合語群、卽ちタイ語、安南、ミュオン語（註六）を構成せしむるに至つた。この二つの大語族の間に今や內的關係が發見せられしとしてもさして驚くにたりぬ。

より以上大膽で果斷な試みと思はれるのは、空間的にオーストリッシュ語と、非常に離れてをる日本語の樣な語をオーストリッシュ語と、內的に關係づけやうとする企てである。然しながら此企畫は、一日本學者によつて實際遂行せられた。卽ちドクター・松本信廣は、その著「日本語とオーストロアジアチック語」(Le Japonais et les langues austroasiatiques)（註七）によつて、之をなしとげた。その著の發行一年前既に、著者は、その時パリーに滯在してゐた自分に草稿を示してくれた。自分は、兩語に一致の非常に多いのに喫驚し、著者に、その研究を急いで出版することを勸說せざるを得なかつた。その時自分の得た良好なる印象は、今その著を手にし、落着いて、周到に精査なすことにより減少せざるのみか、寧ろ一層强められた。同時にまた若干批評を要する點がある。それは然し本質的のものでなく、ごく瑣末の問題であり、その中一つがやゝ重要な意義あるに過ぎぬ。

先づ此著の標題に、小批判を加へたい。ドクター・松本は、日本語とオーストロアジアチック語との關係に就て語つてゐるが、然し實際オーストロ・アジアチッシュ語ならぬ、オーストロネジシュ語の關與する場合も、取扱つてをる。彼はその師の一人、パリーのドクター・プシルスキイ敎授 Prof. Dr. Przyluski――彼に此研究を試るべき意圖を吹き込んだ人――のなした提言に叙及してをる（二十九頁）。プ氏が松本の著の序文の中に、

繰り返してをる提言がそれであらう。卽ち、此語群中の事實アジアの諸語をさす場合、（卽ち地域的に指す場合―譯者附註）オーストロ・アジアチック austro-asiatique といふ風にトレ・デュニオンを附した綴字法を用ふべく、「幾つかの言語間の系統的一致をほのめかさんとなす時每に」トレ・デュニオンなくオーストロアジアチック austroasiatique といふ綴字法を用ふべきであるといふ提言である。トレ・デュニオンのかくの如き利用が、ドイツの活字の規則に全く反してをり、實際上大なる過誤を生むといふことは暫く措いて問はず、自分は、予の最初に、提議した術語、（註八）卽ち、オーストロアジアチッシュ「トレ・デュニオン附或ひはなしにて）を此グループに屬するアジア大陸の諸語を指すために用ひ、オーストロネジシュ austronesisch を此グループ所屬オセアニア島嶼（インドネジア・メラネジア・ポリネジア）諸語を指すために、そしてオーストリッシュ austrisch をもつて、大陸と島嶼語群を引括めた總體にたいして、使用せんとする提議を放棄するにたる何等首肯すべき根據を發見することが出來ない。オーストリッシュといふ語を、オーストロネジシュ以前の語を指すために使用せんとするプシルスキイ及び松本の提言は、成立することが出來ない。といふのは、オーストロネジシュ以前の語は、既に慣用的稱呼「パプア語」（註九）Papua-Sprachen を有してをるからである。

こういふ理由から自分は、また予の現在の論文に「日本語とオーストリッシュ語との關係」といふ題を與へ、松本が、その著の名とせる如く、オーストロアジアチック語とはしなかつた。

註一、一九三〇年聖靈降臨祭週（Phingstwoche）ウインにおいて催されし、ドイツ東洋學總會に於てなされたる報告。

註二、譯者註　此日本譯に當つて日佛會館滯在中の佛國河内極東學院所員ガスパルドン氏の助力に負ふこと多し。記してその勞を謝す　——譯者

註三、Aufsätze zur Sprach-und Kulturgeschichte, vornehmlich des Orients zu E. Kuhn 76. Geburtstage, Breslau 1916 S. 475—504.

註四、Hirth's Anniversary Volumen. London 1920. S. 23—66.

註五、Anthropos XII—XIII 1917/18 S. 702—706. また W. Schmidt, Die Sprachfamilien und SprachenKreise der Erde. Heidelberg 1924 S. 147 f. と對照せよ。

註六、W. Schmidt, Die Sprachfamilien und Sprachenkreise der Erde. S. 131 f.

註七、Paris 1928. Austro-Asiatica." Documents et travaux publiés sous la direction de Jean Przyluski. Tome I.

註八、Schmidt, Die Mon-Khmer-Völker, S. 1, 5, 68 ff.

註九、Schmidt, Sprachfamilien und Sprachenkreise der Erde. S. 148.

二　日本語とオーストリッシュ語との語彙

吾人は、今やその著の內容を點見するに當り、その優れた「序論」（一—四三頁）を大急ぎに瞥見しやう。其處にこれまで日本語を他の言語と關係づけんとした研究が批評的に紹介されてをる。ついで、琉球方言——これによつて日本語が、その基礎を廣め、より大きな歷史的深さを獲得する——の研究に關する一瞥がなされてをる。最後になほ日本とオーストロネジア地方との人種的關係についての概述が試みられてをる。

著書の本體たる部分は「比較語彙」（四五—七六頁）から構成され、それに著者は、彼が發見した一致を手助けとして「音韻上の一致」を打建てんとする試みを附加した（七七—九三頁）。此二部分に吾人は、一層精密な檢討をなそう。

その「結論」（九六頁）に於て松本は、百十三といふ確かに忽せに出來ぬ數の一致を日本語とオーストリッシュ語の語根の間にうち建て得たと力說してをる。

此數字全ては無條件に受入れることは出來ぬ。その中に松本によつて充分注意せられざりしオーストリッシュ語の單語構造上の法則よりして此關係づけを無効ならしめ、又は甚だ疑ふべきものとする若干の場合がある。

それは次の如きものである。（註一）

四、日本 nuka ヌカ(額) マレイ半島 keniŋ モン k'neŋ (額) keniŋ における ke を前添詞 präfix として見るか（その場合

語根 niŋ)、或ひはnを內添詞（infix）と見るべきか（その場合根は kiŋ）どちらにしても日本語ヌカとの關係は確かでない。

十五、日本・パギ（脛）オーストロアジアチッシュ hapoŋ（足〔足の平〕） オーストロネジア・paŋ（足）

二二、日本 キ、ギ（男を意味する語）、琉球 コロ（人）

ムンダーサンタリ hōr (ā) etc.

三三、日本 ケ、カ（日）オーストロアジア (th) ŋai

三六、日本 tuki（月）オートスロアジア kači(k,) kaŋai etc.

四六、日本 toko, tuku（はて）オートスロアジア teh（註二）

五〇?、日本 ミ（果）オーストロネジア (m)boh（果）等

五五、日本 ウモ、ウム、イモ（芋）オーストロネジア ubi

八八、日本 ピク（引く）、ピラク（開く）オーストロアジア

bök, böh（開く）チヤム buik（引く）クメル boč（引く）等

百一、日本 ニル（煮る）オーストロネジア tanak（煮る）

百八、日本 パテ（果《はて》）オーストロアジア p(h)ot（盡きる）

百九、日本 マク（巻く） オーストロアジア waŋ（巻く）

カシ tavir オーストロアジア bak, wak（組合せる）

百十二、日本 クグ（かがめる） オーストロアジア、マレイ

koŋ, kuŋ（ゆがめられたる、かがめる）

以上約十例は、除外しなければならぬ、そして二例は、疑はしい。かやうに精密な檢討をなしたに拘らず、なほ依然殘る一致數百は、日本語とオーストリッシュ語との比較の最初の試みにとつて量的に頗る意義あるものであり、日本語とオーストリッシュ語との緊密な關係は、確實なものと見らるべきである。

註一、自分は、次に全部を引用しない。自分の云へるところを證するに足りるだけを、雙方から引用するにとゞめる。

註二、k (tek, etc.) 終音の形式は、本原的のものでなく、kは、此處ではhから生じたものである。

三　日本語と（ウラル）アルタイ語

然し此數は、更に新たな檢討を經ねばならぬ。ドクター・松本は、その序論の中に日本語を、ウラルアルタイ語に結ばんとする研究、殊にウインクレルのそれに叙及してをる（十八頁）（註一）彼は、ウインクレルの語彙比較に對して、あまり好意ある批判をなしてをらず、彼の日本語の貧弱なる智識のため間違ひだらけであるといつてをる。然し彼は言葉をたして「文法上日本語がアルタイ語と、極めて類似することは明白である。日本語をモーコ文に逐語譯をなすことが出來る」（二十二頁）と云つてをる。ウインクレルの單語比較が、個々の點に於て誤り多しとも、日本語と（ウラル）アルタイ語との間に何等かの關係の存

することは疑ひなく、それがまた語彙の中にも示現してをるはづである。

こういふ考へに従ひ、自分は、松木の日本語とオーストリッシュ語との間の單語比較とウインクレルが、日本語とウラルアルタイ語との間に發見したと思惟する單語比較（註二）とを比較した。自分は、此比較を充分徹底的になしたのではないことを特にことはらねばならぬ。然しながら之によつて得た結果は、正しくその全般性により充分信用するに足りるものである。卽ち松本及びウインクレルのなした約一百の比較の中、ごく少數のものが一致するといふ驚愕すべき事實が出てきたのである。これは日本語の語彙とオーストリッシュ語語彙との親緣はウラルアルタイのそれとの親緣と全然相乖離しないといふこと、なんとなれば此親緣は、本質的に全くことなれる單語、語彙のちがつた領域の上に見出だされるといふことを意味するに外ならぬ。

自分は、兩方の比較が一致する僅か六例を發見する。

松本、三、日本 ムキ（方向、側）

ウインクレル、ウラルアルタイ muka（二六〇・三一〇頁）

松本、一八、日本（コ）コロ 心 マレイ半島 gres（心）

モン krōh（註三）

ウインクレル、トルコ kökus, kukrük（二八三頁）

松本、二〇、日本 カパ、カワ（皮）オーストロアジア（tra）kupek（皮）

ウインクレル、ウラルアルタイ kuva, koba, kuap etc.（皮膚、樹皮）二五六・三〇七頁

松本、四六 日本 ツチ（土）安南 dât（註三） ウインクレル、ウラルアルタイ 三百十頁

松本、五七 日本 モリ（森）オーストロアジア（m)bri

ウインクレル、ウラルアルタイ muör, mür, muorra, etc.（二五八・三〇八頁）

松本、七〇 日本 シカ（鹿）オーストロアジア kasak, hsak, sik etc.

ウインクレル、滿洲 saka（鹿肉）

此少しばかりの列擧を通覽すれば、ウインクレルの側が、少くとも半分（松本、一八、四六、七〇）が甚だ不確實であることは明かである。次の二例、日本語 カパ、カワ と、モリ（森）に對してのみ、ウインクレル、松本、何れの比較がよるべきであるか知ることが難い。よしウインクレルがまされりとしても百といふ一致數依然として此新しい檢討の後にもほゞ完全に殘り、新たにその價値を裏書せられるのである。

日本語とウラルアルタイ語彙關係が、日本語とオーストリッシュ語のそれと衝突せず、却てそれが、相併立出來るといふことは、日本語の歴史に對し非常に重要な意義がある。で吾人は

更にも一度此問題に立戻らねばならぬ。

一、また W. Schmidt, Sprachfamilien und Sprachenkreise S. 51 ff. 參照。

二、H. Winkler, Der Uralaltaische Sprachstamm, das Finnische und das Japanische. Berlin 1909, S. 244 ff.

三、此比較の基礎は、きはめて狹いのみか甚だ不確實である。

四　日本語とオーストリッシュ語間一致の音韻法則

松本氏の作物の此二重の檢査の次に吾人は、彼が言葉の比較より引出した、そしてその合法性により語彙比較の根據とせんとした音韻上の一致を急いで檢討しやうと思ふ。

吾人は、大體此音韻上の一致（七七頁）に同意することが出來る。オーストロアジアチッシュの無響音k t pが、日本語のk t pに應ずるといふことは確實に樹立せられた。勿論その際、後期日本語に於てtがts及びtśに、pがf及びhに轉じたことについて考慮が拂はれねばならぬ。（八十頁・八十二頁）ドクター松本は、これをなしてをり、その著の中最も價値ある部分を構成してをる。オーストリッシュの有聲音g d bが何に應じてをるかは、その例寡少にして、松本のなした比較は、確實な證據を供給しない。然しこれは研究せらるべき問題である。なんとなれば、オーストロアジアチッシュ・オーストロネジシュを問はず、

あらゆる場合に於て（ポリネジア及び一部分メラネジア語を除き）始音に多數有聲音を何等の防げなく使用してをる。松本はオーストリッシュの始音bに對し此種の研究の緒を開き、正當に之を日本語mと應じせしめてをる。（八七頁）オーストリッシュの鼻音mとnに對し、また日本語m及びnが應ずる。前者ŋとńとは、後者には、全てnとなつてをる。オーストリッシュの齒擦音dentale Reibelaut sは、日本語に於てまた通常sとして殘つてをる、然しiの前にśとなる。日本語中間r音も、オーストリッシュのrとlに應ずる。なほオーストロアジアの口蓋音palatale cとɟと、オーストロネジアの口蓋音化齒音palatalisierten Dentale t' d'の對應を探すことが必要である。

日本語とオーストリッシュ語との比較に終音Auslautの研究は、決定的の重要さをもつてをる。といふのはこれが兩者に於て全然ことなつてをる。日本語は、單に終母音とあまり數多からざるnの終音を有するのみである。オーストリッシュ語は、終母音の外に多數の單純破裂音Explosiva（無聲音及び壓有聲音）、鼻音（ŋ、ń、n、m）、殊にs（.s）、h、ʀ、及びlの終音を使用する。それ故此處に次の問題を究めねばならぬ。日本語に於てオーストリッシュの終音の豐富なる種類は、如何なつたか。松本は、此問題に不幸にして觸れなかつた。たゞオーストリッシュ語のk終音に於て彼は、日本語に於ては、終子音konsonantischen Auslaut なきため母音を附加するといふことを注意してをる。（七八頁）

自分は、松本によつて提供された終音に關する材料を研究し、次の如き結果に到達した。

一、k、p及びrの終音は、日本語に於て母音をとる。たとへば、オーストロ sok（毛）＝日本 suka（毛）オーストロ yup（夕）＝日本 yupu（夕）

二、ŋ、t、n 終音は、日本語で、その終子音を落す。たとへば、オーストロ wataŋ（胃）＝日本 wata オーストロ posat（へそ）＝日本 poso オーストロ kon（子）＝日本 ko

三、m及びn終音には兩方の場合がある。

この法則は

一、k終音に對しては　十四（十五?）例
　　p終音に對しては　六例
　　r終音に對しては　四例
二、ŋ終音に對しては　八例
　　t終音に對しては　八（九?）例（註一）
　　n終音に對しては　四例を根據としてをる。
　　m終音に對しては　母音附加の五例あり、
　　　　　　　　　　　m脫落の二例がある。
　　h終音に對して　母音附加の五例あり、
　　　　　　　　　　h脫落の一例がある。
　　s終音に對しては　たつた一例あり、母音を附加してをる。

かやうな附加に際し、如何なる母音をとるかといふことを規定する循據を有することの出來ぬことは、なみならぬ困難を生む。此處に日本語の一層正確な研究を新たに試ることが必要である。といふのは、確かにこれは氣儘な現象ではないからである。

日本語が、かくも終母音を大々的に使用するとすれば、その語彙をオーストリッシュ語彙と比較した際、終母音の數、後者にかくも多きことは當然である。實際それは、松本によりなされし比較のたつぷり三分の一を構成してをる。

註一、此處にまた、c終音を算入しなければならぬ。

五、日本語とオーストロアジアチッシュ、オーストロネジシュ語

ドクター松本は「結論」にその研究の結果をひきくるめて要略し、次の如き問題を提起してをる。（九五頁）「全てこれらの言語は、同じ根源より出でしか、それとも日本語は單に雜多の言語をオーストロアジアチック語に、借用しただけであらうか。」

彼は、そしてこれにこう答へてをる。「兩語の音韻的一致は、驚くべき規則性を示し、吾人をして借用よりも寧ろ本源的親緣に基くことを信ぜしめる。」

然しながら、今や既に比較的正確に最初の二者その一の選擇は、眞理たりえないといふことがいへる。それは主として二つの理由から來るのである。

ドクター松本は、次のことに注意しなかつた。――そして自分は、こゝにそのオーストロアジアチックといふ指稱の弊があらうと恐れる――それは、彼のオーストリッシュ語より引き出した一致は、此語の全部から出たものではない。そういふ場合は、むしろ概して稀れであり、とりわけもし、マレイ半島よりの資料がそれ自身オーストアジアなるにかゝはらず、マレイの借用語、及びオーストロネジシュの要素あり、チヤム語がオーストロネジシュ要素の有力な語彙をもつことを注意したならばなほ一層乏しくなる。自分は、松本の材料の中十二も、眞個のオーストリッシュ語全體の範圍との一致を、證明してないのではないかと恐れる。それより以上にオーストロアジアチッシュのみ（註一）又はオーストロネジシュのみと一致を發見する場合が數多い。これは、然し日本語とオーストリッシュ語との間の關係に於て重要なる事實を示してをる。此關係が、オーストロアジアとオーストロネジア語との分裂が、なほおこらなかつた時まで遡るかどうかといふことは疑問である。然し日本語がオーストリッシュ二語群と關係を有するといふこと、このオーストリッシュの二語は、その兩方において、獨立せる進化により發達し得たのであるといふことは確かである。日本語のオーストロアジアチッシュ語に對する關係は、オーストロネジシュとの關係よりも古いといふことも、また明かである。オーストロネジシュ語（インドネジシュ）が北方に遠く押し出され、日本語と接觸し得た時、これとオーストロアジアチッシュ語との接觸は、既に久しい間チベト・支那語の南方と東方への進出によつて中斷せられてゐた。

かくて吾人は、多數の此一致は、決して唯一の層に屬しないといふ事實に面する。少くとも當然長い時間によつて中斷された二つの層を示す。何れにしても、もつとも新しい層は、日本語と「本原的親緣」を有しないことは明かである。ポリネジシュ（或ひはミクロネジシュ）語を代表せる第三の層は、疑ひもなく問題にされぬ。これは、少しも對應を示さないのである。

第一の層とも「本原的親緣」關係にないといふ第二の理由は、オーストロネジシュ語のみならず、オーストロアジアチッシュ語も、全く日本語と構造がことなつた原則の上にたつてをるといふことである。オーストリシュの二語群は、第二格を後におくことにおいて一致する。それに反し日本語は、これを前におく。言語の構成全體にこれが如何なる意義があるかといふことは、自分は他處において（註二）充分論述した。現在の場合において、吾人はまた日本語が、後添詞 Suffixe をもつ言語であり、これに反し、オーストロネジシュ語（オーストリッシュ語?）は全然前添詞 Präfix を附する語であり、たゞムンダ語、ニコバル語、オーストロネジシュ語（內添詞 Infixe の外に）が、後添詞を持つてをるにすぎぬ、然し後の起源（註三）のものであるといふことを注意する。

これに反して（ウラル）アルタイ語は、ドクター松本自身の證言によつても（前ナル頁を見よ）その構造法において、日本語と多くの類似點を持つて居るのであり、それは兩方第二格を前におき、全然後添詞 Suffixe 使用の言語であるといふ基礎的の事實に歸するのである。此理由から吾人は、なほ他の相似があれば(ウラル)アルタイ語と日本語との本原的親緣をむしろ說くことが可能なのである。

註一、松本は、前印度のムンダ語をごく僅かしか利用しなかつた。この語は、彼に多くの對應を裏書したであらう。

註二、W. Schmidt, Sprachfamilien und Sprachenkreise d. Erde S. 381 ff.

註三、Schmidt, Mon-Khmer- Völker S. 38–48. 自分は現在もはや、ニコバルの後添詞と、ムンダ、オーストロネジア語のそれとを緊く關聯せしめない。

六　日本語とオーストリッシュ語關係の樣式

然らばオーストリッシュ語は如何、もし此語が日本語と本原的親緣關係に非ずとすれば、ドクター松本の打建てた數多い對應は、單なる借用を意味するであらうか。否、なほ他の可能性が存する。オーストリッシュ語は、日本語の重要なる混成要素を形成してをる。此語は、幾多の要素の混成から成立してをる。この要素がなんであるか、吾人はもう全てを數へ得るだらうか。非常に古い、恐らく最古の一つが、日本語の純然たる母音（及びnの）終音、非常に單純化された語の構造形式、及び當然ある割合の語彙を齎した。日本以外如何なる語群とこの要素が關係づけられるか、自分は此處に云ふことが出來ぬ。日本の周圍にはかゝるグループは存在してゐない。此層または名詞の第二格を前におく式を使用した。

これに續く第二の要素は、オーストロアジアチッシュ（及び共通オーストリツシュ）要素であつたらしい。その供給した單語に多くの身體部分名稱、動物名稱、植物名稱の存在すること、その中にも稻、竹、園、並びに自然の部分を表現する語の存在することは注目すべきことである。動詞、形容詞も、また事缺かぬ。これは一定の文化、母權的、鍬使用文化階段を示してをる。

これについで（ウラル）アルタイ要素が加はつたが、それから後始めてオーストロネジッシュがはいつてきたか、或ひは、その反對か、自分は、今決定することが出來ない。二つの中後者の方を選ぶのが自分には現在尤もらしく思はれる。

このオーストロネジシュ層は、同樣多くの身體の部分の名をもたらし、生ける人間が直接此要素を齎したことを標示し、また少數の自然物、動物名、それからまた動詞、助動詞を齎した。彼等は、農業に對してはオーストロアジア層と同樣の重要さを持たなかつた。

二つのオーストリッシュ語は、その言語法則、第二格を後ろに置くことを通用することが出來なかつた。却てその全體の語彙は第二格を前に置き、終母音を使用する最古の層の組成方法を示してをる。

此最後のものは、（ウラル）アルタイ語族の移入によつて强められた。これが同樣第二格を後ろに置く形式、後添詞による組成を齎したのである。これが語彙にもたらしたのは、特に北方起源の動物植物稱呼を含むらしい。

七　日本語とアイヌ語

最後に忘れてならぬのはアイヌ語である。日本人はアイヌと何世紀となく戰つて、今日の日本の大部分の地方から追ひ拂ふことが出來たのであり、日本語に影響を與へたに相違ない。アイヌ語が、言葉の構造上第二格を前に置き、後添詞による組成をもち、むしろアルタイ語式に影響したにしても、現在の土俗學は、アイヌが、强きオーストリッシュの影響を受けたといふことを示すことに骨折つてをる。ステルンベルヒ　アイヌ問題 L. Sternberg, The Ainu-Problem（註一）を見よ。彼は、アイヌ語をオーストロネジシュ語にいれんと志してをる。又ガースのパレオシベリアンとオーストリシュ民族との文化史的關係 A. Gahs, Kulturhistorische Beziehungen zwischen den Paläosiberien und den austrischen Völkern Südostasiens（註二）を見よ。

然るに事實松本の材料とこれに對應する語をバチェラー、アイヌ英日辭書にみつけて、いそいで比較した結果次の一致を得た。

一、日本語　タ、テ（手）、オーストリッシュ ti, te, tai etc. アイヌ tek(e)

一九、日本語　テヒ（乳）、オーストリッシュ toh（女胸）、アイヌ to, toho（女胸、乳）

廿、日本語　カパ（皮膚、樹皮）、オーストリッシュ（ča）kap アイヌ kap (u)

廿二、日本語　コロ（琉球）人　オーストリッシュ hura (Munda)　アイヌ kur(ru)

廿六、日本語　アヤ（琉球）父　オーストリッシュ ayah　アイヌ acha

三十、日本語　カミ（神）オーストリッシュ kmoč（死人、靈）アイヌ kamui（神）

三十一、日本語　ア（n）私　オーストリッシュ an'　アイヌ a

四十二、日本語　ピ（火）　オーストリッシュ apui, api　アイヌ abe, api

四十六、日本語 tuti（土）　オーストリッシュ teh　アイヌ toi, toi, toi

七十二、日本語　クマ（熊）　オーストリッシュ khla grmmu（…の虎）kmin　アイヌ kimun-kamui（山の神）

あらゆる場合において松本によつて比較せられし材料において、アイヌ語とオーストリッシュ語との對應の數は日本語とオーストリッシュ語との一致より極めて乏しい。またその全體の性質上よりもアイヌ語は、日本語よりもオーストリッシュに近似の程度が劣つてをる。

註一、Anthropos XXIV 1929 S. 755—801.

註二、Mitteil. d. Anthrop. Ges. Wien. ..... S............

乳授け觀音

千葉縣香取郡米澤村郡區岡部の觀音は、古來乳授け觀音とて靈驗いやちこな觀音樣である。同觀音堂は成田線郡驛より南三町位同區より武田區に通ずる里道の傍にある小さな御堂であるが、堂の傍の小高みの石の龜の口から流れ出てそれが一坪程の御手洗池となつてゐるのがある。若し産後乳が出ないか又不足な婦人は觀音樣に祈願をかけそして其御手洗池の水を汲み乾すのである。が容易に汲み乾せる場合には乳が出ないと云ふことで、容易く汲み乾せない時は乳が出ると唱へられてゐる。同池は汲むに從ひだんだん底は狹くなつてゐるが中々深いのである。近頃は乳が出ない婦人が殊に多いのでよく一心不亂に汲み乾してゐる婦人を見受けるのである。

子種地藏

同縣印旛郡久住村荒海《アラミ》區の地藏尊は成田街道の同郡中郷村蘆田區から橋を渡つて直ぐとつつきの田圃中にあるが、昔から子種地藏とて有名である。子のない婦人は子を授けて下さる樣にと祈願をかけ、そして其地藏尊の石像を前から抱き付くとのことであるが、白晝は憚りがあるので夕方から夜にかけてよく抱付いてゐる婦人が見受けられる。子寶を授かつたものが多いのか御禮詣りの時にあげた袈裟が石像が見えぬまでにかけられてある。舊暦七月廿四日の晩は御籠りの晩とて參詣者が非常に多い。（以上二篇伊東亮）

催促する動物の譚

南方熊楠

亡父の生處、紀州日高郡矢田村大字入野《にうの》の人々から、幼時屢ば聞されたは、蟇《ひき》が雲雀に五斗の米を借て返さず。春に成つて雲雀が米一石を請求すると、困却した蟇が鬱いだ低聲で、五斗五斗と鳴く。因て之をゴトヒキと呼ぶ。

鹿添埃囊鈔八に「土鴨をばアヲガヘルとよむ、今童部の勾當蟇と云物是也。」重訂本草啓蒙三八、ヒキ阿州方言ゴウトウとあるを稽ふるに、室町幕府の時ヒキを勾當蟇（コウトウヒキ）と呼だので、埃囊鈔の作者迂くて、青蛙とヒキを一視したと見ゆ。今物語に、小侍從が子に法橋實賢と云者有ける、いかなりける事にか、世の人是をひきかへると云名を付たりける、法眼を望みて「法の橋の下に年ふるひきかへる、今ひと揚りとび上らばや」と申したりければ頓て成れにけりとある。是は體肥え脚矮き等に像どりて名付たでも有う。其と等しく、勾當が琵琶を抱へて探り行く態に緩く歩むから、ヒキを勾當ヒキと名けた者か。扨勾當ヒキを紀州諸處でゴトヒキと訛つたともこじつけ得る。又啓蒙に勢州龜山、豫州今治の方言ヒキゴト、予が住む紀州田邊でフタゴト（此物を愛すれば福を得る杯いふ。歐洲で古來甚く之を嫌ひ惡むと大に異なり。也有か誰かの書た物に、夕方に庭に向ふて、福よ〳〵と呼ば蟇來ると有た）、高田十郎氏來示に、和州洞川で蛙をゴト、蟇をクツゴト、是等ゴトは本と此類の總稱で、勾當より轉出せず。中陵漫錄巻十に五島に鹿多く、三月頃共角を落す時は、蟇來り之を細かにかみ食ふ、云々と說て、五島蟾蜍と題しある。是もゴトヒキの音に近いが止だ此島の蟇の特性を述た丈で、蟇をゴトヒキといふ原由でない。

雲雀は氣早い鳥ゆゑ、忽ち憤り立上り「リニリークタ、リニリークタ、リークタ〳〵」と聲を限りに叫び續けて舞上ると。是れ貸たのは五斗だが、利に利を累ねて、今は一石貸しとなりおるてふ意味だ。

古くもこんな譚あり。續々群書類從一四冊所收、俊頼口傳抄上に云く「ほとゝぎす鳴ぬる夏の山路には、沓手出さぬ人や排はん、」是は寛平の御時の后の宮の歌合せの歌也、時鳥《ほとゝぎす》といふ鳥は、實事には百舌《もず》鳥と云ふ鳥也、もずをほとゝぎすとは云べき也、昔し沓縫ひにて有ける時、沓の料を取せたりければ、今四五月斗りに必ず奉んと約束して失にけり、其後いかにもみえざりければ、謀る也と心得て、沓をこそ得させざらめ、取せし沓手をだに返せ、取んと思ひて、契りし四五月にきて、ほとゝぎす〳〵と呼歩きけり、鵙丸《もずまろ》其頃も世にはあれど、秋つ方する様に、槇の末に居て、聲高には得なかで音もせず、垣根をつたひて時々呟やく也、此事空言ならば、昔の歌合せに有んやはとぞ云傳えたる」と。畔田伴存の古名錄六五に引た俊頼髓腦抄の文之と大同小異だが、末近き文句を「聲高にもなかで音もせず、垣根をつたひ歩きて、時々私かに、事々しうと斗りを呟やきなく也」に作る。「僅かな物を事々しう、大層に債促しやがる」と斗り呟やくと云のらしい。此鵙の事々《こと〳〵》と鵐の五斗〳〵と鳴聲相似たるが面白い。昔しの人にそんなに聽えたに由て、こんな話が生じたので、其を又勾當を聽取た輩は、鵐を勾當と呼だので、是等諸名と其解義の發生の先後は、今と成ては判明せぬと惟ふ。鵐の阿波の方言ゴウトウも五斗に近い。古名錄又予未見の書かたそぎの記を引て曰く、一とせ伊豫の國に罷りてくずの山といふに至りぬ、松山といふより七八里許り、深く入もてゆく所也、山里に到りて馬を借てのる、口に付たる男子ものいふ様うちゆがみ、異國の人の様也、折節ほとゝぎすの鳴けるに、是は何鳥としれると問ば、是はこつて鳥と答ふ、歌草紙にほとゝぎすを沓手鳥と云事を書たり、歌よむ人もなみ〳〵は知侍らぬ事を、可咲くも有哉と、などてこつて鳥と云ぞと問ば、あれ聞召せ、こつて掛たかといふ昔物語知つらんよとて、馬子にとり合せて弄して笑へば、心へぬ顏付にて、こつてにこそ侍れ、沓代《くつて》と申さばこそよと呟やく、心得ずと、こつてといふの有にやと問ば五月の頃柴の若葉にこつてと云物でき侍り、此鳥めら、必ずこつてのいでき侍る時にこそは喧すしくなきどよみ侍るとぞいふ、扨此鳥ほとゝぎすともいふかと問ば頭をふる、去ば異鳥にほとゝぎすと云鳥やあると問ば、遂に承はり侍らずといふ、ほとゝぎすといふ名を知ぬ國も有けるかと伴ふ人皆な笑ふ、扨ぞ歌草紙には、こつてと云事を謬りて、くつてと云なしてぞ、沓賣りの生れかへりし杯云事を添たりとは知ぬ、かのこつては、木の實の様にて、柴の葉の裏になり出る物とぞ、此くつて鳥の、こつて鳥といふが正しき筋なる事は、誰か思ひより侍らんと。爰に謂るコツテは文面より沒食子の類と察せらるゝが、或は俗にいふホトヽギスノ落シブミかとも推する。是は或る象鼻蟲の作る物といふ（日本百科大辭典、八巻九一一頁。日本動物圖鑑、一五五八—一五五九圖）其昔談にケヤキの葉のよれて落たので、讃岐の白峯にのみありと云たが、紀州には處々に見受る。

催促する動物の譚（南方）

熊楠謂く、俊賴口傳抄の文を、續々群書類從に刊出の儘讀ではどうも判らぬ。「時鳥（ホト・ギス）といふ鳥は、實事には百舌鳥《もず》と云る鳥也、もずをほとゝぎすとは云べき也」とあるを「沓手鳥といふ鳥は、實事にはもずと云る鳥也、もずを沓手鳥とは云べき也」とし、下文の「契りし四五月にきて、ほとゝぎす〳〵と呼歩きけり」を「沓手取り〳〵と呼歩きけり」と修正せばよく判る。口傳抄に「ほとゝぎす鳴ぬる夏の山路には、沓手出さぬ人や拂はん」とある歌の下句を、群書類從一八〇所收、寛平御時后宮歌合には、「沓手出さぬ人やすむらむ」。古名錄に引た俊賴髓腦抄には、「沓手出さぬ人やわたらん」に作る。何れにしても此歌は沓手鳥の故事に寄た者で、其沓手鳥とは鵙《もず》をさす、鵙を沓手鳥と心得べしと、念を押て重ね言ひ、扨其故事は、昔し鵙が沓工だつた時、時鳥が沓を誂らへ、沓料を渡した處、四五月斗りに必ず差上ると約束し乍ら逐電した。時鳥は沓が出來ずば沓料を返せといきまいて、約束の四五月頃來て、沓手取り沓手取りと呼歩く、其時も鵙は世にあれど、秋時木梢に止り高聲に鳴くと打てかはり、潜かに垣根をつたひ歩いて、時々低音て「事々しう」と呟やきなくと云のだ。故に沓手を押取て返さぬてふ意味で、鵙をこそ沓手鳥（沓手取り）と云べけれ、それに今の人は貸手借手を混雜して、時鳥を沓手鳥と呼ぶは間違つておると、俊賴が說たのだ。然し騙取された沓手を取立る積りで、時鳥が沓手取り〳〵（沓手取りに自分が來たの意）と呼はり歩くと解かば、時鳥を沓手鳥と稱へてもよく通ずると惟ふ。俳諧にも「沓の代ほしくばわめけ時鳥、安利」（犬子集三）伊豫で時鳥をコツテ鳥とよぶ由、重訂本草啓蒙四五にも見るが、柴の葉にコツテてふ物生ずる時、時鳥鳴初る故、コツテ鳥の名を負るを、古人コツテを沓手と謬つて、鵙に騙られた沓料債促の譚を揑造したといふ片そぎの記の說は、反つて事の首尾を顚倒せずやと疑はる。

華實年浪草七下に『鵙の早贄《はやにへ》とは（熊楠藏本の書き入れに、早贄は貴人へ珍魚杯を供ふる事也、みな木の枝に付て捧ぐる物なれば、其に似たり迚、斯は名けたるなるべし、草茎、早贄共に木草に餌を刺し貯ふるをいふとある）八雲御抄曰鵙の沓手は、我身代りに、蛙樣の物をさしておく也、これほとゝぎす沓手を責ると云り、歌林良材曰、鵙の草莖は、鵙は時鳥の沓縫ひにて有けるが、沓手を取て返さゞりしに由て、其代りに蛙樣の物を草の莖にさし挾めるを云と云り、是を鵙の早贄とも云り云々。藻鹽草曰、鵙の早贄と云事をして、萬づの草莖に、生たる蟲、若くは蛙抔を取つて刺て、時鳥の爲にして、我身は隱るゝと云り云々、夫木「垣根には鵙の早にへたてゝけり、しでの田長に忍びかねつゝ」俊賴。』又奧儀抄を引て云く「昔し或男野を行て女に逢ぬ、兎角語らひ付て其家を問ふに、女鵙のゐたる草莖を指て云く、我家はかの草莖の筋に當りたる里にある也と教ゆ、男後に必ず尋ぬべき山を契りて去ぬ、其後心には思ひ乍ら、公につかふまつり、私を顧みる程に、暇無て往ず成ぬ、次の年の春、偶ま有し野に出て敎へし草をみるに、霞悉くたなびきて凡てみえず、終日眺めを空しく歸りぬと云り、これ故將作の傳へ也」と。本朝食鑑六に、鵙在レ野則結レ草礫レ蟲、歌人呼稱二鵙之草莖一、古談謂、昔有二狡童一、淫二人之侍婢一、然未レ知二女之居一、故指二鵙之草莖一、爲レ證欲レ行とは此を謂たのだ。萬葉集十、寄レ鳥歌に「春さればもずの草ぐきみえずとも、吾はみやらむ君があたりは。」草ぐきは草くゞるの意と袖中抄にみえ、仙覺抄に此歌を「鵙は秋冬杯は、木草の末に居てなけど、春に成ぬれば、草の下にくゞりてみえぬが如く、君が敎へし栖《すみか》も、霞隱れてみえずとも、我はみやらんと讀ると聞えたり」と釋た。それに後世、潟をなみを浪の名、かくとだにを谷の名、千早ふる神よも聞ず龍田川を、龍田川と申す力士が、遊女千早にふられ、神代といふ禿《かむろ》を賴んだが、それも聞てくれなんだ事と解く如く、草ぐきを草の莖と心得違ふて、沓料督促の傳說に附會し、鵙が蛙杯を早贄にして、沓手代りに時鳥に贖なふと言出した者だ。鈴木君の相州內鄉村話八〇頁に、兄が邪推の餘り弟を殺し、其寃を知り、時鳥と成て鳴き血を吐くに迨ぶ。鵙之を憫れみ、蟲魚を磔し置て之に食しむと云ふに至つては、罪贖が救恤に變じおる。較や近い話が東歐に在て、アルバニアの俚談に郭公（一名獲穀、一名鴶鵴、邦名カツコドリ又カンコドリ、希臘名コックックス、拉丁名ククルス、獨名クックック、佛名クークー、伊名ククロ、露名ククシュカ、等孰れも鳴聲に因る）昔し人だつた時、誤つて剪刀で其弟グオンを殺し、悲しんで小梟に化し、終夜グオン〳〵と弟の名を呼び、其妹又郭公に化し、嘗聞グオンを尋ねてクークー（どこに居るか〳〵）と鳴き續く、それから件の小梟を鳴聲に因てグオン、郭公をクー〳〵と名けたと。サロニカ地方ではグオン鳴く毎に血三滴を吐くといふ。（一八九一年板ガーネットの土耳其之婦人及其俗傳、二卷三〇二頁。一九〇三年板、アッボットのマセドニア俚傳、二九一頁。）ホト、ギス郭公共に郭公屬の鳥で、郭公は亞非歐三洲の大部に產するが、ホト、ギスは歐洲にすまない（內田氏日本鳥類圖說下、三二四頁。）

本文に述たホト、ギスノ落シ文にやゝ似た物が歐洲にあり。英語でクックー、スピット（郭公の唾）と云ふ。草木に著く泡多き液で、或る同翅蟲が、自衞の爲め、腹から出す所といふ。（一九一八年板、劍橋動物學、六卷五七七頁。一九二九年十四板、大英百科全書、六卷八四四頁。）

石井研堂の國民童話に、遠國に鷹と鳶が住み、鳶よく酒を醸して鷹に飲ましたが、遂に止めに成た。鷹鳶に勸めて食料多き臺灣に徃んとせしも、鳶遠く飛ぶ能はずといふ。鷹鳶を負て臺濶に渡つた上、蔦多く酒を造つて鷹に飲すべき約束で、渡つたが更に酒を造らず。爾來鷹毎もチュチュ(酒々)と鳴て債促し、蔦を見れば之を追ふとある。此類話がかつた者を、廿二年前紀州西牟婁郡栗栖川村大字水上で聞た。トチハビキ(トノサマ蛙)の祖先、トチハの國より蛇に乘て本邦え渡り、著陸せば自分の脚をやろうと約し乍ら、一向やらず。蛇債促効なきを憤り、子孫永々蛙さえ見付れば必ず其脚から呑にかゝると。和漢三才圖會四二に、燕が常磐國に往來すてふ俗説あり。北山久備が勇魚鳥二に據ば、トチハは常磐で、書紀に、出た常世國の事で有う。

以上四話の外、本邦版圖內に債促する動物の譚あるを知ず。まだ〳〵あるに相違無いから諸君の高敎を仰ぐ。日次紀事に、大晦日に質屋が貸金の利を多くとる爲、カシ鳥を食ふとあるが、カシ鳥が貸た物を取立たと言ず。扨是より手近い諸書から外國の諸例を引う。先づ錫蘭で、蛙が蟹に二合米を借た處、無法にも七合返せと逼られ、女神と自分の娘を證人に援て、二合しか借らない、二合〳〵〳〵と言ひ續ける。側らより鼈が口を出し、「借た丈返せ」といふ譚あり。蛙の誓詞が小蛙の急鳴、鼈の助言が大蛙の緩唱を摸し、其趣向上述雲雀に迫られた蟇の抗議に酷似す。印度のサンタル、パーガナス地方所傳に、夫婦の豹が共稼ぎに出た跡え、野干毎日往て豹の子供を責め、貸米の代りに迚、父母の豹が取來つた肉を取上げ、豹子を餓しめた話あり。巫來人の説に、バラウ〳〵鳥は本と產婆たり。子を取揚させ乍ら酬金を拂はぬ者者に業腹をにやし、一日大に怒つて罵しる最中、忽ち此鳥と成て、今に老婆の聲で傭賃を債促し歩く由。ルマニアの俚談に、上帝諸鳥の王としてゴウルド・フインチを選立し、諸鳥禮拜して皆な去た後ち、漸と例の郭公が入覲した。途を失して遲參と申す。林中に入て寡人の爲に、木の皮で美麗な宮を建たら宥免すると言ふと、敬承して罷り出たが、綺麗薩張り忘れ了り、木から木え飛で快く唱ひ遊ぶ內、物毎にかなしき秋がきたので、ハッと氣が付たが跡の祭り。ゴウルド・フインチは、夏中郭公が面白く唱ひ廻るを、工事に多忙と聞違え、けふは仕上るか、あすは出來るかと思ひし事は幾度か、一日暮しに日を送る。郭公は、受負仕事の宮殿を、立べき時に立ざれば、初めから捿たも同然と、叱らるゝは必定と、姿を隱して復た現ぜず。約翰尊者忌(十二月廿七日)より全たく聲を收めて靜まり返るとある。ゴウルド・フインチは鶸《ひわ》の類で日本にない。此一話、受負た工事の督促を恐れるので、貸借の催促でないが、鳴き歩く季節の上より、郭公が種々の俚談に主人公とされおる一例として出しおく。又云く、初め犬と猫アダムに仕へて仲惡からず。然し後日迄の無事を慮つて、家內は猫、家外は犬之を司どる趣を認め、猫が其證書を預かり、屋根裏え藏めた。其後、天魔が犬に魅入れたから、犬憤り出し、吾れ日夜雨露に身を暴し、家を守り盗を防ぐに、殘肉餘骨のみ抛付られ、猫は始終安閑として滿飽熟眠、毎度花耻かしき處女のポッポへ這入たり、甚しきはその雪に紛ふ膚に把住し、漆黑鑑むべき幾根の鬆々を抓《かきむ》しつて、愈よ可愛がらるゝは不公平極まると言出した。猫今と成て何を吸々する、前日の證文を忘れたかと問ふと、犬共證文を示せと言た。お易い御用と猫屋根裏へ上り見るに是はしたり鼠が證書を咬碎いて、窠を作り了つたから一字も殘らず。猫大に怒つて夥しく鼠を殺したが、證書は戻らず。失意して下り來た處を犬が吃《くゎ》えて飽く迄振廻した。其からちう物は、犬が猫に逢ふ毎に、必ず證文を出せと催促する。猫は鼠を恨んで、見る毎に之を追ふそうだ。エストニアの所傳には、昔し犬共が兎杯を殺し食ふを、他の諸獸が上帝に訴へた。だつて外に食ふ物が有ませんと犬が陳じたから、上帝いか様一理あり、今後仆れた獸に限つて食へと勅命ときた。諸犬謂て其趣きを認め貰ひ、軀幹偉大、性質尤も信頼するに堪たれば迚、其證書を牧羊犬に預けた。夏去り秋來つて牧羊犬多忙甚しく、之を佩び歩けば落すかも知れず。藏め置んとすれば恰好な乾いた場處なし。猫はいつも爐邊に坐るから迚猫に保管を賴むと、猫其背をアーチ形に降起して牧羊犬の足にすりつけた。委細承知之助といふ時の猫の作法だ。そして其證書を暖爐上に置た。其後ち一日犬共林中で仆れた小馬を見つけ、襲ふて殺し食た。他の諸獸復た上帝え嗷訴して、有罪と宣告された。然るに諸犬控訴して、證書にはただ、仆れた獸に限つて食へと斗り有て、仆れ死だ獸に限つて食へとは無つた。故に吾々は仆れ乍らまだ活き居だ奴を殺して食た。是れ法文の不備で、吾々の不埒でないと抗爭した。兎に角其證文をと云ふ事で、牧羊犬と猫が捜しに往たが、鼠に食盡されて見付らない。是に於て猫大に嗔り鼠さえみれば殺し啖ひ、犬亦猫を怨み、逢ふ度に之を襲ふて今に迨ぶ。證書を失ふた牧羊犬は、面目なしとて逐電した。以降諸犬之を尋ねて已ず。犬が犬をみる毎に近付て、汝は紛失の證を持ぬかと問合す相だ。

ルマニアの傳説に又云く、太古ノアが大洪水を方舟に避た時天魔手錐を創製して舟側を穿ち、水を滲入せしめて一同を殺さんとした。其時蛇上帝より智惠を授かり、ノアに對ひ、吾れこの漏穴を止めたら、吾一代及び子孫に、日々一人づゝ啖はすべきやと尋ねた。急な場合には鼻をもそぐ。他に詮術なければ、ノア承知と答ふるや否、蛇は天魔が穿つた穴に自分の尾を押込み、切て栓として之を塞いだ。是に於て天魔事敗れて逃去た。洪水退て後、ノア上帝に牲して救命の恩を謝し、一同歡呼する最中に、蛇來つて約束通り、日々一人を給せよとノアを催促した。ノア只今こんなに人少なきに、毎日一人宛食はれては、世は忽ち無人となるべしと惟ひ、矢庭に蛇を捉て火に投入ると惡臭夥し。上帝之を忌み、風を起して其灰を世界中え撒き散し、

催促する動物の譚（南方）

其灰より蚤が生じた。今世間一切の蚤の數と、蚤が人血を吮ふ量を計算すると、丁度毎日一人宛蛇の後裔たる蚤に食ひ盡されおると判る。斯て現にノアの約束は履行されおると。又昔しは鶺鴒に尾なく、鷦鷯《みそさゞい》に今の鶺鴒の尾が附き有た。一日雲雀の婚筵に鶺鴒が招かれ、數日間尾を貸せと、鷦鷯に巾込で借受た。因て長尾を掉つて踊り廻り大喝采を博したが、筵果て後ち、鷦鷯往て催促すれど鶺鴒應ぜず。知ぬ振りして返濟せず。以來鷦鷯に尾なく鶺鴒に尾あり。但し何の日か鷦鷯に取去るゝを虞れ不斷尾を掉て吾身につきあるを確かめると云ふ。又傳ふ、ボインター犬とセッター犬が酒亭を共營するに、諸獸來つて飲食し、みな仕拂ひをよくした。所ろが狼と兎は毎度飲食し過し乍ら一度も勘定を濟さず。二犬之を上帝に訴ふると、不埒極まる奴原だ、見付り次第引捉えて、仕拂はせと言れた。爾來二犬狼の蹤をかぎ付るれば必ず之を追ひ、又兎を見れば捉える。其時兎はミヤットく〳〵と鳴く。ルマニア語で水曜日と聞えるから、其都度仕拂ひを心あてに、水曜日を俟て今に至るそうだ。（一九一四年板、パーカーの錫蘭村話、三卷二九頁。一九〇九年板、ボムパスのサンタル、バーガナス俚談、三四〇頁。一九〇〇年板、スキートの巫來方術篇、一三一頁。一九一五年板、ガスターのルマニア禽獸譚、一六八、二〇八、二一八、二二八、三一七頁。大英百科全書、十四板十卷四九一頁。一九〇八年再刊、小川氏日本鳥類簡易目錄、四〇六―四一〇頁。一八九五年板、カービーのエストニアの勇士、二卷二八二頁。）

秤り目をごまかす狐魅

數年前迄拙宅の向ひに住だ人は、近村に聞えた富家だつたが、株相場で大敗して財產を蕩盡し東京へ奔つた。此人の父素と寒貧だつた時、山村を駈廻つて椎蕈を買集め、す速く輸出して巨利を博し、遂に一代身上を仕上た。世間の噂に此人厚く狐精を崇め、不斷加護を祈るに、椎蕈を秤る毎に、或る時は狐が椎蕈に乘て其重量を增し、買ふ時は錘に乘て椎蕈の重量を減じたので、其都度利を獲ぬ事が無つた相だ。支那にも同譚あり。粤東諸山縣人雜猺蠻亦往々下蠱、有$_{\text{ニ}}$挑生鬼者$_{\text{一}}$、能於$_{\text{ニ}}$權量間$_{\text{一}}$出則使$_{\text{ニ}}$輕而少$_{\text{一}}$入則使$_{\text{ニ}}$重而多$_{\text{一}}$以害$_{\text{ニ}}$商旅$_{\text{一}}$、蠱主必敬$_{\text{ニ}}$事之$_{\text{ニ}}$下畧（廣東新語二四）（八月廿四日、南方熊楠）

一昨夜の方言

南方先生が本誌前號『往古通用日の初め』の文末に於て回答を求められた呼稱のお答を左に――下總滑川地方では（伊東亮）

昨　夜　ユーベ――ユンベ

昨　日　キノオ――キンニョオ

一昨夜　キノオノバン――キンニョオノバン

紀伊の國の端唄（追記第三）

南方熊楠

貳卷八號四八四頁に出た再追記なほ盡さゞるあり迚、八月四日附けで小野芳彥君より重ねて左の報告あり。此端唄に就て、長々く本誌紙面を塡むるは、隨分お門違ひの嫌なからねど、既に以て昨年出たる大英百科全書一四枚、九卷四四六頁「民俗學」の條にも「現代の學識は次代の俚傳」となるとあり。遠い外國說の受賣りのみ、學者行爲らしく持囃されて、手近い自國の事實の書留を閑却するを何とも思はぬ當世、力の及ぶ限り「紀伊の國」の來由を錄し置ぬと、今に此唄から考證して、狐の崇拜は船玉山が嚆矢だの、稻荷大明神の本名は倉稻魂《うがのみたま》でなく、玉姬の命だ、其が黑助の命に嫁した行列を人丸が此端唄に作つた、爾時嫁入り荷物をかついだは剛力稻荷、此稱は胎藏界の薩埵院に、金剛手持金剛、持金剛鋒、虛空無垢持金剛、金剛牢持、忿怒持金剛、金剛持、金剛輪持金剛、擇悅持金剛、持妙金剛、持大輪金剛の十菩薩、孰れも剛と持の二字が其名に入りおる。其に因んで荷持ちを金剛力の畧で剛力としたのだ。以て狐崇拜と密教との關係深きを知るべし。抔と言出すかも知れぬ。且つ一度本誌へ書出した者の追補を他え分載しては、後世此端唄を研究する多くの人々を捜索に苦しましむる理窟ゆゑ、其尤も貴重な材料を純ら本誌に纏め置んとの一念より、三たび編輯人を煩はし奉る。讀者諸彥、人は其愚を笑ひ、我は其志を憐れむと、悠笑又隨喜して熟讀されよと云爾。

一　正誤

「關、玉松兩氏の妹は藩主水野土佐守忠央公の愛妾」と申し上しましたは誤聞で、忠央公の愛妾多摩子の方（德眞院節操妙圓大姉、嘉永元年、戊申七月逝去、江戸市谷長延寺に葬る）は第十代大炊頭忠幹公の御生母で、玉の井樣と稱せられ上州（或は云ふ武州在）某家の女で座されたが、世子忠幹公をお生みなされたので、新たに御名に因みて玉松といふ一家を興され、關氏の季弟千年《ちね》人氏に其家を相續せしめられたのだ相でムります。

二　追補

新宮藩、幕末の江戸詰家老關匡《たゞす》氏は、初代關匡氏の長男で、同胞三人、長は鬪匡氏（家老）次は梶川馬六氏（馬術師範）季は玉松千年人氏（御用人）孰れも江戸詰の粋人であり、新宮町の熊野地郵便局長山內米三郎氏は梶川馬六氏の三男で、鬪氏玉松氏の甥であると聞き、往て鬪、玉松二氏の事を聞ました處ろ、『私は梶川馬六の三男で、出て山內平兵衛に養はれたので、今は實父も養父も居りませず。何分伯父叔父在世の頃は、幼く有ましたので、紀伊の國の端唄に就ても別に聞た事はムりませんが、伯父叔父孰れも通人で、常磐津、長唄、端唄等を巧みにせられ、殊に玉松叔父は文才もあり、狂歌情歌等を多く作りましたので、かの紀伊の國の端唄も、お聞傳えの通り叔父達の作かも知れません。鬪の伯父は今業平と呼れ、父も玉松叔父も劣らぬ通人で有ました上、揃ふて美音で有ましたので、時には三人打揃ふて、醉興に花柳の巷等を門つけに廻つた事さえ有たと、長兄から聞た事が有ます。同胞三人の中、玉松の叔父が一番長命致し、幼ない私共にもよく、自作の情歌抔例の美音で歌ふて聞せて呉ましたが、其内記憶に殘つてゐるのは左の一で有ます。

「沖をみながら儘にはならぬ、エーモウジレッタイ硝子窓。其後私は渡米致し、明治四十四年歸國致しました處、玉松の叔父は其前年物故致しおり、一年早かつたら逢る處で有たのに、殘念な事で有た、然し叔父は八十八木も祝ひ、長命で有ましたと、養父や親戚の人達が言れた事で有まして、其からこちらへもう廿年、叔父が今日迄存命致さば百八歳、鬪の伯父は四つか五つ上で有ましたので、今日迄居ましたら百十二三歳、安政元年には、鬪の伯父は卅五六歲、玉松の叔父は卅一歲で有た様にムります。又鬪の伯父の後妻で有たお山さんは、もう大分以前東京で無なりました。鬪の伯父とお山さんの間に生れ、玉松の叔父の養女と成れた、才色併び勝れたお仙チヤンは、東京葭町第一流の藝妓として持囃されましたが、麻布の某實業家に落籍せられ、正妻となり、數人の兒女（今は何れも成人）を設け、裕福に健在致し居ます」との話でムりました。

それで心當りの寺々を廻り、過去帳を調べました處、全龍寺の過去帳に、松峯院德山智閑居士、明治廿九年二月十六日、二代鬪匡事と記し居ましたが、年壽は記しおり申さず。玉松氏の方はまだ見當りませんが、明治四十四年山內米三郎氏米國から歸られた處、玉松千年人翁は、其前年八十八歲で逝去せられ居たと申すので、其見當はつく樣に存ぜられます。

船玉神社の事、音無川の水源、三里村大字三越、玉瀧即ち船玉山の邊りなる船玉神社は、船乘の者信仰する事厚く、祠宇は船乘の者の寄進より成るを例と致すそうにムります。〔熊楠按ずるに、天保年間紀藩で編だ紀州續風土記八五、三里鄕三越村の條に此社の名更にみえず。其後ち紀伊の國の唄に依て著はれ出てたらしい。〕

尚々〔紀伊の國の端唄を閲正したてふ〕二代川上不白宗匠の端唄

を京都の某老媼〔宗匠の娘に常磐津を學びし者〕へ問合せましたが、歌詞はもう忘れ去り、思ひ出せんと云返事でムりました。

（以上、八月四日出、小野芳彥君書狀）

（附）八月九日出、小野君通信に見えた東牟婁郡古座町中根七郎氏養祖父が、曾て寫し置れた新宮藩、二世川上不白宗匠作長唄「花の友」左の如し。調べ等に就て「紀伊の國」と合せ稽ふべし。

本調子 下總や武藏の間合の一と流れ、心もすだの川上に、寄るは春の友なれや 合「つきぬ眺めの花の香を茶壺に詰し初昔し、變らぬ玉のいさをしに、飽ぬ遊びの流したて 合たてし誓ひの行末は、そのうばくたのふとんがま、ふたりしつぽり嬉しい中を、たが水さしてかへ服紗、合さばき兼たる中々に、おもにのたけの竹臺子、そのおりすゑの末迄も、月と花との戯れに、すくるはすさひの面白や「見渡せば流れに浮む一葉の、中の小唄の都みたや、櫻が物をいはふならば、嘸や懐氣の種であろ、好た隅田の水鏡、焦れ逢たる船の內 合よその眺めのもどかしや 二上り「君をまつ、香の薫りのゆかしさに 合戀の闇路の色深く、染る柳の瀨にうつる 合風の姿の糸しさに、いつか誠を明して添て、約束固きめうと石、はたでみるめの樂しさよ 合「花の數々數ふれば、君はおほはら櫻はゆかし、粹な山吹桃つばき、ふじ田を宿に風ものどけし。
右長唄は、新宮藩士、家老柳瀨傳五右衛門、石畑福左衛門、御茶道川上不白三人川遊びの折、杵屋六左衛門、三五郎を招き、船中に於て茶湯を立て、共感興忘れ難きより、不白宗匠此唄を作り、六左衛門節をつけ、三五郎踊りの手をつけ、其頃江戶にて大に流行したりし物の由に御座候。（完）

千疋猿

二卷五號にこの題號の拙文が出た後ち、多年狩犬に經驗多き川島友吉氏來て、それを讀での話しに、自分が使ふた狩犬中に、事に臨んでよく樹に登る者が多少有たと。大英博物館に在た時、實地を見た人々から、屢ばアフリカ等のヒラクスは有蹄獸で、犬の水カキ如き鉤爪を後脚に唯一つしか持ぬが、木を登るを常習とする由聞た。去年出た大英百科全書十四板十二卷二五頁にも左樣かきある。去ば猫や豹程の爪なくとも、犬や猿は時に木に登り得ると察する。扨今夜亡友キリヤム・フオーセル・カービー氏のエストニアの勇士（一八九五年板）二卷二七七頁をみると、或る壯年の小農が猿を打懲して木に登つた處を、其猿の一類が復仇の爲め群がり來り、肩馬して高く累なり、殆んど小農に屆く處を、彼者奇智を以て之を崩し、多くの猿が其四脚を折た。それより猿は人をみる毎に逃去るとある。全く千疋猿肩馬の談は、歐洲にもあるので、どうも猿が群捿した時代には、肩馬して高きにある物を襲ふ事實が時々有たと想はる。（九月九夜、南方熊楠）

紀伊の國の端唄（南方）

寄合咄

ウィーン通信

いつも氣にかけながら、長い間何んの御通信もしないで過してしまひました。諸先生の御研究の樣子を、毎號の「民俗學」で有益に拜見して居ります。もうウィーンに落ちついてから、一年になります。しなければならないことは、山ほどあつて、その中思ふやうに片づいたものが、いくらもないのに困つて居りますが、諸教授、學者が親切にいろ〳〵面倒を見てくれますので、氣持のいゝ毎日を送つて居ります。講義やゼミナール出席の爲め、ウィーンの大學や研究室に一週に三日程午後から出かけ、その他はサンクト・ガブリエール僧堂のアントロポス・ビブリオテーク或はマリア・エンツェルスドルフ村の寓居で暮して居ります。大學の民族學講座は哲學部に屬し、名稱は「人類學及び民族學講座」と云つて居りますが、人類學教室は、第九區の醫學部病院の一角にあつて、ウェニンガー教授が主任。民族學教室は市の中央、新王宮の最上階にあつて、コッパース神父が主任教授です。この外ワーザ街にメンギン教授の主宰する考古學教室。ラッドン街に民俗學陳列館。(Sammlung für Volkskunde)こゝにハーバーランド教授父子が居ります。老ハーバーランド教授は、もう講義を子息のアルツール・ハーバーランド教授に譲つてしまひましたが、いつもこゝで研究をつゞけて居ります。云ひ落しましたが、新王宮の一階と二階は、民族學博物館（Museum für Völkerkunde）に當てられレック講師が館長です。この博物館は今陳列の模樣替中です。試みにこの春學期の民族學關係の講義を左に並べて見ます。

人類學
　ウェニンガー教授
　　體系的人類學。
　　ヨーロッパの人種と民族。
　　技術的人類學(ブレパリーレン・コンセルビーレン)。
　　人類學實習。

民族學
　コッパース教授
　　自然民族の社會學と經濟(經濟の部)。
　　アジアの文化史的問題(原支那族の問題)
　民族學ゼミナール
　　民族學實習(土俗品郡物研究)。
　ハーバーランド教授
　　民族學入門。
　　南洋ベルグランド地方の民俗學的行事。
　シュミット教授
　　高文化中に於ける原始思考及行動の心理學。
　　南洋オーストラリア族の少年神密入社式
　　オーストラリヤ語とパプア語。
　プライシュタイナー講師
　　カウカサス及その近隣民族。
　レック講師
　　メキシコの繪畫文學。
　　古代ペルーの藝術。
　　アヅテック語。
　ハイネ・ゲルデルン講師
　　後印度及びアッサムの宗教。

考古學
　メンギン教授
　　前期氷河時代。
　　ラ・テーヌ期。
　　考古學實習。
　カルル教授
　　一般洞窟學。
　　オーストリー氷河洞窟。
　　洞窟撮影技術。
　　洞窟學入門。

この外に地理學、史學、言語學講座等に仲々興味ある講座がありますが、第一私が聴講しては居りませんし、又一々書き立てゝも仕方がありませんからよします。毎月一度位づゝ人類學學會や又文化史學會などがありましていつも錚錚たる學者達の思ひ切つたディスクッションをきくことが出來て愉快です。當地の民族學の主脳は何と云つてもグレブナー＝シュミットのクルツール・ヒストーリッシェ・エトノロギィです。メンギン教授やハイネ講師の考古學的研究に依つてこの所謂文化史的方法が考古學的領域に於ても効果を擧げ得る可能が事實的に示されましたので、ウィンの民族學者達は益々この學問方法に自信を強めて居るやうです。殊に、興味が今、東部アジアにそゝがれ、いろ／＼の興味ある問題が提出されて居ます。このウィンナ學派の方法といふものは御承知のやうに余りにも圖式的なものですから、問題の提出される毎に、そこにいろ／＼の疑問が起るわけです。

若いドクトル達と研究所やキャフェーで、いつも、こんな話をして居りますが、とにかく、若い人々には、この嚴然とした「圖式」が少々窮屈に感じられて來てることも亦見のがせないと思ひます。去年ライプチッヒ大學の民族學のクラウゼ教授が來維して試みた「文化の變化と民間傳承」といふ講演は、若いドクトル連にいろ／＼の意味で興味を投げたらしいのです。即ちクラウゼ教授は、ウィンナ學派の民俗學《フォークロリス》的方法《テイシィトデ》の閑却を指摘したのです。私も大變興味を感じましたのでこの春ライプチッヒに遊んだ時、クラウゼ教授を尋れ、樣々な話を交はして來ました。とにかく、遠大な先達程に、若い人々がこの方法に對してオプチミスチックになれないのではないかと、いつも折にふれて感じる次第です。文化史方法の創導者のグレブナー先生は腦溢血の爲め伯林郊外に退隱し、フォイ先生は昨年死去。この派の先輩がぽつ／＼と姿を消してゆくのは、なんだか淋しい氣持がします。

時々に開かれる學會の模樣を御知らせするといゝのですが、性來の筆不精でいつもなまけてしまひました。少しもう時候おくれですが、六月の十日から十四日迄ウィン大學で開かれた「第六回獨乙東洋學會」のことを簡單に御知らせします。部が八ッに分れそれ／＼盛り澤山の講演がありました。

I. Aegyptologie und Afrikanistik.
II. Semistik und Keilschriftforshung.
III. Altes Testament.
IV. Turkologie und Islam.
V. Christlicher Orient.
VI. Indien und Iran.
VII. Agäis, Kleinasien und Kaukasus.
VIII. Ostasien und Südsee.

一時間づゝの講演が百近くもあるのですから、あつちこつちと聴いて歩くことも出來ません。第六部や第七部には聴き度い話も澤山ありましたが、時間がなく何も聴講しませんでした。第八部はローストホーン教授とシュミット教授が主宰で次のやうな講演がありました。

(A)

Haenisch, Leipzig; Einheimische Literatur zur Chinesischen Geschichte der letzen 300 Yahre.

Haur, Berlin; Neue Hilfsmittel zum Studium der Mandschu-Sprache.

Heine-Geldern, Wien; Steinzeit und Bronzezeit in Hinterindien und Indonesien.

Hermann, Berlin; Der Plan eines Historischen und Wirtschafts-Atlasses von China und Zentralasien.

Koppers, Wien; Die Frage des Totemismus und des Mutterrechtes im alten China.

Schmidt, Wien; Die Beziehungen der Austro-asiatischen Sprachen zum Japanischen.

Wedemeyer, Leipzig; Neue Forschungen zur

Früh-japanischen Geschichte.

(B)

Aichels, Hanburg; Die Wertung von Poesie und Prosa in Altjavanischen Geistleben.

Antoni, St. Gabriel; Die Gruppierung der Papua-Sprachen von Hatzfeldhafen und Ungebung (Neu-Guinea).

Berz, Leiden; Einige Probleme und Aufgaber der heutigen javanischen Literaturforschung.

Dempwolff, Hamburg; Einige Problem der vergleicheichenden Erforschung der Südseesprachen.

Fischer, Golbrie, Wien; Vokalveränderungen in Parukalla (S. Australien).

Frank, Wien; Die Bildung des Nomens im Naringeri (S. Australien).

Furer-Haimendorf, Wien; Das Prononman im Meyu und Parukalla (S. Australien).

Kanski und Kaspruch, St. Gabriel; Die Indonesisch-Melanesischen Übergangssprachen auf den Kleinen Molukken.

Kern, Leiden; Das Präfix *ba* in der Austronesischen Sprachen.

Royan, Heerlen; Kultur Kreise und Klassifikationen der Abstantiva.

Schmidt, Wien; Das Verbalsystem in der Südaustralischen Sprachen.

Vatter, Frankfurt a. M.; Gesellschaft und Agrarkult der Bergstämme von Ost-Flores.

一々について申上げられませんが、就中、シュミット教授の「オーストロアジア語と日本語との關係」と云ふ講演は人々の興味を惹きました。この講演は主として松本信廣さんの「日本語とオーストロアジア語」に扱はれた問題に關係して、シュミット先生の考を述べられたものです。この講演の內容は原稿として貰ひましたから、同封して御送りします故、原稿について御覽下さい。松本さんの主張に對してはシュミット先生は少しスケプチックなのですが、講演中、先生が松本さんの業績に對して充分の敬意を表し、幾度も〳〵「日本の優ぐれた若き學者」と云つて居ましたのは、聽いて居て大變愉快でした。一緒にこの講演を聽いた松本芳夫君も同感のやうでした。ハイネゲルデルン講師（この人は詩人ハイネの後裔だそうです）及びコッパース教授からもその中に日本の雜誌に書いてもらひますから、この人達の東アジアに對する見解はそれで御覽下さい。

オーストラリヤ語の澤山の講演は、主としてシュミット先生のゼミナールでの仕事です。この中フューラー君は學生、ヒンターインディンが專攻、仲々頭のいゝ人です。

あまり長くなりますから、いゝ加減にきりあげます。之からは、時々御通信を怠らないつもりです。九月の上旬にハンブルグに開かれる「アメリカニステン・コングレス」には出席を進められて居ますから、支障ない限り出かけるつもりです故、いづれ又この會議については何かおたより出來ると思ひます。（七月二十五日、ウィン市郊外マリア・エンツェルドルフにて、岡）

移動する魚に關する俗傳

續南方隨筆二三〇頁に「宮崎氏又言く、瀨戸內海の魚はみな讚岐の魚島迄登る。サゴシは登る內は右眼、降る時は左眼に星入りあり。紀泉二國の山を見當として游ぐ故と」と出した。其後ヘロドトスの史書二卷九三章をみて、西曆紀元前五世紀、之に類した俗信が旣に西洋に在たと知得た。云く、群活する魚は……稀に川に棲み、專ら瀉湖に育つ、子を產んと欲する時は群集して海に游ぎ出るに、雄が先導して男精を撒き、雌隨つて之を呑で孕む、扨十分海に棲だ後ち、復た本の棲所え還るに、今度は雌が先達たり、雄共の一團が前驅して少し宛鮞を落すを、後より續く雄が之を食ふ、偶ま殘つた鮞より魚が生れて生長する、海へ徃く中獲られた魚は、何れも頭の左側に損傷あり、海より戻る際獲られた魚は、悉く頭の右側に損傷ある、蓋し海え徃く時は、頭の左側をナイル河の岸に寄せ、歸り登るにも亦同じ道筋を取り、急流の爲め路を失はぬ樣、頭の右側を岸におし付けすり付けて進むによると。較や似た事が津村正恭の譚海四にもある。「播州赤穗の人物語りしは、阿波の鳴門を越し鯛は、肉堅く味ひ殊に美也。其の鳴門を越たる印しは、鯛の鼻一キザ段付てあり。二段越たるは段二つ付有るを、其印しに見わけ侍る也と云り。去ば鳴門の波は、鯛の鼻に段付る程、けはしき瀨戸也としられたり」と。(南方)

刀劍吼た事

劍の卷に云く、爲義が傳へ持たる二つの劍終夜吼え、鬼切吼たる音は獅子の音に似たり、蛛切が吼たる音は蛇の鳴くに似たり、故に鬼切をば獅子の子と改名し、蛛切をば吼丸とぞ號しけると。馬琴評に、蛇や日本になき獅子の鳴聲をどうして爲義が知得たか、吼丸と名けたは、別の譯があるのだろうと。刀劍が聲を出した譚は外國亦ある。五代梁朝の將軍戴思遠浮陽を鎭めた時、部將毛璋旅舍で劍を枕に寢ると、夜分其劍忽ち大に吼え、鞘から躍り出た。從卒聞く者愕いて箏丸を釣上げた。毛之を神とし、劍を持ち叱して、吾れもし他日此地を有し得るなら、今一度鳴き躍れと言聞せ、復た寢て未だ熟せざるに、劍初めの通り吼躍つたので、毛深く自ら之を賴みにした。其後戴將軍浮陽を離れた際、毛其許しを得て留まり居り、程なく州を以て唐莊宗に歸命し、莊宗毛を其州の刺史とし、後ち竟に滄海に帥たりといふ。ずつと後代の小說にも、遼陽の田七郎が三世傳家の佩刀は、壁に掛おくと、惡人を見れば鳴て匣より躍り出たとある。安南の俗信にも、曾て人を斬刑した軍刀は、久しく渴えた後家や御殿女中同樣よく鳴く。之を壁に掛おくに、近く斬刑がある前に、自ら壁を叩き、又主人の夢に入て、程なく其用に立べきを豫告すと。(昔語質屋庫初篇二章。太平廣記一三九。聊齋志異六。Landes, "Notes sur les moeurs et les Superstitions des Annamites," (*Cochinchine Française. Excursions et reconnaissances*, no. 8, p. 369, Saigon, 1881). (南方)

一昨夜をキノフノバンと云ふこと

東京下谷で生れた私は、昨夜のことをユフベともキノフノバンとも云ふと覺えて來たが、上州館林の者から、ユフベは昨夜のこと、キノフノバンは一昨夜のことゝ始めて聞いて驚いたのであつた。今でも談一度其事に及ぶと其正しいことを其人から主張され理解されるのに弱はらされてゐる。南方先生の注意に刺激されて改めて次の地方生れの三人の婦人達に問ひ試みたら次の地方では、確に一昨夜のことをキノフノバンと呼んでゐることが分つた。

群馬縣邑樂郡館林町
同縣佐波郡境町
栃木縣足利市助戸町字西山

(昭和五、九、廿五、宮本勢助)

虎が人に方術を敎えた事

日本紀二四に、皇極天皇四年四月、高麗學問僧等言、同學鞍作得志、以レ虎爲レ友、學ニ取其術一、或使ニ枯山變爲ニ青山一、或使ニ黃地變爲ニ白水一、種々奇術不レ可ニ殫究一、(扶桑畧記四には、多以究習とす)又虎授レ針曰、愼矣愼矣、勿レ令ニ人知一、以レ此治レ之、病無レ不レ愈、果如レ所レ言、治無レ不レ差。得志恒以ニ其針一隱ニ置柱中一、於レ後虎折ニ其柱一取レ針走去、高麗國知ニ得志欲レ歸之意一、與レ毒殺レ之。似た譚が支那にもある。云く、會稽餘姚人錢祐、夜出ニ屋後一、爲ニ虎所レ取、十八日乃自還、說虎初

寄合咄

取時、至二官府一、見二一人踞一レ几、形貌壯偉、侍從四十人、謂曰、吾欲レ使三汝知二數術之法一、留十五日、晝夜語二諸要術一、旣受レ法畢、使二人送出一、得レ還レ家、大知二卜占一、無二幽不一レ驗、經レ年遁死、出二異苑一と。支那說に虎知二衝破一、能畫レ地觀二奇偶一以卜レ食、今人效レ之、謂二之虎卜一、又云く、虎行、以レ爪折レ地卜食。安南人の說に、人が虎に啖るゝは、前世から定つた因業で遁れ得ない、其人前生に虎肉を食たか、前身犬や豚だつた者を、閻魔王がその惡む家え生れさせたのだ。故に虎が人を襲ふに、今度は誰を食ふと、ちやんと目算が立居り、其者家にありや否を考へて、疑はしくば木枝を空中に擲げ、其向ふ處をみて占ふといひ、カムボヂア人は、虎栖處より出る時、何氣なく尾が廻る、其尖《さき》をみて向ふべき處を定むと信ず。巫來人說には、虎食を卜ふに、先づ地に伏し、兩手で若干の藥をとり熟視すれば、一葉の輪廓が、自分食んと志ざす數人中の一人の形にみえるが首はない、乃ち其人と決定して殺し食ふと。又巫來人やスマトラ人が信ずるは、人里遠い山林中に虎の町あり、人骨をタルキ、人皮を壁とし。人髮で屋根をふいた家に虎共が棲み、生活萬端人間に異ならずと。錢祐が往た虎の官府に似た事だ。蓋し、支那や巫來諸地に貙虎貙人の迷信盛んに、虎裝した兇人が、秘密に部落を構えすみ、巧みに變化して種々の惡行をなし、時に村里へ出て內職に貢卜したとみえる。元來虎の體色と斑條が、熱日下の地面と樹蔭によく似るから、事に臨んで身を匿すに妙で、虎巧みに其身を覆藏すと佛經に記され、虎骨甚異、雖二咫尺淺草一、能身伏不レ露、及二其虓然作一レ聲、則巍然大矣と支那說がある。又猫や犬が時に藥や土を搔き戲むれ、或は何か考ふる體で尾を異樣に動かす如く、注意して觀察せば、虎も時々異樣な振舞をなす事あるべく、每々之をみた人々が、虎方術を能し、先づ卜ふて後に食を取ると信じたなるべし。去ば南印度に、方術に精通した猛虎が、美少年に化て梵士の娘を娶つた話あり。東晉の李嵩涼州の牧だつた時、虎が人に化て勸めた儘、酒泉に移り住で西涼王となり、本邦の釋道照は新羅に入て役行者化身の虎と語つた抔、虎が人と成て豫言し、術者が虎に化て人と談じた物語少なからず。由て虎を靈視するの極、本來動物崇拜を峻拒する回敎徒にして、曾て上帝が虎と現じて回祖と談じたと信ずる輩すらある。（太平廣記二九二。本草綱目五一。廣博物志四六。一八八一年西貢刊行、佛領交趾支那遊覽探究雜誌、八號、三五五頁。一八八三年刊行、一六號一五一頁。一九〇〇年板、スキートの巫來方術篇、一五七及一五九頁。本誌二卷五號、拙文「千疋狼」、三〇九頁以下。一八六五年板、ウッドの動物圖譜一卷、虎の條。坐禪三昧法門經上。淵鑑類函四二九。一八九〇年板、キングスコウト及ナテーサ、サストリの太陽譚一一九頁以下。元亨釋書一五。一九〇七年板、デイムスのバロチエ人俗詩篇、一五八頁。）

（完）

一昨夜の方言

岡山縣に於ても今も廣く同樣のことがある。和氣郡誌（明治四十二年發行）方言の部に「きのふの夜（昨夜と誤り易し、一昨夜のこと）」とあり、又自分の採集したものに次の地方がある。

キニヨオーノヨーサ（岡山縣御津郡横井村）

キニヨオーノバン（岡山縣勝田郡湯鄉村、淺口郡連島、和氣郡神根村、吉備郡庭瀨町）

キノーノバン（德島縣三好郡三野村）

（桂又三郎）

資料・報告

田のかんさあおつこい（田の神樣盜み）

附、田の神祭り

鮫島盛一郎

田のかんさあおつといは鹿兒島縣薩摩郡山崎村を中心に附近數ケ村、並に縣下の各所に行はれる農村の行事の一である。尤も山崎村のは近年は絕えて行はれなくなつた。筆者の記憶では日露戰爭直後一度行はれたのが最後である。恐らくその後は行はれてゐないであらう。山崎村の例を以て言へば、農村の民間傳承も、日露戰爭を境として一變した。一變したといふより、幾つかの傳承が廢れてしまつたといふのが事實である。筆者の知つてゐるその最後のものも、亡んで行く古い傳承の最期を記念する催しに過ぎなかつた。晉それにしては賑なそして鮮な印象を遺した催しであつた。

田のかんさあおつといの行はれる時期は、秋の刈入が終り、麥蒔きまでの暫くの農閑の季節を選んで行はれるのが普通である。そしてこれは、豐作の年か、それでなくとも少くも平年作以上の年に限つて行はれるのが普通である。但し豐作の年が假に三年續いたとしても毎年行はれる譯ではない。一口に言つてしまへば、この行事は、平年作以下の年に始まり、平年作以上の年に終るのである。つまり平年作以下の年に盜まれた村の田の神は、その翌年、翌々年、或は時に依つては四五年後の平年作以上の年に村に返されて來るのである。

山崎村は面積四方里位、南北に細長い村で、東北から西南にかけて、流程四十五里の川內川が貫流してゐる村で、この川添ひやその他の山峽に盆地風の相當に廣い田圃が各所に開けてゐる。この田の稔りに依つて、この村の農民の生活の程度は農村としては高い方である。田の神はこれ等の田圃の一區劃に一基づゝ、田の守護神として祀られてゐる。

この田の神は全く石造の偶像で、大抵廣い田圃の中の畦道の辻の所か、その田圃の上手に當る高みかに建てられてゐる。高さは一定してゐないが三尺から五尺近く位までで、一枚の臺石の上に立像として刻まれた雨晒しの像である。この立像の全體の形は、前こゞみであつて、背後から見た形貌が男根に髣髴してゐるのが古風のものであり、生殖と農作との古い信仰上の結びを知らない石工の刻んだものには、衣冠束帶風の出鱈目なも

田のかんさあおつとい　（鮫島）

のがあり、古風な田の神は手にすりこぎを持つてゐる筈なのに、笏を持つてゐたりする。そしてこの當世風の田の神に限つて、背に凭れの壁を負うてゐる。古風の田の神は立姿その儘である。

この田の神は、頭にしきを被つてゐる。『しき』は方言で、蒸し飯の底に敷くもので、藁で編んだ圓形のものを言ふ。着物は袖のたるんだ僧衣風の衣で、このしきを阿彌陀が被つたその形と、僧衣風の衣のなだらかな肩から下への着こなしが、背後から見た時、男根に髣髴たる形を成してゐるので、金精神の様な露骨な男根形ではない。恐らく、古くは露骨な男根形であつたものが、時代的な改變を加へられたものであらう。

手にはすりこぎを持ち、腰にはめしげ（しやもじ）を差してゐる。

『田のかんさあおつとい』は、村の字々の間で行はれることは殆どなく、村と村との間に行はれるのが通則で、自分の村の田の神より、他所の村の田の神の方が靈顯があらたかであるから、その田の神に自分達の田を守護して貰つて、その御利益に預からうといふ信仰に基づいて行はれるものである。他所の村の田の神が靈顯あるといふのは、その田の神を自分の村に連れて來れば、在來の田の神より遙にその威力を發揮して、村に幸するといふ信仰に依るのである。

偖、おつとい（抑取り―盗み）は勿論無斷で行ふのであるから、常に夜陰に乘じて極めて秘密裡に行はれる。未だおつといの最中にその村の者に氣附かれたといふ話を聞いたことがない位、愼重に手際よく行はれる。この時、田の神は無斷で盗まれるのであるが、盗まれて行く田の神は、自分の意志で暫く留守する旨を殘片に認めて、落し文として出掛ける形になつてゐる。

『少し體の具合が悪いから二三年、溫泉に行つて養生して來る』といふのがその落し文であつたり、『何處其處に好きな女があるから婿入りする。』（田の神には兩性共あつて、女神の場合は嫁入りすると書いてある譯である）とか、又時が遇々戰爭中であれば『日清戰爭に行つて來る』『日露戰爭に出征する』などと書いてあつたりするのがその落し文である。

かうして盗まれた田の神は、數年經つて返されることになる。そしてその田の神戻しは突然ではなく、豫め相手方の村と日取を打合はせた上で行はれる。返す方の村では羽織袴のその村の顔役達が先頭に立つて、その後に假裝した大勢の人々が從ふ。迎へる方でも同様の禮裝、扮裝で出迎へ、先づ格式立つた受渡しの口上があつて、後は狂言風の大々的な喜劇を雙方で行ひ、携帶の酒肴を開いて、飲めや歌へや踊れの賑ひとなり、努めて田の神の機嫌を取り乍ら、舊の位置に安置するものである。田の神は大抵擔はれて來る。

この時田の神は必ず數俵の籾俵と餅と燒酎とを土產物として持つて來る。この中の籾はその村の氏子達が戸毎に分配して貰つて、次の苗代に蒔く種籾にするのである。餅は多くの場合子供達に分けられ、燒酎はその場で直にその田の畦道での饗宴に供せられる。

薩摩國山崎村で二十數年前迄行はれた「田のかんさあおつとい」の行事は大體以上の通りである。

田の神祭り

山崎村での田の神に就ての行事に今一つの神祭りがある。

田の神祭りは、毎年舊暦の十月中の丑の日に行はれることになつてゐる。その年の秋に刈入れた新穀の糯米で舂いた餅を供へる簡單な行事である。

この丑の日に村の人達は夫々字毎に持寄つた糯米を一軒の家で餅に舂いて、それを藁づとに入れて子供達に持たせると、子供達は法螺貝を吹き鳴らし乍ら、田の神の所に行つて、そのつと餅を田の神の肩にかける。其處に村人達がお參りに來るのである。中には、個人で別に藁づとを持つて來て、その田の神の肩に掛ける者もあるので、田の神は一時に澤山のつと餅を肩に掛けることになる。

かくて氏子である村人達は、田の神に捧げた餅の殘りを銘々に分け合つて家に持つて歸り、家内中でそれを食べて鼓腹の喜びを祝福するのである。

これだけで終ることもあるが、餘り田の稔りがよくなかつた年か、意外によかつた年かには、『田の神舞ひ』といふ道化舞が行はれる。舞ふ者は數人で、面を被り、頭にはしきを冠り、白い着物を着て襷を掛け、腰にはめしげを差し、手にはすりこぎを持つて、袴を着けるのがその服裝であるが、袴は股立ちを取つて穿いてゐる。

笛と太鼓とで拍子を取つて舞ひ、その舞の間に種々の口上と、所作があるのであるが、不幸にして筆者の記憶には、その口上には始めから終りまで觀衆の頤を解くおどけ——そのおどけがともすれば生殖に關したことであり、その所作に露骨な媾合の姿態があつた印象だけが明に殘つてゐるだけで、爾餘の全てを具體的に紹介することの出來ないことを憾みに思ふ次第である。言ひ落したが、この田の神祭りは、田の神の御機嫌を取つて、村の田に幸ひを得させて貰うといふ祈念から行はれるので、その靈顯は必ず現れるといふ信仰に基づいてゐる。但し近年は、この田の神祭りも殆ど行はれず、全てを神主の祭祀に委ねる曲も味もないものとなつた。

田のかんさあおつとい（鮫島）

41

河童の話

——第二卷第八號「河童の話」續稿——

松本友記

◇河童の名前

宮崎縣都農町附近一帶の人々は、河童のことをセコボウと呼んでゐる。ヒヨウスンボ・ガラッパといふ名前も通用する。

◇河童の形質

夏は川、冬は山に住み、一—二才の小兒の樣で、顏は極めて醜く、頭の頂は皿狀に凹み、その中に常に水をたゝえてゐる。水を失へば全く力がなくなる。人を捕へ、肛門より手をさし入れてケツゴをとる（又はキモをとるともいふ）。時々水中より出て岩石の上等に登つて遊ぶことがあるが、人が近づけば直に水中にかくれる。殆んど目にみへない程素早く、見たといふ人でもただ瞬間みただけである。體は鰻の樣にヌルヌルとしてゐるといふ。腕は伸縮自由自在で右の腕を縮めて左へその長さを移し、又左から右へ移すことも可能である。

河童は秋から山に入るが、時々山から海に下ることがある。その時の道は必ず決つてゐて、もしもこの道に邪魔をすれば非常に怒り、必ず仕返しをする。通る時期は夜間に限り、ホーイホーイといふ叫び聲をあげて通るが、その姿は全く分らない。（宮崎縣都農町）

◇河童の腕

河童の腕は、もともと猿の腕であつて、河童が或時猿のものと取かへたのだといふ。それで今に至つても猿は欺かれて腕を取かへた河童をうらみ、常に仇を報じようと考へてゐる。それで、猿廻し等が河を渡る時は必ず猿の目かくしをしてからでないと渡らぬ。（宮崎縣都農町）

◇河童へのおわび

河童の通り路に就ては前に記したが、その通り道に小屋など建てるものなら夜中とても騒がれるので、そんな時は河童におわびをすれば騒がなくなる。卽ち『庭に木を撒き御邪魔してすみませんでした。知らなかつたのですから許して下さい』と言つてあやまれば多くの場合それで事なくすむと信ぜられてゐる。（宮崎縣都農町）

◇河童のなき聲

『遠くできけばホーイホイ ときこへるが、極く近くからきけばクワックワッときこへる』河童の正體は鳥ではないでせうかと村人は語つた。（宮崎縣都農町）

宮崎縣と鹿兒島縣の境に近づけば、河童のなき聲はヒヨウヒヨウといふと里人は語る。肥薩線吉松・八嶽・人吉附近の一帶の深山に住む樵夫の一人は『三年ばかり前ここ附近の官山が焼けました。その時山に住む河童の群が逃げまどう聲は實に大したもので、ヒョウヒョウ　ヒョウヒョウと、あたりの山に響きましたが、そんなに聲はしても、一匹もその姿はみません』と話した。

◇河童傳説二篇

〔1〕宮崎縣佐土原町の内に、水神町と呼ばれる一區劃がある。この町名は昔からあつた名前ではなく、佐土原に鐵道が通つて驛が出來てから出來た名前で、驛の近くに俚人が『水神さん』と呼ぶ一小祠がある、この水神さんに因んでつけた町の名前ださうである。偖て、その水神さんの傳説は次の様である。

今から百五拾年餘り昔、佐土原に有名な『やんぼし』がすんでゐた（その子孫は現存）所が或夏、そのやんぼしの息子が附近の川に泳ぎに行つてヒョウスンボにとられた。やんぼしは非常に怒り、『外の所の子供ならいざ知らず、自分の息子をとるとは怪しからん』と、早速『ホウゴッ』❶を書いて川上に流した。すると河童はその『ホウゴッ』の威力で水中に居ることが出來ず、『シガツロ』❷にあがつて、ヒョロヒョロとまるで病人の様に弱つてゐた。或日の夕方祖父―話者の祖父―が川の堰《セキ》を見に行つて歸りみち『シガツロ』に行つてみるとそこにヒョウスンボが死んでゐた。そこで祖父はそれを隣近所の人と相談して祠を作つて祀つた。それが今の水神さんであるといふ。この水神さんの御祭りは毎年夏行はれるが、そのお祭りは、水神町の三丁目の人が三軒、四丁目の人が三軒、都合六軒の人々によつて供物や燈明が献ぜられるのみで、他の人々は關係しない。（宮崎縣佐土原町小山藏氏談〔五四歲〕）

❶『ホウゴッ』とは、山伏や神官や僧侶等から祈禱してもらふことを言ふ方言であるが、こゝでは山伏の祈禱の文句といふ意味である。
❷『シガツロ』とは、川の中にある小面積の陸地のことである。附近の方言。

〔2〕宮崎縣都農町の東南に分子村がある。その村の北端に名貫川と呼ぶ川があり、その川に面して德泉寺といふ古刹がある。今から百數十年前、洞光和尚といふ人がその寺の住持をしてゐた。或時檀家に死人があり、その葬式に行つての歸り途、餘り暑かつたので馬を河原にひき入れて汗を落し、馬をそのまゝにして寺にかへつてゐると、暫らくしてから馬がいななきながら飛んでかへつたので、和尚はどうしたんだらうと思ひ側に行つてみると驚いたことには、馬が一匹の河童をくわへて來てゐた。和尚は怒り、河童を大繩で柱に縛りつけ鞭打つた。所が河童は大聲で、以後は馬をとるやうなことは致しませんから、どうか水をかけて下さいと頼むので、和尚も、以後惡さをせぬ約束で

河童に水をかけてやつた所が、河童は急に力を得て、不思議な力を出して繩を切つて逃げ去つた。其後河童は多數の友達を連れて毎晩夜更けになると寺にやつてきては、廐堂、田畠を論せず、やたらに荒すのが一通りや二通りではなかつた。和尚は大立腹し、明くる日、早速附近の農民を寺に集め、七日七夜の大祈禱をつゞけ、十の石にそれぞれ經文を刻みつけ、河童の居る川の上下に『この石が水にとけ失せるまで河童の害がないやうに』と投込んだ。さうすると川の河童たちは、住むに住まれず全く困り果てた末、多くの河童は揃つて寺にきて和尚の前にひざまづき、『川の水全く盡るとも、煎つた豆から芽が出ても、人や家畜に害はせぬ、どうぞ小石を取除いて下され』と嘆願したが、和尚は前例があるので仲々許さなかつた。然し、餘り嘆願するので和尚も、それではといふ所で、豆を煎り、それを川に流して、『この豆に芽が出るまでは惡さをするでないぞ』と諭して河童の願ひの通り、前に入れた川の石を百姓に拾わせた。それから今日迄、名貫川では河童が人や家畜に害を加へたことは曾てないといふ。

徳泉寺にゆけば、その寺の一隅に七日七夜祈禱した紀念碑が建つてゐる。尙寺のすぐ下方と、寺の上手と下手の二ケ所、全部で三ケ所に、例の石を集めて塚となし、そこに紀念碑が建てられてある。

又村人の語る一説には名貫川には經文を刻んだ石があつて、これが爲に河童は人をとらない、この經文が消失すれば人をとつてもよいので、河童は一日も早く人のとりたさに、その石の刻字を手の平で常になでゝみて刻字の有無を檢してゐる。かう話す人もある。（宮崎縣都農町）　（一九三〇・九・一）

美濃國に於る山の講祭の數例

林　魁一

◇郡上郡相生村中野

春二月七日と秋十一月寅日に山の講《コ》祭を行ひ前日に十三四才迄位の男兒は組中の家にて錢又は米を集めて御酒・菓物・栗・鹽・鰯等を買ひ、夜は毎年交代の山の講の宿と云ふべき家にて赤飯を炊きて食ひ『やくざ』及び約十五尋《ヒロ》の七五三《シメ》繩を作りて翌日の準備をなす。

本年中に小兒の生れたる家及び死人ありし家は宿となさず。やくざとは太きしめ繩を輪にして御幣を付けたる者なり。

當日は朝早く大なる小兒は先頭に立ちて背にやくざ二個を負ひ之を神主と稱せり。次に二本の竹を二人にて持ち次に一般の小兒は皆やくざの小なるを持ちて宿を出で、山の神前に行き、茣蓙《ゴザ》を敷き竹を建て、しめを張り、やくざ及び前夜買ひし物品を供へ、山の講の御祝と大聲に呼び、後に供物は集まりし小兒に分與するなり。

山の神は小祠の内に在る岩石にして、山の講の日に山全部に在る樹木を數へらるゝを以て、木を切れば山の神の怒に觸るゝを以て此の日には山に入らず。

◇同村西乙原

二月の七日と十一月の初寅に行ひ、男兒は前日に山の講の祝と稱して米又は錢を集め、夜小豆飯を炊き、當日曉には山の神と云ふ岩石にしめ繩と竹を付け、榊を建て、又高さ三尺位の屋根形に薪木を積みて火を付けるなり。山の神への供へ物は男子の作るに限り女子は作らず。

◇武儀郡美濃町安毛

山の神祭を山の講と稱し、二月初寅、又は十一月七日に行ひ小兒は前日に山の神の祝と稱し、各戸にて金錢米類を貰ひて夕方小豆飯を炊きて食ひ、當日未明に山神前に薪木を山の如く積みたるもの、卽ち俗稱どんどに火を付け、又山の神に御酒赤飯等を供へるなり。此日山に行けば過ありと云へり。

◇武儀郡下牧村板山地方

山の神祭は山の講と稱し、二月七日、十一月七日にして前日に男兒は『山の講』と呼びて米錢を各戸より貰ひ、又は各自に二合位づゝの米を持ち集めて夕方に村社の傍に在る小屋、又は拜殿にて赤飯を炊きて握飯となして食へり。此の如く小兒の集りて村社へ行く事を山の神に上ると稱せり。翌日朝早く村社境内に在る山の神前にて「山の神起きさせんか」と大聲に呼びて薪木を山形に積みたるどんどに火を付けるなり。

◇武儀郡下牧村矢坪

山の講は二月初寅、又は十一月七日に行ひ、二月は僅に形式に行ふのみなり。

十一月六日に山の講と呼びて、男兒は米又は錢を貰ひ集め、一定の家に集り、夜五目飯を煮て食ひ、鍋又はおひつの蓋《フタ》に載せて山の神に供へると稱し、七日朝早く山の神の前に行き、御酒五目飯等を供へ、屋根形に薪木を積みたるものに火を付けるなり。山の神は長圓形の石に山神と刻みたるものもあり、又は村社の傍に小祠あるもあり。俗說に依れば山神は女神にして二月の初寅卽ち春の山の講に田に下り、秋の山の講に山に入り、田と山と兩方を兼ぬる神なり。山の講の日には山に行かぬ事とせり、其の理由左の如し。

山の講の日に山へ行くと山の神婆《バ》々に逢ふ事あり、然る時には、山の神婆々は必ず我に逢ひたる事を人に告げる可らずと云ふ。若し此の事を人に告ぐれば死去するなりと一般に信ずるを以てなり。山の講の日には白狐の出づると云ふ人もあり。

◇武儀郡下之保字小宮

美濃國に於る山の講祭の數例（林）

二月七日と十一月七日に山の講を行ひ、春は上組、秋は下組の者にて祭り、前日に山の神の初穂と稱して米を集め、山の神の田より納めたる僅の捻米と交へて、當本と云ふ家にて一戸より一人の大人の手傳をなして油揚飯を炊き、七日朝は小豆飯を炊きて握り、之を『燒き飯』と稱し、當番の人は燒き飯と鰯とを小さき薦《コモ》に載せたるものと七五三繩、御酒等を持ちて山神の前に供へ、三尺程高く薪木を積みて火を付け、組中の人も同行して山神の前にて燒き飯を食ひ、又集り來る子供にも分與して終るなり。山の神は小祠中に祭り女神なるを以て女は參詣せず、山の講の日には白狐を見れば惡事あると云ひて山に入らず。

◇武儀郡富ノ保村岩

二月七日と十一月初寅に山の講を行ひ、男子（大人）は米三合、錢十錢位を持ちて前日夕方に當番の家に集り、油揚入の味飯を作り、山の神に參詣し來りて夜食ひ、或は小豆飯を作り食はざる前に初穗と稱して握り置き、七日朝山の神前に參詣し、二間位のしめを張り、檜の葉上に燒き飯・鰯等を載せて供へるなり。燒き飯は握り飯の方言なり。

◇武儀郡上ノ保村名倉

二月七日と十一月七日に山の講を行ひ、六日夜當本にて五目飯を作り、七日朝小豆飯の握飯を作りて山の神へ、御しめと紙に鋸・鎌・鉈等の形狀を畫きたる者を持ちて行き、其の上に鰯と御酒握飯等を載せて神前に供へ、山形に積みたる薪に火を付け赤飯を分ちて食ひ、鋸等を畫きたる紙を火中に入れ、此時、山の講の勸進と呼ぶなり。

此の日に山に行きて傷すれば全快せずと云ふ。

武儀郡の東北地方には大人の集りて山の講を祭る所多し。

◇加茂郡富岡村大平賀

山の講は二月中と十二月七日頃に學校の休日に行ひ、山の講の前日に區中の男兒集り、山神の前に山形に稿《ワラ》を積み『山の講の勸進』と大聲に呼びて米・小豆・錢を組中の家より貰ひ集め、當本にて夕方に雜炊を煮て食ひ、又は翌日の用意をなし、當日の朝赤飯を炊き、『大樽』と稱し太き七五三繩に繩を結び付け『おやす』と云ふ稿《ワラ》を小なるこもの如くあみて兩端を結びたるものに油揚・赤飯・鰯等を包みたるを結び付け、明年よりは山の講に來らざる年長の男兒の胸に掛けて山の神前に行き、外の小兒も之に從ひ、山形の稿に火を付け、左記の歌を唄ひて赤飯を食へり。

山の神の剃刀は。よう切れる剃刀で。大根切り茶切り。
馬のちんぽ切りて。さゝいわい。やはい。そらしよう。

附言　本記事は本年四月發行、岐阜高等農林山岳部の『雷鳥』と云ふ報告書にある『美濃國に於ける山神祭の風習』と云ふ記事の續編と云ふべきものなり。

峽間傳承

中川 公

◇信仰に關するもの（弘法大師に關するもの）

甲州の湯村といふ村のある一部では、里芋が出來ない。たとい作つても石の樣に堅くて食べられない。それは昔その所を流れる小川で、或る婆さんが里芋をあらつてゐると、弘法大師が來かかつて一つ分けてくれないかと云つたところ、婆さんは慾深で分けてやらなかつた。それで大師はこの區の芋を食べられなくしてしまうと云つて立ち去つた。その後この村のその一部では里芋が出來なくなつた。

◇ある觀音樣の話（祟り）

村の某といふ者が盜人をして困るので、村の人が多勢相談して皆で村の辻で殺した。所が村にその殺されたものがたゝると云ふので、村のその殺した辻へ延通庵といふ御堂を建てゝ觀音樣を祭つた。ところがたゝらなくなつたさうである。その堂の天井には地獄極樂の繪を貼つてあるさうである。

◇神がくしの話

東八代郡の桑戶といふ所の榮造と云ふ男は芋を掘りに行き、神かくしにあつて十日かくされてゐた、この間に金比羅樣へお詣に行つたのださうである。十日目に頭の毛をぼう〳〵とみだして歸つて來た。

◇六部を救つて金持になつた話

今でも東八代郡で有名な金持であるが、その先代の時家の前で六部が行き倒れになつた。そして乳を飲みたい〳〵と云ふので、先代のおかみさんが自分の乳を飲ました。六部はごくごくと乳を飲んで死んで行つた。その時おかみさんの懷に六部は持つてゐた大金をお禮として入れた。それからその家は金持になつたといふことである。又ある金持は六部をその先代の人が殺して大金をとつたので、その金が元で金持になつた。それ故に屋敷內にその六部がまつゝてあると傳へらるゝ家もある。

甲府の町に『おふどー』といふ大きな吳服店がある。このおふどーといふ屋號は、先代の人の時不動樣の像を背負つた巡禮が先其の家に厄介になつてゐるうちに、大金を持つたまゝ死んだので、その金から今日の財產が出來たと傳へられてゐる。今この不動樣は屋敷神としてまつられてゐるさうである。

◇厄病退散法

甲州で厄病を病むと、ほうえんと云ふ祈禱師や神主を招いて御祈禱をしてもらう。身體全體を法師なり神主は紙でふく、そしてその紙を夜中の丑の刻に十字形になつてゐる辻で燒く。その時藁で三角の筒を作つて强飯と油揚げの煮たのを入れて、その辻に置き、法師又は神主は御幣を切つて立てゝ祈る。かうしてはらつて貰ふ本人が直ぐその場に行くと又この厄病にかかると傳へられてゐる。又流行病の流行る時は朝比奈何の守又は鎮西八郎爲朝公と書いて門口に貼る。其他、子供は赤い紙に自分の手に墨をつけ、手版を捺して、それを戶口に貼る。

◇盜賊の入らぬまじない

盜賊の入らぬまじないには、七夕祭のあとで、竹につけた七夕の牽牛織女の着物を二枚かさねて紙につゝみ、その上に七夕様とかいて盜賊の入らぬまじないとして戶口に貼る。

船乘と死人

雜賀貞次郎

昭和五年三月十九日、田邊の廣畠喜之助君に聞く。田邊地方の漁船、帆船は歸港の際、艫《とも》の方を陸岸に着け乘組員は艫から上陸するを例とするが、若し乘組員中に海岸に墜落して行衛不明となつた者又は出航先きで病氣其他で死亡した者などあつた際に限り、歸港の際舳の方を陸岸に着け、船玉さまの前に莚など敷きて座席を設け、さて乘組員の人々が口々に行衛不明者又は死者の名を高聲で幾度も呼び立てる。かくて暫らくして後船頭が『來た來た』と言ひ宛然その者が船に歸り來つた如く裝ひ

而して後一同上陸する慣しである。左樣せねば其船には又死者を出すなど災厄が續出すると信ぜられる、と。

同君又曰く、毎年七月に入ると阿波方面の海面に亡者（海上で死んだ人の亡靈）の火飛ぶこと甚だ多い、と。

又、田邊地方の漁船は海上で人の溺死體の漂流してゐるを發見すれば必らず拾ひ上げて持ち歸り、其筋に屆出で埋葬するを例とする。漂流死體を發見して引揚げる時は先づ乘組漁夫のうちの一人が死體に向ひ『引揚げてやるがその代り漁をさせるか』と問ふ、すると乘組の他の一人が死人に代つて『漁をさせますから引揚げて下さい』と答へ、而して後ち引揚ぐ。舟の死體を引揚げるのはホワキノマ（帆脇の間、舟の舳の船玉さまを祀つた裏側）からする。串本浦では死體を引揚げて歸港の際は『大漁、幸よし』の旗を立つ。死人を引揚げて歸つた船は漁ありと信ぜられる、と。（紀伊、田邊）

戶山の猪狩

高村日羊

土佐國主山內忠義公は武勇にして狩獵を好まれた。長岡郡瓶岩村などへ椎樫の實を蒔て其木を仕立猪鹿を誘致したといふ。兩後藩主は、二三年に一回多くは秋末に此村に至り遊獵せられ

た。其樣を聞くに先づ山林を百町歩乃至二百町歩位づゝ數獵區に分ち、一獵區中適好の地に方二間高四尺許の石壇を築き、上に屋根を作り、幕を掲げて藩主の居所とし、之を御打臺と稱した。藩主は獵服して、お筒持を從ひ、之に入ると老臣以下其下段に列座し、皆銃を裝して逸物來よかしと待つて居る。さて豫め募つてある數十百の勢子《セコ》犬引《イノヒキ》を二三十人に一人の勢子頭が統御してひようしぎを撃ち、進退を節し、吶喊を命ずれば勢子は手々に棒を提げ、相當の距離を保ち、鬨を揚げつゝ山の半面を一方より御打臺の方へ進むのである。他に逸せんとする獸は中《ナカ》打《ウチ》が之を撃つ、中打は狩獵を好む者が許を得て來り、要所に待つ者である。斯くて猪鹿お打臺の邊に至れば藩主先づトンとやり、中らざれば老臣等之を亂射するといふ順序。此所を脫した者は中打の徒縱に捕ることが出來た。獵終れば中打の獲たものをも併せて竿に懸け陳ねて衆に示した。此の如きこと二三日にして止んだといふ。昔は此村を戶山《とやま》村といふたから之を戶山の御猪獵《ヲシ・ガリ》といふ。

年中行事

秋田縣鹿角郡宮川村地方

內田武志

月見　稻穗を採つてきて枝豆や栗、梨などと共に三寶に載せてお月樣に供へる。（團子は上げない）お月樣に供へた物は女は食べられない。夜分、子供等は組をなして、

　お月豆　吳《ケ》てたもれ
　吳《ケ》ねァば　庭の隅《スミ》さ糞たれる

と唄つて、豆を貰つて歩く。

九日餅　舊九月九日は初九日、十九日は中九日、二十九日は末九日と云つて餅を搗き、主に小豆餅にする。新米の出來るのは大抵月末頃なので末九日が一番盛んである。

彼岸　春と同じく白粉團子を作り佛前に供へ、だんすを拵へる。

上州綿打地方

福島憲太郎

沖縄地方（牛島）

九月

八朔（一日）　此の日は一と月遲れの八朔で、餅を搗きヒツクルミ餅を拵へて喰べる。ヒツクルミ餅は餅を丸めて、小豆餡で包むので有る。之を近所・親類の家へ贈答する。

◇（二百十日）　神前へミアカシを上げ、天候順調にして荒れぬ様、作物の良く出來る樣祈る。夕食には饂飩等を拵へて喰べる。

虫送り（十五日）　此の夜は虫送りと云つて、各戸家の前の街道で麥藁一把位燃して害虫を除く。そして太鼓を打鳴らして田畠の圍を廻り乍ら『ムシオクリー／＼』と唱へ囃すので有る。神棚に祀つて有る田神樣には牡丹餅を上げる。

月見（十五夜）　今夜は月見で、茹饅頭十五個と柿・栗と他に五種か七種の野菜（人參・牛蒡・大根・里芋・甘藷等）及び薄を五本お月樣に供へ、それからミアカシを上げてお月樣に向つて拜む。月に供へて下げた食物は、若い者が喰べるとカラバカになると言つて、老人のみが之を喰べる。他家で供へた物を子供が取つて喰べると、丈夫に育つとて他家のを取つて喰べる。又夫婦の一方が他所へ行つて二人別々に月を觀ると、片見月と言つて禍が來ると信ぜられて居る。

彼岸　春のと同じ事で有る。

庚申　秋（九月或は十月）の庚申の日の行事は春のと同じで有る。

十月

神のお立ち（一日）　此の日は神のお立ちと云つて、新米の御飯を炊いて神棚へ上げる。

月見（十三夜）　十五夜と同じ事で有る。但しお月樣に上げる茹饅頭は十三個で有る。

秋祭り（十七日）　各家赤飯を拵へ、早朝鎭守樣へ之を持つて行き神前へ上げる。此の日の鎭守祭禮は、神社境內で村の青年芝居が有る。

オクンチ　此の日はオクンチと云つて、人參・牛蒡・里芋・蓮・生揚・鹽引鮭・饂飩等の御馳走を拵へて、親類・近所の者を招待する。夜はキイクンナと云つて、夕食後青年や少年等が近所を廻り『木呉んな木呉んな、木呉んねとつんむすぞ』と言ひ囃しつつ、各家より薪・藁等の燃料を貰ひ集める。燃料の代りに金錢を出す家も有る。そして貰ひ集めた燃料は、車に積んで鎭守樣に行き、村中の者が寄り集つて之を燃すので有る。

夷講（廿日）　一月廿日のと同じ事で有る。

沖縄地方

牛島軍平

八月（舊）

十　日　折目。

十五日　折目。

ひがん　春のひがんと全く同樣である。

十五日の晩から、十六日へかけて、村芝居をして遊ぶ。

九月（舊）

九日　節句。朝ウブクと言つて、飯を茶椀に盛り、又、杯に菊の葉を入れて、それに、酒をついで、竈・佛壇に供へる。菊酒といふのは、これである。晝頃になると、大人も子どもも、屋根或は廣場などで凧を揚げて遊ぶ。これは只今、やらなくなつた。

凧のことを、首里では、マツタラー、那覇では、マツテーラー、と言つてゐる。普通、□かういふ形のを、ブーブーダク□かういふ眞四角なのを、ワン〳〵ダク、◇かういふ菱形のをカブヤーと言つてゐる。

十月（舊）

なし。

肥前國茂木町飯香浦地方

木　下　利　次

◇二十三夜さま　正、五、九月の二十三夜さまの晩には、月の出る迄寢ないで待つている。この時、三體の月が見えると云ふ。

◇多良山參り　新暦十月十四日に、多良嶽の祭り《クンチ》がある。都合のつく人は、出掛ける。途中、祐徳樣《ユウトク》（稻荷）えよる。多良山の神樣は昔或る所のお姫めさんであつたが何かの爲めにうつろぶね（木の箱のように作つた船）で流された時、岩に當つて木の合せめから海水が入つた時かきあみ（小さい海老）がその割れ目につまつたので命が助かつた。そこで今でも、この山に願を掛けて一生かきあみをたべることを絕つ人もある。歌に「わしが心と多良嶽さんは、何時も變らずあをあをと」。

（正誤　民俗學第二卷二月號一二八頁の秋田縣鹿角郡宮川村地方年中行事の中十二月三十一日の項中『中の台、下台《シモダイ》』を『なかだい、しただい』に、一月十二日の項中『餅を包み入れ』を『餅を苞に入れ』と訂正します。內田武志）

紙上問答

○たとへ一言一句でもお思ひよりの事は、直に答をしたためて頂きたい。

○一度出した問題は、永久に答へを歡んでお受けする。

○どの問題の組みにも、もあひの番號をつけておくことにする。

問(三〇)　ぬけ參り及び御蔭參りの語の初見をふらく探索してゐるか、も一つ思はしいものが見當らぬ。拔參りの事實は遠く室町時代から文獻に見えてゐるが、一體ぬけ參りの語が何時頃から言はれたのだらう。私が今迄の調査に據ると、一は西鶴作好色五人女巻二に、「いつにても其方に逢はせ給へ。」と云ふに嬉しく、約束を固め、「一段の出合所を分別せし。」と小語きて、「八月十一日立ちに拔參を此の道すがら契りをこめ行末まで互にいとしさかはゆさの枕物語云々」とあり。又、同書同巻に「參るならばまゐると内へ知らして參らば、通し駕籠か乘掛で參らすに、物好きな拔參して云々。」と何れも伊勢參りの話の中にあり。其二は同作好色二代男(諸艷大鑑)巻二に、「擲七笠に書付をして、ぬけ參りのまれ云々」があり、其三にはこれも西鶴作(遺稿)と認めらる絵入西鶴なごりの友五巻一ウに、「そなたはいかなる事が種で此作の出る事ぞとたづねしに、我等ぬけ參りいたせし時云々」と見えてゐる。何れも西鶴の作で、一は貞享三年版だが、話の事實は貞享元年の事であり、二は貞享元年版、三は元祿十二年版である。併し三は遺稿にして、文より見ても繪樣より見ても西鶴初期の作品にて、一代男以前、天和初か延寶末と見られるのである。さらばぬけ參りの語は延寶末より作製されたか。然し乍ら西鶴か如是盛んに用ゐてゐる所より見ると、まだ〲時代を上すことが出來ると思ふ。これ以前でぬけ參りの流行は寛文元年にあり、も一つ上つて慶安三年にある。寛文六年版度會延佳著の「伊勢大神宮神異記」はこの種の最も古いまとまつた物で、ぬけ參りの事實を載せては居るが未だその語は現ばれてゐない。近松門左がこれを用ゐたのは丹波與作で、「契りそめしは一昨昨年、拔參宮の道連れに云々」とあり。これは寶永二年の拔參りの當込みだから駄目。所が一つあつた、延寶丙辰孟冬某ノ日の序文ある日次紀事(京都叢書所收)の四十三頁に、「白二今月一至二四月一伊勢參宮徒多其間爲二人之臣子一者レ不告二君父一而參詣者是謂二脫參一凡親戚朋友云々」と見えてゐる。丙辰は延寶四年であるから、これが最も早からう。而して事實は寛文元年の拔參の記事である。以上私が今迄調査した全部であるが、讀者の内にてこれ以上古い記事を御存じの方はその出典を御教示願ひたいのである。

次に御蔭參りの語であるが、これは時代が余程降つてしまつて、私の見得たのは御話にならぬ。恥を云はれば理が聞こへませぬが、文化六年版の貞柳全集の雜部中に「ぬけまゐりの子ともらしやくないたし物をこふに」と題して、「杓ふれはそれといはれと天照おかけまゐりと汲てこそしれ」と云ふ狂歌がある。由緣齋貞柳の何年の作か解らぬが、彼れの歿年は享保十九年八月十五日年八十一だから、承應二年生れとなる。そしてこの狂歌が五十歳位の作として見れば寶永二年の御蔭參の際とせなけりやならぬ。以上に據つて如何なる推察か下せるか、私は今其の結論に迷ふものである。大川茂雄氏は雜誌史學界第七巻第四號に於て、御蔭參りの話を書き、「神風や伊勢の濱荻踏み散らし御蔭參りの寢處なし(油煙齋貞柳)」なる狂歌を擧げて居られるが、其出典を知りたいものだ。兎も角、御蔭參りの語は拔參りよりは新しく出來たらしいが、今私にはわからない。大方博雅の御垂教を待つ。

(大阪府三島郡高槻町、藪重孝記す)

問(三一) 飲食物に樣の字付て呼ぶ。委陀時代の印度人は白前科のソマ草の汁で酒を醸し、尊んだ餘り之を神とし、古埃及人は球葱とニンニクを崇拜し、其名を引て誓言したとか。寺島良安說に、邦俗米を菩薩と呼ぶから、米を食ふ蟲を虛空藏といふとは、洒落じみた言だが、吾輩亡父の手代頭だつた人抔は、心底から米は人を救ふ菩薩と信じこみ、毎食必ず合掌膜拜して後に食た。昔し豐後の富人が、戯れに餅を射ると、白鳥に化て飛去た。福神が去たのだから、其家次第に衰へたといふ。こんなに飲食を神視した餘風でも有うか、松海靜山侯の記に、天保頃、上州草津で食品を賣歩く者「其名を呼行に、お芋樣、豆腐樣抔呼ぶ、尊稱可咲」とある('The Encyclopædia Britannica,' 14th ed., 1929, vol. xx. p.294: Wilkins, 'Hindu Mythology', 1913, p. 69 *Seqq.*; Pliny, 'Natural History', ed. Bohn, bk. xix. ch. 32, foot-note 51; Gubernatis, 'Mythologie des Plantes,' Paris, 1882, p. 256; 和漢三才圖會五三。塵添埃囊鈔三卷二七條。甲子夜話續八二。) 紀州田邊町亦同風で、今も或る食物、例せば粥や豆をオカイサン、マメサンと呼ぶ者、殊に婦女小兒の常事たり。但しカボチャサン、カラシサン抔言ず。食へさえすれば何でも樣付けにするに非ず。其凡例は追々調査して申し上るとし、爰には現時、田邊の外にも、或食物の名に樣の字を付て呼ぶ所ありやと問ふ。(九月廿二夜、南方熊楠)。

(追記) 寛永頃の物らしい昨日は今日の物語下に、舅が山家育ちの婿に切麥をふれまふ「一段と味の面白き物ぞと思ひ、酌取女に、何と云物ぞと問ば、我名の事と思ひ、こいと申すと云ば、よく〳〵覺えて、後日に禮文を遣ける迚、先度は初て參り色々の御もてなし、殊にこい殿味忘れ難く候、馴々しき事にて候へども、此方へちと給はり候はゞ、愈よ滿足たるべく候と嘗て遣はしければ、舅之をみて言語同斷、我秘藏の物を盜み乍ら、うつけにするか迚、頓て娠を取返した」とある。食で旨かつた鯉を殿付けにして尊重したのだ。(完)

問(三二) 千日詣り。寛永十八年齋藤德元編、俳諧初學抄に、清水寺千日詣、七月九日夜より十日朝迄也。貞享二年刻、黑川道祐の日次紀事には、七月九日、明日清水寺千日詣、自二今日一有二參詣人一入レ夜殊多云々。七月十日、清水寺千日詣、俗傳、今日參詣當二平日千度一、或謂當二四萬六千日一。延寶二年坂内直頼著、山城四季物語四には、七月十日清水寺千日參の事、けふ觀世音に參詣せしむる事、この常千日の日參に異ならぬ功德とて、千日參りといひ、或は六萬六千六百四十日に對ふなんど云り云々。是等を讀むと其頃の人は頗ぶる信仰が厚かつた樣だが、寛文二年板、中川喜雲の案內者四に七月十日、清水千日詣、此夜舞臺にして、參詣の若い者共踊りをするとあるから見ると、信心はほんの口先きで、男女入り亂れて踊り狂ひ、其より進んで、特種高尙な學課を實踐と出掛たのだ。孰れの書にも當夜夥しき人出と書きあれば、其踊りは中中盛大だつたろう。去ばこそ天和三年に出た島原大和曆三には、七月十日清水千日詣り、つゞきといひ、旁たの日なれども、きは近ければ來る人少なきとぞと書れたるなれ。全く踊りが面白くて遊廓え足が向なんだのだ。寶曆二年梅嶺著、世間母親容氣五の三に「慾の世の中に生るる衆生を見付て、一日參れば八千日參りに當るといふ日を拵らへ、其より萬日に當る日、五萬日に當る日といふ書付を堂塔に張付く、愚かなる人之を慾日參りと云り、佛菩薩へ參るに慾日と名こそ怪しき、凡そ一年を三百六十日と積り、百年にて三萬六千日也、四十歲の人一度五萬日に當る日に參れば、八十で死でも、其生ておる日數一萬四五千なり、五萬日の內にて引てみれば、三萬五千日許りの過上、未來迄佛菩薩への掛けに成て、いかに佛菩薩なりとも、返されいでは其罪重かるべし云々」と論じある通り餘つ程たわけた話だが、清水寺に限らず諸方へ此風が傳播したとみえ、文化五年發行、改正月令博物筌、七月部一に、清水千日參り、觀世音菩薩へ今日參詣すれば千日に當る、或は四萬六千日に當る迚、諸方ゟ參詣する也、京清水、江戶淺草、大坂天王寺其外諸方觀世音、昨今參詣夥し、河內野崎觀音、和州奈良二月堂と見ゆ。其他享保二年板、操巵子の諸國年中行事三に、七月十日京清水寺、大坂天王寺、江戶〔淺草〕觀音各千日詣りと記し、安永二年花樂散人著、北里年中行事に、七月十日觀音四萬六千日甚群集。同九年、川野邊寬が上州高崎の事を述た閭里歲時記下に、七月十日、昨夜より今日迄、石原清水寺の觀音四萬六千日參りと云事あり、今日參詣すれば、彼日數參詣せるに同じと云傳へて群集す。又今夕より赤坂下町觀音に參詣多し。寬政中玉田永敎著、年中故事九に、六月廿四日、愛宕山千日詣、今日詣すれば、平日の千日に當るといふ、夜分松明提燈にて上る云々抔あるをみて、觀音に千日詣りの、四萬六千日詣りのと云事清水以外へ廣く傳はれるのみか、觀音に緣なき愛宕山抔迄も弘まり居たと知る。

　この田邊々に觀音樣は多少あるが、千日詣り抔いふ事を聞ぬ。今も他地方に行はるゝ事か、而して七月十日に詣れば平日の千倍又四萬六千倍等の効驗ありとは今も言ふ事か。諸君の敎示をまつ。之に似た外國の例は差當り唯一つを知る。其は波斯で十二月の廿日の夜をチェブカドり（効驗著大な夜）と呼ぶ。學者或は其夜とも、又は其翌夜とも異見ある故、孰れにしても取外さぬ樣、三夜續けて勤行を怠らず。この一夜の祈念の功は平日千月祈念の功に勝り、滿足に勤めたら、夜明けに天使が祝ひにくるといふ。（'Voyages du Chevalier Chardin, en Perse, et autres lieux de l'Orient', éd. Langlès, tom. IX. p. 208, Paris, 1811.）（九月廿三日、南方熊楠）

答（二九）　予が英國の雜誌紙面で特に自分を指名して問れた質疑に答え得ざるより、本誌に之を轉載して諸君の加勢を求めたるに、野崎君は予の爲に其質疑を解かず、反つて其類話や書目を問れた。予に取ては十七八の若い娘を心當てに忍び入て、四十五六で、眼の下が紫黑く成た大味な奴にとつ捉まつた感なきに非ず。だが是も舊い女の恨みが報ふた物と諦めて、大事の水を幾分か泄すとする。先づ金の仕拂ひを、手で採る事のできない物でする咄は、ドンキホテやパンタグルエルに出おり、小說ずきの邦人は先刻ご承知だろう。野崎君が特に引れたプルタルクス列傳中の話に尤もよく似たのは、御膝元の佛敎律藏中にある。ギデハー國の賢相大藥、賢妻を求めて妙華城に至り、才色双絕の毗舍佉女を娶り歸つた。時に北方五百商人あり。皆な販馬の爲にギデハー國に至ると、此城中に五百の婬女あり。儀貌端正、庠序觀るべく、歌舞言詞並びに超絕し、あらゆる商客こゝに來る者の財貨を凡て遣ひ盡さしめた。今度又五百商人が來たと聞て、例の如く手に入れにかゝつた。唯だ商主一人未だ惑亂されず。彼の倡女中最第一の者商主の處に徃き親密たらんと求めたが許されず。更に諸人と伴に日々至れど、彼の商主貞確にして移らず。更に復た頻りに來つて共に言哭を爲す。商主曰く、我れ邪念なし、徒らに徃返を勞せんと。倡女曰く、もし君が妾に落たら何を下さりますか。商主曰く、よく吾を墮したら上馬五匹をやらう、墮し得なんだら五百金錢をくれいと。かく契約してから、益す奮勵して惑はしに掛つたが、商主は少しも傾むかなんだ。他の商人共聊か氣の毒に思ひ、城中第一の女がこれ迄骨を折る、其情に逆らふは穩かでないと說た。處ろが商主、實は昨夜我れ夢に彼女と交通したから十分氣が濟だ、此上會ふに及ばぬと言だ。其通り諸商人より彼倡女に報じたので、倡女商主に逼り、既に我色に臨た以上は、約束通り上馬五匹を渡せと望み、商主は渡さぬと言張て鳬《けり》が付ないから、王宮え訴へ出た。王諸臣と之を裁判に掛つたが、日暮れても決せず。翌日迄延して閉廷した。傍杖を食て大藥大臣も例より晩く邸へ還ると、其妻毗舍佉がなぜこんなに歸宅が後れたかと尋ね、夫より訴への始終を聽取り、汝よく決するや否やと問れて、然らば試みに申さう、君先づ王に奏し、諸臣を召し、五匹の馬を牽て共に池邊に至り、衆中に彼倡女を喚出し、商主が實際汝と會たなら、五匹の寶の馬を汝に渡すべきも、夢にのみ汝と會たのだから、池に映つた五馬の影を隨意に牽き歸れと言渡されよ、扨馬の影は牽きも使ひもならぬ物といはゞ、夢中で女に會たのもそれと同然と示し遣れよと言た。明日大藥其妻の教えのまゝに此裁判を行ひ、事をうまく濟せたは、毗舍佉內助の力に出たと聞て、遠きも近きも押なべて感ぜぬ者こそ無りけれとある。(根本說一切有部毗奈耶雜事二八。Schieffner, 'Tibetan Tales,' London, 1966, pp. 162—164) 貞享五年板、西鶴榮華咄一の四に「さる末社男時雨して物の淋しき夜、我宿は淺草川の浪枕、寶舟に乘たる心地して、いかひ比見た事もないよき夢に、番町筋のさる御方樣に付て、忍びの內棧敷に居て、猿若勘三郎が芝居をみしに、日頃はふつ／＼と野郎嫉ひなれど、藝の間に尋れ來て、べつたりともたれかゝられ、口添ての小盃、是は何とも成ず、欲や金子二兩、今宵此氣より移りて、あの子を扨我物になして、惣鈎に結たる髮のわげめを、此鼻先へさはらせ、晝の狂言にお姬樣に成たる尻付は、爰で有たかとさすりおろしてみたしと思ふ內に、此大臣は屋敷えお歸りの首尾に極まりぬ、色々止めても明日は御番の由、これ殘念と計りに、少し送り參らせけるに、さらばへとのお詞の下より、御鼻紙一折お手づから給はれり、直に笛吹の喜太郎が方にみれば小判五兩、是れ自然と天の與へる所なり、我等其子に執心、最前より今にやむ事なし、然る折節此仕合せ、何卒才覺してあはもて呉よ、偏へに賴むと言ば、其は我等の手に入たる事、先へ御案內申して御同道仕るべしと、宿を出てゆくを、是是と呼かはして分別すれば、紬が三匹買るゝに依て、是は先づやめにといふ、平に／＼遊ばせ、身金ではなしと勸むる、いや／＼と、せぬにきはめて後、小判を橫ひだの巾著に入ると思へば此夢はさめける、去とは淺猿や、夢にさへ無用の始末をして、是れ一代の損也、思ひ切てすれば、夢の心の樂しみなる物をと、此事を人に語りて、常々さもしき我身の上耻ける」。止だ野郎と盃を取交したのと、究竟迄交會したのと、夢は夢ながら、滿足の程度が大に差ふ。馬の影は見た計りで何の落し、何の獲る所ろなけれど、美倡に逢ふて思ひを晴したと夢みたら、歡十分に樂怡悅した證據に、何か落しておる筈だ。故に毗舍佉が夢中の交歡と上馬の影を一視したは、臨時の名案だが正確な道理の上に立たぬ。此事に就て色々と諸家の妙論も聞得たが、本誌に不適當な筋が多いから今は述べない。序でにいふ、今より七十餘年前ニコルス博士なる人 Esoteric Anthropology 等の書を著はし、養生法を說て英米人に持囃された。其內に青年は愼んで精を貯へて洩さず。充ち溢るゝ期に至らば、夢に任せて快く洩し去るべしと教えある。詰り夢中交會を保健の一安全瓣と心得たのだ。今一つは、マリノフスキーの近著處々等にみえる如く、メラネシア人抔が、方術もて意中の男女と夢中に會ふ。それが阿漕が浦にひく網の度重なりて、遂に本當の親昵となるといふ處だが、彼等自身に在ては、男と女と同時に同夢を見て滿足するのだから、形骸が相就かぬ斗りの差ひで、初めから本當の親昵だ。こんなヤリ方、否なサセ方だつたら、無論女は男に、五上馬なり五百金錢なりを要償すべき理由が立つと惟ふ。(九月廿三日、南方熊楠)。

學界消息

○東京人類學會九月例會　は九月廿七日午後一時半より東大人類學教室に於て開催され、後藤守一氏の「家形埴輪に就いて」と題する講演があつた。

○史學會講演會　は九月廿七日午後二時より東大山上御殿にて開かれて、土屋喬雄氏の講演があつた。

○國學院大學國史學會例會　は九月廿七日午後二時より同大學に於て開催され、村田正言、岩橋小彌太兩氏の講演があつた。

○東洋文庫第十四回東洋學講座　は十月二日(木)より同文庫に於て毎週木曜日午後六時より八時まで八回連續の豫定にて開講され、講題は池内宏氏の「弘安役の新研究」である。

○白鳥庫吉氏　は十月十三日學士院に於て「景教碑に於ける太秦」と題する講演をなし、廿日西下、正倉院見學後、京都に於ける東亞考古學會大會に臨み、「淡碑」に關する講演をなす筈である。

○梅原末吉氏　は東亞考古學會の派遣により、日露東洋學者の協力提携を促進せんがための用務を帶びて、同會幹事島村孝三郎氏と共に、八月廿三日敦賀出發、目下露西亞に滯在中。

○桑原博士還暦紀念論文集　が弘文堂より十二月頃までに出版される筈であるが、これには東京方面より白鳥庫吉氏「太秦國の名義に就て」和田清氏「乜古里考」石田幹之助氏「女眞語研究の新資料」等の寄稿がある。

○宮良當壯氏の「八重山語彙」は近々東洋文庫より出版される筈。

民俗學關係文獻要目

○民俗藝術第三卷第九號九月號

美田八幡宮の神の相撲・くつ草鞋とつまご草履　大田陸郎
メクサレ　エシツコ　橘正一
能樂と神樂　小寺融吉
民俗藝術史上に觀る女性　赤井久子
奥澤九品佛の來迎會　博美・正慶　融吉・通久
萬作芝居の臺木　西角井正慶
「こひしくは」の歌謠　志田延義
下野花岡の芦畦獅子　高瀨源一
石見大田八幡の古傳神事　朝山皓
諸國子供遊び集　阿波、信濃上伊那赤穂村　下野安蘇郡赤見村、大坂　安房千倉町、靜岡地方
諸國祭祀所

○旅と傳說第三卷第九號九月號

平秋東作の東遊記　三田村鳶魚
井の無い村　中山太郎
鄉土傳說岩手雜纂　田中喜多美
出雲仁右衛門断　小村力藏
鬼ごつこ二態其の他　ひろみち
八丈の民謠
各地の風俗習慣　村上辰午郎
龍宮城の傳說　加藤ひさし
一宮地方の方言　加賀紫水
既刊郡誌書目解題　大藤時彥
早川君の花祭りを讀むで　有賀喜左衛門
近代民謠史縮圖　小寺融吉
武藏野小祠小祀記　高橋文太郎
方言雜話　東條操
繪姿女房說話　柳田國男

○史前學雜誌第二卷第四號是川研究號

石器時代有機質遺物の研究概報―特に「是川泥炭層出土品に就て」　杉山壽榮男
是川泥炭層出土甲蟲の一種に就て　鹿野忠雄

○方言と土俗第一卷第二號

雪崩と洪水の方言　橘正一

鄉土誌方言資料目錄　東條操
肥前大江方言(二)　山本靖民
對馬方言集(二)　鳥居博
○方言と土俗第一卷第三號
方言界最近の傾向　太田榮太郎
植物方言(岩手縣)　松田岩平
愛媛縣周桑郡の俗信　杉山正世
とべらの木と節分(天草)　濱田隆一
肥前大江方言(三)　山本靖民
對馬方言集(三)　鳥居博
鄉土誌方言資料目錄　東條操
伊賀國名張町方言(一)　菊澤季生
牛飼坊と傷寒坊(德島縣)　原田武一郎
翁草と月見草(岩手縣)　田中喜多美
蜻蛉釣りの唄(岡山縣)　時實默水
アビランケ・ソワカ　鈴木重男
○愛媛縣周桑郡鄉土研究彙報第三號
風位考資料(二)マゼ・マジ　柳田國男
椀貸傳說に就いて　豫水志漁
郡內地名異考(一)　杜 洒舍
周桑郡民謠異稿(一)　杉山正世
ちやせんこ ちやわんこ　橘正一
「去ぬ」の活用に就て　菊澤季生
久里濱語抄　杉山喜三男
佐賀縣大浦郡宗岡村方言摘記　池內好次郎

會津方言　菊澤季生
風の稱呼(2)愛媛縣之部
○岡山文化資料動植號
岡山縣に於ける蟻地獄の方言分布論　佐藤清明
動物方言　桂又三郎
鳥類の方言
獸類の方言
○東洋美術第六號
上代色紙の研究蘇芳紙及蘇芳染の研究　上村六郎
○史學第九卷第二號
交子の起原に就て　加藤繁
支那資料に現はれたる我が上代(七)　橋本增吉
日本動詞完了乃至過去形態の歷史に就いて　西脇順三郎
バビロニヤの洪水傳說とギルガミシュの史詩　森馨

民俗學關係新刊書目

○日本民俗學風俗篇　中山太郎著　大岡山書店
同　神事篇　同　同
菴の春秋　柳田國男訂　三元社

第十四回民俗學談話會記事

九月二十六日午後六時半より明治神宮外苑日本青年館に於て談話會をひらきました。講演は松本信廣氏の『豐玉姬傳說の一考察』でした。同講演は十一月號の民俗學に掲載される豫定になつてゐますので、それについて御覧を願ひたいと存じます。

出席者は約三十人で、氏の講演後折口氏の感想があつたりして松本氏の研究と共に有益な會合でした。

『民族』殘本整理

一 『民族』を希望者に頒賣します
一 第二卷第一號を除く外全部揃ひます
一 定價　各號金壹圓
一 送料　壹冊六錢
一 代金引換小包の御注文には應じ兼ねます
一 總目錄　金十五錢（送料共）
一 合本
第一卷合本（索引付）　定價七圓五十錢
送料　東京市内　十二錢
内地　四十五錢
滿鮮樺臺　七十五錢
第二卷合本　第二卷第一號缺本の爲め合本出來ません
裝幀　背革角革特製
第三卷合本（索引付）　定價其他第一卷合本と同じ
一 索引　第三卷迄在庫（第四卷索引は作製中）
定價各十五錢（送料含）
一 合本用表紙　壹圓（送料共）

『民族』執筆者（順序不同）

濱田耕作　伊波普猷　新城新藏　柳田國男　鳥居龍藏
金田一京助　井上賴壽　折口信夫　喜田貞吉　赤松智城
ネフスキー　白鳥庫吉　原田淑人　ラムステット　中山太郎
佐喜眞興英　有賀喜左衞門　山崎直方　津田左右吉　宇野圓空
南方熊楠　幣原坦　坪井九馬三　孫晋泰　阿下大慧
小寺融古　堀維孝　高橋健自　井上芳郎　倉野憲司
知里眞志保　川村悅麿　津田敬武　松村瞭　淸野謙次
村岡典嗣　加藤玄智　新村出　栗田峻　稻葉君山
レイ　中谷治宇二郎　山本信哉　橋本進吉　小泉鐵
別所梅之助　宮良當壯　山田孝雄　レギ　馬衡
秋葉隆　中川善之助　牧野巽　原田敏明　岡正雄
八木奘三郎　小倉進平　石田幹之助　金關丈夫　平井隆
安田喜代門　出石誠彥　橋本增吉　田端丈夫　饗庭斜丘
奥平武彥　田邊壽利　小牧實繁　内藤吉之助　東條操
石濱純太郎　石黑魯平　中道等　樋畑雪湖　金城朝水
島田貞彥　八幡一郎　今和次郎　長谷部言人　小林英夫
島村孝三郎　トルマチョフ　西脇順三郎　板澤武雄　松岡靜雄
外數十氏

東京市神田區北甲賀町四番地
取扱所　岡書院
電話神田二七七五番
振替東京六七六一九番

Die Beziehungen der austrischen Sprachen zum Japanischen.*

Von P. W. Schmidt S. V. D.

1. Einfuehrung.

Als ich in meiner Arbeit "Die Mon-Khmer-Völker, ein Bindeglied zwischen Völkern Zentralasiens und Austronesiens" (Braunschweig 1906) die austronesischen mit den austroasiatischen Sprachen zu der noch grösseren Einheit der austrischen Sprachen vereinigte, da schrieb ich (S. 63), dass die neue Sprachfamilie" wenn auch nicht der Zahl der Individuen, so doch der räumlichen Grösse des Gebietes nach die ausgebreitetste Sprachfamilie ist, die bis jetzt konstatiert wurde."

Zehn Jahre später begann A. Conrady in seinem Artikel "Eine merkwürdige Beziehung zwischen den austrischen und den indochinesischen Sprachen" [1] Beziehungen aufzudecken zwischen der räumlich grössten austrischen und der der Zahl ihrer Sprachindividuen nach grössten Sprachfamilie, der tibetochinesischen, und führte diese Untersuchungen fort in seinem Artikel "Neue austrisch-indochinesische Parallelen", [2] wozu ich, in meiner Besprechung der ersten Artikels, [3] weitgehende Zustimmung aussprechen konnte.

---

*) Vorsag gehaltet auf den Deutchen Orientalisten Kongress in Wien, Pfingstwoche 1930. Communication.

1) Aufsätze zur Sprach-und Kulturgeschichte, vornehmlich des Orients zu E. Kuhns 76. Geburtstage. Breslau 1916 S. 475—504.

2) Hirth's Anniversary Volumen. London 1920. S. 23—66.

3) Anthropos XII—XIII 1917/18 S. 702—706. vgl. auch W. Schmidt, Die Sprachfamilien und Sprachenkreise der Erde. Heidelberg 1924 S. 147 f.

Nun sind aber diese beiden, jede in ihrer Art grössten Sprachfamilien Nachbarn zu einander, und diese Nachbarschaft hat dazu geführt, eine grosse Mischsprachengruppe an der Kontaktzone sich bilden zu lassen, die Thai-Sprachen, und die Anam-Muong-Sprachen.[4] Es war also weniger auffallend, wenn jetzt doch auch innere Beziehungen zwischen den beiden grossen Sprachfamilien aufgedeckt wurden.

Viel kühner und gewagter erscheint der Versuch, eine räumlich von den austrischen Sprachen so weit entfernt liegende Sprache, wie es das Japanische ist, mit den austrischen Sprachen in innere Verbindung setzen zu wollen. Aber dieses Wagnis hat ein japanischer Gelehrter tatsächlich gemacht. Es ist Dr. Nobuhiro Matsumoto mit seinem Werk "Le Japonais et les langues Austro-asiatiques".[5] Bereits ein Jahr vor dem Erscheinen des Werkes hatte der Verfasser, als ich damals in Paris weilte, mir das Manuskript zur Einsicht vorgelegt; ich war überrascht von der grossen Anzahl von Übereinstimmungen zwischen den beiden Sprachgruppen und konnte ihn nur nachdrücklichst zur Veröffentlichung seiner Studie drängen. Der günstige Eindruck, den ich damals gewann, hat sich bei ruhigem und umfassendem Studium des Buches das jetzt vorliegt, nicht gemindert, sondern eher noch verstärkt. Gleichwohl ergeben sich auch einige Kritiken, aber sie betreffen nicht das Wesentliche,

---

4) W. Schmidt, Die Sprachfamilien und Sprachenkreise der Erde. S. 131 f.

5) Paris 1928. Austro-Asiatica. Documents et travaux publiés sour la direction de Jean Przyluski. Tome I.

sondern nur einige Einzelheiten und nur einen Punkt von etwas grösserer Bedeutung.

Eine kleine Kritik möchte ich gleich an den Titel des Werkes richten. Dr. Matsumoto spricht von den Beziehungen des Japanischen zu den "langues austroasiatiques", behandelt aber tatsächlich auch Fälle, wo nicht austroasiatische, sondern austronesische Sprachen, herangezogen werden. Nun weist er auf einen von seinem Lehrer, Prof. Dr. Przyluski-Paris—der ihm auch die Idee zu seiner Untersuchung inspiriert hat—gemachten Vorschlag (S. 29) hin, dass dieser in der Vorrede zu Matsumotos Buch (S. VIII f.) zu erneuern scheint, dass die Schreibweise "austro-asiatique" (*mit* Binde-strich !) gebraucht werden möge, wenn es sich um die wirklich asiatischen Sprachen dieser Gruppe handle, und "austroasiatique" (*ohne* Bindestrich !) "toutes les foix que nous voulons suggérer un système de concordances entre un certain hombre de langues". Abgesehen davon, dass eine solche Verwendung des Bindestriches allen deutschen typographischen Regeln widerstrebt und in der Praxis zu grossen Verwirrungen führen würde, sehe ich auch keinen stichhaltigen Grund, von der Terminologie, die ich als erster vorgeschlagen, [6] abzugehen, nämlich "austroasiatisch" (mit oder ohne Bindestrich) zu gebrauchen für die zu dieser Gruppe gehörigen Sprachen des asiatischen *Kontinents*, "austronesisch" für die zu dieser Gruppe gehörigen Sprachen der *Inselwelt* Ozeaniens (Indonesiens, Melanesiens, Polynesiens), und "austrisch" für die Gesamtheit beider, (der kontinentalen und der Inselgruppe. Das Wort "austrisch" zu gebrauchen für die vor-austronesischen Sprachen, wie Przyluski und Matsumoto vorzuschlagen

6) Schmidt, Die Mon-Khmer-Völker, S. 1, 5, 68 ff.

scheinen, wäre deshalb unmöglich, weil diese gänzlich unverwandten Sprachen schon ihre gebräuchliche Bezeichnung haben, nämlich "Papua-Sprachen". [7)]

Aus diesen Gründen habe ich auch meinem jetzigen Artikel den Titel gegeben : Die Beziehungen des Japanischen zu den austrischen Sprachen", nicht: langues austroasiatiques, wie Matsumoto in den Titel seiner Arbeit setzt.

2. Der Wortschatz des Japanischen und des Austrischen.

Treten wir jetzt in die Prüfung der Arbeit selbst ein, so gehen wir schneller hinweg über die trefflche "Introduction" (S. 1—43), die in kritischer Prüfung die bisherigen Versuche vorführt, das Japanische mit anderen Sprachen in Beziehung zu setzen; vonhergeht eine Überschau über die Untersuchungen des Riu-Kiu-Dialektes, durch diedas Japanische eine etwas breitere Basis und Grössere historische Tiefe erlangt; es folgt noch eine Übersicht über die ethnologischen Beziehungen Japans zu den austronesischen Ländern.

Der eigentliche Hauptteil des Werkes wird gebildet von dem "Vocabulaire Comparatif" (S. 45—76), an das sich ein Versuch schliesst, an Hand der gefundenen Übereinstimmungen die "Correspondances phonétiques" festzulegen (S. 77—93), Auf diese beiden Teile werden wir näher einzugehen haben.

In seiner "Conclusion" (S. 96) hebt Matsumoto hervor, dass es ihm gelungen sei, die sicherlich nicht unbedeutende Zahl von etwa 113 Übereinstimmungen zwischen japanischen und austrischen Wurzeln festzustellen.

---

1) Vgl. Schmidt, Sprachfamilien und Sprachenkreise der Erde. S. 148 ff.

Ganz lässt sich diese Zahl nicht aufrechterhalten. Es befinden sich darunter eine Anzahl Fälle, wo die Gesetze der Wortbildung der austrischen Sprachen, die von Matsumoto nicht genügend beachtet waren, die Beziehungen entwederausschliessen oder sehr zweifelhaft machen. Es sind die folgenden:[1]

4. Japan. *nuka* Stirn: Malay Halbinsel *keniŋ*, Mon *k'neŋ* Stirn; ob wir nun in *keniŋ ke* als Präfix (also Stamm *niŋ*) oder *n* als Infix betrachten (also Stamm *kiŋ*), in keinem Fall ist eine Beziehung zu japan. *nuka* sicher.

15. Japan. *pagi* Bein, Fuss: Austroasiatisch: *lapoŋ* Fuss (Fläche), austrones. *paŋ* Bein.

22. Japan. *ki, gi* männlich, Riu-Kiu *koro* Mann: Munda-Santali *hōṛ(ā)* etc.

33. Japan. *ke, ka* Tag: Austroasiat. *(th)ŋai,*

36. Japan. *tuki* Mond: Austroasiat. *kači(k), kačai* etc.

46. Japan. *toko, tuku* Ende: Austroasiat. *teh.* [2]

?50. Japan. *mi* Frucht: Austronesisch. *(m)boh* Frucht etc.

55. Japan. *umo, umu, imo* Ignamen, Pataten: Austrones. *ubi.*

88. Japan. *piku* ziehen, *piraku* öffnen: Austroasiat. *bök, böh,* öffnen, *čam buik* ziehen, Khmer *boč* ziehen etc.

101. Japan. *niru* kochen: Austrones. *tanak* kochen.

---

1) Ich führe im Folgenden nicht *alle* Belege auf *beiden* Seiten an, sondern nur so viele, wie zur Beweisung genügen.

2) Die Formen mit auslautendem *k* (*tek* etc.) sind kaum ursprünglich, sondern *k* ist hier erst aus *h* entstanden.

108. Japan. *pate* Ende: Austroasiat. *p(h)ot* endigen.

109. Japan. *maku* umgürten: Austroasiat. *waŋ* umgürten. Khais *tawier*, Austroasiat. *bak, wak*, entrelacer,

112. Japan. *kugu* gewölbt: Austroasiat, Malay. koŋ, kuŋ, gebogen, gewolbt.

Das ergäben etwa 10 Fälle, die noch abzuziehen wären, und zwei, die zweifelhaft sind. Die Zahl von hundert Übereinstimmungen, die damit einer näheren Prüfung standgehalten hätten, ist für den ersten Versuch einer Vergleichung des Japanischen mit den austrischen Sprachen schon rein quantitativ so bedeutend, das eine Verbindung des ersteren mit den letzteren gesichert erscheinen muss.

3. Das Japanische und die (ural)altaischen Sprachen.

Aber auch diese Zahl muss noch einer weiteren Prüfung unterworfen werden. Dr Matsumoto erwähnt in seiner "Introduction" auch die Versuche besonders H. Winklers, das Japanische an die Familie der uralaltaischen Sprachen anzuschliessen (S. 18).[1] Er urteilt nicht günstig über die Wortgleichungen Winklers, die wegen seiner geringen Kenntnis des Japanischen voll von Fehlern sein; aber er gibt zu: "Il est évident que, au point de vue de la grammaire, le japonais et les langues altaiques se ressemblent beaucoup. On peut traduire en japonais un texte mongol, mot à mot" (S. 22). So fehlerhaft in einzelnen Fällen Winklers Wortgleichungen auch sein mögen, so bleibt doch nicht daran zu zweifeln, dass irgendwelche Beziehungen des Japanischen mit den (ural)altaischen Sprachen bestehen, die sich auch im Wortschatz

1) Vgl. auch W. Schmidt, Sprachfamilien und Sprachenkreise S. 51 ff.

kundgeben.

Diesem Gedanken folgend habe ich nun die Wortgleichungen, die Matsumoto zwischen Japanisch und Austrisch aufführt, verglichen mit den Wortgleichungen, die Winkler zwischen dem Japanischen und den uralaltaischen Sprachen gefunden haben will. [2] Ich betone, dass diese Vergleichung nicht erschöpfend durchgeführt worden ist, aber auch so ist das Ergebnis, das sich dabei heraus'ellt, eben wegen seiner Durchgängigkeit zuverlässig genug. Es ergibt sich nämlich die überraschende Tatsache, dass unter den ungefähr 100 Gleichungen, die sowohl Matsumoto als Winkler anführen, nur äusserst wenige zusammenfallen. Das bedeutet nichts anderes, als dass die Verwandtschaft des japanischen Wortschatzes mit dem austrischen seine Verwandtschaft mit dem Uralaltaischen nicht stört, da diese Verwandtschaft der Hauptsache nach auf ganz verschiedene Wörter und verschiedenem Gebiete des Wortschatzes sich erstreckt.

Ich finde nur etwa 6 Beispiele, wo beide Gleichungen zusammenfallen:

	Matsumoto	Winkler
3.	Japan. *muki* Richtung, Seite, Malay. *muka*,	Uralaltaisch. *muká* S. 260, 310
18.	Japan (*ko*)*koro* Herz: Mal. Halb. *gres* Hezr, Mon *krôh* [3]	Türkisch: *kökus, kukräk*, S. 283.
20.	Japan. *kapa, kawa* Haut: Austroasiat. (*tra*)*kapek* Haut,	Uralaltaisch *kuva, koba, kuop* etc. Haut, Rinde, S. 256, 307.

2) H. Winkler, Der Uralaltaische Sprachstamm, das Finnische und das Japanische. Berlin 1909, S. 244 ff.

東亞民俗學稀見文獻彙編・第二輯

46. Japan. *tsutsi* Erde : Annamit. *dât* [3] Uralaltaisch S. 310.

57. Japan. *mori* Wald : Austroasiat. *(m)bri* Uralaltaisch *muōr*, *mur*, *muorra*, etc. S. 258, 308.

70. Japan. *sika* Hirsch : Austroasiat. *kasak*, *hsak*, *sik* etc. Mandschu *saka* Hirschfleisch.

Überblickt man diese an sich schon kurze Reihe, so ist klar, dass auf Winklers Seite mindestens die Hälfte (-Matsumoto 18, 46, 70) sehr unsicher ist. Ernstlich in Frage ob Winklers oder Matsumotos Gleichungen vorzuziehen sind, kommen nur die beiden Fälle Japan : *kapa*, *kawa* Haut und *mori* Wald. Selbst wenn sie für Winkler entschieden werden, wird die Hundertzahl standhaltender Gleichungen auch nach dieser neuen Probe im wesentlichen intakt bleiben und bewährt sich dadurch aufs Neue.

Die Tatsache aber, dass die Wortschatzbeziehungen des Japanischen zu den (ural)altaischen Sprachen nicht mit denen zu den austrischen Sprachen kollidieren, sondern beide neben einander bestehen können, ist für die Sprachgeschichte des Japanischen von grosser Bedeutung, so dass wir weiter unter noch einmal darauf zurückkommen müssen.

4. Die Lautgesetze der Entsprechungen zwischen Japanisch und Austrisch.

Nach dieser doppelten Überprüfung des von Matsumoto vorgebrachten mehr im Rohen wollen wir auch die Lautgleichungen überprüfen, die er aus Wortgleichungen herausgearbeitet hat, und durch deren Gesetzlichkeit er die Wortgleichungen zu stützen trachtet.

---

3) Die Basis bieser Gleichung ist nicht nur sehr schmal, sondern auch sehr unsicher.

Man kann diesen Lautentsprechungen (S. 77 ff.) im Allgemeinen zustimmen. Dass den austroasiatischen Tonlosen *k, t, p,* auch im Japanischen *k, t, p,* entsprechen, ist wohl sichergestellt, wobei natürlich die spätjapanischen Übergänge von *t* in *ts* und *tš* und von *p* in *f* und *h* berücksichtigt werden müssen (S. 80 ff., 82 ff.) wie Dr Matsumoto es auch tut, ein besonders wertvoller Teil der Arbret. Welches die Entsprechung der austrisch Tönenden *g, d, b* sei, lässt sich aus den von Matsumoto beigebrachten Gleichungen nicht mit Sicherheit feststellen, da die Zahl dieser Fälle zu gering ist; die Frage muss aber untersucht werden, da jedenfalls im Anlaut sowohl die austroasiatischen als die austronesischen Sprachen (mit Ausnahme der polynesischen und teilweise der melanesischen) Sprachen tönende Konsonaten zahlreich und ohne Hindernis verwenden. Einen Anfang zur Untersuchung hat Matsumoto bei anlautendem austrischen *b* gemacht, dem er, wohl mit Recht, im Japanischen *m* entsprechen lässt (S. 87). Den Nasalen *m* und *n* der austrischen Sprachen ensprechen auch *m* und *n* im Japanischen; *ŋ* und *ń* der ersteren sind wohl im letzteren überall zu *n* geworden. Der dentale Reibelaut *s* der austrischen Sprachen bleibt auch im Japanischen im allgemeinen *s*, wird aber vor *i* zu *š*. Sowohl dem *r* als dem *l* der ersteren entspricht das Japanische durch seinen intermediären Laut *G*. Noch zu untersuchen bleiben die Entsprechungen der austroasiatischen Palatale *č* und *ǰ* und der austronesisch palatalisierten Dentalen *t, d*.

Von ausschlaggebender Bedeutung ist bei der Vergleichung des Japanischen mit den austrischen Sprachen die Untersuchung des *Auslautes,* da dieser in beiden durchaus verschieden ist: das Japanische kennt nur vokalischen und nicht zu häufigen *n*-Auslaut, die austrischen Sprachen üben neben dem volkalischen Auslaut reichlichen Auslaut auf (einfache) Explosiva (tonlose

und vielfach auch tönende), Nasale (*ŋ*, *ń*, *n*, *m*), ausserdem auf *s*(*š*), *h*, *r* und *l*. Hier muss also die Frage untersucht werden: was ist aus der reichen Mannigfaltigkeit des austrischen Auslauts im Japanischen geworden? Dieser Frage ist Matsumoto leider nicht nachgegangen; nur beim *k*-Auslaut der austrischen Sprachen macht er die Bemerkung, dass im Japanischen ein Vokal angehängt werde, da es keine konsonantischen Auslaute kenne (S. 78).

Ich habe nun das von Matsumoto beigebrachte Material auf den Auslaut hin untersucht und bin zu folgendem Ergebnis gelangt:

1. Die *k*-, *c*-, *p*- und *r*- Auslaute setzen im Japanischen einen Vokal zu. (z. B. austr. *sok* Haar: jap. *saka*, austr. *yup* Abent: jap. *yupu*, austr. *kaper* Nachtfalter: jap. *prire*.
2. Din *ŋ*-, *t*-, *n*- Auslaute lassen im Japanischen den Auslaut-Konsonanten fallen. (z.B. austr. *wataŋ* Bruch: jap. *wata*, austr. *pusah* Nabel: jap. *poso*, austr. *kon* Kind: jap. *ko*.
3. Bei den *m*-und *h*-Auslauten finden sich beide Weisen.

Diese Regeln sind belegt

1.	Für	den	*k*-Auslaut	mit	14 (15?)	Fällen,	
	"	"	*p*-Auslaut	"	6	"	
	"	"	*r*-Auslaut	"	4	"	
2.	"	"	*ŋ*- "	"	8	"	
	"	"	*t*- "	"	8 (9?)	"	[1]
	"	"	*n*- "	"	4	"	
3.	"	"	*m*- "	finden sich 5 Fälle mit Vokalzusatz			
				und 2 " " Abwerfung des *m*.			

1) Hierbei ist auch ein *č*-Auslaut mit eingerechnet.

Für den *h* Auslaut finden sich 5 Fälle mit Vokalzusatz

und 1 Fall mit Abwerfung des *h*.

Ein *s*-Auslaut findet sich nur in einem Fall, er zeigt Annahme eines Vokals.

Eine nicht leichtzunehmende Schwierigkeit liegt vorläufig darin, dass keine Regel zu ersehen ist, welcher Vokal bei der Zufügung eines solchen genommen wird. Hier wird eine genauere Untersuchung des Japanischen einsetzen müssen, da sicherlich keine Willkür in diesem Punkte herrscht.

Wenn das Japanische selbst den vokalischen Auslaut in so überwältigendem Masse anwendet, so wird es auch verständlich, dass unter den Wortgleichungen zu den austrischen Sprachen die Zahl mit Vokalauslaut auch in den letzteren eine so grosse ist: sie bilden in der Tat ein starkes Drittel aller von Matsumoto beigebrachten Gleichungen.

5. Japanisch und Austroasiatisch-Austronesisch.

Wie Dr. Matsumoto in seiner "Conclusion" das Gesamtergebnis seiner Untersuchungen überblickt und zusammenfasst, da legt er sich die Frage vor (S, 95): "Toutes ces langues sont-elles issues d'une même source ou bien le japonais a-t-il seulement emprunté divers mots aux langues austroasiatiques?" Er gibt dann die Antwort darauf: "Les correspondances phonétiques des deux langues présentent une remarquable régularité et nous permettent de croire qu'il s'agit içi d'une parenté initiale plutôt que d'emprunts". Aber schon jetzt kann mit ziemlicher Bestimmtheit gesagt werden, dass die erstere Alternative nicht richtig sein kann, und zwar hauptsächlich aus zwei

des Japanischen mit den austroasiatischen Sprachen längst abgerissen durch die nach Süden und Osten vorbrechenden tibeto-chinesischen Sprachen.

Damit stehen wir aber jetzt vor der Tatsache, dass die Masse der Entsprechungen nicht einer und derselben Schicht angehört, sondern dass sie zum mindesten zwei Schichten darstellen, die natürlich geraume Zeit auseinanderliegen, und es ist klar, dass jedenfalls die jüngste Schicht nicht mehr in einer "parenté initiale" mit dem Japanischen stehen kann. Eine dritte Schicht, die etwa das Polynesische (oder Mikronesische) repräsentieren könnte, kommt zweiffellos nicht in Frage; sie tritt in den Entsprechungen in keiner Weise zutage.

Der zweite Grund, weshalb aber auch für die erste Schicht nicht von einer "parenté initiale" die Rede sein kann, liegt darin, dass nicht nur die austronesischen, sondern auch die austroasiatischen Sprachen ein gänzlich anderes Grundgesetz des Aufbaues befolgen als das Japanische. Beide austrische Sprachgruppen sind sich darin einig, dass sie den Genitiv *nach*stellen, während das Japanische ihn *voran*stellt. Welche Bedeutung das für den ganzen Sprachaufbau hat, habe ich anderswo [2] zur Genüge dargelegt. Im vorliegenden Fall tritt das auch darin in Erscheinung, dass das Japanische eine suffigierende Sprache ist, während die austronesischen Sprachen ausschliesslich präfigierend sind, und nur die Munda-Sprachen, das Nikobar und die austronesischen Sprachen (neben Infixen) auch Suffixe kennen, die aber erst späteren Ursprunges sind. [3]

---

2) W. Schmidt, Sprachfamilien und Sprachenkreise d. Erde S. 381 ff.

3) Schmidt, Mon-Khmer-Völker S. 38—48. Ich halte jetzt nicht mehr an dem Zusammenhang der Nikobar-Suffixe mit denen der Munda und austronesischen Sprachen fest.

Wenn dagegen die (ural)altaischen Sprachen auch nach dem Zeugnis von Dr. Matsumoto selbst (s. oben S. ...) in ihren Aufbaugesetzen so viel Ähnlichkeit mit dem Japanischen haben, so geht das eben auf die grundlegende Tatsache zurück, dass beide den Genitiv voransetzen und ausschliesslich Suffixsprachen sind. Aus diesem Grunde würde man also viel eher von einer "parenté initiale" (ural)altaischen Sprachen mit dem Japanischen sprechen können, wenn noch andre Gleichheit hinzukämem.

6. Die Art der Beziehung des Japanisehen zum Austrischen.

Wie ist es aber nun mit den austrischen Sprachen? Wenn sie in keiner "parenté initiale" mit dem Japanischen stehen, bedeuten dann die zahlreichen Entsprechungen, die Dr. Matsumoto festgestellt hat, nur "emprunts"? Nein, sondern es gibt noch eine andere Möglichkeit: die austrischen Sprachen bilden ein wichtiges Mischungselement des Japanischen, das eben aus der Mischung mehrerer Elemente entstanden ist. Welches sind diese Elemente, können wir sie bereits alle aufzählen?

Ein sehr altes, vielleicht eines der ältesten scheint mir jenes Element zu sein, welches den rein vokalischen (und *n*-) Auslaut des Japanischen und die äusserst einfache Form des Wortaufbaues, und natürlich auch einen gewissen Prozentsatz des Wortschatzes mit sich brachte. Mit welchen Sprachgruppen ausserhalb Japans dieses Element in Beziehung stände, wüsste ich nicht zu sagen; in der Umgebung Japans ist eine solche Gruppe kaum zu treffen. Diese Schicht übte auch Genitivvoranstellung der Nomens.

Ein darauf folgendes Element scheint mir das austroasiatische (und

gemeinaustrische) zu sein. Es ist bezeichnend, dass zu den Wörtern, die es lieferte, die Namen vieler Körperteile, Tiernamen, Pflanzennamen, darunter alle Benennungen für Reis, Bambus, Garten, sowie von Teilen der Natur sich finden; es fehlen auch Verba und Adjektiva nicht. Das weist auf eine bestimmte Kultur, die des mutterechtlichen Hackbaues, hin.

Ob darauf das (ural)altaische Element gefolgt sei, und dann erst das austronesische, oder umgekehrt, vermag ich jetzt noch nicht zu entscheiden; die letztere Alternative erscheint mir derzeit als die wahrscheinlichere.

Diese austronesische Schicht brachte ebenfalls Namen mancher Körperteile mit, ein Anzeichen, dass lebendige Menschen unmittelbar dieses Element brachten, auch einige Gegenstände der Natur und Tiere, dann wieder Verba und Adjektiva. Sie hat also für die Ackerwirtschaft nicht die gleiche Bedeutung wie die austroasiatische Schicht.

Beide austrischen Sprachen vermochten aber nicht ihre Sprachgesetze, die Genitivnachstellung zur Geltung zu bringen, sondern ihr ganzes Wortmaterial geriet in das Formungsgesetz der älteren Schicht mit Genitivvoranstellung und Vokalauslaut.

Diese Letztere wurde verstärkt durch Einwanderung von Sprachen der (ural) altaischen Familie, die ebenfalls Genitivnachstellung und Suffixbildung mitbrachten. Was sie an Wortschatz mitbrachten, scheint besonders die aus nördlichen Verhältnissen stammende Tier-und Pflanzenwelt zu umfassen.

7. Japanisch und Ainu.

Schliesslich wird es nicht ausgeblieben sein, dass auch die Sprache der Ainu die von den Japanern erst in jahrhundertelangen Kämpfen aus dem grössten Teil des heutigen Japan verdrängt werden konnten, ihren Einfluss

auf das Japanische ausgeübt hat. Wenn nun auch das Ainu als Sprache mit Genitivvoranstellung und Suffixbildung inbezug auf den Sprachaufbau eher nach Art der altaischen Sprachen gewirkt hat, so bemüht sich doch die heutige Ethnologie zu zeigen, dass auch dei Ainu einen starken austrischen Einfluss erlitten haben ; s. L. Sternberg, The Ainu-Problem [1] der über das Ziel schiessend, das Ainu gar den austronesischen Sprachen zurechnen möchte, und A. Gahs, Kulturhistorische Beziehungen zwischen den Paläosibiriern und den austrischen Völkern Südostasiens". [2] In der Tat hat ein flüchtiger Vergleich des Materials von Matsumoto mit den entsprechenden Wörtern in J. Batchelor, An Ainu-English-Japanese-Dictionary (3d ed. Tokyo 1926.) mich folgende Gleichungen finden lassen :

	Japanisch	Austrisch	Ainu
1.	*ta, te* Hand	*ti,te, tai* etc.	*tek(e)*
19.	*ti* Milch	*toh* Frauenbrust	*to, toho* Frauenbrust, Milch,
20.	*kapa* Fell, Rinde	-*(ča) kop,*	-*kap(u)*
22.	*koro* (RiuKiu) Mann	-*ha-ṛa* (Munda)	-*ku(ru)*
26.	*aya* (〃) Vater	-*ayah*	-*acha*
30.	*kami* Gott	*kmoč* Toter, Geist	*kamui* Gott
31.	*a(n)* ich	-*an*	-*a*
42.	*pi* Feuer	-*apui, api*	-*abe, api*
46.	*tuti* Erde	-*teh*	-*toi, toi toi,*
72.	*kuma* Bär	-*khla gmmu* Tiger des···	*kimun-kamui* Berg-Gott.

1) Anthropos XXIV 1929 S. 755—801.

2) Mitteil. d. Anthrop. Ges. Wien ····· S······

kmin

Jedenfalls in dem von Matsumoto verglichenen Material ist die Zahl der Entsprechungen des Ainu mit dem Austrischen aber bedeutend geringer, als die des Austrischen mit dem Japanischen, und auch in seinem Gesamthabitus steht das Ainu dem Austrischen durchaus nicht näher als das Japanische.

文學博士　東京帝國大學講師

松村武雄著

民俗學論考

引用書目　三十二頁
索　　引　四十頁
挿　　畫　十八枚

菊判上製五二〇頁
定價五圓二十錢
書留送料廿七錢

新刊

本書は、外國の民俗及び民俗學説の、周倒なる紹介であり、又、それと、日本民俗及びその學説との比較研究である。この點、松村先生は、日本に於ける斯界の第一人者である。殊に、その引用文獻は、西歐の民俗學説を網羅する觀あり。先生の研究態度は、眞摯にして嚴正、細心にして精緻。廣く內外の民俗學説を涉獵して、先人の洞察の跡を照合檢討し、それに鋭い判斷を與へてゐる。

折口信夫著　古代研究　民俗學篇二册　國文學篇一册

中山太郎著　日本民俗學　神事篇風俗篇　歷史篇隨筆篇

グウルド著　今泉忠義譯　民俗學の話（近刊）

柳田國男著　海南小記　三圓二十錢　送料二十七錢

東京麻布區笄町一七六　大岡山書店
電話青山三六五五三番
振替東京六四九五二番

岡書院刊行書目

東京市神田區北甲賀町四
電話神田二七七五番
振替東京六七六一九番

自然人類學概論　長谷部言人著　二・〇〇円　送・二七
人類起源論　清野謙次・金關丈夫共著　五・〇〇　送・二七
人種學總論　松村瞭閲・小山榮三著　四・五〇　送・二七
人種學各論　松村瞭閲・小山榮三著　近刊
比較解剖學　西成甫著　三・八〇　送・二七
内分泌器官　竹尾男綱著　二・八〇　送・一八
日本人體質之研究　足立文太郎著　一五・〇〇　送・四五
日本原人の研究　清野謙次著　二・八〇　送・二七
日本石器時代人研究　清野謙次著　四・六〇　送・二七
日本石器時代提要　中谷治宇二郎著　三・八〇　送・二七
日本石器時代文獻目錄　中谷治宇二郎著　一〇・〇〇　送・二七
日本石器時代地名表　人類學教室編　三・五〇　送・一八
日本青銅器時代地名表　森本六爾編　三・〇〇　送・一八
人類學論叢　東京人類學會編　三・〇〇　送・一八
考古學研究　三宅米吉著　七・〇〇　送・二七
東亞考古學研究　濱田耕作著　八・八〇　送・三六
滿洲考古學　八木奘三郎著　八・三〇　送・三六
注口土器の分類と其地理的分布　人類學教室報告　中谷治宇二郎著　六・五〇　送・二七
南佐久郡の考古學的調査　八幡一郎著　五・〇〇　送・二七
川柳村將軍塚の研究　森本六爾著　五・〇〇　送・二七
人類學及び人種學上より見たる北東亞細亞　鳥居龍藏著　三・八〇　送・二七
鳳凰堂之研究　津田敬武著　一・八〇　送・一八
太平洋民族誌　松岡靜雄著　三・八〇　送・二七
ミクロネシヤ民族誌　松岡靜雄著　一〇・〇〇　送・四五
奄美大島民族誌　茂野幽考著　二・七〇　送・二七
民俗學概論（普及版）　バーン著　岡正雄譯　二・〇〇　送・二七
日本神話傳説の研究　高木敏雄著　五・〇〇　送・三六
日本思想史研究　村岡典嗣著　近刊
花祭り　早川孝太郎著　一五・〇〇　送・六三
日本の民家　今和次郎著　三・五〇　送・二七

女人政治考　佐喜眞興英著　二・五〇　送・二七
古代女性史論　井上芳郎著　二・〇〇　送・一八
歷史以前　酒卷芳男著　五・五〇　送・二七
支那曆法起原考　飯島忠夫著　六・五〇　送・三六
宗教民族學（普及版）　宇野圓空著　二・五〇　送・三六
日本周圍民族の原始宗教　鳥居龍藏著　二・五〇　送・一八
原始民族の宗教と藝術　ハートランド著　中井龍瑞譯　二・〇〇　送・一八
呪法と呪物崇拜　ハッドン著　植木謙英譯　一・五〇　送・一四
原始文化傳播説　リヴァーズ著　長岡曉若譯　二・五〇　送・一八
先靈觀《プレアニミズム》　マーレット著　野村了本譯　一・五〇　送・一四
琉球共產村落之研究　田村浩著　七・〇〇　送・三六
舊佐賀藩の均田制度　小野武夫著　五・〇〇　送・二七
三宅博士古稀祝賀記念論文集　大塚史學會編　八・八〇　送・四五
言語學原論　ソッスュール述　小林英夫譯　五・五〇　送・二七
生活表現の言語學　バイイ著　小林英夫譯　四・五〇　送・二七
東亞語原誌　新村出著　近刊
佛蘭西科學　上卷　日佛會館編　五・五〇　送・三六
佛蘭西科學　下卷　日佛會館編　六・五〇　送・三六
西南文運史論　武藤長平著　五・五〇　送・二七
隱岐本新古今和歌集　三矢重松・折口信夫・武田祐吉同校　四・〇〇　送・二七
天地理談（司馬江漢）　村岡典嗣校　三・八〇　送・二七
典籍叢談　新村出著　三・五〇　送・二七
本の話　三村清三郎著　四・五〇　送・二七
植物妖異考　白井光太郎著　三・〇〇　送・二七
植物渡來考　白井光太郎著　三・三〇　送・二七
雪國の春　柳田國男著　三・三〇　送・二七
南方隨筆　南方熊楠著　三・五〇　送・二七
續南方隨筆　南方熊楠著　三・五〇　送・二七
山中翁記念文集　趣味と嗜好　山中家編　三・〇〇　送・二七
江戸地名字《あざな》集覽　三村清三郎著　一・八〇　送・一八

人類學教室主任理學博士 松村 瞭序 中谷治宇二郎著

日本石器時代文献目録

本書が日本古代文化研究上極めて貴重なる編著であります事は敢へて呶々を要しません。今日さまぐの障碍を排して遂に刊行を見る事が出來ました事は、我學界の慶事と云はねばならないと思ひます。唯刊行部數併に價格に於て遺憾の點は固よりありますが、餘儀ない事と御諒解下さい。

目次

松村瞭博士序文の一節

「……著者は東京帝國大學人類學教室に在つて、專ら我が石器時代の研究に沒頭する新進の考古學者で、曩きに注口土器の分類と題する力作を、人類學教室研究報告第四編に發表されたことは人の能く知る所である。……」

「……專門學に關する索引は專門家の力量を要する。でなければ檢索者の氣儘な注文に應ぜられるやうな、謂はば急所摑んだものは出來まい。此の點になると著者中谷君は適任者である。されば本書は其の分類按排等何れも要を得て所謂痒い所に手の屆くやうな觀があるから、必らずや研究者に滿足を與へることゝ信ずる。……」

菊判總頁約四八〇頁（本文表組）天金裝

限定參百部

定價（改正）拾圓

送料 內地二十七錢 其他五十五錢

代金引換の御注文には應じ兼ねます

豫約各位へ謹告

豫約價も改めました、後日御通知致しますから折返し御送金下さい既に御拂込濟の各位には差額を逐つて御返金いたします。

凡例抄

一、本書は奈良朝以後昭和三年末迄に記載されたる本邦石器時代關係の文獻目錄を收めたものである。文獻收錄は豫め選擇を行はず、編者の披見したものに限つた。

一、文獻內容は明治以前のものは寫本をも收め、其後は刊行されたものに限る。但謄寫版は主要なるものを、圖版は四六版以上のものをとる。

一、目錄を件名・人名の二とし、別に、書名解題と索引、補遺あり。又附錄として歐文目錄を添ふ。

一、件名目錄は著書、報告書の內容、雜誌揭載報告の題名に依て件を分け、同一件內の文獻は發表年號順とす。

一、件の區分は術語又は術語と目す可き語を集めて之を擧げ、別に地名によるものを作る。

一、人名目錄は著者又は編纂所名を以て索引するもの。

一、書名解題は書名雜誌名下に（略稱）著者、發行年號を記し、行を改めて解題す。寫本は年號欄に（寫）として所藏家を記す。

一、索引は件名目錄、人名目錄、書名解題に限る。

一、補遺は主として昭和三年度發表の論文。

一、附錄歐文目錄は歐文にて記されたる我國石器時代關係文獻の目錄。

東京市神田北甲賀町四 岡書院 電話神田二七七五番 振替東京六七六一九番

◇前號目次

第十五回民俗學談話會

十月二十五日(土)午後六時半より明治神宮外苑日本青年館に於て左の講演あり

文化傳播說・非傳播說　小泉鐵氏

△原稿、寄贈及交換雜誌類の御送附、入會退會の御申込會費の御拂込、等は總て左記學會宛に御願ひしたし。
△會費の御拂込には振替口座を御利用ありたし。
△會員御轉居の節は新舊御住所を御通知相成たし。
△御照會は通信料御添付ありたし。
△領收證の御請求に對しても同樣の事。

昭和五年十月一日印刷
昭和五年十月十日發行

定價金八拾錢

編輯兼發行者　小泉鐵
東京市神田區表猿樂町二番地
印刷者　中村修二
東京市神田區表猿樂町二番地
印刷所　株式會社　開明堂支店

東京市神田區北甲賀町四番地
發行所　民俗學會
振替東京七二九九〇番
電話神田二七七五番

東京市神田區北甲賀町四番地
取扱所　岡書院
振替東京六七六一九番

MINZOKUGAKU

THE JAPANESE JOURNAL OF FOLKLORE

Published by the

MINZOKU-GAKKAI

Volume II October 1930 Number 10

東亞民俗學稀見文獻彙編・第二輯

Page

MINZOKU-GAKKAI

4, Kita-Kôga-chô, Kanda, Tokyo, Japan.

民俗學

第貳卷　第十一號

昭和五年十一月

民俗學會發行

民俗學會第三回大會

時日　十一月二十二日（土曜）午後六時ヨリ

場所　東京市麴町區丸の内
日本工業倶樂部大講堂ニテ

講師及び演題

開會の辭　石田幹之助
宗教學に於ける怪異觀念　宇野圓空
屋島を物語る理由　折口信夫
閉會の辭　小泉鐵

（尚白鳥庫吉博士に講演を御願ひしてありましたが、急に御病氣になられたので今の處御出席下さるかどうか未定ですが、御全快になれば御出席下さる筈です。）

民俗學會

民俗學會會則

第一條　本會を民俗學會と名づく
第二條　本會は民俗學に關する知識の普及並に研究者の交詢を目的とす
第三條　本會の目的を達成する爲めに左の事業を行ふ
イ　每月一回雜誌「民俗學」を發行す
ロ　每月一回例會として民俗學談話會を開催す
但春秋二回を大會とす
ハ　隨時講演會を開催することあるべし
第四條　本會の會員は本會の趣旨目的を贊成し會費（半年分參圓　壹年分六圓）を前納するものとす
第五條　本會會員は雜誌「民俗學」の配布を受け例會並に大會に出席することを得るものとす　講演會に就いても亦同じ
第六條　本會の會務を遂行する爲めに會員中より委員若干名を互選す
第七條　委員中より常務委員三名を互選し編輯庶務會計の事務を負擔せしむ
第八條　本會の事務所を東京市神田區北甲賀町四番地に置く

附則

第一條　大會の決議によりて本會則を變更することを得

昭和五年十一月發行

民俗學

第貳卷　第十一號

目次

寄合咄

資料・報告

資料・記録

雜録

豐玉姬傳說の一考察（上）

松本信廣

異族の國から客人が來て、之を款待することによつて富を得ると云ふ傳說と對をなしてをり（註一）、共に考察を要する傳說に、人間の國から異族の國に赴き、その有力者に款待され、その女と結婚し、歸國し、富裕になるといふ筋の話がある。日本神話の豐玉姬物語は、その部類に屬し、此種の民間說話の中日本で最古に記錄せられたものとして注意に價ひする。此物語が南洋の說話と類似することについて既に內外の學者の研究が發表せられてをる。自分は、此處にその研究を紹介し、ついでその物語の發生した原因について若干の考察を加へて見たい。

（一）

豐玉姬傳說の日本書紀に見ゆる形式には支那的色彩が濃い。しかしこれは編纂者の潤色と見るべきであらう。此神話は、南洋に分布する失つた釣針を海底に求めにゆく形式の傳說と同じ部類に屬し、それに他の要素がいろいろ加はつて成立したものである。今こゝに日本の古典に出づる此神話の異傳に就いて述べ、ついで南方系類話と比較してみやう。

1

（古事記を記とし、日本書紀を紀とし、書紀の異體をＡＢＣでわける）

記によると兄弟の神は火照命と火遠理命といふ御名になり、紀のAでは、火闌降命、彦火火出見尊、Bでは火酢芹、彦火火出見尊、D同前、Eでは火酢芹命、火折尊といふ御名になつてをる。記では「火照命は海佐知毘古として鰭廣物鰭狹物を取り、火遠理命は、山佐知毘古とし、毛麁物毛柔物をとる」となり、紀では佐知を幸といふ文字によつて表現してをる。即ちAでは「兄火闌降命、自有二海幸一」Bでは「……能得二海幸一」Dでは「……能得二海幸一故號二海幸彦一」とある。このさちといふ語は、解釋困難な語である。紀のEには「得二山幸利一」と記してをるが、この利といふのが幸の同義語であらうと思はれるが、常陸風土記には次の如き記文あり、それによるとさちは祥福といふ意味も含んでをる。

常陸風土記多珂郡の條

その道の前《くち》の里に、飽田《あいた》の村あり。古老の曰へらく、倭武の天皇東陲を巡り玉はむとして、頓《にはか》にこの野に宿り玉ひしに、人あり、奏して曰ひけらく、野の上に、群れたる鹿數なく、甚多かり。その聳つる角は、蘆枯の原なしてその吹氣《いぶき》を比《たご》ふれば、朝霧の立てるに似たり。また、海に鰒魚あり、大きさ八尺《やさか》ばかり、幷に、諸種の珍味しきもの、遊理《あそごこ》□多者といへり。こゝに天皇、野に幸《いでま》して、橘の皇后を遣はして、海に臨みて、漁どらしめ、捕ふる獲《さち》の利を、相競ひたまひ、別れて、山と海との物を探り玉ひき。この時、野の獵は、終日、驅射《ゆみい》玉へども、一つの宍をだに、得玉はず。海の漁は、須臾がほどに、才《わつか》に採りて、盡に、百の味を得玉ひき。獵漁、已に畢りて、御膳《みけし》を羞め奉りき。時に、陪從《おともびと》に、勅し曰はく、今日の遊びは、朕と、皇后と、各、野と海とに就きて、同《とも》に、祥福《さち》を爭へり（俗の語に佐知と曰ふ）。野の物は、得ずと雖も、海の味は、盡《ここごと》に飽き喫へりと宣り玉ひき。後の代、跡を追うて、鮑田の村と名づく。

此風土記編纂の當時、東國で俗語として祥福をさちと呼んでをつたことがわかる。祥福の字には、單なる「幸ひ」、「しあはせ」といふ意味の外に吉祥といふ意を寓してをる。倭武尊とその后が、山海の利を爭ひ、之によつて祥福を爭ふのは、一種の狩占の意を藏してをる。狩や漁りで何れが吉兆を得るかを爭ふのである。してみると此傳說を通じて狩獵や漁業の成否が、單に個人の巧拙に關せず、一種の靈力によるといふ思想が表白されてをる。祥福を爭ふことは、その競爭者自身の靈力の强弱を占ひ判ずることに該當する。古事記では佐知といふ語で釣針のことを呼んでをる。卽ち三度火照命に佐知を易へんことを請ひ、やうやく易へ得て、「爾火遠理命以二海佐知一釣レ魚、都不レ得二一魚一」とある。紀のBでは「幸弓」、「幸鈎」といふ名稱を使用してをる。獵する器具が、佐知といふ名をもつて呼ばれ、一種の靈力をもつてゐるやうに考へられてゐた時代があつたらしい。弟神が、借りた鈎を失し、代償を幾ら作つて返しても兄神が前のでなければ之を受けとらぬといひ、また後に弟神が海神の國から歸り、呪咀して兄神に鈎針を返す逸話などによつても、鈎針が、特種の靈德を具した物と考へられてゐたことが窺はれる。然し古代人の漁獵の成否がよつてもつて基くと考へてゐた靈力の本源は、單に物質的な獵具のみならず、また個人の德に存してゐたのである。記では幸の交換が失敗すると兄神は、「山佐知も己が佐知佐知、海佐知も己が佐知佐知、今は各佐知を返さんの時」といつて鈎針の返附を迫つてをる。これによつて「佐知は、その各人固有のものである。これを無闇矢鱈に取換へることは出來ぬ」といふ思想があらはされてある。弟神が御佩の十拳劒を破り、五百鈎を作り、一千鈎を作つて償つても兄神は、之を受けず是非もとの鈎針をと要求するのである。紀のBの一異傳に兄神の敗北を語り、「世人不レ債《ハタラ》二失針一此其縁也」とあるけれども、これはかゝる傳説があつて成立した習慣と見るよりも、むしろ習慣があつて傳説が附會されたとみるべきであらう。兄神は、當時の道德に抗して失つた鈎を還せと無理をいふ人間であつたのである。弟神は、記、及び紀のA、B、Dに從ふと山幸を有する者であつたが、ついに海に投じ、海神の宮にゆき、その女と婚して、水を支配する靈能を得て歸り、それによつて兄神を征服してしまふ。山幸彦が一轉して海幸彦とかはつてしまふ、これが眞實の幸易へである。しかもそれは單なる獵具の交換によらず、異族との結婚といふ手段を通じての眞實の靈能獲得である。

兄神に強要されて海邊に弟神が泣患ひてをる時鹽椎神が來り、その所以を尋ねる。鹽椎は、紀のAでは鹽土老翁となり、Eでは鹽筒老翁となつてをる。椎、土、筒何れも同じ語の表現であり、ミツチとか野槌とか、足名椎、手名椎、盤筒男、盤筒女、底筒男等の神名に見ゆるツチ、ツ、と同じく、或神靈を稱する名であつたらしい。恐らく鹽椎神は、海水を領する神靈であつたのではなからうか。書紀に、神武帝が「抑又聞二於鹽土老翁一曰、東有二美地一青山四周、其中亦有下乘二天磐船一飛降者上」といはれてをる樣に、彼は、海の及ぶ限り果々の國の事情に通じてをる神であつたのだらう。紀のDに、弟神が海邊を徘徊愁吟してをる時、川鴈が羂に嬰つて困厄してをるのを、憐れに思ひ、解いて放してやる。すると須臾にして鹽土老翁が、現はれてくるといふのは、他界との交通を動物が幇助するといふ屢見る説話形式である。川鴈即ち鹽土老翁であつたらしい。山幸彦であり、太陽の裔である彦火火出見尊が、鳥の助けを得るといふ筋は自然である。動物の報恩により他界に行く浦島説話や、地下界に下りて女を助け、自分は、仲間に裏切られ、綱を切られて、地上に登れず、蛇の襲擊から鳥を救ひ、その鳥の助けで地上に達するといふ「熊男ジャン」型の世界流布説話ともこの點で一脈の關聯をもつてをる（註一）。然しヒコホホデミノ命は、海の底におりねばならぬので、鳥の翼では如何ともなしがたい。記では、鹽椎神が、无間勝間之小船をつくり、これに命を載せるし、紀のAでは、無目籠を作り、中に尊をいれて海に沈める。またBの(一)では、老翁は、嚢中玄櫛をとり、地に投ずると則ち五百箇竹林と化成す、因て其竹をとり、大目麁籠を作り、中に尊を入れるとなし、Bの(二)では、無目堅間をとつて浮木となし、細繩をもつて尊を繋著けて、沉める。堅間とは今の籠なりと注してをる。Dでは老翁無目堅間小船を作り、尊を載せ、海中に推放つと則ち自然に沈去るといつてをる。Eのみ老翁が海神の乘る駿馬たる八尋鰐と相談し、一日で王宮に至るべき一尋鰐を來らしめ、之に乘て海底に沈むといふ形式をとつてをる。

无間勝間はすなほに籠と解釋する方が好いやうである。「言語と文學」第二輯に幣原坦博士が、「かたま考」と云ふ論文を掲載され、臺灣で竹棒で製した筏をカタマランといつてをつたことを指摘し、之はヒンデウスタニ語カツマラン Katmaran タミル語カツテュマラム Kattumaran がもとで、コロマンデル海岸ことにマドラスで使用せる筏の名であり、泰西人が此語で諸方類似のものを呼び、ついに臺灣に輸入されたのだとなし、すゝんで、日本の古語カタマは、書紀撰述の時勝間といふ二字が落著かないので之を籠といふ字であらはし、海神の宮を海底の宮殿と見做し、之と結びつけるため海に沈めたとしたのだらう。本來竹で造つた筏である。語尾のラムがとれ、マとなつたかといひ、上代既に南洋の知識を有してゐた人が少なからずして、それ等の人が印度支那で行はれてゐたカツマランを想起して當意卽妙の竹筏を案出したのであると論じてをられる。然しヒンデウスタニ語は近代印度アーリアン系であり、タミルは印度南部にひろがるドラヴタ系の言語で、いづれもオーストロアジア(シュミツト師のオーストリッシュ)語に屬してゐない。この語がいかにして印度支那にはこばれ、古代日本人に知られたのであらうか。また古代日本人が印度支那に交通したといふことの典據を博士は何によつて主張せられるのだらうか。（此問題について私見あれど略す）。要するになほ確實なる例證をあげられるに非ざれば博士の說は、吾人を承服せしめ難い。やはり折口敎授の說の如く、カタマは、籠であり、供物を入れた容器とみとむべきであり（古代研究、民俗篇一、二五八頁）、此神話は供物を靈界に達せしむるため當時行はれた祭式と密接な關係があつたと考へられる。密閉した容器に生贄をいれ、之を海中に投ずる。これによつて供物は神にとゞけられる。古代人の犧牲に對し、抱かれてゐた觀念が、此他界行神話の構成に影響してをることを認めねばならぬ。

ヒコホホデミノ命が、海底に來ると可怜《うまし》小汀があり、こゝにおいて籠を棄てて遊行して海神の宮に至る。記では門にある香木の上に登つて命が坐してをると、海神の女豐玉毘賣の從婢が、玉器をもつて水を酌まんとし、井に光あるので、仰ぎ見て麗しき壯夫あるを見て甚だ奇となす、命水を乞ひ、その玉器の中に御頸の璵を口に入れ、唾き入れる、すると璵が、器に附著して離れず、婢そのまゝ毘賣に献じ、毘賣よつて門外にいで、まぐはいして後、入つて父に告げる。紀のAでは、尊が、井上にある湯津杜樹の樹下につき、徒倚彷徨してをると、室の中から美人が玉鋺をもつて水を汲みに來、尊を見、驚いて室に入り父母に希客《まれびと》の門前樹下にあることを申す、Bの(二)では、姫は、父に「門前井邊樹下有二一貴客一、骨法非常、若從レ天降者當レ有二天垢一、從レ地來者當レ有二地垢一、實是妙美之虛空彥者歟」と云つてをる。虛空《そらつ》彥《ひこ》の虛といふ文字の使用に道敎思想の影響が認められるのではなからうか。Bの(三)では、「豐玉姫の侍者が、玉瓶で水を汲まんとし、終に滿つることあたはず、俯して井中を視れば、則ち倒に人の笑める顏映す、因つてもつて仰ぎ觀れば一麗神まして、杜樹に倚りたてり。かれ故還り入りて其王に曰す」とある。Cでは、豐玉姫自ら玉鋺で水を汲みに來り、人影の井中にあるを視、仰ぎ視、驚いて鋺を墜し、破碎して家にかけこむ。

かういふ文において注意しなければならぬのは、命の門のそばにある香木の上または下にたゞづむといふ箇條、豐玉姬が井に水を汲みに來り、命の影を水上に認めるといふ筋である。豐玉姬の妹は、玉依姬といふ名である。靈魂の依りそふ姬、卽ち巫女である。また巫女と泉との關係は、既に先輩の論證された所（柳田國男氏、海南小記二〇三・二三一頁）であり、水影によつて神をみとめるのも巫女にふさはしい挿話である（中山太郎氏、「日本巫女史」三二一—二三三頁參照）。一方香木は、また杜樹ともかゝれ、門邊に植ゑた神聖な木であつたらしい。杜がもりともよまれ、神社に通ずることに注意しなければならぬ。記では天若日子の門の湯津楓の上に名鳴女がとまつて、天神の命を傳へる一條がある。紀には此樹を湯津杜樹と記してをる。この樹木は、神が降臨する緣故のある特殊の聖木であつたのではなからうか。日の神の裔は此木に下り、泉のそばなる巫女に迎へられたのである。此處にも神話がうつしだす古代の祭儀を想起しなければならぬ。

自分は、神話の此部分と、最後の豐玉姬の御子が、萱《かや》でつゝまれて海邊に棄られ、名を彥波瀲武鸕鷀草不合尊と呼ばれたこと（紀の六）、或は眞床覆衾及び草をもつて御子をつゝんで之を波瀲《なぎさ》に置いたこと（紀の五）と關係あるやうに思ふ。子を包んで水邊に放置することは、密閉した箱又は空船の中に子を入れて海に投するといふ話說形式と同じ部類に屬してをる。共に水によつて子の靈力の證しをたてる思想から出てをる。日の神の裔がとくにかういふ試練に遭ふことは、大隅正八幡宮の緣起がよく物語つてをる。

イザナギ、イザナミ兩神が、水蛭子を生み、之を葦船に入れて流したといふ話（記）、蛭兒を生み、鳥磐櫲樟船に乘せ、流のまにまに放ち棄てるといふ話（紀の一書）も、もとの形は、天照大神を大日孁貴《ヒルメノムチ》と呼んだことから推すると、ヒルコ卽ち日の子であり、太陽の裔を空船に乘せて水に流す思想と關係がある。滿洲から朝鮮にかけての神話に於ては河伯の女が、とぢこめられた暗所で日光に追はれて姙娠し、その子は動物により試され、のちとりあげられて成長し、父に惡まれて生國を逃げ、大河を魚鼈の助けにより横切つて他國に行き王となる筋になつてをる。この河を横切る挿話は、函又は空船で大海を横切ると同樣水による試練《オルダリー》であり、その身の母方によつて水神と緣をひくことを魚族の保護によつて證《あか》しする方法である。

此形式の神話は、豐玉姫神話の中でも、特に別種の材料によつて考核する必要がある。

記では海神が、自ら出でてヒコホホデミ命をみとめ、此人は、「天津日高の御子、虛空津日高」であらせられるといひ、內に率入れ、美智皮の疊八重を敷き、亦絁疊八重を其上に敷き、其上に坐さしめ、百取机代物をそなへて御饗をし、卽ちその女豐玉毘賣と婚せしめる。すなはちこゝに外來者に對する款待のあらゆる手段が盡されてをる。疊を敷くことは紀の諸傳にも見え、客人接待の一作法であつたのである（註三）。紀のDでは海神は三床を設けて、天孫を試《ため》す。命は、邊の床で其兩足を拭ひ、中床で、其兩手を據し、內床で、眞床覆衾の上に寬み坐《ゐ》る、海神これを見て、天神の孫なることを知り、ます〳〵崇敬するといふ筋になつてをる。

ヨーロッパの民話の中に見ゆる王女が、その寢臺の毛蒲團の中に一つの豆をいれられたため夜ねむられなかつたといふ挿話などは、乙女の身體の柔軟性を誇張した話とも見られるが、(Gédéon Huet, Contes, populaires, p. 48) 一面からいへば、やはり高貴の者を寢席で試す說話の部類に屬する。

記では三年たつと火遠理命が大いなるためいきをなし、姫これを父に告げ、父神その原因を尋ね、事の本末を知り、悉く海の大小の魚を召集へて鉤をとつた魚を尋ねる。諸魚これに答へていふには、このごろ赤海鯽魚喉に鯁あり、物を食ふを得ずと愁ひ言ふ故、必ずこれをとらんと。そこで赤海鯽魚の喉を探れば、鉤があり、取出して清洗して命に與へる。紀のAでは、命が海神の許に來て海神に委細を告げると海神は大小の魚をあつめ、逼め問ふ、「僉曰、不レ識、唯赤女比有二口疾一而不レ來、固召レ之、探二其口一者果得二失鉤一」とあり、紀のBでは、記と同じく三年の後とし、呑んだ魚を赤女或ひは赤鯛となしてをる。Cでは、海神來意を問ひ、ことごとく魚をあつめて問ふ。皆知らずといひ、たゞ赤女一說に口女だけが口疾あり、不參である。そこでこれを急いで召し、その口を探つて失つた針鉤を得るといふ筋になつてをる。魚の王が、眷族輩下をあつめて失つたものをさがし、最後にあつまりに到着したものが、その品物を差出すといふ說話形式は、ヨーロッパにもある。ロレーンの民間說話中「英國の王樣とその名附け子」中に、海に落した指環を求めるために主人公が巨人の助けを請ふ。巨人、非常警報で魚を集める。然し誰も指環のことを知らぬ。その時二匹だけ魚が列席しないのに氣がつく。これを呼びよせると兩方ともグデングデンに醉つぱらつてをる。その一人が此指環をその袋の中から出して献ずるといふ筋である。またセルビアの民話では王女の海中に投げた鍵が、年寄の蛙によつて齎せられる。この蛙は、王樣の召集した海の動物の中一番最後に來たものである。上ブルターヌでは、鍵を、最後に到着した老小海豚が齎すことになつてをる (Cosquin, ibid, I, p. 41-42, 48-49)。

紀のDでは、海神がいふには、このごろ我兒が來り語つていふには天孫が、海濱に憂居すると。未だ、その虛實を審かにせず、けだしこれあるかと。ヒコホホデミ尊が、具さに事の本末を申すと、海神これに女を妻し、三年たつて尊が歸らうとするとき鯛女を召し、其口を探り、鉤を得て奉る。Eでは、海神赤女口女を召し、これを問ふ、ときに口女口より鉤を出し、もつて奉る。赤女は赤鯛なり、口女は鯔魚《ナヨシ》なりと註してをる。

記によると海神は、火遠理命に敎へ、この鉤をもつて其兄に給する時、此鉤は、淤煩鉤、須須鉤、貧鉤、宇流鉤といひ、後手に賜へといひ、そして兄が高田を作れば、下田を營み、兄が下田を作れば、高田を營め、そうすれば、自分が水を掌るゆえ、三年の間に其兄は貧窮になるだらう。もしそれを恨んで、攻めよせたなら、鹽盈珠をだして溺らせ、其愁請するときには、鹽乾珠を出して活かせ、かくして惚苦しめよと鹽盈珠、鹽乾珠兩個をさづける。兄神は、果して屈服し、汝命の晝夜の守護人となり、仕へまつらんといひ、今にいたるまで溺るる時の種々の態を演じて勤仕してをるといふ筋である。紀のBでは、海神は、ヒコホホデミノ命に、「汝兄渉レ海時、吾必起二迅風洪濤一令レ其沒溺辛苦《オボラシタシナメン》矣」といひ、紀のEでは兄が海に入り釣せんとき天孫海濱に在《ゐま》して、もつて風招をなし玉へ、風招は卽嘯也、かくせば則ち吾瀛《オキツ》風邊《ヘツ》風を起して、奔波をもつて溺し、惱さんと敎へてをる。海底に行き、海神の婿となつたことは、水を支配し、波を起したり、靜めたりする靈能を得る結果となつたのである。そしてヒコホホデミノ命は、ついに呪術者として兄神を征服してしまふ。

ヒコホホデミノ命の歸國の乘物としては、記では、海神が和邇を悉くあつめ、その中から一日で送り屆けるといふ一尋和邇を選び、乘せ奉つたとし、紀のBでは大鰐、Dでは一尋鰐を乘物となしてをる。

豐玉姫が和邇であつた所から見ると、その父ももとより和邇であらう。和邇が如何なる動物であつたかは、不明であるが、人を食ふといふ性質、日本の海邊にその數が多かつたといふ點、佐比持といふ名をもつてゐた點からして鮫らしく想像される。たゞし書紀が、鰐といふ名を用ひ、またBに豐玉姫が八尋大熊鰐となりて匍匐透虵すとか、記に八尋和邇と化して匍匐委蛇すと記してある所などから見ると、非常に神怪な動物のやうに想像してゐたことが窺はれる。津田博士はこれを海蛇だと想像されてをる。自分は、これを古人が海の支配者と考へてゐた神怪な動物で或一定の動物に限定出來ぬ、いろ〳〵の動物の性質の複成して出來たものと考へたい。かういふ魚を海神と考へ、多くの魚をその麾下に屬するものゝやうに考へ、はなはだしきに至つては、この海神に、女を生贄としたこともあつたのであらう(日本武尊の妃弟橘比賣の事蹟參照)。

インドネジア語に於て鰐と鱶とが類似の語で呼ばれてをることは注意すべきである。

鱶　マレイ　hiyu,　アチー　yô　チャム　hayau　カウキ・ジャヴ　hyu　スンダネエ　hiyu

鰐　マレイ　buwaya　アチー　buya　チャム　buya, buya　カウキ・ジャヴ　wu(h)aya　スンダネエ　buhaya

古代日本語の和邇が、鰐と鮫の兩性質を兼ねてゐるのも怪しむに足りぬ。古代人は此語によつてごく漠然と水中の人を食ふ恐しい動物を呼んでゐたのであらう。我國の海濱ではこれが主に鱶の類をさす語として用ひられてゐたことは想像される。然しごく起源まで遡ると南方において鰐魚を指す語であつたかも知れぬ。因幡の素莵の話が、インドネジアでは鼠鹿と鰐魚との話として傳つてをるのも參考とすべきである。

命の歸國の際豐玉姫は、既に妊娠してをり、出產の時ヒコホホデミノ命の所に來り、御子を生まうとする。命は海邊のなぎさに鵜の羽をもつて葺いて產殿をつくる。いまだ葺き合へぬ中に產氣が來て姫は中に入る、そして佗《アダシ》國人は、產の時本の國の形をもつてうむのであるから、妾を見てくれるなと禁止する。それにもかゝはらず、好奇心にかられて、命は、之を伺ひ、和邇となれるを發見する。姫は、之を恥辱とし御子を港に棄て、海坂を塞いて返つてしまふ(記)。紀のAでは豐玉姫は女弟玉依姫と共に、風濤急峻の日海邊に來り、龍と化して子を產むとなし、Bでは、ホホデミノ尊、姫の禁止にかゝはらず、櫛をもつて火を燃してこれを見、姫の八尋の大熊鰐となれるを發見して愛の破綻を招く。Dでは、姫が大龜に馭り、女弟玉依姫と海を光していたる、出產の時八尋の大鰐となり、尊に見露されて、怒り、御兒の名を與へ終るとすぐ海を涉つて去つてしまふとなしてをる。Eでは、姫が恨んでのべた言として、今よりゆくさき妾の奴婢君の處に至らばまたなかへしそ、君の奴婢妾が處に至らばまたかへさじといつた、そして兒を、眞床覆衾と草でつゝんでなぎさに置き、海に入りて去つてしまふ。此《これ》海陸相通はざることのもとなりと結んでをる。

註一　拙稿「外者款待傳說考」（史學九卷一號一頁參照）。
註二　Cosquin, Contes populaires de Lorraine, Nos 1 et 52 參照。
註三　アメリカ印度人の說話に見ゆる外來者の款待のため新しい敷物を敷く風については F. Boas, Tsimshian Mythology, p. 437 (Thirty-first annual report of the Bureau of American Ethnology 1909-1910)。

(二)

さて此傳說を南方の類話と比較してみる。此比較の最初の功績は、フリードリッヒ・ミュラー Friedrich W. K. Müller に歸さねばならぬ(註1)。氏は、Zeitschrift für Ethnologie, 1893, p. 534 の中に「ケイ神話とその類話」Eine Mythe der Kéi-Insulaner und Verwandtes といふ小論文を著し、ケルン教授の Bijdragen tot de taal-land-en volkenkunde van Nederlandsch Indië, 1893 にかゝげたケイの傳說とミナハサの傳說との相似を指摘した文を補足し、その類話が日本神話に存することを述べてをる。つゞいてレオ・フロベニウス Leo Frobenius が、Das zeitalter des Sonnengottes, 1904 の中に Mädchenangelmythe を研究し、その二八〇頁から二八四頁までに前三例の外、ラウ島、ハワイ島、サモア島の三類話を擧げてをる。然し後二者は、あまりよく似てをらぬ。翌年フランスのエムマヌエル・コスカン Emmanuel Cosquin が、Fantaisies biblico-mythologiques d'un chef d'école M. Edouard Stucken et le folklore といふ論文を Revue biblique に掲載し、ステウケンがイザナギ、イザナミ神話を天體神話と解釋する愚を攻擊してをるがその中にミュラーを引き豐玉姬傳說を南方類話に比較し、更にスマトラ、バタク族傳說セレベス、トラジャ族傳說中に存する同型說話と比較してをる。此論文は、コスカンの死後纒められた Etudes folkloriques, 1922, p. 163–197 中に登載されてをる。フロベニウスの議論は、アイゼンステッテル Dr. Julius Eisenstädter の Elementargedanke und Ubertragungstheorie in der Völkerkunde, 1912 中攻擊を加へられてをるが、此アイゼンステッテルは、フロベニウスのひいた豐玉姬系統傳說の材料を今一度檢討してをる（同書九〇頁—百五頁）。日本で此類似を指摘された人として松村武雄氏（國學院雜誌二十八卷二號）堀維孝氏（尙志百十九號）の二氏を擧ぐることが出來る。次に今まで發見された南洋類話を列擧して見やう。

（一）パラウ島にて採集せられたるもの

（主人公の母は海より上りし乙女、酋長のもとに走りて息子アトモロコト Atmolokot を生む）。子供は、まもなく家事に役立つやうになる。その父の或甥が椰子酒を作つたので、アトモロコトは、食物を送り屆けるべきやを父に問ひ、父は、その甥が、不思議なランプを持つてをるので、不承々々之を許す。このランプは、僅か二つの眞珠貝の殼からなり、燃さざるも燦然たる光明を發つするものである。そこで彼は、息子に食物を屆ける時常に大聲で歌を唱し、家の者が之を聞いてランプを一時隱すことを得せしめた。けれどもこれは息子を不思議に思はせ、彼は、一日禁止に背き、沈默して來り、眞珠殼を發見する。それ以來彼は、絕えず之を欲しがる。アウゲル・

ロイザ Augel Roysa は、その殼の一つの端を切り取り、それで魚の鈎を作つてやり、また之に糸を與へる。アトモロコトは、毎日 Nyarabaso の石造防波堤の突端にいつて魚をとつてゐた。いつも歸宅する毎に、彼は、父に鈎を示さねばならなかつた。一日魚が、鈎を食ひきつてしまつたので彼は、大變不機嫌で家に歸つてきた。父は、非常に激昂し、之を「道端で拾つた愚母の子」と云つてはづかしめた。彼は、母にその喪失を告げ、ついでアダラル Adalal の許にゆき、助けを請ふた。彼女は灰とカラマル Kuramal 木の若干とをとり、防波堤の尖端から海中に投入し、自分もつゞいて飛びこめばよいと敎へた。アトモロコトは忠言に從ひ、海中に飛び込み、アダック Adatk の地に達つする。途中にいろ〳〵の魚にあふたがしかしトウダレム魚のみがアダックの地までついて來る。二人は、泉のそばに坐してをると水を汲みに乙女が來た。なんのために水を汲むかといふと、彼女は、リリテウグウ Lilitugua が死にひんしてをるので、水をとりにきたのだと答へる。誰だと問はれると彼はアウデウグルマケウイト andugul ma Kewit と答へるだけに止める。家に歸つてこの事を乙女がつげると、外來者は、家に招じ入れられる。病人の女は、アトモロコトが、自分の娘に似てをるのに驚き、彼の母が何人であるかを尋ね、そしてこの外人が、自分の孫であることを知る。彼は、病氣の原因を尋ね、それが頸の痛みだといふことを知り、アトモロコトに從つてきたトウダレムが、甚だ滑稽な舞踏する。そこで老女は、ついに失笑し、口から大い鈎針が飛び出す、アトモロコトは、之を自分のものと認め、急いでその籠の中に採り入れる。女は本復し、孫に故郷に歸つてもよいといひ、もし釣りたければその所領なるアダックの國から何でも好きなものを皆とつてよい、またもし鈎が非常に重かつたなら愼重に引上げよ、それが彼の國だからと敎へる（以上フロベニウスの書二八〇頁より二八二頁に見ゆる所を譯す、フロベニウスが如何なる書より採りたるか不明、卷末に Kubary S. 59 ff. とあればクバリイのパラウに關する著より引用せしならん)。

(二)セレベスのミナハッサ Minahassa に於て採集せられしもの

パサムバンコのカヴルサン(Kavulusan von Pasambangko)が海に漁せんとし、鈎がないのでその友より借りる。彼は、小舟で海に出で鈎をする。まもなく魚がくひつく。然し之を手繰り上げやうとするとき、糸が切れて、鈎がなくなつてしまふ。カヴルサンは、心いためて家に歸り、その友に出來事を物語る。友は「己の鈎は、もとどほり返して呉れねば困る。外の鈎を十呉れても、受けとらぬぞ」といつて承知しない。カヴルサンは失ひたる鈎を求めて再び海に引き返し、そのなくした所で海中に沒する。たゞちに彼は、海底に一つの道がついてあるのを發見し、それについてゆくと、一つの村に達つする。その村の一軒の家に八釜敷い騒ぎと悲嘆とを耳にする。というのは一人の乙女のために豚の犧牲を供してをるのである。その乙女は、喉頭に魚骨がひつかゝつて苦んでゐる。家の中に入つたカヴルサンは、その鈎が、乙女の咽喉に刺さつてをるのを發見する。彼は、兩親に云ふ。「これは何でもない、私が醫者になつてあげやう、そうすれば彼女は、じきなほるから」と。そこで彼は皆を外に出し、娘と一人ぎりになると、注意深く咽喉から鈎を引拔き、その衣服に隱す。カヴルサンは、兩親から貰つた贈物をもつて歸る。彼の水に潛つた地點に歸ると小舟は、見えなくなつてゐた。彼がこの新しい不幸を歎いてをると、大い魚がくる。之に、もし自分を岸まで首尾よく連れてゐつて呉れゝばポンコルスメセンカト Pongkor sumesengkat の名をやるからと懇願する。きゝいれられてその魚の背に坐すると、疾風迅雷のやうな勢で水中を飛ぶ、郷國にかへりカヴルサンは雨防けに破きとつたバナナの葉をも一度カヴルサンに屬する木にくつつけてかへせといつてその先に自分を苦しめた友を苛め、諸神の助けを請ひ、大雨を降らしめ友を苦しめ艱まし、復讐する(ミユラー前掲の論文、フロベニウス二八二―二八三頁による。ミュラーは P. N. Wilken の Mededeelingen van wege het Nederlandsche Zendelinggenootschap, 1863 p. 323 f. に述べた所によつてゐる）

(三)ケイ Kei 島にて採集せられしもの

昔ヒアン Hian トンギィル Tongiil パルパラ Parpara と呼ぶ三人の兄弟とビキール Bikeel メスラアング Mes-laang といふ姉妹が、天に住んでゐた。或日パルパラは、その長兄の鈎を借り、雲の海に釣し、針をなくする。〔糸を投ずるや否や強い大魚が餌に食ひつき、針を呑んでしまひ、糸を強く引いたので糸が切れ、之を水の中に落してしまつたのである。そこでパルパラは、魚も針もなく歸らねばならなくなつた。心鬱々として家に歸り、兄にその喪失を告げる。然るにパルパラに同情する所かヒアンは、頗る激昂し、激越な口調で同一物を返さねば承知せぬと强要する」（以上括弧内ケルンのひいた Planten と Pleyte の傳へた異傳）ヒアン之を怒り、鈎を返すことを命ずる。パルパラは、自分の小舟に乘つて、雲の中に沈む。幾度も無益な努力を重ねた後、彼は Killiboban といふ魚にあふ、魚は、彼が其處で何をしてゐるのだと尋ね、パルパラが委細を話すとそれでは鈎を探してやると約束する。しばらくするとキリボバンはケルケリ Kerkeri といふ小魚にあふ。これがしつきりなしに咳をする。キリボバンは、どうしたのかと尋ね、その咽喉を探す許しを得、そして鈎を見つけ、パルパラに還してやる。もとの所にかへつたパルパラは、ヒアンの寢床の上に柳子酒を盛つた竹の容器を密かに結び、ヒアンが身を起すと、之をくつがへすやうになしてをき、果してヒアンが之を地にこぼすと、もとどほりに酒を還せと要求する。ヒアンは一生懸命に地を掘り、酒を集めやうとしたがその効はない。あんまり深く地を掘つたので天に穴が開いてしまふ。下にどんな世界があらうかと思つて犬に綱をつけておろす。再び之を引き上げると足に白い砂がついてをる。そこで三人兄とその姉妹の一人は、四匹の犬と一共に綱をつたはつて地上の世界に下り人間の祖先となる。二番目の妹は、丁度綱をつたはつてをりてゐた時、兄弟の一人が振り仰いだのでひどく恥ぢて、綱をうごかし、天の人に引き上げられてしまつたといふ。（以上前半ミユラーとフロベニウスにより譯す、ミユラーは Riedel, De sluik-en Kroesharige rassen tüsschen Selebes en Papua 1886, p. 217 によつてゐる。パルバラの復讐から以後は、Dixon, Oceanic Mythology, p. 156-157 にリーデルをひいて述べた所による）。

(四)スマトラ島のバタク族に於いて採集されたるもの

サングマイマ Sangmaima といふ若者の田が野猪に荒される。彼は叔父に、曾つて目的を外れたことのない槍を借りる。この槍で野猪の一匹をしとめる。然し木が折れて鐵は動物の創痕の中に止まる。動物は、逸走して下界に下る。叔父は、その槍の返還を求め、若者の賠償するといふ言に耳も傾けぬ。そこで彼は長い綱をあみ、それによつて下の世界に下りて來る。其處で彼は、生命《いのち》の藥を齎してきたと稱する。そこで王の許に導かれる。その王女が、上つ國で足を怪我して來たのである。サングマイマは、その傷から先に自分のものであつた鐵の槍を引つこぬく。そして王女は、傷つけた猪に外ならぬことを知る。功により王女とめあはせられる。然し彼は、地上に還ることをのみ考へてをる。終に彼に對してとられてゐた警戒の目をくゞり、夜の中に逃走する。朝彼の妻とその一家眷屬が追跡し、彼の下りてきた綱の所に達つする。丁度其時男は、綱を上つてをる最中であつた。追手も一緒にのぼり初め、その妻が、追ひ付かうとした時、サングマイマが、丁度その眞上で綱を切り落し、皆眞さかさまに墜落する（以上コスカンの論文に引用した所による Etudes folkloriques, p. 189。コスカンは、Bataksche vertelingen verzameld door G. M. Pleyte, 1894, p. 143 seq. によつてゐる）。

(五)セレベスのトラジャ族の話

七人兄弟が狩に行く。一番末の弟が、七匹の豕を捕り、他の者はなにも捕れぬ。捕つた豕の肉を燻製にし、一番上の兄が家に殘つて之を番してをる。他の者が立去るとまもなく老人が穴から出て來、肉を持ち去る。兄は、手一つ出すことが出來ぬ。同じ様な事件が他の兄弟にも起る。最後に一番末の弟が番をする。彼は老人に手向ひし、祖父から借りた銛でその背を刺す。老人は、逃走し、銛を一緒に持去つてしまふ。彼は祖父に返すことが出來ぬのでそれを求めに綱をつたひ、下界に下りる。下に降《くだ》る勇氣のあるものは彼のみである。或村で頭目が病氣であることを知り、これを見ると背に銛がさゝつてをる。若者は、之をなほしてやるといひ、家の者を外に出し、老人と二人きりになると、之を殺し、銛をとり、いそいで下りた所にかへる。途上七人の若き乙女に遇ひ、之を說いて一緒に上の世界に登らしむる。一度に皆を引き上げ、兄弟一人一人乙女を娶つて妻とする（コスカンの脚註にあげた所によるibid, p. 189-190。コスカンは Tijdschrift voor Indische Taal-Land-en Volkenkunde Batavia, tome XL, 1897, p. 365 et XLV, 1902, p.438 に出た Adriani の蒐集によつてをる）。（未完）

註一　ミュラーは本年四月二十一日に長逝した。人種學者として言語學者として南洋、印度、日本、中央アジア學に寄與した氏の功蹟は學界に不滅である。

泡んぶくの敵討

南方熊楠

今年六月郷土研究社より出た土橋里木君の甲斐昔話集八三—八五頁に此咄を載す。其大要は、旅商人あり。毎々若い番頭を一人伴て太物商ひに往く。其商人の妻不斷其番頭が賣上金を使ひはせぬかと心配し、自分と亭主の間に二人迄子をなしあるに、其番頭に志厚き樣にみせて之を手なづけ置た。或年其旅商人、例の番頭を随えて信州へ出かけ、相應の利を得て歸る途上、夕立を道傍の山小屋に避る內、居眠つた。番頭は主人の妻が眞底から己れを愛しおると心得、いつか此主人をなき物にして、主婦も身代も丸め込んと心掛け居たから、時逸す可らずと、拔刀して主人の喉を刺た。主人驚き助けを求めたが、身の廻りには、山小屋の廂から落る雨水が溜つて、泡が一面に浮立た外に何物もみえず。そこで主人は差當り、泡んぶく敵を取てくりよう、泡んぶく敵を取てくりようと叫んで死だ。番頭は歸つて主婦に對ひ、主人は途中で急病で死だ。身後の事は、一切某に賴むとの遺言だつたと述たので、主婦は會て本心から番頭を好たでなく、大に力を落した物の、止を得ず其番頭を後夫に入れ、三年立つ內に子を一人產だ。扨三年めに亡夫の法要を濟せ、二人寺より歸る途上で、夕立沛然として到り、流れ漾よふ雨水に泡んぶくが充滿した。番頭出身の後夫之をみて、三年前に主人を弑した當場を想起し、子迄なした上は最早隱すに及ばずと了簡して、妻に向ひ、今日法要をした前旦那は、其實途上の急病でなく、吾手に掛つて死なれたのだと話した。妻は大に憤り其筋え訟へ出たので、番頭上りの後夫はすぐ捕はれて刑死した。「そいから孀も、兎に角自分は、一人前の男を二人迄も殺いて了つて、何とも申し譯はない、斯してはゐられぬと、子供はみな親類え預け、自分は其から寺へはいり、尼に成て一生を暮した」とある。

土橋君の此著書中、此話の外の諸話に、類話の出處を列ねたのが多いが、此話には一つも列ねおらぬより推すると、此話は全國に廣く行はれ居ぬらしい。且つ「居眠りをしはんないた」とか、「泡んぶく」とか、甲州方言がそこゝに擡頭して、甲斐から信濃え太物商ひに出掛た抔、地理土風兩つ乍ら恰好で、いかにも甲州特生の話の樣に見えるが、誠は例の支那の稗史の飜譯たるを免がれない。其原話と類話に就ては、曾て 'The Cranes of Ibycus' と題した拙考を、*Notes and Queries*, Vol.147. no. 1. p. 6, London, July, 1924. え出し置た。今其梗概を、近時手に入た材料と調合して、御眼にぶらさげる事左の如し。

明の陸楫編、古今說海に收めた蓼花洲閒錄に、杜陽雜編より次の話を引く。云く、余が家の故書に呂晉卿夏叔の文集ありて、淮陽節婦の傳を載す、云く、婦年少美色、姑に事えて甚だ謹しむ、其夫商人たり、里人と財を共にし出て販ぎ、深く相親しみ好く、家を通じて往來するに至る、其里人此婦人の美を悅び、夫と同《とも》に江行するに因て、傍らに人なきに會ひ、即ち其夫を水中に排《つきおと》す、夫水泡を指して曰く、他日此れ當に證たるべしと、旣に溺る、里人大に呼で救ひを求め、其尸を得れば已に死したり、即ち號慟して之が制服を爲す事兄弟の如し、厚く棺斂をなし、送終の禮甚だ備はる、其行槖を錄して一毫私せず、販貨する所に至りては、利を得て亦均しく分ち、籍に著け、旣に歸つて擧て以て其母に付し、爲に地を擇んで卜葬し、日に其家に至り、其母を奉ずる事已れの親の如し、是の若き者累年、婦は姑の老たるを以て、亦去るに忍びず、皆な里人の恩を感じ、人亦其義を喜ぶ、姑は婦尙ほ少年で里人未だ娶らざるを以て、之を視る事猶ほ子の如し、故に婦を以て之に嫁し、夫婦尤も歡睦し、後ち兒女數人あり、一日大に雨ふる、里人獨り簷下に坐し、庭

中の積水を視て竊かに笑ふ、婦其故を問ふに肯て告ず、愈よ之を疑ひ之を叩いて已ず、里人婦の相歡び又數子有るを以て、已れを待つ事必ず厚からんと思ひ、遂に誠を以て之に語つて曰く、吾れ汝を愛するの故を以て、汝の前夫を害せり、其死するに臨み、水泡を指して證となせり、今水泡をみるも竟に何をよくせん、此れ其笑ふ所以也と、婦亦笑ふのみ、後ち里人の出るを伺ひ、即ち官に訟へ、其罪を鞫實して法に行はる、婦慟哭して曰く、吾色を以て二夫を殺せり、何を以て生るを爲んと、遂に淮水に赴て死すと。卅三年前、唐代叢書所收、蘇鶚の杜陽雜編を讀だが、此話有たと覺えない。明の趙鼎志の琅邪代醉編一九には〔趙宋の〕莊綽の鷄肋編に謂く、家に呂縉卿が文集有て、淮陰節婦の傳を載すといふ冒頭で、引た文は蓼花洲閒錄に出たのと大抵同樣だが、閒錄にみえない後文あり。云く、綽謂く、此書呂氏旣に無して、余が家の者も亦兵火に散ず、姓氏みな記す能はずと、何子容が曰く、徐孝節婦集の淮陰義婦書の序を按ずるに、義婦は蓋し李氏ならん、云く、讎旣に復す、又念ふに二子は讎人の子なり、義生す可らずと、即ち其子を縛して淮に赴き、之を殺て自ら投ずと、嘗て蔣濟が萬機論をよむに、改嫁すれば已に先夫の恩を絕つ、子を殺すは又慈母の道なしと、此に卽て淮陰婦の得失を觀れば見つべしと、余謂ふ、何氏の此の論未だ當らざるなり、志を守つて嫁せずんば固とに是れ道を正しう

す、然も夫を忘れ讎に事へ、生を貪ぼり欲に徇ふ者と年を同じうして語る可らず、始め欺かるゝも終に吾が志を成す、之を義婦と謂ふも亦宜なりと、小六かしく論じあり。所詮紅顏薄命千古心を傷ましむる次第だ。甲斐昔話集の旅商人の話は、里人を若い番頭、川へ排したを喉を刺た抔と、多少作り替た斗り、泡を指して證となし、泡を視て事實を明した等の要點は、根こそぎ此支那譚を取移した、殆んど飜譯に近い者だ。

之に類した西洋談で尤も高名なは、古希臘人の所謂「イブコスの鶴」だ。イブコスは西曆紀元前六世紀に、小アジアのサモス王ポリクラテスに事へた抒情詩宗だ。後ち歸鄕する迚、コリント近處の沙漠を行く中、賊徒に襲はれ重創を蒙むり、偶ま群鶴天に冲るをみて、鶴共吾爲に復讎せよと呼で死だ。程なくコリントの民が劇場に集まつた上を鶴共飛廻るをみて其中に在た一賊がそゞろに、そりや、イブコスの仇討ちが來たと叫んだ。一同奇怪に思ひ探索を始め、盡く兇人を捕へ刑殺したから、注文通り、鶴がイブコスの讎を討た譯だ。之に同似の譚がアラビアン ナイツにある。一人旅の者が强盜に逢ひ、身ぐるみさらけ出して、家で俟居る子供に免じ、生命だけは赦しくれと望みしも聞れず。悉く金を取た上殺さるゝ、其時頭の上を飛ぶフランコリンに向ひ、此强盜は何の怨みもなきに、物を奪ふた上我を殺す、汝願はくは後日迄も其證に立てくれと言て死だ。後年其强盜歸順して所の道臺と心易し。一日道臺に招かれ饗應された膳立ての內に、フランコリンの炙肉あり。强盜だつた男之をみて大に笑ふた。なぜそんなに笑ふかと問ふと、若い折り追剝して旅人を殺した節、其人此鳥を指して證に立てと言て死だが、今に何事も起らぬと言た。之を聞くと道臺忽ち無上に腹を立て、突然拔劍して坐を立つまもあらせず、矢庭に彼男を刎首した。其時どことも知れず、異樣な聲有て偈を說た。其偈の意味は、已れ他に害されざらんと望まば、須らく他を害せざるべし、惟だ善をこれ勗めて、上帝より幸運を享けよ、上帝が定めた事を人が動かし得べきでないが、人の行なひ振りは實に其人の運命を左右するに足るからてな事だ。「鳴ずば雉もうたれざらまし」の義だ。是れ誠にフランコリンが偈を說て證に立たのだそうな。フランコリンは印度とシプルス島の間に產し、吳を破つて歸つた越王勾踐を聯想せしむる鷓鴣、一名越雉に近類の野鳥である。(Smith, 'Dictionary of Greek and Roman Biography and Mythology', vol. ii. p. 557, 1846; Burton, 'The Book of the Thousand Nights and One Night', ed. Smithers, vol. ix. pp. 284—287, 1894; 'The Cambridge Natural History', vol. ix. pp. 226—227, 1909.)

大正十四年春頃の大阪毎日紙連載、何かの講談物に、武州熊谷堤で或る者人を殺し金を奪ふて立上ると、道側に石地藏が立あり。どうか此事を洩さぬ樣と賴み拜むと、人は言ねど我れい

泡んぶくの敵討（南方）

ふなと、其石像が其者を戒しめた由。此事何か書籍に出おるか、御知せを冀ふ。

又淸の朱彝尊の日下舊聞、三九補遺に、陸長源の辨疑志を引き、幽州の石老なる者賣藥して暮す。年八十で忽ち腹大きく十餘日食はず、水斗り飲む。其子明旦泣て四隣を呼び、偶ま病だ白鶴吾が父の室中に入り、吾父亦白鶴に化し、共に飛去たと云た。其から雲中の白鶴を指し、地に仆れて號呼した。人異しんで之を觀、みな香を焚き禮拜した。節度使李懷仙兵馬使朱希を使はし、室内を檢査せしむると、紙障子を穿つて出入した跡あり。四隣の者皆な、石老白鶴に化し、飛去て雲間を翔り時を移したと言た。因て節度使が石老の子に、絹百疋と米百石を賜ひ、遠近の評判高く、道士段常は續仙傳を著はし、備さに石老升仙の事を載た。其から月餘へて、石老の子が隣人と爭鬪した。官より訊問するに、節度使が吳た絹を分配する不平より事起つたといふ。蓋し石老久しく病で死せんとした夕方、其子木で大石を貫ぬき、父の尸を縛りつけて河に沈め、妄りに雲中の白鶴を指して父が化た者と言た。州縣人を差して、水に沈めたてふ處を捜さしめると、果して尸を得たので、懷仙遂に其子を杖殺したといふ。鶴を指して證に立せ、復讎せしめたのと打て變り、鶴を指して僞證の用に供したのだが、空を飛ぶ鶴を指した丈は一緒だから、序でに記しおく。

又龍子猶の情史一八に、仁和の張灝、姻家の婦八娘と私し、其夫の出るに乘じ夕を以て至らんと約せしを、鄰人江十八てふ無賴漢が知り、詐つて張の狀をなし、先づ往て八娘に合んと求めたが、嚴しく拒まれたのを怒り、直ちに八娘の首をきり、豫て怨みある李縫工の後垣へ擲入た。其跡え張が往くと八娘が流血中に倒れある。大に驚き逃るを巡吏に捕はれた。邑令劉洪謨鞫して奸情を知り、又衣に血跡あり。張は姦通はした者の、殺した覺えはなし。然し拷問に勝ずして誣服した。けれども八娘の首が見えぬから獄未だ決せず。李縫工は朝早く起て、宅地え女の首を投込あるをみつけ、早速埋める處を隣人が窺ひ、錢塘の令に告たので、縫工を嚴しく訊問したが、どこから首が來たか分らず。姑らく縫工を繋ぎ置た。劉公は此獄決せざるを不快で、萬曆己亥の夏、之を城隍神に禱ると、夜明て外出せば此獄は自ら判然すると告げあり。旦たに他の用事で江口に至るに十八羽の鴉が沙上に舞ひ飛ぶ。扨は江十八といふ者が八娘を殺した者かと思ひ、數日後門戸冊を閱するに果して江十八の名あり。之を械し至り一訊して服罪した。女の首は縫工の家え投込だと云ふので、錢塘へ移文し、張と縫工と倶に免されたと出づ。殺さるゝ時賴まれもせぬに、鴉が進んで兇手を證した點だけ、本條に緣あるに出て附錄する。（九月廿八日）

紅海を渉る

別所梅之助

個人にしても、民族にしても、七顚び八起き、おもへばよくも切り抜けて來たといふ經驗が、さまざまな物語となつて、昔を色どり、神を稱へさせる。

モーセを首領といたゞくイスラエル人が、エジプトを脱れ出る。一旦許したのだに、エジプトの王が軍勢を發して、イスラエル人を追ひかける。イスラエル人は老いたるあり、若きあり、荒野の路の歩みも捗らぬ。一行はやうやく紅海の岸べにつく。エジプト軍はあとより殺到する。進まんか、海あり、退かんか、敵あり、イスラエルの運命こゝに極まると見ゆるに、モーセは屈せず、杖をあげ、手を海の上にのべる。神こゝに夜もすがら東風を起して、海の水を退かしめる。イスラエル人は海の乾ける夜の間に、水に浸されずして通つてゆく。エジプト人も跡を追ふが、夜明に至つて、モーセまた手をのべると、海の水またもとに復つて、エジプトの軍勢は水に沒してしまふ。（エジプト記十四章―十五章）。散文の記事を除いても、御方に對しては、

汝の鼻の息によりて水積み重なり、浪堅く立ちて岸の如くに成り、大水海の中に凝る。　一五の八

となり、敵に對しては、

汝氣を吹きたまへば海彼らを覆ひて、彼らは烈しき水に鉛の如くに沈めり。　一五の一〇

となる。極の初にかへつても、

汝らエホバを歌ひ頌めよ、彼は高らかに高くいますなり、彼は馬とその乘者とを海に擲ちたまへり。　一五の二一

となる。

そんな事があるものかと、今の人はいつても、昔はさういふ話が方々にあつた。淮南子の覽冥訓に、

武王の紂を伐つや、孟津を渡る。陽侯の波逆流して擊ち、疾風晦冥、人馬相見えず。是において武王、左に黃鉞を操り、右に白旄をとり、目を瞋らし、之をさしまねいて曰く、余は天下に任ず、誰か敢て吾が意を害ふ者ぞと。是に於いて風やんで波罷む。

とある。紅海を渉つた程の話でないにしても、無事に渡つたと

いふ傳へである。

書經の金縢には、周公が管叔の流言によつて、東に居る事二年、大風あつて、禾は偃し、木を拔ける。天の譴めとおそれて、王が周公を迎へると、風がかへつて禾も、木も起きかへつたとある。天が人の德に應じたといふのであらう。

赤壁の戰の東南の風にしても、資治通鑑は「時に東南の風急なり」とだけしてあるけれど、小說ながら演義三國志では、孔明が東南風を祈り出したとなつてをる。尤も風を孔明の業にした話は、三國志より以前からあつたらしい。

梁の末に王僧辨が侯景を討たんとして、江をわたるに風が立つ。兵士の懼るゝに、僧辨は天を拜して、自分は仰せに從ひ、罪ある者を伐たんとする。社稷中興のとき、風をして息ましめよと祈つた。それで風止みて、安らかに渡れたといふ。

日本にはもつと類似の例がある。

火遠理の命にともなふ鹽盈つ珠と鹽乾る珠との話は、誰も知る。書紀の一書には、うそぶいて沖つ風、邊つ風を起す「風招《をぎ》」の術をまなんだとの傳へもある。

古事記には更に天の日矛が、玉つ寶——浪ふるひれ、浪切るひれ、風ふるひれ、風切るひれ、おきつ鏡、へつ鏡をもたらしたとのつたへもあり、さういふ寶が、神功皇后の三韓征伐のをり、御用にたつたといふ。

今昔物語には、源賴信が平忠常を攻める話がのつてをる。忠常は內海のかなたに寄つてをる。そこを廻るには七日もかゝる。すぐ海を渡らば、その日の中にも攻められようが、舟は忠常の方でおさへてある。然るに賴信は淺瀨を知つて、馬を乘り入れる。俄に渡られた方の忠常は、策の施すべきものなきまゝ降參したといふ。忠常の亂は四年にわたり、後に賴信が命をうけてからも、すぐ平らげたのでなけれど、さういふ話が殘つてをる。忠常の據りたるは、下總の椿の海だといふ。椿の海はその後六百餘年、德川四代將軍のころ開發になつたけれど、當時は相當に大きかつたらしい。今からは九百年まへの話である。

源平の戰に、佐々木三郎盛綱が、備前の兒島で藤戸の渡をわたつた話もある。これは賴信の話から脈を引いたのかも知れぬが、海の表二十五町ほどあつて、やはり寄手に舟がない。盛綱、浦の男をかたらひ、淺瀨を敎はつて彼方へわたる。「昔より馬にて河を渡す兵多しといへども、馬にて海を渡す事、天竺、震旦は知らず、わが朝には希代のためしなりとて、備前の兒島を佐々木にたぶ」と、平家物語にある。その藤戸のあたりも、河と海とが土砂を運び來つて、今は一筋の水を殘すに過ぎなくなつた。椿の海も、藤戸も、海といつても淺くなりゆく所とて、そんな話も生じたのであらう。

新田義貞が鎌倉攻めのをり、北條方の守り強く、寄手一度退いた。義貞、海上をふし拜み、「仰ぎ願くは內海外海の龍神八部、臣が忠義を鑑みて、潮を萬里の外に退け、道を三軍の陣に開かしめたまへ」と、金作りの太刀を海に投げ入れたるに、「稻村が崎二十余町干上りて、平沙渺々たり。」 それで寄手は鎌倉に亂入したと、太平記に殘つてをる。

明智左馬介の琵琶湖乘切は、天正十年の事だから三百五十年ほど前で、話が最も新らしい。堀秀政と打出の濱で戰つた末、敵に行手を扼せられてをるので、馬を湖水に乘り入れ、辛崎を經て坂本の十三堂に達したといふのだから、そこを汽船による私どもには驚かれる。

西洋の人たちは、いろ／＼の例を敎へてくれる。アレキサンドル大王がペルシヤを討たんとする時、パンフリヤの海の水引いて、大王の軍勢が海を渉れた。これ神の祐によつて、風が急に北に變つたからだとある。

當時、アレキサンドルは、リキアのPhaselisにをつた。そこから東へ進むに、山の手は梯子といはれる廻り遠い險しい路である。海添の近路はタウルス山の支脈が直ちに海に沒してをる處とて、お天氣がよく、北風が吹けば、旅人も通れるが、南風がたてば水に浸されてしまふ。我が脊梁山脈が海に入る親知らずのやうな難所である。アレキサンドルは軍を分けて二手とし、一手は山路をゆかせ、自らは荒天にもかゝはらず、海添路を進んだ。腰まで水に浸りながら、軍兵はその日の夕には、彼方へ越えられたのだともいふ。斯うしてペルシヤのダリウスは敗れた。これは義貞の稻村が崎廻りをおもはせる。但しタウルスは大山脈だけに、マケドニア勢は一日路、海添を通つたといふ。今のアダリア灣の一部である。

更にロマとカルタゴとが生きん、死なじと爭つてゐた頃、ロマの將軍スピキオ(兄)が、イスパニアに乘りこんで、そこの新カルタゴ(今のカルタヘナあたり)を攻めようとした。新カルタゴは二方に海をめぐらし、一方は潟になつてをる。潟には水路があつて、海に通じてゐる。スピキオは盛綱のやうに、引潮のをりには潟の渉れるのを漁夫からきいた。それで北風のつよい引潮のをりに潟を渉つて敵城を攻め破つた。海の神ネプチユーン(ネプチユヌ)、ロマ人を助けたるによつて、潟を渉れたのだといふ。スピキオは身をもつて神に仕へた人であつた。

聖書のつたへの全くうつつたのらしいのは、アビシニヤに殘るとか聞く物語である。それではソロモンがエテオピアの女王を招く。女王のマゲダがソロモンを訪ふ。この二人の間に生れたのが、メネリック第一世とて、現アビシニヤの皇室の祖先だふ。この子は母とゝもにアビシニアに歸り、後またソロモンの御殿へいつて教育をうける。十八歲のをり母の國に歸り、ユダヤ人一萬人をひきゐ、チグレといふ高原に都を定めた。この若者がユダヤを去るをり、モーセの十誡を認めた文書を携へ出した。ソロモンの宮の者、寶を取りかへさうと追ひかける。メネリックは間道より紅海の岸に赴きたるに、地裂けてアビシニアまでの拔道が生じた。メネリツクたちはそれを通つて、チグレのアキサムといふ處で地中から出た。出づるや否や、地がふさがつたので、追手は地の中に埋まつてしまつたといふ。これは朱蒙の話などを思はせるのみか、魃におひかけられて逃げる物語に通うてをるかも知れぬ。

紅海を渉る（別所）

出エジプト記のエジプトの地すら、エジプトならで、アラビアの北部ならんとの説もある。エジプトをたゞのエジプトなりとしても、紅海といふ語に疑義もある。その紅海をわたつたといふ地點を、北方即ち地中海添の地に求むるもあり、南方スエズもよりならんとするもあり、或は中部なる Timsah 湖のあたりならんと說くもある。そして淺瀬、引潮、北風、いづれも彼此と引合に出される。Topography of the Exodus——脫出地誌もむづかしい。しかしイスラエル民族の發達を考ふる者は、此の物語の中心に、何らかの史實の潛むのを否めないであらう。

盥を敲いて急を報す

神稻水滸傳に、巨盜德次郎がどこかの豪家へ押入た時、家人が金盥を敲いて急を報じた事を載せ有たと記憶す。明治十八年頃神田神保町の櫻田といふ下宿屋（此家の息は二人共東京で名醫となり有たが、今はどう成たか知ぬ）に予の親友で正岡子規と同縣人、井林廣政が宿り居り、深夜突然金盥を連りに敲いたので、主婦が出火と心得、子供足弱共を立退せたり、盲目の下宿人が、速くランプをとぼさないと足元が見えないと呼はる等大騷ぎの末、一向何事もないから往てみると、井林は枕元に金盥と火箸を擲出し熟眠し居るので、又大騷ぎとなり、第一强悍無双の主婦が承知せず、井林を追出すとて男女の組討ちとなり、氣の毒乍ら十二分に面白かつた。盥を敲いて急を告る事は支那にもある。清の蒲松齡の聊齋志異八に、莒人商姓者、兄富而弟貧、中畧、里中三四惡少窺ニ大商（兄を指す）饒足一、夜踰レ垣入、夫婦驚寤、鳴ニ盥器一爲レ號、鄰人共嫉レ之、無ニ援者一とある（十月廿六日、南方熊楠）

寄合咄

誤解から生れる神話

　草鞋大王の故事は、誰でも知つてゐるところであらう。ふとしたこと、ひよんなことが機緣となつて、瓢箪から駒が出たやうに、至つて近代的に神や精靈が生れ出ることも、決して稀ではないらしい。自分の郷里熊本市から三里弱離れた、三ノ岳の麓の出羽《イヅルハ》村といふ山村に、『ぼうぼう樣』といふ神の存在が信ぜられてゐる。神體も無く祠堂も無いが、森林の中に潜む一種の daimon のやうなものとして、ホタ掘り（ホタは、大きな樹の根株の腐つたもの）などに出かける村の少年たちの心に恐怖の念をそゝり立ててゐる。村の一老翁が密かに自分に漏らしたところによると、この老人がまだ若い頃山の中に入り込んで、どうした氣持からか、頻りに大きな聲で叫び立てゝゐると、それが村の人たちの耳に異樣に響いたと見えて、山の中に『ぼうぼう樣』がゐるといふ噂が立つてしまつた。件の男は、始めのうちはいたづら氣分から、それを打ち消さうともしないでゐるうちに、やがて村の人たちの心に動かし難い信仰として根を張るやうになつた。かうなると件の男は猶更口出しが出來なくなつて、到頭今日まで口をつぐんで知らぬ顔をしてゐなくてはならぬ仕儀に立ち至つた。老人はこんな話をして、『どうかこのことは、村の者には内密に』と云ふのであつた。

　この老人、至つて實直な男ゆゑ、つくり事は噓僞ではないらしい上に、かうした出來事は、單にこの寒村だけには限られてゐない。今東北帝國大學敎授の任にあるD氏から聞いた話に、氏の郷里土佐の或る片田舍でも、丁度これと同じやうな機緣から、一個の山の精靈が産れ出て、今は村人たちの信仰として、立派に確立されてゐる由である。

　かうしたことは、神話の世界にもあるらしい。友達の一人が云ふ、神話の中には繪畫を母胎として生れた、ごく新らしいものもあるであらう。繪畫が、何か奇怪な、グロテスクな出來事を表現してゐる場合、觀る者の知力がその眞意を摑み得ないとすると、そこにおのづから誤解が生じ、自分勝手な解釋が案出せられる。それが語り傳へられて、立派に一の神話として生きつづけるであらう。友達はかう云ふのであつた。

　可なり以前に聞かされた說なので、忘るゝともなく忘れてゐると、近頃になつて、ゆくりなくそれを憶ひ出す機緣に接した。最近に倫敦で出版された一書――エー・エッチ・クラップ氏（Alexander Haggerty Krappe）の『民俗の科學』（The Science of Folk-lore）を繙いて、その第十五章に至ると、友達が自分に示唆したところと全く同じ見解が、堂々と述べられてゐる。

『本原的には、繪畫が單一な行動として表現したものが、あとでは、幾度となく無限に繰り返される或る行動を表すものと誤解されたのである。ポニアトウスキが、おのれの馬と一しよにエルスター河に躍り込んだ史實を表現した繪が――昔風の佛蘭西の旅舍には、さうした繪が決して稀ではない――こんな風に誤り解せられて、冥府の場面であると信ぜられたとせよ、さすれば、ダンテによつても考へられなかつた新しい責罰――罪ある者が、流れに身を跳らして、幾度となく死を求めて、しかも之を得ることが出來ないといふ新しい責罰が、すぐに案出されるに違ひない。その次ぎの手段は、さうした責罰を蒙らなくてはならぬやうにした罪惡は何であつたかを想像することであらう。而して相當な想像力を持つたものなら、這般の罪惡を考へ出すのに、敢て手間はかゝらぬだらう。かくして一個の眞純な神話が生れ出る。太陽、太陰、星辰若くは食用植物の精靈に少しも迷惑をかけないで、眞正の神話が産果する。』

クラップ氏は、かうした見解の下に、多くの希臘神話の母胎を繪畫に歸してゐる。氏はサロモン・レイナック(Salomon Reinach)が、その著『祭儀、神話及び宗教』(Cultes, Mythes et Religions)の中で主張してゐる見解に贊同して、冥府に於て絶えず丘から轉がり落ちる石を絶えず持ち上げてゐると云はれるシシフォスの物語、頭の上に吊されて今にも落下しさうな巨石に脅え惱んでゐるタンタロスの物語、永刧に廻轉する火の車輪に體を縛りつけられてゐるイキシォンの物語など、そのすべてが繪畫の誤れる解釋から生れたものであるとなしてゐる。シシフォスがコリンス市の外壁を築いてゐる繪の中に、大きな石を抱えた彼の姿が見出される。そこで、何のために大きな石を抱えてゐるかが譯らぬ輩《ともがら》が、いろ〳〵と思ひ廻らして、到頭シシフォスを罪人扱ひにし、冥府にあつて、絶えず轉げ落ちる石を持ち上げねばならぬ罰を受けたと見當をつける。一旦罪人扱ひにした以上、繪畫の誤解者は、シシフォスが犯した罪そのものをも案出しなくては相濟まぬ。そこで再び想像をめぐらして、ゼウス神が河の神アソポスの娘を誘勾したとき、シシフォスが河の神にゼウスの逃亡先きを密告したといふ事件を構へ出し、かうして瓢箪から駒が出たほどではないが、兎に角一の繪畫から一の神話が飛び出した。タンタロスやイキシォンの物語に於ても、かうした過程が行はれてゐる。

クラップ氏は、かう主張する。まさしくわが親愛なる友人と東西呼應するものでなくてはならぬ。

數ある神話のことである。一々その素性を洗ひ立てたら、その前身がかうしたものであつたといふ場合も、決して絶無ではあるまい。しかしさうした種類の物語をも眞純な神話の範疇に繰り込まねばならぬとすると、神話そのものゝ本質に關する定義をどうにかしなくてはならぬ仕儀に立ち至るであらう。これは餘程考へものである。

それに、或る繪畫に表現せられたものが、後人によつて誤解せられるとしても、それが神話の體裁を具へるやうに誤解せられるといふことには、何等かの説明が入用ではなからうか。たとへばシシフォスがコリンスの外壁を築いてゐるところを表出した繪があるとして、それがどうして冥府の出來事であると誤認せられなくてはならぬであらうか。タンタロスやイキシォンについても、同樣のことが云へる。尤も繪畫の誤解にも、いろんな行方があつて、現世的、人間的に誤解せられる場合には神話にはな[illegible]し、超自然的、超人間的に誤解せられる場合に、始めて神話が發生するのであるといへば、それまでゞあるが、この場合に於ても、つまり何故に超自然的、超人間的に誤解せられるかには、何等かの心理的理由づけが要求しされるやうに考へられる。森の中で異様な聲が聞えるやうな場合とは、少し事情を異にして、人間的な解釋を施しても決して差支へなさゝうに思はれるからである。(松村)

御願ひ

夏の初めからひどく健康を害して御無沙汰をしました。その爲めに資料の御報告者其他に大變失禮をしてゐましたが、此頃になつて漸く元氣を回復しましたので、どうやら編輯のことにも責任を持てさうになりました。

それで一月號には出來るだけ多く廣い地方の年中行事を集めて見たいと思つて居ります。年の暮から正月にかけての資料の御報告を得たいと思ひます。殊に或る地方に特殊の慣習を殘してゐるものについて、一つの項目についてでも構ひませんから、詳しい御報告を願ひたく思ひます。(小泉)

資料・報告

越後國北魚沼郡民間傳承

青池竹次

此等の話は多く越後國北魚沼郡小千谷《ヲチヤ》及び其の附近にて採集せるものである

◇三佛生と百塚

三佛生《サブシヤウ》村には、觀音堂(觀世音)・遍了寺(阿彌陀如來)・藥師堂(藥師如來)の三つがある。それ〳〵の本尊三體は信濃川からあがつたものなので、もと岩野と言うてゐたこの村を、それから三佛生と、名をかへたと謂ふ。この三佛のうち觀音樣は、嘗て信濃川に面して東向きに安置されて居つた。ところが川を降つて來る船が其處まで來ると、ぴつたり船足が止つて動かなくなつてしまつた。其ばかりでなく、馬に乘つた人が川向ふの白岩の邊まで來ると、やつぱり馬が動かなくなる。それが一度や二度ではなかつた。これは向きが氣にいらないに違ひないといふので、變へて、今は西向きになつてゐる。それからはさう言ふ不思議も起らないさうである。

この觀音樣から白山神社の傍を通つて村はづれにゆく。白山神社の鳥居のわきに河童を祀つた小さい石の祠がある。信濃川に泳ぐ子供がしりこをぬかれて死んだので、祀つたのだが、石面には、祭川太郎と刻んである。

村を出はづれて隣り村の高梨に續く道には百塚がある。道の片側だけで、百塚あると言ふけれども誰が數へようとしても、しまひまで數へきれぬ、きつと數を忘れてしまふさうだ。塚は三間置き位に續いて、塚の上には櫻の木が一本、石佛一體がそれ〳〵にある。昔戰爭があつた時に、死んだ人達を埋めて築いたのだといふことであつた。

◇五つ塚

吉谷《ヨシダニ》村の市之澤から古田に行く途中、杉の大木があり、その傍に五つ塚がある。言ひ傳へではかういふ事である。昔この邊で戰爭があつた。後方が原で、前が澤であり、その澤を越えると今の樣に、向ふが原になつてゐた。戰死した人を村の人が集めて埋め、塚を築いてその上に杉の木を植えておいた。一本杉はめだつて大きくなつた。ある時、同じ吉谷村の逃入《ニギリ》(今、村ではにぐろと言ふてゐる。義經が戰に負けて逃げこんだ所だと謂ふてゐる)の人が、この塚の邊を見たところ、一本杉から金色の光がぴかぴかと見えた。木の下に小判でも埋つてゐるのだらうと誰も彼

越後國北魚沼郡民間傳承（青池）

も思つたさうであるが、塚を怖れて、いまだに誰もほつて見た者はないといはれてゐる。

◇二十三夜塔

小千谷《ヲヂヤ》の町はづれ、上山町から城川《シロカハ》村の藪川に行く道の中程に、十三塚とならんで二十三夜樣の御堂がある。茶郷（千谷鄕）川の橋を渡つて右手に塚のやうになつてゐる其上にある。御堂が無かつた昔のことで、夜此處を通ると青道心が、にゆつと出ると言ふことから誰もよう通らなかつた。ある晩、逃人の隣り村の二叉《フタマタ》の者で、生れつき臆病だつた男が、小千谷の町まで行つた歸り、灯《ヒ》も借りないで其處まで來た。暗いうへに恐ろしい話を聞いてゐるので、一生懸命に二十三夜樣を祈つたところが昇る時分でも無いに、二十三夜のお月樣がずつと昇つて、晝間のやうに明るくなつた。男は御蔭で無事に其處を通つて歸ることが出來た。その臆病者は塚を築き、二十三夜樣を祀つて御堂を建てた。其が今ある御堂だと言ふてゐる。

◇十三塚

どこの者か分らないが、臆病な男がゐた。ある晩、化けものに追ひかけられて家へ逃げこんだ。女房《オカカ》が臆病ではいけない、何とかして治したいと思つてゐた折なので、早速戸口にふくべをさげておいた。男はかけ込みしなに、ばつたりそれにぶつかつたので、さては出たなと思つて肝を潰した。女房に言はれてよ

く見るとふくべだと分つた。それから化けものと言ふものはふくべだと始めて納得した。丁度その時分、十三塚の化けものを見とゞけた者には褒美をやると言ふ御ふれが立つたので、化け物はふくべに違ひないから俺が見とゞけてやると言ふて男は出かけた。行つて晩になると、すつと眼の前に化けものが出て、實は人が來るのを待つてゐたのだが、誰も怖《コハ》がつて逃げてしまう、お前が來てくれたので助かつた、此處に寶物があるから明日の晩（その刻を忘れたと話す人が言うた）もう一度來てこの塚を掘つて見るがいゝ、誰にも言ふなと言ふた。歸つてから誰にも話さず、翌晩、鍬をかついで其處に行き、言はれた通り、東から三番目の塚を掘つたところが甕が出た。開けて見ると黃金がいつぱいつまつて居た。それから男は臆病が治り、えらく金持ちになつたといふことである。

◇郡どんの池

吉谷村に郡《コホリ》どんの池といふのがある。池の水は濃いお茶のやうな色をしてゐる。池の眞中に浮き島があり、今は池のふちの山の裾に明神樣が祀つてあるが、もとは浮き島に石の祠があつた。この池に向つて、あす椀と膳を何人前入用だから貸して下さいと明神樣に御願ひすれば、翌日きつと其の數だけ貸してくれた。ある時、二叉《フタマタ》のある者が、池の主の蛇が貸してくれるのだから、家の寶にしようと考へて借りた壺を一つ秘して桐の箱

に入れ藏にしまつて返さなかつた。それからは、いくら頼んでも貸してくれなくなつたさうである。

この郡どんの池と小千谷の町はづれの天王樣（祇園社）の脇の天王ヶ淵とは、水が續いてゐるといふことだ。夏子供の泳ぐ所だが、深くて底の方は水がぐつと冷たい、天王ヶ淵には主がゐて泳ぐととられると怖がつてゐる。

◇げんどうろく

城川村字山谷《ヤマヤ》の畑の中に、げんどうろくと言ふ所がある。昔げんどうろくと言ふ人が、年貢の金を澤山持つて小千谷へ行かうとして其處まで來ると急に便を催した。胴卷を木の枝にかけて、すませて戻つて見ると其胴卷が無くなつてゐた。困つた事になつた、金が無くなつては行くに行かれず、歸るに歸れず、仕方が無い死んでしまはうと首をくゝつて死んでしまつた。胴卷を盜んだ人はその金で峠の下に酒屋を始めた。峠の茶屋と言ふて、××某といふた。それからその家には代々片輪者が出來たので、人の金を盜んで死なせた祟りだと怖れて、坊さんを二十人もよび御經をあげてもらつて供養した。現に日露戰爭の時もこの家から出征した人が、脚をうたれて跛になつたさうである。

○

これに似た話が湯澤にもある。湯澤の酒屋某といふ家では、代々訣の分らぬ神さんを祀つて居つて、御燈明をかゝさないでゐる。何代か前、信州から越後に越えて來る飛脚や金飛脚が山を降つて、この村で一休みする、其處にこの家があつて酒を賣つて居た。或る時、一人の金飛脚が降りて來て店に休んで、酒を買うて飲んでゐたが、一時《イットキ》に一升も飲んでしまうたので、主人が感心して、それでは私が一升おごりませうと言つて、酒に毒を入れて飲ませた。飛脚が飲みつぶれたのをたしかめ、胴卷を拔き取つて殺し、夜になるのを待つて河原に埋めようとした。ちようど其晩、村のある男が、川へ夜打ちに出て、網を打たうとすると砂を掘る音がする。近づいて見ると、酒屋の主人が穴を掘つてゐる。さては人殺しをしたなと思つた。主人は、どうか內證にしてくれ、金はいくらでもやるからと言ふた。網打ちの男は、今金は欲しくないが、後になつて欲しい時もあるだらうから、其時になつて貰はうと內證にする事を約束した。それから間もなく主人が死んで、代が變つた。網打ちした男は金が入り用になつたので、相續人《アトトリ》に金をくれと言ふたところが、俺はそんな事は知らないからと突放した。それなら俺が證據を見せてやると、信州の飛脚を頼んだ人を連て來てみせたので、たうたう內談に終つたといふことである。それから某の家では、飛脚を神棚に祀つて御燈明をかゝさないのださうで、湯澤でも一番の舊家だといふことである。

○おんごくの橋

城川村字道《ダウ》ノ木に、おんごくの橋といふのがある。昔義家が敵に追はれてこの橋の下に隱れた。丁度其處へ八兵衞といふ馬方が荷馬車をひいて來たところ、どうしたのか馬が歩かない。いくらぶつても動かない。そこで橋の下を見ると立派な武者が隱れてゐた。どうか助けてくれ、今敵に追はれて逃げて來た者だと頼んだから、八兵衞は家につれ戻つてかくまつておいた。しばらくたつて其の武者が家を出る時に御禮に兜の兜守り（と言ふてゐた）を置いて行つた。置く所が無いので、其を同じ村の一ノ宮に預けておいたところが、一ノ宮では八幡樣に祀つた。後で道ノ木の者が自分の村の物だから返してくれと言つたが、一ノ宮の方では如何しても戻さない。今だに八幡樣にあるといふことだ。

○あをり樣

ある時、八幡太郎義家が、この川合を通りすがりに馬の泥障《アヲリ》を落して行つた。それを祀つて、今にあをり樣と言ふ。

あをり樣は式内の川合神社のことである。ちやうど善光寺平の方から來る信濃川と、上州との國境の山から來る魚野《イヲノ》川とが落合ふ、東側の川岸にある。今、社の近邊は切り開かれてゐるが、以前は杉の立木が深く、一度迷ひこむと無事に歸る者が無かつたと言ふことだ。川口村の宿の老媼から聞いた、あをり樣の話はかうだつた。

ずつと昔、八幡樣が信州から川を流れて御座つた。川の出合ひまで來ると山の芋のつるにつかまつて岸へあがられたのを御社に祀つたのだ。今の若い者はとんちやくしないが、昔からこの邊の者は、神さんのものだからつて山の芋は食はないものだつた。秋になると山の芋を澤山持つて行つてお社に納める。子供が腹の病氣をした時にも上げて願かけする。御祭りは七月の十九日で、長岡邊からも御詣りに來る人が隨分あるが、みんな大きな山の芋をさげて來て納める。

あをりの宮と言ふのは今に始まつたことでも無いらしく、昔き物にも見えてゐる。

加賀・能登採訪聽取帳（一）

中村　浩

鳳至郡の或村に貧しい夫婦の老人が住んで居た。或夜其の老婆が便處に立つのに表に出た。（田舍は皆大戸の外に便處がある）そこへ荷をつんだ馬が通りかゝつた。老婆が是を引き止め樣とした時には、馬は遠くへ行つて居た。其の夜夢に神樣（山王樣と云ふ）が現れて『なぜ馬を早くつかまへなんだ。あの馬にはお前にやるのに黄金を澤山つんで來たのだ。明晩又來るから誰人にも言わず、お前一人で取り出ろ』と云つた。老婆は恐しさの爲に、神樣の約束を破つて其のことを爺に話し、その明夜は爺と二人で馬の來るのを待つて居ると、馬が來た。婆がその馬をとらへ樣として、馬の尾を引くと、尾は拔けて又馬はどこかに行つた。仕方がないので二人とも寢ると、又夢に神樣が現れて、お前は乃公の言ふことをきかなんだから金はやらんと云つた。

◇

酒田の本間が米を積んで、能登の沖を通りかゝつた時に、大暴風雨に會つて七尾の港へ逃こんだ。恰度五月のことで、山王さんの引山祭の頃であつたが、世の中が惡くて其の祭が出來なんだ。そこへ逃込んだ本間の船が米を澤山積んで居た。處が、其の船に或日老人が訪ねて來て『其の米を町へ皆にやつてくれんか、そうすると祭が出來るさかい』と云ふので、本間の主人が『よしやらう』と云つて、米を出した。で、老人は『そんなら今夜人が寢てから町へ出て落とるもの皆拾らうてくれ、それがお禮や』と云ふて歸つた。夜が更けてから町に出て見ると、何もないが、其處等を歩ひて居るうちに、馬の糞が澤山落てゐたので、其を皆拾ひ込んだら、明朝皆黃金になつてゐた。それから本間は段々富んで來た。で、暫時以前まで毎年七尾の山王を守護神として本間が參つた。

扨て、米をもらつたが、それでも未だ町では引山が出せんと云ふ。それを魚町だけが何とかして出した。それでともかく其年の祭は出來た。此の爲に魚町は殿樣からおほめにあづかり、紋所㊀圖の如きを用ひることと永代稅を納めることを免ぜられた。㊀の紋は當時の殿樣畠山氏の紋所である。魚町は其の後維新になるまで免稅されてゐた。引山は魚町・府中町・鍛冶町と、三つ出るのである。其の中、山を作ることの一番上手なのが魚町で、一番お金を掛けるのが府中町で、一番大きいのが鍛冶町である。それは只今でも其樣に言はれてゐる。又山を作る藤つるを切りに行く山も決つて居て、どうかすると木に猿がついてゐる爲に山が動かんことがあるといふ。

◇

みづしと云ふものは川の淵・池等に居る。そして人を引ずり込むと思はれた。ことに梅雨明の頃から大暑になるまでの間によくあばれるらしい。私等の幼少の頃は町の川では藥師の裏のおかまでんと云ふ處に、それがゐると信じてゐた。小童たちはそこで釣をすることさへ恐れた。よく人も死んだことをおぼえてゐる。

◇

町に廣德寺と云ふ寺がある。その釣鐘は大きなものであつたが、男と女とが並んで其の下へ入ると、釣鐘が落ると云つて決して近よらなんだ。

加賀・能登採訪聽取帳　（中村）

◇

妙觀院と云ふ寺の山門の側に小さな池がある。此の池の中に寺の釣鐘が沈んでゐるが、其の鐘の大蛇が今は池の主になつてゐて、石を投込むと雨が降ると云つた。

◇

私の家の氏神である唐崎神社の裏山の丘に神さんがつき差して行つた鐵の矢が三本（三本か二本か確なことは忘れたが、或は三本あつて一本腐つたと云ふのかも知れない）あると云つた。誰が見たといふことをはつきりは聞かぬ。

◇

蛇を指差し又は其長さや太さを指で示すと、其の指が腐ると云ふた。

◇

白馬に齒を見せると馬に笑れて悪い、又齒がいたむと云ふ。上齒の抜けた時は軒下にうめ、下齒の抜けた時は小屋根に投上ると云ふ。齒の抜た夢を見ると悪い。

◇

地震の時には、椽の下に犬《イン》なをると云ふと良い。雷には、クワバラと云ひ、線香をたく。落雷した木を小兒にもたせてをくと魔よけになる。私の小兒の頃は、きんちやくにかしの木か何かの小鎚と落雷した木の破片とを入れて鈴と名札を付たものを着けて居た。

◇

雨が降るのを『天の婆々小便しる』と云つて遊んだ。又『あした天氣か雨か』と云ふて下駄などを飛ばし、上向は天氣、下向は雨ときめた。で何かある前日などはよく此の遊をして雨が餘計にでると、皆聲をそろえて『あした天氣になつてくさいませ、雨や降るとヤイトすつぞ』と云つたものだ。

◇

三日月を必ずおがめば、小使錢に不自由しない。買物によつてためた袋百を屑屋に賣つて得た金で夷子・大黒を買つて、おがむと金持になる。

◇

金澤の話だが、堅町のある飴屋へ夕方必ず飴を一文だけ買に來る、顏色の悪い年若の女がある。その頃毎に賣上を勘定すると、きつと錢箱から木の葉が一枚づつ出る。飴屋がおかしいと思ひ、女を注意して或晩後をつけた。とその女は直ぐ近處の寺（今でも其の寺はある）に入つた。變だと思つて猶つけると、墓場に行く、そして墓をあけて中へ入つた。翌日和尚に此の話をして、見覺えて置いた新墓を開けて見ると、其の死人に子が生れてゐて、其の兒は飴で養はれてゐた。後に其の子は立派な僧になつたと云ふ。

◇

神社や佛寺の境内の樹木を使用して建てた家は甚だよくない。例へば病人がたへなんだり、木がうなつたりする。

◇

水田をたがやさず、共の儘埋めた土地に住むと出世しない。

◇

床の間の北向の家に住むと、主人又は主婦のうち早く死ぬ。

◇

家根に草が生へると富貴せぬ。

◇

家の中に決して火を絶やすものでない。

◇

家の隅々はよく掃かんと危病神がそこに居る。『法華の行者は、人の生靈、死靈の如きは脇の下にひそんで居ると教へてくれた。』

◇

六疊間の多い家は家相上よくない。押入も床もない部屋は良くない。

◇

柿の木から落ちて傷付くと一生治らない。

鰈の骨を喉にたてると一生抜けぬ。又死ぬことがある。何魚でも眼を食べると魚の目が出來る。

◇

コノシロと云ふ魚は切腹魚で、不吉な時に用ふる。デカ山（青柏祭の引山を七尾で云ふ）の鐘がなると鮪が集つて來る。

◇

梅の實を玩弄すると其の木に實がならぬ。又梅干を夜食ふと眼が薄くなる。天神様の日には梅干を食べてはよくない。梅干の黒焼は風薬りになる。

◇

金澤市外野田（或は只今の天徳院と云ふ寺であつたかも知れぬ）で藩侯が何かの事で、大木を切り倒した處が、其の木に天狗が住んで居て、小言を言ふて來た。その天狗の爲の住家として建てたのが、今の野田の宇寶院である。

◇

山を賣る時（材木を賣るのである）は必ず一本だけ一山に殘す。皆切ると天狗の行き場所が無くなるからである。又餘り大きな木を切ると血を吹くことがある。

◇

樵夫や大工は拾月頃山祭をする。

大きくて舊い木などには必ず神様が居るとされた。（天狗が一番多い様だ）

◇

切ると血の出る木は澤山あつたらしい。

◇

金丸の鎌宮の大榎木には草鞋を掛けて通る。佐々波の不動の岩へは石を上げて通つた。

◇

木に人形を打着けて人を呪ひ殺すことはよくあつたと云ふ。女は白衣を着て一枚齒の足駄を履き、鐵輪を載き、口に櫛をくはえ、兩端に蠟燭を立て眞夜中に神社に行き、藁製の人形を釘で打着ける。滿願の日神前に大きな牛が現れる。その牛をまたぐと願がとゞく。來往を他人に見られると、だめになるから人を見ると必ず殺すと云ふ。或る人が夜遊をして歸りに是に會つたが、覺悟を決めて道端に小さくうづくまつてると知らずに通つて行つたと云ふ。

紀州根來の民譚口碑

高橋　博

◇芝居田

那賀郡池田庄池田新の北方に二反余りの田地があるが、それを芝居田と呼んでゐる。其處には元芝居を興行した小屋があつた。其の小屋の興行主は毎晩賭博をやつてゐたが、遂に大負けに負けて金に詰り、一座の役者達に拂ふべき給料も拂へず、困つた擧句、其の芝居小屋で首を縊つて死んだ。それからといふものは其の田地を所有した人は首を縊つたり、氣狂になつたりするといはれ、又實際にあつた。

◇弘法大師の祟り

池田村を去る半里程東方に長田村長田中といふ所があるが、其處には何の家にも井戸がない。井戸を掘らうとて幾尺掘つても泥水が出るか、昔の刀類等が出るばかりで、清水は湧かない。それは弘法大師が貧しい僧の姿で修業中、此の村に來て水を乞はれたのを與へなかつたので、大師が水を湧かさないといつて去つてからのことだといふ。然し此の村に一ケ所の井戸がある。それは大師が自分の飲み水を湧かしたのの殘つたものだといふ。

◇六兵衛墓

大井のにへさん　鬼かい　蛇かい　重行《シゲユキ》六兵衛をけさ斬りに

此の歌は子守歌として有名である。此の歌の主人公六兵衛の墓は池田庄池田新の北方、岩室池の端にある。これは重行に六兵衛といふ大工があつたが、田中庄西大井の金持新兵衛といふ家に働きに行き、金のあるのを見屆けて夜になり歸る樣子を見せ、實は床の下に隱れゐて、眞夜中に其の金を全部盜んで逃げた。翌朝、新兵衞は大金を盜まれたのを知り、確かに大工の仕業に相違ないと思ひ、戶外に出て見ると、足跡があつたので、大に喜び、其の跡をつけて行つたところが、岩室池の端まで行くと、六兵衞は金を眺めて喜んでゐた。新兵衞はそれを捕えて袈裟斬にした。そして六兵衞の爲めに墓をつくるものもなく、死骸も其の儘に捨て置いたが、後世彼をあはれんで墓を建てた人があつて、今に殘つてゐるのである。

◇三子童の事

葛城山脈中に行過子童《マンドノ》(池田村大字中畑)・カケノ子童(同村北勢田)・不來子童《コヌカノ》(同村南勢田)の三ケ所が一直線にならんでゐる。それは葛城山中にて子童の會議があつた時、三子童は最初は一緒に走り出したが、行過子童は會議場よりも先きの土地まで行きすぎたが故に、行過子童といひ、カケノ子童は定めの場に到着せずに中途にてとどまり、不來子童は體が余り肥えてゐた爲めに二人の後になり、現在の所にとまつた。それ故不來子童といはれる。此等の中カケノ子童は今はないが、行過と不來の兩子童は今もあつて北面してたつてゐる。この三子童について次のやうな童歌がある。

まてよまんどの子童　こぬかこぬかの子童　はやるはかけの子童

さてはさんさ　さかもとのむろやの娘　嫁入りしたさうな
じゅじゅち池

◇住持が池

といふのが童謠にあるが、住持が池は那賀郡根來村阪本の西北部の高地にあつて、俗にじゅじゅち池といふ。此の池に大蛇がゐて池の主であると言ひ傳へらる。其の池の中程に小さい島が一つあり、其の島の眞中に古井戶がある。其の井戶の水が減ると池の水は多くなり、池の水が減る時は井戶の水は多くなるといはれる。

此の阪本にむろ屋といふ金持があつたが、其處に一人の美しい娘があつた。彼女は子供の時から常々池に遊びに行つてゐたが、池の大蛇が此の娘に身を入れた(戀しく思ふ)ので、其の娘の髮は其の池の水で洗つてとけば美しくたやすくとけるが、他の水ではとけないので、娘の兩親も常々此の池の水を汲んでといてゐた。娘は十八歲の時に泉州の或る金持ちの家に輿入をすることになり、吉日の輿入の日に其の池の水で髮を結び、人夫數人が駕籠に乘せて其のじゅじゅち池の堤まで來た。ところが俄に一天かき曇り、雷鳴轟き、驟雨到り、人夫等は驚いて地に伏し、氣絕した。暫くして彼等が蘇生して見れば、娘は失はれてゐた。其處で彼等は再び驚き、家に歸つて急を告げたので、兩親は狂氣のやうになり、池の堤に來て『娘よ娘よ』と呼んだ。さうすると、俄に水面に波立つて水中から娘の半身が現はれたので、兩親は喜んで見ると、頭に角が一本生えてゐた。暫くすると、娘は水中に沒した。そこで又聲を限りに呼んだので、娘は再び水面に現はれたが、其時は頭に二本の角が生え、胸から下は蛇體となつてゐた。暫くして又再び水中に入つたので、兩親は名殘を惜しみ、今一度見せてくれと聲を限りに呼んだので、三度水面に現はれたが、其の時には丈餘の大蛇となつてゐた。そして『これで未練はないか』といひながら水中に入つた。此の池の主は雌の大蛇であると言ひ傳へられる。

◇犬　鳴　山

此の山は和泉と紀伊との中間にある高峰である。宇多天皇の寛平三年三月、當山の南に聳ゆる燈明ケ嶽の中腹に有名な蛇腹に潛む大蛇が現はれて、一人の狩人に今にも飛びつかうとする樣を、彼の狩人の獵犬が早くも悟り、急にやかましく吠えたてたので、狩人は怒つて山刀を以て其の犬を斬つた。ところが、犬の首は大木の上から今にも狩人を呑まんとして下を向いてゐた大蛇の咽喉に食ひつき、其の蛇を斃すと同時に大蛇の姿は消えたと思はれたが、金色を四方に放ち、本尊俱梨伽羅大龍王が青雲に乘つて現出した。それを見て狩人は驚き、殺生をやめた。此の地は今も尙殺生禁斷の地である。これに由つて犬鳴山といふ名があるのである。

此の義犬の墓の下にかめ石といふ一丈方なる大石が道の眞中にあるが、これを知つて踏めば命をとられ、知らずに踏めば眼をつぶすといはれてゐる。

秋田縣横手町のかまくら

桑原岩雄

次の報告は、殆んど全部、親友　小松貞次君について、きいたものです。純粹の横手人ですが、やはり、細い點の記憶には、はつきりしない所があつたりしてゐます。が、大體、私の報告したいと思ふ、この祭が、この地方では、水の神の祭と、考へられてゐる點だけは、分つて頂けると思うて、あへてこの報告を書きます。小松君は、只今、國學院大學に、在學してゐます。

この町で、おすゞさまと呼ばれてゐる、この祭の、行はれるのは、舊曆の十五日の晩で、當日、子供達は家の前の街に面して、三方を雪で築き、上に板をわたした雪穴、所謂かまくらを作る。近頃では、小學校で、禁止しようとしてゐる爲に、だんだん少くなり、或は町內で一つ位、大きなものを作る所もあるが、まだ、澤山小さいものを作る所もある。かまくらが出來ると、中に藁・筵・毛布などを敷き、正面には、家からもつて來た厨子を据ゑ、色紙で作つた御幣を立て、燈明をつけて、夕方からそこにつめ、大人のお詣りするのをまつてゐる。そこには、酒と甘酒が用意してあつて、お詣りした大人は、必ず、錢か切餅を供へて、その酒か甘酒かを、呑むことになつてゐる。一方、にまた、別の子供達は、家々を廻り『おすゞの神に、寄進してたんせ。』と云つて、餅や錢を、もらふものもある。その時、前から、神社などのお札をもらつておいて、寄進する家に、やると云ふ。（このお札のことは、可なり重大なことかも知れませんが、今の所、どう云ふお札か、はつきり分りません。）

更に注意すべきことは、屋外の、屋根おほひのかゝつてゐる、井戸では、上に棚を作つて、おすゞの神をまつゝてあるが、この日には、その井戸端でも、かまくらの中と、同様な祭りが、行はれる。唯ゝ違ふ所は、かまくらは子供に限り、こゝにつめるのは、子供に限らないことだけである。

かまくらにつめた子供は、夜更げまでゐて、持つて來たものや、供へられたものを、銘々持つて歸る。勿論近頃では、お詣りがなければ、早くやめたりする。

尙、當日家の方では、同じ時刻、卽ち夕食後、わかき（新しく切つた生木、種類は限られてゐない。）を、いぶして、ふきとりもち（餅をやいて、きなこ—豆の粉—をつけたもの、卽ち、あべかは）を作り、また、大根を輪切りにし、マッチの軸木などをさして、それに蠟燭を立て、さきのふきとりもちと共に、神棚、佛壇、井戸、竈、水場、便所などに供へ、一一おがみ、そのお撤《サガリ》を、みんなで喰べる。

以上が、この町のおすゞさまの大體であるが、近頃は、物をもらひ歩いたりする爲に、學校でも、漸く禁止し、衰へてゆくと云ふ。

註 (1) 『すゞ』とは、この地方では、主に『泉』のことをいひ、おすゞの神は、井戸の神、水の神として、考へられてゐると云ふ。そうして、かまくらの中の行事もおすゞの神をまつる、と信ぜられてゐると云ふ。

(2) これを調べるついでに、知つた事は、山形縣鶴岡市附近でも、これをおすゞまつりといひ、水の神をまつるとしてゐることである。今の所、委いことは分らないが、この信仰も、可なり廣く、分布してゐるらしい事だけは、いへさうである。

（追記） 横手町のかまくらのこと、此度友人歸省の上、調べくれた處によれば、四十年程前の今日と異なるところは凡そ次の二つとのことである。

一、川の洗濯場所にても當日かまくらの中同樣のまつりを行ひたること。

二、かまくらの數が現在に比して遙かに少なかりしこと。物を貰ふのが主となり、漸く現在の如く增加せるものとのことです。

年中行事

上州綿打村地方

福島憲太郎

十一月

神歸り（一日） 此の日を神歸りと云つて仕事を休む。午前一時頃より隣村の東新井村なる明天樣に參詣して、家內安全の祈禱をして貰ひ、お札を求めて歸る。又餅を搗いて其れを各家神棚へ上げる。そして川ビタリ（挿畫參照）と云つて、一尺五寸位に切つた木の枝の先々に四角に切つた餅を數個挿して、家の前に

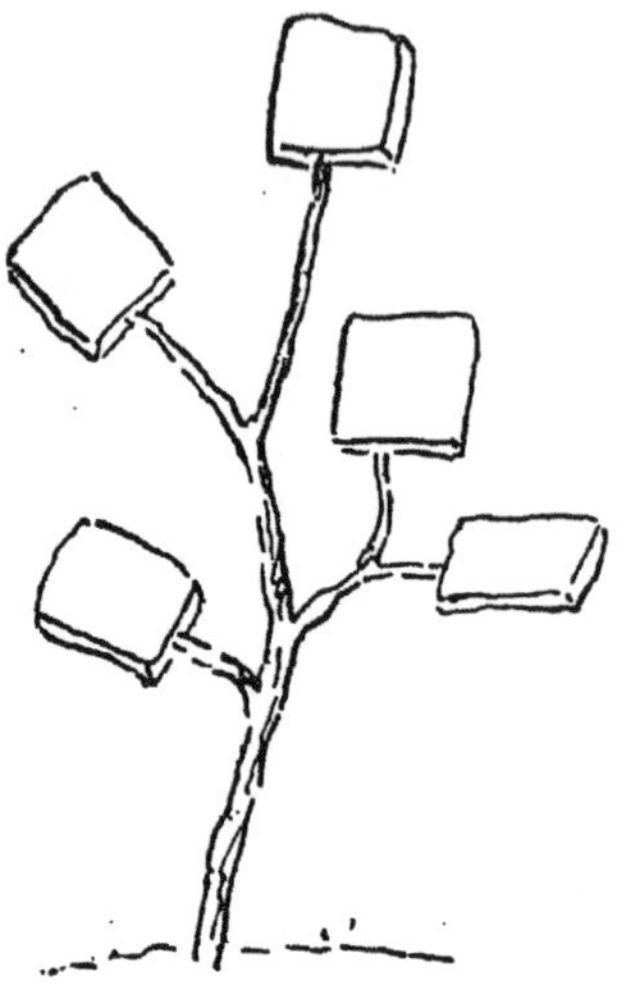

流れて居る川のふちの、カイダナの上流に突き挿す。

留守隱居（六日・十六日・廿六日） オカマ樣の留守隱居と云つて此の三ケ日は、各家荒神樣へ牡丹餅を拵へて上げる。そして子供が出來る樣に祈るのである。此の日は夜業をせず早く寢る。卽ち性的行事で有る。

トーカンヤ（十日） 此の日は小豆餡の餅を拵へる。藁鐵砲と稱する物を數本作つて、大人や子供が之を持つて地面をポン〱と叩き乍ら、家の圍を三度廻る。其の時『トーカンヤの藁鐵砲、夕めし食つてぶつたゝけ』と唄ひ唱するのである。藁鐵砲は芋殼を芯にして稻の新藁で卷く。藁鐵砲で地面を叩く譯は、之をすれば土鼠や野鼠の害を防ぐと言はれて居るからである。

お十夜（十四日） お十夜とてカツクルミ團子を拵へる。夕食後賽錢或は柿・蜜柑・林檎・栗等を持つてお寺へ行き、大勢集つて題目を唱へる。其れが濟めばお寺の堂前の庭に十五六本位一列に飾つて有るツルシバナを、打ち毀し大勢で競爭的にツルシ花を取るのである。取つた此の花は家の入口に下げて置けば、惡火除けになると言はれて居る。ツルシ花は東京のお會式に使用される造花と同じ如き物である。

地藏尊緣日（廿三日） 三月廿三日のと同じ事で有る。

稻刈り祝ひ（卅日頃） 此の日頃稻刈祝と云つて牡丹餅を拵へて稻の刈り穫つた祝ひをする。

秋田縣鹿角郡宮川村地方

内田武志

えびす講　舊十月二十日、鍋餅《ナベモチ》（お萩）をつくり、俵の樣に積んで神棚に供へる。

もす　舊十月中にもすと云ふ若者の會合がある。男子のを若者もすと云ひ、期間は三日間で、一定の宿に集り飲食する。十六才位になると入會し、新入者には餅を山盛りにした膳と、一升桝を伏せた膳とを出して桝で酒を飲むか、餅を皆食ふか、どちらかを强いられる。出來なければ(大抵は出來ない)罰として、素裸にし、頭には棧俵を冠せ、腰には注連繩を巻かせて菰の上に坐らし、頭から水を浴せる。

この外にも此會合に遲刻したり、もすの期間中に女に巫山戲たりした者には三十叩き、五十叩き(笞で尻を叩く)等の刑罰がある。

女にもおなごもすがある。

大師講　舊十一月四日には小豆粥、十四日には小豆飯、二十四日には小豆餅を拵へて佛樣に供へる。

此頃になると吹雪がふく。これを大師講吹雪《ブキ》と呼んでゐる。

大晦日の夜は大日堂の墨繪の牛が米代川に水浴に行く。これを見かけると翌年けかち（飢饉）になると云つて誰も外に出ない。

南部の童詞

（鳥の謠）

能田太郎

その一

オーラ、ンマコァ(馬)、サーギマ(先廻)レ

オーラ、ンマコァ、アードマレ

(註)　右の謠は群鳥を仰いで(多く夕方)子供達が互に自分の鳥をきめておいて、唱へ合ふものである。

その二

烏ァガーガァテ、ガガオボ(負)タァ

雀ァチューチュテ、シコ(小便)タレタァ

(註)　右の第二句『オボタァ』は又『オゴタァ』(怒つた)とも云ふ。尙『ガガ』とは下層階級の母親を云ふ。

その三

烏ァガーガサマ、トンビァ(鳶)トサマ

雀コァ、マゴーコ(孫)マゴコ

(註)　トサマ、カガサマは商人階級にて多く用ゆ。

その四

カラァスェ、カラスェ、ンガエコ（お前の家）ドゴデァ、杉ァオエデ、松ァオエデ、カラカサ松ノ、シターダ、シタダ

（註）『カラカサ松』は『カラカサ松』とも云ふ。

その五

カラスェ、カラスェ、ンが（お前が）エグ路《ミチ》サオンドコァ（御堂）タッテ、エガレネァホドネワァ（我）エサ（家に）ヨッテ、アァヅ・ギママクッテ、茶ッ茶コノンデ、ガア〳〵テ、トンデエゲ

（以上昭和五年八月青森縣五戸町にて採集）

紀州根來の民謠

高橋博

◇田植之歌

(1) おいとしやヨウ　梅の花ヨウ
師走に咲いてヨウ　霜にうたれるヨウ

(2) こゝあたりや　田植えの頃やヨウ
かすかみ　田のびやのいろヨウ
あらかわ（地名）へいきたいけど
色黒の　まんだらの　犬がおとろしョウ

(3) 苗持ヨー　ほねをりヨウ

この田の中で　御酒《おみき》あげませう
十七をぼに　入れて
もう一を　はねて　うえてヨウ

(4) 若殿のいでたちすがたヨウ
熊野の　那智や　すぎの若ばえヨウ
山のひとり坊主　ねぼけてヨウ

◇勞働歌

（普通仕事をする時に歌ふ）

(1) 色で赤いのは　べんずり　さかずき
またも赤いのは　ほうずきと　とほがらし
色で黄いのは　眞鍮のかんざし　小判の金物
またも黄いのは　なたねの花盛り
色で白いのは　おとくにおしろい
またも白いのは　ちょろちょろ　降る雪

(2) かしを　かしを　なほがしを　と
賣聲きゝつけ　とんで出る
五十五でも　百めでも
後へはさがらないよ　江戸っ子の花じゃもの

壹岐國テーモン集 (三)

山口麻太郎

△人喜べば神喜ぶ。

△今生飾れば後生飾る。

△死なうチャ目のくぼる。

△そしるそしる嫁エかかる。

△鹿又神樂できりなし。

註。鹿又神樂は渡良村鹿大明神の神樂なるべし。

△三の段するかゲズの木イ登るか。

註。三の段は算盤の算法。ゲズはくすどいげ。

△志原鍛冶の劍《つるぎ》。

註。志原は當郡志原村にて古來鍛冶工多し。主として農具刃物を作る。

△鍛冶屋一代《イチデー》ヌ劍《つるぎ》。

△朝神官《デークイ》夕坊主。

△逃げ魚《イヲ》太し。

註。行き逢ひて縁起よしといふ。

△弱り目エ靈怪《リヨーゲ》。

△日の灸《テン》點は口にあり。

△腹の皮が張れば目の皮がだるむ。

△鰯や目ただれ鯵や良かロー。

△嫁ゴ又二十日《はつか》ギロメキ。

註。ギロメキはまめまめしく立働く事。

△古川に水絶えず。

△木で鼻擦《コス》ったごたる。(又、立木イ鼻コスル)

△一人子産《も》ったぎりイ伯父《オヂキ》も惚るる。

△醫者もホサもいらぬ。

註。ホサは法人の一種。

△行《い》てム五里。

△二十三夜は人事ア云ふとム横寢はするな。

△二月は逃げ月。

△正月ア三月《みつき》ダワシ。

註。正月は三ケ月分の雜費を要するの意。

△つつきはしり。

註。つつきは地名筒城。城代が七社(式内社)を巡拜する時は各村から出て交替で綱をかき競爭で走つた。中でも筒城が最も走力が強かつた。それを腫物、疵口等の痛む事に云ふ方言ツックにかけて云ひたる洒落。

△九州の連れ小便。

△鳩の巣かけ。

△糸切るひまム無カ。

△八十の手習ひ。

壹岐國テーモン集（山口）

△朝の一つ火は風となる。
　註。一つ火は星。
△ふぐりも引き方。
△男《オトコ》は女《オナゴ》カル。
　註。カルはから。
△女《オナゴ》が口をたたけば牛の値が下る。
△他家《コソ》の飯も食ち見にや分らん。
△豆腐ア賣れズィー豆腐のかすが賣れる。
△盗人《ぬすびと》たけだけしい。
△塗り箸イ心太《トコルテン》。
△内はだかりの外すっぽり。
△多カ風は手エたまらん。
△亭主《テース》悦ぶ部落《ワダ》の災難。
△食はず嫌ひ。
△七月兒《たかつきご》は投げてム座る。
△長者三代續かず。
△當る所がくぼむ。
△三里に火いける。
△師の影を踏まず。
△小便一町糞一里。
△蚯蚓は蚯蚓タダク。
　註。タダクは探しもとめて賴り縋る事。
△どうちもどっち。
△シャとシャの出合《デエー》。
　註。シャはえら者といふ程の意。
△猫キミューよりや猫圍《ネコガクイー》せろ。
△六月《むつき》の糞ずえ。
　註。六ヶ月兒のやっと座るに云ふ。
△五月二十日の章魚とり汐。
△ヨシロヌ無かりや獨樂アまはぬ。
　註。ヨシロは獨樂を廻す麻の糸。
△産する時ア穴ヌふち。
△月に雨傘日に日傘なし。
　註。晴雨の豫知法。（以下八項同じ）
△正二月の手のうら返し。
△秋の夕燒鎌をとげ。
△ヂリ北風《キタ》。
△春南風《バエ》池ほす。
　註。ぬかろ事をヂルカと云ふ。
△ね、うしのしけは寅卯にかかる。
△秋西《ニン》風雨。
△二十三夜は降らでも曇る。

△夏の夕燒井手はづせ。
△暑さ寒さも彼岸まで。
△秋の日の鉈落し。
△出月八合入り半分《ナカラ》。
註。潮の滿ち加減。
△祇園南風《バエ》。（祇園北風《ギタ》とも云ふ）
△貧北風《ギタ》。
△爺《ヂイ》ツ婆《ウバ》ヌ寢糞。
△一漁二博打《ばくち》三女《ヲナゴ》。
△食はん樂貧樂。
△同年《ヲネドシ》ア買うてム無カ。
註。結婚の年齡。
△七つア泣き別れ。
註。七才違ひの結婚を忌む。
△馬鹿ヱ打合《ウテヨ》うたぎりイ馬鹿ヌ二人《フテーリ》出來る。
△二度ある事ア三度ある。
△朝雷ア隣家《トナリ》の歩きも出來《デケ》ン。
△つぶれた上エヒシャグル。
△三月《みつき》十日ヌ百人口。
註。三月が十日に匹敵する意。
△馬に乘つてもふぐり休まず。

△フユナボーヌ重荷。
註。フユナボーは物事を億劫がる者。
△麥谷《ムギヤ》念佛で側《ワキ》せる。
註。麥谷は地名。ここで方々の念佛組合が集つて供養樣に念佛をあげて居た。
△日大角豆《ササギ》雨小豆。
△里芋雜炊で親も子も食う。
△エテの五郎助。
△キチがボーブラでなった如《ゴッ》。
註。キチは人名なるべし。
△六月《むつき》のつき据え七月《ななつき》の投げ据え。
註。六ケ月兒七ケ月兒の座り具合。
△五月ボーブラで投げ倒す。
△泣エちや笑エ笑エ糞食ちや茶飲み茶飲み。
△古舟エ釘。
△吾が子荷イならず。
△下手タ云はれチ扇やたたき破つチ。
△ユタヌテ最後屁。
△呼子のケーラン。
註。ケーランは團子で作つた菓子。
△時の役人火の奉行。

壹岐國テーモン集（山口）

△夜道イ日は暮れぬ。

△引き張り北風《ギタ》にタテー南風《バエ》。

註。引き張りは潮の極干、タテーは滿潮。

△オードー九扁に正直一扁。

△大鳥とるチチャ小鳥もとりソクナウ。

△總領ヌ子ヌ十五ヌ時が貧乏ヌ最中。

△上《カミ》町山のサネハガレ。

註。サネハガレは桃の肉と核とうまくはなれるを云ふ。上町山は鄕ノ浦上町當番の祇園山鉾。上町山の年はよく雨が降るので斯く云ふ。

△死に子顏よし。

△氣の毒ア莖《カンダ》。

註。氣の毒な木の毒にかけたるなり。

——民俗學第貳卷第五號續稿——

淵が卷き

（越後國魚沼郡民間傳承追加）

小千谷の町に境を接してゐる三島郡釜ケ島村には、信濃川を渡る、釜ケ島の渡しがある。或る時、人が澤山乘つて、岸を離れ川の中程までゆくと、急に船が動かなくなつた。船頭は川の神様が欲しがつて船足をとめたんだと氣がついて、乘合の人達に言ふには、一人の爲に大ぜいの人が迷惑する訣にはゆかない。

いつたい誰が見込まれてゐるかきいてみなければなるまい。どうか輕い物を川へなげて、その中沈んだものが見込まれてゐるのだから其人に川へおりてもらいたいと言ふた。手拭だとか風呂敷だとかめい／＼に川へ投げこんだが、みんな流れて行つてしまつた。一番しまひに、坪の村のおいよといふ娘が投げた帶締が、見てゐる間にぐる／＼と淵に卷き込まれて行つた。おいよは船頭に、お前が淵の主の蛇に見込まれたのだから川へおりてくれと言はれて仕方なく淵に身を投げた。さうしたら船が動いて向ふ岸につく事が出來た。おいよの父親はこの事を聞いて、何とかして逢いたいと思つて見てもらつたところが、吉谷の郡どんの池の主に嫁入つてゐる事が知れた。父親は酒や肴を持つて池のふちへ行つて、一眼でいゝから元の顏を見せてくれと言つたら、家を出た時に着てゐた綺麗な着物で出て來て、わたしは池の主の嫁になつて安樂に暮してゐるから心配してくれんな、これで二度と逢へないと言つて見えなくなつてしまつた。父親は、あんまりせつないので、又池へ行つて、もう一度でいいから顏を見せてくれと賴んだら、諦めさせようと思つてか、蛇體になつてあらはれたといふことである。親も其からは諦めて、二度と池へ行かなかつた。昔、この話が唄になつて讀み賣りに出たさうである。（靑池竹次）

資料・記錄

菟足神社年中行事

奥書にあるやうに元祿時代の一卷、巾一尺一寸、天地は金砂子で金粉の罫をひいたもので
す。菟足神社本緣に續いて書いてありますが本緣は省きました、寶物になつてゐます、當
社御社格は縣社三河國寶飯郡小坂井町御鎭座です。

正月

元日丑刻二員社宜至 小坂井御井奉洗米幷
若水酌來 御茶調獻進然後神主禰宜奉參勤
神前各神拜八度拍手兩端神主讀祝文曰
謹請再拜 小坂井乃平山乃下津石根仁大
宮柱 太敷立氏高天原仁千木高知氏皇御
孫命稱辭 竟奉留掛畏岐菟足神乃宇津廣
前仁神主禰宜等恐美恐美申奉留今年正
月元日仁每年奉留洗米神酒 御茶調供奉
留狀乎平介久安介久聞食天朝廷 寶位無
動常石 堅石仁夜守日守仁護幸給百官乃
奉仕留人等毛平介久安介久天下 四方乃
國乃人民乃作食留五穀 豐饒仁恤幸給止
恐美恐美毛申須
年 號 月 日

既讀畢又一拜立起廻左向神前 天拜各蹲踞
神拜開手兩端而退出次於 拜殿之前庭諸末
社遙拜而後別宮 八幡神前各參勤神拜又其
日及暮社參神拜
同二日如元日之社參禮
同三日同斷
同四日如前神拜畢而後 御鏡餅神主禰宜各
爲頂戴之
同五日社參神拜如常而內人等 午王串乃柳
枝入山切取來也
同六日社參神拜同斷而於神前 二三禰宜內
人等午王調也至午刻 於御饌殿御備之若餅
灼調及暮御餠神酒進獻也
同七日卯刻勸參於神前而 七草粥獻進神前
神主讀詔刀文云

謹請再拜掛毛畏幾兎足神乃廣前爾恐美毛
恐毛申今年 正月七日乃新菜乃御饌神酒
調奉留狀乎平介久安介久聞食天朝廷 寶
位無 動常石堅石爾夜乃守利日乃守爾護
幸給百官乃奉仕留人等於毛平介久安介久
天下四方乃人民乃作食留五穀 豐饒爾恤
幸給止恐美恐毛申須
祝讀畢而後神主皈本座 各神拜開手兩端次
別宮八幡神拜拍手兩端次 諸末社遙拜也同
日及暮田遊神事先寶萊奉盛 權現於社內之
葉松取來也小判餠 四拾八枚其外諸役人配
分于備餠其數如例于時平井村 諸人二人上
分米貳俵儘持來是先例也 各參向於御田奉
祭之也而後於神主亭禰宜諸人有饗膳也
同八日平井村諸人二人方牛王 二把小判餠
五枚鏡餠 一重儘幷同村龍花山善福寺牛王
一把小判餠二枚禰宜兩人持參也
同九日社參神拜式禮如常 洗米葉茶進獻之
也
同十日御供神拜式禮如例
同十一日社參神拜如常 御粥進獻之幷十六
善神御粥供進而後 於神主亭供僧宮座內人
食粥而大粲若經誦讀畢而後 神前幷十六善

神御供進獻之而供僧 宮座內人等有饗膳也
同十二日社參神拜式禮如常
同十三日社參神拜式禮如常 同日至午刻禰宜內人等新薪用意爲沙汰之也
同十四日社參神拜如常及暮 御饌神酒進獻之幷神前新薪奉也神主祝申

詔刀祭文

謹請 再拜年號月日掛茂畏幾菟名足神乃宇津廣 前爾恐美恐美毛申須常仁毛奉留道士御神田乃刈穗乃上分米乎以底 御膳神酒調灼奉留狀乎平久安久聞食底朝廷寶位無動護幸給百官 奉仕人等幷神主禰宜內人氏子爾至留底大平安穩爾恤幸給止恐美恐毛申

同十五日朝五穀粥 供進之二禰宜御膳奉獻之神主祝申 祝文如前 而後神主禰宜 各宮下諸末社廻神拜而歸宿
十八日朝神前御備五穀粥於 神主亭禰宜內人各頂戴之例也

二月

朔日御供黑酒 進獻之神拜祝如常幷別宮八幡諸末社御供同斷
同月初午日榊立神事前日 二三禰宜至平井村榊木御供白酒紙麻等 自伴氏家請取之來而神前調作例也又及暮至平井村 初午日之御供黑酒白酒請取來而午日朝御供 神酒榊葉盛進獻之神拜詔刀申祝文如前
同日御鍬神事以榊枝作 御鍬禰宜諸人至御田所而御田中榊木建奉掛 御鍬祭也而後神前幷諸末社同 御鍬奉進獻之神事畢後於神主宅禰宜內人有饗膳而平井村 諸人兩人方御供御鍬幷氏子等配分之也

三月

朔日御神前御供神酒供進之 神拜祝文如常別宮八幡諸末社同斷
二日禰宜三人內人二人到 平井村御供米黑酒白酒等自成田氏家請取來常例也
三日朝社參神前 御供黑白酒進獻之神拜詔刀如常旣神事畢後於神主宅禰宜 內人平井村諸人方御供持參之例也

四月

朔日神前御供神酒進獻之神拜 神主詔刀申別宮八幡諸末社 御供神酒供進之畢宮座氏人於神主亭夕飯食而 御車役人爲沙汰之也
同五日暮於神主宅試樂
同八日御神體御濱下 行幸之祭禮次第同日八時雀射役人平井村諸人內人等 各社參旣神主到階下 神拜少退安座而口祓申遷幸之祝辭申而昇殿御輿奉遷 神明平井濱奉爲行幸旣到濱神主禰宜 諸役人等各垢離行水而後於磯邊以 柏葉盛神酒神前奉供進之而神主河原祓申雀射役人其外 諸役人祓清也扨日色野村天神宮前雀射初也次平井村 龍萃山善福寺之庭前 梅木基御棒建而神主禰宜諸役人有寺蛤喰進酒也此間 雀射役人歸來而神明奉還幸也 雀射役人者十一日迄神主宅參籠而每日雀射出步而雀射取也 時雀射納即神前雀奉進獻之也同日及 暮於神主宅試樂此日於神前進獻花火
九日朝神前御粥供進之 神拜詔刀詞如常同時十六善神御粥獻之於神主 宅供僧宮座內人等有饗膳而後大繁若誦讀畢神前 御供進獻之其外十六善神同
同十日朝神主禰 宜速參神拜同日及暮御供神酒供進之此御供物 自禰宜認供常例也禰宜諸役人等於神主亭有饗
同十一日朝神主禰宜各社參神拜 御供神酒雀獻進之神主祝詞申別宮 八幡諸末社御供神酒同斷同日卯刻 御旅所御遷幸而射雀奉

納神前雀奉獻進之也 同日暮於神主宅試樂

同日御田祭神主平井諸役人二人禰宜二人引卒而致御田禰宜諸人御田下取以早苗十二本奉植也此間大鼓笛吹調子也田作魚鯵鱠神神前奉供進而後諸役人頂戴之也干時御車神前牽參龍花山御神氏子笠傘自宿村出山各宮中參集而御旅所奉行幸先神主口祓并祝詞申到御旅所給以柏葉神酒盛奉獻進二禰宜奉獻盃之例也 神主神拜祝申倭舞而後諸役人各神酒頂戴之既 神前奉還幸本津宮奉安鎮也神主階下 御安鎮祝辭申禰宜各列拜 此間兒子舞獅子舞勤行卒而後諸役人皆神主宅退參也又反暮 神主二禰宜到神前祕密神事勤行也

五月

朔日御供神酒進獻之神主 祝詞申禰宜神拜如常

同四日粽用意調二三禰宜勤役也

同五日朝粽神酒奉供進神主 祝詞申禰宜列拜而後禰宜內人於 神主亭有饗饌而禰宜二人御膳粽十本儘平井村諸人方持參也

六月

朔日朝御供神酒氷室餅奉獻進之 神拜祝申別宮八幡末社同斷

同十五日小麥餅 神酒奉供神拜祝申禰宜列拜各退出而於神主宅有饗膳

七月

朔日御供神酒奉獻神拜別宮末社同

八月

朔日御供 酒奉獻祝詞申禰宜列拜而禰宜內人於神主宅有饗膳

同十五日八幡神事御供 神酒獻進神主祝詞申禰宜列拜及暮禰宜宮座內 人集會御供膳各頂戴之

九月

朔日御供神酒奉獻神拜別宮末社同

同月初卯月掛穗祭四月十一日御田祭時稻苗十二本苅置是二禰宜勤役也 此日神主請取神前奉掛祭祝申

同八日夕御供神酒奉獻是御供物二三禰宜勤役也

同九日御供菊酒奉獻 神主祝申禰宜列拜別宮末社同斷於神主亭有饗饌

同晦日御供 神酒奉獻神拜祝如常別宮末社同奉進於神主亭有饗饌

十月

朔日御供神酒奉獻神拜祝如常

十一月

朔日御供神酒奉獻神拜 祝如常別宮八幡末社同獻進之

同月初卯日新嘗祭以掛穗御稻 御饌灼奉獻之神主祝申禰宜列 拜於神主亭禰宜各有饗饌

十二月

朔日御稻苅納神事道士 神田以苅納稻米赤飯灼調井神酒奉獻進之 神主詔刀申禰宜各列拜別宮末社同奉供

同廿八日朝御鏡餅灼調之二三禰宜勤役也及暮於神主宅禰宜內人進餅

同大晦日朝神主禰宜各社參 神前松竹注繩奉飾是注繩稍 神田苅納稻稍用之先例也各退出有神主亭夕飯而及暮 神主禰宜宮中參籠御鏡餅黑酒 奉進獻之神拜祝辭申別宮末社同獻之

節分夜御供神酒鬼大豆奉獻 神主禰宜神拜拍手如常於神主亭禰宜有饗饌

以上年中行事終

于時元祿七甲戌曆十月廿一卯日

此一軸命書寫之奉神納者也

神主川出宮內少正六位上秦 宗直敬白

（同社社務所報）

雜録

鳥の話

雜賀貞次郎

南方先生の紀州俗傳にいふ。『田邊近傍で木菟を鰹鳥と呼び此鳥鳴くと鰹の漁獲有るとて漁夫此鳥を害するを忌む』（南方隨筆三七三頁）とあり。伊達自得居士の餘身歸に

春の暮、卯月のはじめころよりなく鳥あり是を堅魚鳥とよぶ、然いふは彼地は海邊にて漁戸多かり、さて一年の間のいさり、松魚をもて幸の中のさちとす、此とりの鳴初る頃よりかの魚をつり初るが故にしかよぶといへり、まことは合法鳥なり又村里にては麥はかり鳥とよぶといふ、さるは麥を刈いるゝ頃にて其聲の一斗々々と聞ければなりといふ。呼子鳥とは和歌の秘訣なるを考ふる人有てこの合法鳥なりといふ、春の暮に啼出て其聲人をよぶに似たればならむ、あはれめでたき鳥の契かな、和歌の上にては三鳥の一に數まつられ、村里にてはたなつ物の豊けきを言壽き海人戸にありては海幸の驗をあらはす、今は浦べ近きによりて

熊野かた八十の釣舟誇るらし青葉しげりて
かつを鳥なく

とあり。自得居士は明治時代の外相で剃刀大臣と稱せられた陸奥宗光伯の父で紀藩の權臣だつたが藩政變革の犠牲となり、前後十年間田邊に幽囚された人だ、餘身歸は其幽囚中の思ひ出を記したもので以上のかつを鳥のことも親しく見聞したものだ。自分は七歳の春から二十五歳まで田邊町大字湊の蟻通神社前に住み、亡父と母親はそれから約二十年後の昭和二年まで同所に住んだ、同神社は市街の中にあるが老樹大木杜をなしてあり、そのうち榎と楠の空洞に木菟棲み、春の暮、夏の初の宵に啼くを絶えず聞いたが近隣の人々は其の啼聲を聞く毎に明日は鰹の漁ありといひ、又明日は好晴だといふを聞いた、しかし鰹魚とは言はずカツホ鳥と呼んでゐた、又麥はかり鳥とは言はなかつた。

烏《からす》の群の農作物に與ふる被害は時に慘憺たるものがある。和歌山縣東牟婁郡三里村の村長で元縣會議員だつた栗栖平三郎氏に昭和四年夏聞いたのは、同村大字萩《はぎ》は南大和の山林で伐採した木材を流下し來つて一時繫留する所となり歐洲戰亂で好況の時代製板所など設けられ勞働者が集まつて繁榮した、當時烏の群何處よりか來りて數百羽あり、殘飯及び臺所の殘滓等を食料として留まること二年餘に及んだが戰爭終熄後の不景氣で總ての事業が中止され、勞働者も他へ轉じ去ると共に烏群は食料を失ふたが、烏の群は以來畑作物を全部荒し果ては竹籔の筍までも食ひ人家の臺所を襲ふて亂暴し一時農作物は爲めに全滅した、住民は其驅除に困難したが四五ケ月の後に何れかに飛び去つた。と。又、新宮方面で烏群のために畑作の甘藷など荒されることは折々地方の新聞に見る。田邊地方では烏が哀調を帶びて啼くと『烏啼が惡い』と言ひ死人ありとし、烏啼が惡かつたが何某さんは死んだなどいふ、但し其啼く音を聞いた人や家族には其災なく死ぬ當人には啼聲が耳に入らぬといふ。

田邊地方で飼養し愛玩する小鳥はメジロ、ウグヰス、カナリヤ、ヤマガラであるが内ちメジロ最も盛んで春から初夏へかけ競鳴會を殆んど毎日の如く催す、競鳴會はメジロの雄鳥を一羽づゝ籠に入れ之れを五十餘籠も一條の綱にかけ並べ啼くを競ふのである。――競鳴の方法は五分間又は三分間を限り其の間に一口にても啼ける鳥を殘し啼かぬ鳥を其時間の終り毎に除け行く、かくて順次時刻を重ね最後に殘れるものを優勝とし普通優等以下十等までに賞を與ふ、優勝鳥となるものは素質にもより飼育方法にも秘

訣ありといひ、飼育者はなか〱苦心するらしい、しば〱入賞するものは其の値一羽百圓以上を唱ふるもあり十幾圓といふは普通である、明治中年或は富豪の飼育家が競鳴會で優勝鳥を自分の所有とすべく其鳥の飼主と交渉し自分の乘つて來た馬と交換したといふ話もある、競鳴會は田邊を中心とし日置、朝來、三栖、日高郡の南部、高城、海草郡の日方、黑江各地で行はれる、田邊近在の秋津、長野、三栖の諸村は柑橘園多く、殊に金柑園が多い。所が金柑の實つた頃最も害するは鵯《ひよ》である、實のよきものを選びて啄み落す、農家は頗ぶる之れに惱む、しかも銃で打たず追ひ拂ひもせぬ、其の何の爲めたるかは未だ聞かぬ。

田邊では明治末まで鵯を使ふものがあつた、鵯は田邊沖、湯崎溫泉附近の海邊岩礁の間に棲む、それを捕へて馴したのだ、今はその事絶えた。

雀は夏より秋にかけて塒《ねぐら》を定め多數群集して一ケ所に宿る習性がある、大抵二里内外の所に散在する雀は夕方には一ケ所に集まるのだ。其の集まり宿る所は人家から相當離れた所の竹籔で、一方に川か海のある所を撰ぶ。田邊附近では芳養谷、三栖谷、秋津谷、新庄等の諸村から日高郡南部町方面まで約二里四方の雀は田邊町大字元町字中濱の竹籔に集合するを例とした、彼等は朝になると夫々目ざす方へと八方に別れ夕方になると集まり歸るのである。雀群の行動を仔細に觀察した田邊の榎本修己君の話によると雀群の往復する路筋——航空路は一定し居り樹林のある所は其の中を縫ひ或は山裾を縫ひ、樹林より樹林に丘麓より丘麓にと傳ひ、他鳥の襲擊を警戒する用意は周到であるといふ。雀は苗代田から稻の小さいうちは害虫を捕食するので益鳥であるが、秋の收獲前には稻を食ふので被害が多い、それで十數年前から農會では夜間に中濱の竹籔に霞網を張つて捕獲するを例とするが一夜に五六千羽を捕殺するを例とし多い時は一万羽も捕つたことがある、昭和四年夏中濱の同籔の側へ田邊商業學校を建てたので雀群もねぐらを替へるであらうと思はれたが、昭和五年夏も同所で一夜に五千羽許を捕獲し、ねぐらを替へてゐぬことが分つた、尙ほ雀は各自餌を求むる場所をキメてゐるやうだ。

雀には普通の雀と山雀とあり、田邊近在の村では普通の雀をイタクラスズメ又はイタクラといひ、山雀にはヤマスズメといふ。

鳶啼けば雨なりといふ。

家の障子に小鳥の影うつれば喜びありといひ、又家の内に小鳥飛び入れば喜びありと喜ふ。

宇井可道翁の璞屋隨筆に『燕の繼母』と題して左の記事あり。

傳聞雜記に云ふ。嘉永三年五月の頃、北富田村大字保呂の瀨望月三益方へ巢作れる燕、雛を五羽育てゐたるに雌鳥巢より落ちて死んだ、雄鳥一羽となり巢を守り又は餌を運びなどしてゐたが四五日して一羽の雌鳥を伴ひ來り二羽して雛鳥を育てるので三益の家族も喜び居た所、五羽の雛は間もなく巢より落ちて悉く死んだ、不思議に思ひ雛の口を開き見るに皆サンセウの實を含みてありサスセウは鳥類には大毒なり、さては燕にも繼母根性ありて殺せるかと大ひに呆れ怒りて親鳥を巢から叩き出したといふ。

と。新著聞集に貞享三年大阪道頓堀鍋屋道味方の燕の巢、雄鳥猫にとられて雌鳥が四羽の雛を養ふてゐる所へ雄鳥一羽來りて一所になり雛を養ふうち、雄鳥は茨の針をくわへ來りて雛鳥二羽に喰はせて殺した、雌鳥は之れを知つて險しく翼を搏ち雄鳥を追ひやり殘る雛を育てたと出づ、燕にはこうした習性があるのだらうか。

紀州の潮岬を中心とする海面へ鰹漁に出る漁夫は、どの方面に魚群があるかを探るには海上を飛ぶ鳥の群を目標とする、鳥群のある眞下の水面には必らず魚群がある、熟練な漁夫は鳥群の飛び方によつて魚群が鰹か鮪か其他か、魚群が大きいか小さいか、魚群の游泳は水面か水面より深いか、餌付がよいか惡いか等を推察するが、多くそれが的中して誤りがないといふ。

（紀州、田邊）

通用日について豐前の云ひ習はし

青木直記

民俗學第二卷第九號五四八頁に南方熊楠氏が、通用日の初めについて興味ある疑問を提出されてゐますが、豐前地方でも田邊地方と同じく一昨夜をキノウノバンと呼んでゐますので、御參考までに御知らせします。實は私は當後藤寺町へは最近始めて來たものですが、町内に火事があつたあくる日、何げなくきのうのばん火事があつたさうですねと尋ねた時、土地の人から『きのうのばんではありません、ゆうべですよ』といはれて、この地方でいふきのふのばんとゆうべの違ひを始めて知つて非常におかしく思つておりました。それは全く南方氏のいはれる田邊地方のいひ習はしと同じです。

豐前一帶がさういふ習はしださうです。土地の人はこの理由を知らない、福岡縣京都郡《ミヤコグン》（豐前の内）の田舍では（學校や會社でない）夕方まで仕事をして、けふの仕事はおへたといふ許りでなく、その晩の仕事はゐのこりといつて、その日の仕事以外と考へてゐるやうです。福岡市でも會社の夜勤を居殘りといふのは、どうもそこから來てゐるやうに思はれます。それは兎に角土地の人の氣持ちにも夜なべといふよりゐのこりといつた方がより强い意味が含まれてゐるやうです。どうも日沒をその日の終りとしたと考へられますが、南方氏の疑問とされる日沒を通用日の初めとした遺習だらうかはこれでは未だはつきりしません。更にこれに關した當地方の土俗を調べて見ませう。（十月十五日夜）

青竹の油（膏）

後藤圭司

群馬縣碓氷郡細野村大字新井邊《アラキ》では青竹（節が底になるやうに切つて）を糞壺につけて置くと、糞の熱で竹の油がしばれて中に溜る、之れは黴毒の此の上なしの妙藥であるといふて飮む人がある相だ。（中里熊吉談）

紙上問答

○たとへ一言一句でもお思ひよりの事は、直に答をしたためて頂きたい。

○一度出した問題は、永久に答へを歡んでお受けする。

○どの問題の組みにも、もあひの番號をつけておくことにする。

問(三三) 土佐の方言。

ヒラソ　山がかつた所の地名或は平岨の略。

ソーヌ　油無羽織の事、或は脊綿の訛り。

ソーヅ　水を用ゆる稚《カラウス》仕掛の米搗場をいふ。

何所かの僧都の發明によるか。

ミヅチャ　痘面の事。

トーギョ　妄語の事。

ウゲル　騷ぐ事。

右は一寸起原が知れぬ。他地方にても同樣の語ありや御敎示を乞ふ。(土佐、高橋日羊)

問(三四) 施行の功德他に倍する所。

千日詣りに就て書籍を調べる內、大唐大慈恩寺三藏法師傳卷五に珍な事あるを見當てた。云く、鉢羅耶伽國(フラヤーガ)の大施場は北に恒河、南に閻牟那(ジュムナ)河有り、俱に西北より東流して此國に至り出會ふ、二河會ふ處の西に、周圍十四五里で、平坦鏡の如き大きな壇(康熙字典に野土也、又與レ壇通。ビールの英譯には平原の義としある。廣場《ひろば》位いの事で有う)あり、昔より諸王皆な其地に就て行施す、因て施場と號す、相傳ふ、王もし此地に於て一錢を施さば、餘處で百千錢を施すに勝ると、是に由て古來共に重んずと。こんな場所が此他にも例ありや

(南方熊楠)

答(三一) 京阪地方の婦人が食物にサンをつけることを時々聞いて言葉使の叮寧なのであると思つて居つた。岡山市で呼賣が云つて居るのは、

「オデンサン、アッアッー」

「チンチン　マメサン」

「上カラ食ウタラ下マデオイシイ　オキビチヤンノアッアッー」

倘芋サン豆サン等は我々の家庭でも時々女の云うて居るのを聞く。(桂又三郎)

答(三二) 千日詣り。

自分の問に自分答ふ。此問を出した數日後、和歌山市の人來り言たは、同市に遠からぬ紀三井寺の觀音えも、七月九日夜より十日の朝迄群集斷絶せず、參詣し、之を千日詣りと呼ぶ由。又拙宅の長屋にすむ人、廿七年前神戸市に在り。陰曆の七月九夜摩耶山え參つた。其夜を四萬六千日と稱へ、此夜一度參れば、他の日參るに四萬六千倍の功德ありと言た。闇中に高く登る爲め、路傍に石油に浸した綿花を圍め針金で縛り、提灯樣に小竿の端に結び垂たるを賣る。之を買ひ松明に代へて上り下りに三つ許り使ふた。堂に達せぬ內に大きな石の手水鉢あり。その緣に水を滴下すると六文錢の如く周圍沾ほひ眞中沾はざる紋樣を現ず。眞田幸村宿願有て當山に籠りしより今にこの靈驗ありと聽たが、夜分では群集に推されて試驗するを得なんだと語る。又當時陰曆の七月廿夜より廿一日の朝迄再度山の弘法大師へ群集參詣して是亦四萬六千日と唱えた。當夜は晚くより月が現ずるから綿製のカンテラを賣りもせず、用ひもせなんだ。右兩夜共十二時過て群集が參詣を初めたと語られた。再度山は知ず、摩耶山今は此の參詣を新曆に繰り替え定めたとみえ、宮武省三氏來示に云く、「四萬六千日の摩耶山詣りは大變な者にて、本年の四萬六千日は、新曆八月九日(舊曆六月十五日)に當りしが、御詣りは八日の宵の口から當日(九日)午前迄、夜通し夥しき人出で、自分も其賓客の多きに驚きたる始末に候、自分が

住む六甲篠原より上筒井と云處迄、日々乘合自動車往復致し居り候が、此日は、上筒井邊は道幅狹き上、參詣人殺到の爲めバスは途中迄しか往ず、いかに群集の夥しきか是にて推察被下度候。貴書に再度山とあるも、神戸には四萬六千日と云ば摩耶山詣でと極まりおる樣に見受られ說一と。攝陽群談一五に佛母摩耶山忉利天上寺は、釋尊が鑄造せしめた十一面觀音を本尊とす。摩尼山大龍寺は世俗再度山と號す、本尊は行基僧正一鑄三禮の如意輪觀音、本山開創和氣清麿夢中感得に係る、と有て、孰れも觀世音を本尊とす。然るに大同中、弘法大師渡唐に臨み、摩尼山に詣で、冥加を祈り、傳法東旋して再び來つて禮詣りを遂げ、尋で駐錫して密法を修したから再度山と號すといふ。扨孟蘭盆前に觀音え千日詣り四萬六千日詣りといふ事流行して、摩耶再度兩山共之を行ひしが、それでは競爭の極、兩損となる惧れなきに非る故、相談して摩耶山は盆前、再度山は盆後に四萬六千日詣りを催ほす事に定め、幸ひ廿一日が弘法のゴネた日だから、七月廿一日を之に充てたと惟はる。(十一月廿六日。南方熊楠)

第十五回民俗學談話會記事

十月二十五日午後六時半日本青年館にて開催し、小泉鐵氏より『文化傳播說・非傳播說』について、エリオット・スミス、マリノウスキー、スピンデン、ゴールデンワイザア等の文化傳播說の主張及び批評を紹介し、次いで宇野圓空、松村武雄、松本信廣、八幡一郎の諸氏より種々なる話あつて、九時頃散會した。詳しい紹介は何れ『海外資料及び學說』欄に掲載せらるる筈故、此處には省く。出席者は左の人達であつた。

大藤時彦　牛尾三千夫　島田明雄
桂　東藏　阪本一郎　田中多滿子
西田一　松本信廣　八幡一郎
今井富士雄　中島逸美　青池竹次
小池元男　東宮典洪　道田忠雄
尾崎正章　竹内畏雄　鹿野忠雄
緒方素純　中野朝明　松下勝太郎
宇野圓空　松村武雄　熊谷辰治郎
小泉　鐵　村上靜文の諸氏。

移動する魚に關する俗傳

一、瀬戸内海の鯛は岡山縣の南、水島灘附近で毎年春獲れる鯛が最も味がいゝと云はれて居る。その内でも頭の方に金色の粉を吹いて居るのを珍重す、之を金山鯛(淺口郡連島町)とも櫻鯛(岡山市)とも云つて居る。之は瀬戸内海の鯛が音取の瀬戸を過ぎる時その瀬戸の苔をねぶるから金色が吹くのである(岡山市)とも云ひ又音取の瀬戸には金《きん》が沈んで居つて鯛が其處を通る時その金《きん》を飲み込むから出來るのである(淺口郡連島町)とも云はれて居る。

二、香川縣仲多度郡高見島では昔その附近の海で鯨の泳いで居るのをよく見受けた、併し土地のものは、あの鯨はお伊勢樣へ參詣するのであると云ふて、誰れも獲らなかつた。

三、鰻の雌は曾て誰れも見たものが居らない、之れは鰻の雌は太平洋の眞中で一番深い所に居るからである。そして生れた鰻は海から川へ、川から池へと、どんな山の上の小溝へでも登つて行くのであると云ふて居る。(桂又三郎)

學界消息

○方言研究會例會　は十月十一日午後六時より東京學士會館に於て開かれた。當夜は、先づ橋本進吉氏が、九州方言に於ける如く、セ音をシエ(she)又はジエ(je)と發音する事が、現在何の範圍にまで行はれて居るか知らないが、昔の文獻では、ジエジユイツトのミツシヨンの人々が我が國のセ音をshe又はjeとかいて居る。これには一應九州方言を寫したものでないかと云ふ疑も起るが、ミツシヨンの人々は、日本語及都の方言に通じ、信者にも京の人々が居り、イルマンの中には僧の改宗した者が居たから、一般の發音を方言の發音を用ひて書くとは考へられぬ。のみならずロードリーゲルスの文典に、日本の方言の部があつて、京都の方言は、都の方言として發音・詞遣ひの模範になる。ついで中國九州の方言上の特徴をあげ、關東、三河より東日本の果てに至る地方には、奇妙な方言があり、其一つにxeをseと發音する。このセ(se)は田舍訛りで、シエ(xe)が西の都の正しい發音であるとある。又寶生流の謠では、昔通り、セ音をシエ・ジエと發音し、狂言では大藏流が、凡ての場合かどうか確めぬが、シエ・ジエと發音して居る。さて昔はシエ・ジエ音が京都及近畿地方にあつて今はどうかといふに、自分の郷里若狹ではジエニ一シエンと發音して居た。京都には立派に殘つて居ないやうだが、行きませんをへんと言ふのは、sheのsが落ちた爲ではなからうか、これは一つには東の方の影響をうけた爲ではなからうか、新井白石が、東雅其他に、木下順庵と松永貞德の話として、京の言葉は、美濃・尾張から織田・豐臣が來たので變化したと述べて居るのは、これを裏書する。歷史方面は、更によく調べねばならぬが、將來方言調査に當つて、セ音に注意されることが有用である。これに依て、日本語の佐行音の歷史が明かにされてくると說き、列席の金田一氏より盛岡地方でも、父や叔父の代にはシエ・ジエと發音し、自分達からセ音を言ふようになつた、更に北の方もシエ・ジエと發音したと記憶すると注意あり、次に、柳田國男氏が方言採集の近狀と題し、我が國の方言採集事業は東條氏の方言採集手帖の出現を境とし、從來の國語調查會のものは、尙不充分である。殊に興味深い島々の方言が集まつて居ない。隱岐の島などは、方言は百と集つて居ない。瀨戶內海の島々もさうであり、手のつけられた島々は僅かである。內陸の方言集はざつと今まで三百以上四百まで數へられるが、これとてゝ地圖の上から大部價値のある地方が拔けて居る。東北方面から擧ぐれば、秋田縣鹿角郡、岩手縣氣仙郡、關東では群馬縣の利根の溪谷、中部では三河の北設樂郡、信州の南佐久郡等であるが、幸ひ最近南佐久郡の方言集が手に入つたから、其話をする。南佐久郡は、甲州、上州、武藏の西北部、諏訪、善光寺平と交通があるので、種々の問題がある。音韻の側から言へば、東京のヒとシとの混同が、南佐久郡では非常に顯著で、イフ・ヨウの區別がなく、語法では、否定命令形にはなそが用ひられる。さて日本の樣な地勢の國では非常に珍らしい言語現象が見られるが、この研究を一層進めるためには、採集地、採集方法の撰擇、及中央に發表機關を設立することが必要であると力說し、十時散會した。

○音聲學協會第廿一回研究會　は十月十六日東大山上會議所に於て開催され、藤岡勝二氏の「グラモンの音の見方について」と云ふ講演と、國語講座について會員相互の間に討論された。

○村落社會學會例會　は十月十六日午後六時より日本青年館に於て開催され、柳田國男氏の「家族と私有財産について」と云ふ講演があつた。

○山本靖民氏外數名の人々は十月十八日神奈川縣橘村の神樂噺子、おかめ手踊、地口行燈の見

學界消息

學に赴いた。

○帝室博物館講演會　十月十六日より同卅日まで帝室博物館に於て、埴輪特別展覽會が開かれて居るが、其講演會が東京美術學校に於て催され、濱田耕作氏の「埴輪に關する二三の考察」後藤守一氏の「上古時代の住宅」の講演があつた。

○女子公民講座　は十月十八日日比谷市政會館に於て開講され、西村眞次氏の「人類學の進化の特異性」と題する講演があつた。

○史學會講演會　は十月十八日午後二時より東大山上會議所に於て開かれ、加藤繁氏の「北京商人會館の調査報告」といふ講演があつた。

○考古學會例會　は十月廿二日東大山上會議所に於て開催され、柴田常惠氏の「關東地方の寺趾」津田敬武氏の「キリスト、マドンナ及天國の圖像とその表象的意義」といふ講演があつた。

○明治神宮鎭座十年祭奉納神事舞　が演劇博物館の主催、日本青年館の後援によつて、十一月四日午後一時より同館に於て、擧行され、左記の如き各地方の民俗藝術が奉納される筈。

△九州地方　大分縣南海部郡下堅田村の佐伯神樂

△中國地方　島根縣鹿足郡和歌野町彌榮神社の祇園鷺舞

△近畿地方　和歌山縣有田郡南廣村上中野八幡神社の田樂

京都府愛宕郡八瀬村の赦免踊

△中部地方　長野縣上田市の獅子舞

△東北地方　山形縣飽海郡蕨岡村杉澤熊野神社のひやま神能

△關東地方　崎玉縣秩父郡秩父町秩父神社の屋臺ばやしと踊

○民俗藝術の會　は明治神宮十周年大祭に奉納の爲上京の、山形縣飽海郡杉澤のひやま舞、大分縣南海部郡下堅田村の佐伯神樂の質演會を催す筈である。

○折口信夫氏　十月中旬民俗藝術の會員の人々と共に信州新野の村落調査に赴いた。

○松村武雄氏　は十月二十五日東大人類學教室に於て開かれた東京人類學會例會にて、「文化人類學の環境的視角」と題する講演をなす筈。

○柳田國男氏　は十月十七日東大文學部學友會講演會に於て「膂力と信仰」と題する講演をなした。

○國學院大學國史學會講演會　は十月廿五日同大學講堂に於て催され、渡邊世祐氏の「織田信長の復古政治」井野邊茂雄氏の「幕末の浪人及その統制」と題する講演があつた。

○日本歷史地理學會例會　は十月廿八日東大山上會議所に於て催され、黑板勝美氏の筑紫旅行談がある筈。

○エリオット・スミス博士　の來朝を機して十月卅一日午後三時より東大解剖學教室に於て、同博士の「最近發見せる支那の古人類」と題する講演が催される筈である。

○小泉鐵氏　今次の臺灣の蕃人の暴動に關して『暴動を起した蕃人』を讀賣新聞に、『霧社蕃の社會及び其の制度』を科學畫報十一月號に、『蕃族の慣習及び土俗』を改造十一月號に、『ホットフを拜する蕃人』を十一月九日の週刊朝日に書いた。なほ同氏は大阪每日新聞社の『生蕃講演會』の爲めに十一月五日大阪に赴いたが、演題は『蕃人生活の集團性』である。

○外務省の東方文化事業部經營の東方文化學院京都研究所は昨秋以來洛北白河の地に建物を建築中のところ、今回落成の渉に至り、十一月初旬開所式を行ふ由、當日は研究員梅原末治氏の講演がある筈。

○ネフスキー氏の來翰によれば、露西亞の東洋學者バルトールド氏が八月中に長逝したと云ふことである。氏は中央亞細亞のキリスト教、マホメット教及蒙古史の大家であつて、かれて東洋の土俗に關する論文を數多く發表して居た。

○島村知章氏　は岡山文化資料の同人にして、專ら、桂又三郎氏と協力して、其經營に當つて居つたが、去九月十六日突然逝去した。氏は岡山文化資料及本誌(備中小田郡の嶋々、二ノ四)其他民俗學關係諸雜誌に多くの優れたる作物を發表して居た。眞に、氏の永眠は學界のために不幸な損失である。岡山文化資料は次號を同氏の追悼號にあてると云ふ。

○箭内亘氏の蒙古史研究が刀江書院から出た。これは和田清、岩井大慧、石田幹之助三氏の編修になるもので、白鳥庫吉、市村瓚次郎兩氏の序、松井等氏の跋を附し、同氏の論文二十二篇を網羅し、其中には蒙古に關係した土俗の歷史的研究の論文も多くある。

○旅と傳說三ノ十繪馬號

觀音堂の額繪馬　森井芳枝
常陸村松山の繪馬
豐前長濱社の雛繪馬　市場直次郎
出雲の雛天神　小村力藏
三河小松原觀音寺の繪馬　白井一二
繪馬蒐集漫談　川崎巨泉
博多地方の小繪馬　佐々木滋寛
繪馬ナンセンス　下村作二郎
繪馬屋東齋は語る　有坂與太郎
二つの觀音堂を中に　小井川潤次郎
津輕の繪馬　松野武雄
野邊八幡社の繪馬　小市謙三
樺榿峴の話　高橋文太郎
繪馬に關する文獻　大藤時彥
繪馬源流考　中山太郎
小繪馬に扱はれたる畫材價値　西澤笛畝
繪馬と馬　柳田國男
松前怪談十種　深瀨春一
小野小野終焉の地　橫田傳松
本渡町附近　濱田隆一

○鄕土創刊號

日本民俗の由來(鄕土研究の出發點)　白鳥庫吉
鄕土研究の意義　三浦周行
近代社會に於ける「鄕土」の觀念の可能と不可能　長谷川如是閑
鄕土研究の趨勢と其着眼點　內田寛一
鄕土科學とその敎育　小田內通敏
鄕土の地理學的考察に就て　三澤勝衞
鄕土音樂の移動と其の分布について　田邊尙雄

○愛媛縣周桑郡鄕土研究彙報　第四號

名木行脚(一)　黑河健一
愛媛縣周桑郡方言資料解說補遺　杉山正世
虫名方言　蝸牛を謠つた童詞
風の稱呼(愛媛縣之部)
傳說錄　かや掛杉　多賀村の傳說

○音聲學協會々報四年五號

諫早方言の追加　山本靖民
方言調查報告(天文の部その二)
金澤方言と福島縣石城方言
比較對照表　鈴木源六

○民俗問題格　戴傳賢著

○雲南民族調查報告　楊成志著
中華民國々立中山大學言語歷史學研究所

○万葉染色考　上村六郎 辰巳利文著　古今書院

○歷史敎育五ノ七

增刊號鄕土史は如何に研究すべきか
鄕土史研究についての希望　柳田國男
鄕土史研究の意義　鷲尾順敬
鄕土史研究の範圍　稻村坦元
鄕土史研究の設備　稻村坦元
神社研究法　座田司氏
寺院研究法　市村其三郎
紋章　沼田賴輔
鄕土史の研究と地圖　蘆田伊人
鄕土建築　藤島亥治郎
農具の歷史　西岡虎之助
服飾研究管見　宮本勢助

學會消息

年中行事と風俗　中山太郎
地方學徒と方言研究　東條操
傳說の採方　中山太郎
迷信の研究
民謠　藤澤衛彦
一、郷土史の編修　柴田常惠
○九州民俗學特輯號九州の島　柳田國男
○村落社會の研究　會報第一輯

京都民俗學研究會記事

五月例會。五日午後六時より百萬遍かぎや樓上にて開催。新村、西田、金關、小牧諸先生を初め出席者二十七名。當日、民俗學會より來る十七日の大會の爲、石田幹之助氏出席され、新村先生紹介のもとに左記の如き講演あり。十時半散會。

講演

一、臺灣諸蕃の小人傳說　森脇忠雄君

諸蕃中小人傳說を有する蕃大社、郡大社、馬太鞍以下のものにつきて述べ最後に小人傳說の有する重要性に言及さる。

一、血液型と人種心性　金關丈夫先生

民俗學との關係より說き起され先天的氣質と個人性格、人種心性との關係、更に血液型より詳細なる說明あり。

一、白樂天の詩中に見ゆる小人傳說　石田幹之助氏

今日は別にお話をする積りで來たのではないと斷られて先づ白樂天の頃まで小人を天子に獻上してゐた事から、西域との關係に入り、支那日本の諸文獻に見ゆる小人傳說につき面白く話された。

六月例會。二日午後六時半より百萬遍かぎやにて開催。西田、金關、梅原先生以下二十二名來會。十時閉會。當日の講演は

一、支那の七夕について　森鹿三氏

文獻上から七夕の考察を始め、蜘蛛との關係、結婚の習俗と季節に及び、更にかささぎ傳說の有する役割を述べらる。

一、神奈備について　池田源太氏

萬葉集に見ゆる禁忌的祭祀としての樹木のタブーを考へ、それがやがて森と意味し、神社へと發展するものであるとし、"Golden Bough" から引用しつゝ、神奈備は Sacred grove であらうと結論さる。

第三回民俗調査

所、愛宕郡鞍馬貴船

日、六月十五日

一行二十名。出町驛から叡山電車で鞍馬に到り鞍馬山麓佐々木常門氏を中心に社會組織、民俗藝術、年中行事等各自分擔の項目によつて尋ぬるところあり。晝食後附近の民家を見て小雨の中を山越に貴船に出で、貴船神社社務所に於て社家鳥居氏から色々貴重な話を聞く事を得た。京都に歸つたのは六時頃。

七月例會。一日午後六時半より百萬遍かぎやにて開催。西田、梅原先生以下十九名出席。最初に吉田三郎君の『呪術と神道』と題するお話を聞く豫定であつたが同君旅行につき豫定を變更して、梅原先生の『越前の産小屋について』と題するお話を聞き、次いで先般調査せし『鞍馬貴船民俗』の談話會にうつり、十時半散會。

講演

一、越前の産小屋について　梅原末治先生

大正四、五兩年敦賀灣に面する浦底、立石、常宮等につき調査したものであると前提されて、村の組織をなす子供等組、娘等組、おやぢ組、かゝら組以下の說明の後、産小屋の構造、産小屋を中心とする産婦及村人の生活等についてお話あり。

以上

東北帝國大學教授 村岡典嗣著

日本思想史研究

菊判六百頁
コロタイプ四葉
（仙臺美濃紙刷）

定價五圓
送料 內地三十六錢
其他六十五錢

附錄
南里有鄰遺稿
眞教概論

最新刊

著者が我が古典、殊に其の哲學的・思索的方面の研鑽に於て屹然一頭地を抜き、然かも敬虔眞摯なる態度を持して一文一行をも忽にせざるは既に學界に定評の存する處である。

本書は其の全豹を窺ふに足るもの。今や古典の新しき研究は皆人の望んでやまざる處である。殊に今日の混亂鬧裡に於て吾等の祖先の思想を正しく解することは此處に我々獨自の道を開く所以である。吾々が祖先の血を繼承する限り、祖先の思想を抜きにしては新しき思想への轉向消化は期して望むべくもない。本書は必ずや心ある識者に秘鑰を與へるであらう。

尚附錄『眞教概論』の一篇は徳川末期の神學者南里有鄰が未刊稿の名著にして、其の神道に對する觀念は我々の閑却し能はざるものである。偏に諸彥の高覧をまつ。

天地理談 司馬江漢著 村岡典嗣校 價三、八〇 送、二七

宗教民族學 宇野圓空著 價二、五〇 送、三六

民俗學概論 バーン著 岡正雄譯 價二、〇〇 送、二七

支那曆法起原考 飯島忠夫著 價六、五〇 送、三六

東京市神田區北甲賀町四　**岡書院**　電話神田二七七五番　振替東京六七六一九番

◇前號目次

△原稿、寄贈及交換雜誌類の御送附、入會退會の御申込會費の御拂込、等は總て左記學會宛に御願ひしたし。
△會費の御拂込には振替口座を御利用ありたし。
△會員御轉居の節は新舊御住所を御通知相成たし。
△御照會は通信料御添付ありたし。
△領收證の御請求に對しても同樣の事。

昭和五年十一月一日印刷
昭和五年十一月十日發行

定價金八拾錢

編輯兼發行者　小泉鐵
東京市神田區表猿樂町二番地

印刷者　中村修二
東京市神田區表猿樂町二番地

印刷所　株式會社　開明堂支店

東京市神田區北甲賀町四番地
發行所　民俗學會
振替東京七二九九〇番
電話神田二七七五番

東京市神田區北甲賀町四番地
取扱所　岡書院
振替東京六七六一九番

MINZOKUGAKU

THE JAPANESE JOURNAL OF FOLKLORE

Published by the

MINZOKU-GAKKAI

Volume II November 1930 Number 11

Page

MINZOKU-GAKKAI

4, Kita-Kôga-chô, Kanda, Tokyo, Japan.

民俗學

民俗學

第貳卷　第十二號

昭和五年十二月

民俗學會發行

民俗學會會則

第一條　本會を民俗學會と名づく

第二條　本會は民俗學に關する知識の普及並に研究者の交詢を目的とす

第三條　本會の目的を達成する爲めに左の事業を行ふ

イ　每月一回雜誌「民俗學」を發行す

ロ　每月一回例會として民俗學談話會を開催す

但春秋二回を大會とす

ハ　隨時講演會を開催することあるべし

第四條　本會の會員は本會の趣旨目的を賛成し會費（半年分參圓　壹年分六圓）を前納するものとす

第五條　本會會員は例會並に大會に出席することを得るものとす　講演會に就いても亦同じ

第六條　本會の會務を遂行する爲めに會員中より委員若干名を互選す

第七條　委員中より幹事一名、常務委員三名を互選し、幹事は事務を執行し、常務委員は編輯庶務會計の事務を分擔す

第八條　本會の事務所を東京市神田區北甲賀町四番地に設く

附　則

第一條　大會の決議によりて本會則を變更することを得

私達が集つて此度上記のやうな趣意で民俗學會を起すことになりました。

考へて見ますと學問が大學とか研究室とかに閉ぢこめられてゐた時代は何時まで何時までつゞくものではないといふことが云はれますが、然し大學とか研究室とかいふものを必要としなければならない學問のあることも確かに事實です。然し民俗學といふやうな民間傳承を研究の對象とする學問こそは眞に大學も研究室も之を獨占することの出來ない學問であります。然しさればといつてそれは又一人一人の篤志家や學究が個々別々にやつてゐたのでは決してものになる學問ではありません。出來るだけ多くの、出來るだけ廣い範圍の協力に待つしかないものと思ひます。日本に於て決して民間傳承の資料の蒐集なり研究なりが閑却されてゐたとはいへません。然しそれがまだ眞にまとまるところにまとまつてゐるとはいはれないのが事實であります。かう云ふ事情の下にある民俗學の現狀をもつと開拓發展せしめたいがために、民俗學會といふものを發起することになつた次第です。そして同樣の趣旨のもとに民間傳承の研究解說及び資料の蒐集を目的として、會員を募集し、會員諸君の御助力を待つてこれらを發表する機關として「民俗學」と題する雜誌を發行することになりました。どうかこの一般國民生活の中に深く生きてゐる事實の意義及び傳承を生かす爲めに、そして民間の學問としての學的性質を達成せしむる爲に、本會の趣旨を御諒解の上御入會御援助を賜りたく御願ひ申します。

委　員

石田幹之助　宇野圓空　折口信夫
金田一京助　小泉鐵　松村武雄
松本信廣（在京委員）
秋葉隆　移川子之藏　西田直二郎
（地方委員）

民俗學

昭和五年十二月發行

民俗學

第貳卷　第十二號

目次

資報・報告

資料・記錄

民俗學上より觀たる酸變凝乳嗜好と乳酸菌療法

清野謙次

第一章　乳酸菌療法の意義

身體を健康にする目的で、乳酸菌を疾病の豫防と治療とに使用するのを乳酸菌療法と云ふ。元來乳酸菌は廣く地上に散布せる細菌であつて、自然食物中に混入して居る。或種の食物を造る場合に、其食物の腐敗を防ぐのは乳酸菌であるし、また或種の食物の味をよくするのも乳酸菌である。

余はいま乳酸菌療法の科學的意義、或は細菌學的説明を詳述しようとは思は無い。これは醫學の領域に屬するからである。然し先づ之れを極くざつと述べて置か無いと細菌學的豫備知識の無い讀者には、本篇に述べる主旨が分ら無くなつてしまう。

乳酸菌と云ふのは糖類、殊に乳糖に作用して、之を乳酸に變化する性質ある細菌を總稱する。かういふ性質のある細菌の數は非常に多い。球菌の事もあるし、桿狀菌の事もある。桿狀菌の場合にも短桿狀菌があるし、長桿狀菌がある。此中には一二の病原菌もあるが、多くは非病原性菌である。そして菌種によつて强く乳酸を生ずる能力のあるものもあるし、弱力の菌もある。

一般に酸類は動植物性の食物を保存する場合には、其腐敗を防止するものである。これは古い時代からの經驗で世人が知つてゐる。獸肉、魚肉、野菜等あらゆる種類の食物を酢漬けにするのは此理由あるに基づく。然し必らずしも酢漬けにしなくとも、食物製造の工程に於て酸の發生があれば、其食物は久時の保存に堪へる。例へば日本人の嗜好する漬物類が其一例であつて、京名物「すぐき」の漬物の如きは其著しきものである。

此場合に酸として酢酸及び乳酸が主要のものであるが、兩酸各別種の味を呈し、各別々の趣味と嗜好とに投じて居る。然し近來發賣せらるゝ「ぬかみその素《モト》」の如きは、色々の成分の外に乳酸菌が混じて居つて、此細菌の作用により「ぬかみそ」の腐敗を防ぎ、且漬物の味を適度の乳酸發生によつて美味ならしめて居る。また淸涼飮料カルピスの如きは乳酸を基調とせる趣味的飮料である。

後に述ぶるが如く酒精醱酵と乳酸醱酵とは密接なる關係がある。人類が嗜好品として酒精醱酵のみを要求する場合もあるし、乳酸醱酵のみを要求する場合もあるし、兩者を兼ねたる醱酵品を要求する場合もある。主として酒精醱酵のみを要求する場合であつても乳酸醱酵が之に關係をして居る。すなはち日本酒釀造の場合の如きも釀造の當初に若干の乳酸醱酵を生じ、之れが後に酒精醱酵の酵母に壓せられて酒を生ずるのである。つまり日本酒醸造の際に酒の腐敗を防ぐのには乳酸醱酵が有力なものであるし、且乳酸醱酵が加はるために日本酒に一種の風味を生ずる。

要するに食物中に乳酸菌が存在して居ると、乳酸を發生するために腐敗細菌の增殖を防止する。從つて乳酸菌は自然界に於ける腐敗防止の一役を務めて居る。然し何と云つても乳酸菌が强く增殖するには、乳酸菌の發育に適した食物である。之れは糖分に富んだ牛乳である。乳酸の最大の嗜好者が遊牧の民であり、乳酸菌療法の崇拜者の第一がまた彼等であるのは、長い間乳を嗜み、且つ幼時から乳を飮み馴れて居るからである。

斯くの如く乳酸菌は廣く地上に散布して居るから、自然人類の消化管内にも乳酸菌が生存して居る。殊に哺乳時期の小兒の消化管內に其數が多い。尤も母乳榮養兒と牛乳榮養兒との腸內乳酸菌の種類には大して差異は無いのではあるが、人工乳榮養兒の消化管內の乳酸菌とは可なりの差がある。人工食榮養兒であつても食物として乳糖或は澱粉の類を少し多く與へると、母乳榮養兒と大差無き細菌を含有するに至る。

つまり人間の腸內乳酸菌の數は食物の種類によりて變化し、又乳酸菌の內服によりても變化する。そして乳酸菌が腸內に生存すれば糞便中に發育する雜菌を一定度まで抑制して異常醱酵、異常分解を起さしめ無い。若し腸內に異常の醱酵及び分解が生じたならば有害物質は動物體內に吸收せられて中毒を生じ、又下痢を生ずる。

啻に消化管內のみで無い。女性の膣粘液中にも乳酸菌の或種類が發育して居る。膣粘膜は外部に開放せられた る管であるから細菌が勝手次第に侵入出來る譯けである。然し膣粘液からは一定の物質が分泌せられて、之れが乳酸菌の營養素となるので、乳酸菌は此部に發育し、他種細菌の發育を防止する。それで健全なる婦人の膣粘膜には乳酸菌の數が多くて雜菌の數が少ない。然るに子宮病に罹つた婦人の膣粘液中には乳酸菌は減少或は絕無と

4

なつて雜菌數が著しく多くなる。

第二章　民俗研究家としてのメチュニコフ

人類の永い經驗から割出されたる、古い習俗は科學的に觀察すると屢々合理的である。卓越せる科學者は古い習俗の中から幾多の眞理を見出した。勿論古俗の中には採るに足らぬ迷信が少なく無いが、又時として學術的に極めて正しい事が發見せられる。民間藥や地方藥の中から幾多の有効なる藥品が發見せられた。局所麻醉劑コカインやら、マラリアの特効藥キニーネの類は其例である。

偉大なるメチュニコフは動物學者であり、細菌學者であり、かつ醫學者であるが、民俗學者では無い。然し乳酸飲用の古俗が一度此天才の眼に觸れた後には、之に科學的價値が附せられ、これに科學的說明が加へられた。民族學の研究材料は茲に應用を見出したのである。そして醱酵學に新部門を附加せらるゝことゝなつた。

エリー・メチュニコフ Élie Metschnikoff は一八四五年の五月三日露國カルコッフ州の一村落に呱々の聲を擧げた。カルコッフ高等學校を經て一八六二年以來カルコッフ大學に於て博物學を修め、一八六四年から一八六七年まで獨乙國ギーセン、ゲッチンゲン、ミュンヘン大學に於てロイカルト・ヘンレ及びフォン・ジーボルト等の有名なる教授の指導によつて醫學及び動物學を修業し、一八七〇年露國オデッサ大學の動物學及び比較解剖學教授となつた。そして其間に同氏は印度のマデーラ、カナリー群島のテネリフ、カルマック高原等に研究旅行した。後年氏の有名なる喰細胞說と乳酸菌療法の學說が現はれたのは、此研究旅行中に自然を觀察し、又住民の古俗を研究したのに負ふ所が多い。

ところがメチュニコッフは猶太出身であるために帝政露西亞に留まり難い事情があつたので一八八八年以後は佛國巴里に於ける有名なるパスツール研究所に入つて、一九〇四年以來同研究所次長となつた。

メチュニコッフを追想する時、何人も先づ同氏の喰細胞説を想ひ出さ無いわけに行か無い。一八九二年に出版せられたる同氏の「炎症の比較病理學」と「傳染病の免疫」との二書は不朽の著書である。たとへ炎症及び傳染病に於ける喰細胞の作用がメチュニコッフの云ふが如く萬能で無いとしても、免疫現象及び炎症に喰細胞が直接及び間接に大なる効力あることは、今日動かす可からざる學説となつてしまつた。

上記兩書の出版が了つた後にメチュニコッフの研究は老衰の原理に移つた。これは勿論同氏が其著書に記述して居る通り、久しい以前から思索し且研究して居つたのであるが、著述として出版せられたのは上記兩書の出版以後であつた。すなはち一九〇三年にメチュニコッフは「人性論」を出版して人性の不調和を論じ、人性の不調和より生ずる禍害に對する科學の効力を論じて居る。それから四年後の一九〇七年に續篇として「不老長壽論」を出版した。乳酸菌飲用の習俗が密接なる關係を持つて居るのは此兩書である。殊に不老長壽論には之れを記してある事が多い。

メチュニコッフがノーベル賞金を受領したのは一九〇八年であつてパウル。エールリッヒと同年に授賞された。卽ち人性論は授賞の五年前の作であるし、不老長壽論は受領一年前の作である。つまり此兩書はメチュニコッフが學者として絶頂に立つて居つた時代の創作であるが、隨分大膽に自分の思ふ所を記して居る。いつたいメチュニコッフは恐ろしく天才のひらめきの見へる獨創的の所があると同時に、又一面には非常に獨斷的である。吾々は彼の著書を讀む場合には、その獨斷的の所を棄てゝ、その獨創的の所を拾へばよいのである。

人性論の第十章「老衰」と第十一章「死の研究」に於て同氏は往々乳酸菌の事に言及して居る。然し之れを抄出する必要もない。たゞ人性論の一册は大體に於て科學萬能論であり、醫學を以て人性の矛盾を救助し得ると云ふ信念の發表である。たゞし直接醫學に關係して居るのは十二章中前記の二章丈けで、其他は動物學であり、人類學であり、また宗教である。然るに不老長壽論では人性論に於けるよりも醫學が多くなつて居る。不老長壽論を要するに人生に關する樂觀的學說である。すなはち人性は其起原を動物より發せるにより、甚だ複雜なる點を多く含有し、其中には人類災禍の原因たる不調和が多くあるが、又同時に今日よりも更らに幸福なる前途に對する光明があると云ふ。卽ち長壽論の第一篇から第四篇までは醫學的研究であり、第五篇は人間に於ける原始的心理狀態の研究、第六篇は動物進化史上に於ける社會學的研究、第七篇は厭世主義と樂天主義とを論じ、第八篇はゲーテとファウストとを論じ、第九篇は科學と道德とを論じて居る。第三篇第五章からこゝに乳酸菌に關する記述を抄出して見たいと思ふ。抄錄文は左の如くである。

「初生兒の腸は出產時には充實して居るが、少しも細菌を含有して居らない。それで初生兒腸管の內容物たるメコニウムは胆汁と脫落した腸粘膜細胞とより成り、細菌を繁殖せしむるに好都合であるから、細菌は生後數時間に腸內に入り初めて、生後第一日未だ何の食物をも口にせざるに拘らず、既に其メコニウム中に各種の細菌を發見する。初生兒が母乳を飮むに至れば、腸內の細菌類は減少し、殆んど特殊なる一種の細菌のみが發育する。チシエ氏は初めて之を硏究し、此細菌に二裂桿菌なる名稱を附した。

從つて食物は腸內細菌の種類に影響を及ぼすことが多い。乳兒が牛乳にて養育せらるゝ時には、母乳哺育を受ける時よりも、腸內に多種類の細菌が發育する。其後に又細菌の種類が食物と共に變化することマクファヂアン及ネンスキー兩氏、並びにジーベル夫人が腸瘻を有せる婦人に就て研究した通りである。腸內細菌が食物の異なるによりて變化する事は、之によりて體內の菌種を變化し、有害菌に代へるに有益菌を以てするの方法に應用出來る。不幸にも我等の腸內細菌に關する智識は尙未だ甚だ不完全であつて、未だ此細菌を自然狀態で發育せしむ可き人工的營養物を發見することが出來ない。されど此困難があるに拘らず、此問題の合理的解決は今後どうしても行はなければならぬ所である。

野蠻時代に於てすら、人間は食物を調理したものである。卽ち彼等は食物を多くは火力に作用せしめて、其細菌數を著しく減じた。つまり生のまゝで食事すると細菌は數多消化管內に入り込むものであるから、之を腸內に減少せしめようとするには、煮炙したる食物を食つて煮沸した液體を飮用することが肝要である。然し細菌中には水の沸騰點に達しても尙生存するものがあるから、此方法によりても食物中の全細菌を撲滅することは出來ないが、其大多數を殺すことは出來る。

然るに華氏二百四十八度乃至二百八十四度の加熱によりて煮炙せられたる食物、又は充分殺菌したる食物は身體に有害であつて、消化せられ難いと思はれるものがある。それで殺菌乳や、煮沸乳を以て小兒を養育するのに反對する人がある。勿論これは場合によりては小兒に好まれざることがあるが、煮沸乳と煮炙食物とが概して好結果をもたらすことは疑ひない。煮沸乳を以て養育せられて良好なる結果を得たる多數の小兒例と北極地方旅行者の健康例とは之が確證である。シャルコー氏の語る所に據れば同氏が南極地方旅行の際には、同氏を始めとして同行者一同は殺菌食物、若くは海豹、ペンギン鳥の肉の煮炙したもので生活した。彼等は野菜類も生果物をも持つて居らなかつたので、生の食物としては唯少量の乾酪があつたのみである。かゝる狀態に於て、其遠征隊員は健全に生活し、探險十六箇月間に少しも消化器病に犯され無かつた。

尤も生の食物を廢止して、新細菌の侵入を減少しても、之れで以つて既存腸內細菌數を減少せしむることは出來ない。然し先づ次に此腸內既存細菌が中毒によりて身體の高等機能ある細胞を衰弱せしむる弊害に就て考へなければならない。其中でも最も有害であるのは腸內容物を腐敗せしむる細菌と有害な酵醸、殊に酪酸醱酵を生ずる細菌である。

細菌學などが未だ存在しない久しい以前に於て、既に人類は腐敗防止の方法に注意して居つた。殊に暖所或は濕所に置かれたる食物は速かに腐敗し、味覺にも不快だし、健康にも危險である。腐敗した肉類、腐敗した食物のために中毒するのは誰でも知つて居ることである。中央亞弗利加の探檢者フォア氏の記述する所に據れば、探險隊が饑餓に陷つた時に一頭の腐敗した象の死屍に出遭した。黑人共は其腐肉を貪り食はんと突進したから、フォア氏は彼等を戒めて、かゝる肉を食ふのは毒を食ふに等しいことを諭したに拘らず、隊員は之に從はなかつた。殊に三人の黑人は其肉片が未だ煮炙せられざる內に之れを嚥下した。數日にして此三人は頸と咽頭とを腫らして、腹部は膨大して死んだと云ふ。

千八百八十五年普魯西のロールスドルフに於て、腐敗せし馬肉で調製した腸詰のために流行病を惹起した。實見者の談話によると、其腸詰は綠色を呈し、惡臭を放ち、いやな外觀を呈して居つたが、之を食した者約四十八人は病氣に罹つた。そして其中の一人は死亡し、其他のものは虎列刺類似の症狀を呈した後に恢復したと云ふ。然し總ての腐敗食物が必ずしも同一の結果を生じないものであつて、チシエー及マルテリー兩氏は著しく腐敗した食物を食つたが何等の消化障碍をも起さなかつた。支那の美食家は鳥卵を腐敗せしめて之を食ふし、腐敗した乾酪には人の健康を害する種類のものがあるが、何等の害なき種類のものもある。つまり腐敗した食物中には通常細菌と共に危険なる毒物を含有して居るものであるが、必ずしも總ての場合に之れを含有して居るのでない。時としては全然之を含まざることもある。他方に於ては細菌及其產生物の有害作用に對して、各人に固有の感受性がある。或人は一定量の虎列刺菌を嚥下しても、何の害作用をも受けないのに、他の人に於ては本病の致命的打擊を受けるのである。いづれも皆細菌に對する身體の感受性に關係する。

腐敗食物を與へたる動物實驗も種々の結果を生じた。或動物は腐敗食物を食して何等の害をも受けなかつたのに、他の動物は之が爲に嘔吐して、再び實驗を續行し得ざる程嫌ふ樣になつた。

單に動物肉及其他の動物性食品のみならず、植物性食品も腐敗と酪酸醱酵とを生じ、之を食すると危害を生ずることがある。腐敗した貯藏果物のために屢々危害があるものである、例へば數日間連續した晴天の後に數日の雨天が續くと、驅されたる秣草は濡れてしまつて、其結果新鮮保存法は失敗に歸し、不快なる酪臭のために動物は之を食は無くなる。又時として料秣貯藏溝に於ける秣草が黑色を帶びて一種の臭氣を放つと、動物は他に食ふ可き食物なき時でないと之を食はずして、其糞便は黑色となる。そして若し長い間斯くの如き食物を以て飼養せられると、動物體は遂に著しく羸瘦する。

動植物性の食物を保存して其腐敗を防止するために酸類が有效であることは、古い時代からの習慣として世人に承認せられて居る。獸肉、魚肉、野菜等あらゆる種類の食物を酢漬けにする理由は、細菌の產生物たる醋酸が其腐敗を防止するからである。若し其保存せらる可き物質が自身で酸を生ずる性質のものであつたならば、之に特別に酢を加へる必要はない、これ卽ち乳の如き動物性食物や、糖分に富める野菜の類が自發的に酢を生じて、能く保存せらるゝ理由である。酸變したる乳は各種の乾酪に製造せられて、相應に長い時期の間保存せられる。多くの野菜類は自然的に酸を發生し成するものであつて、爲めに玉菜は酢漬物となり、甘菜、胡瓜も一種の酸性を帶びて來るのである。つまり是等の國では長い冬の間は新鮮な野菜及果物は收穫することが出來ないので、其間は住民は胡瓜、甜瓜、林檎及其他の果實を多量に食用に供す。そして是等の果物は酸性醱酵の結果として、主として乳酸を含有する。之に反し夏期の間は酸變し易き乳が酸性食物中の重要なるものである。又重要なる飲料ハクアス酒であつて、黑麵麭を以て主に製造し、啻にアルコール性の醱酵をなすのみならず、尚又一種の酸變を呈して居る。後者の中で最も主要なる酸は乳酸である。

普通住民の主要食である所のライ麥麵麭も亦醱酵の產生物であるが、其中乳酸醱酵が最も重要なるものである。そこで他の種類の麵麭にも醱酵があつて、其中の糖分は變化して乳酸となつて居る。

酸變したる乳は其中に存在せる乳酸の作用あるために、肉類の作用を防止し得るものである。從つて一定の國では肉類を酸變凝乳中に入れて腐敗するのを防いで居る。乳酸醱酵は家畜の日用食物に於ても、重要なる役目を演ずるものであつて、秣貯藏所に於ける秣の腐敗を防止するものは亦此乳酸が主要である。又乳酸醱酵は酒精を釀造するに際して、葡萄汁を保存する爲めに利用せられる。

以上略述する所により、腐敗と酪酸醱酵とを防止する目的には乳酸が重要なるものなること明瞭である。斯くの如く乳酸醱酵は能く一般の腐敗を防止するものである。それで之を同一の目的で消化管內に使用し得るであろうか。

腐敗と酪酸醱酵とが砂糖の作用によりて防止せらるるのは人の知る所である。特別に注意を拂はずして保存せられたる肉類は速かに腐敗するのに、乳汁は同じ狀態に於て反つて酸變する。つまり肉中には糖分の含有せらるること少なきに拘らず、乳汁は之を多量に含有するが故であるが、此根本的事實を科學的に說明するのは容易の業では無かつた。つまり糖それ自身は腐敗を防止することは出來ないのである。例へば糖分に富める乳は或條件の下では容易に腐敗する。さりながら糖分は容易に乳酸醱酵を起すから、有機物の腐敗を防止するのである。そして此醱酵たるやパスツール氏が五十年前に記述せる所の細菌の作用であつて、此大發見は醱酵に於ける細菌の作用を明らかにし、理論上及實際上に於て、利益洪大なる細菌學の基礎を置いたのである。

乳酸醱酵の防腐作用が細菌の產生せる遊離乳酸に基づけるものであることは、今玆に詳說する必要が無い。何となれば此問題は余（メチュニコッフ氏）が既に「人性論」第十章に於て詳述したからである。若し乳酸が中和せられると、其食物は乳酸菌の存在せるに拘らず忽ちにして腐敗する。それで最重要なる問題は乳酸醱酵が眞に腸內腐敗を防止するや否やとのことである。此問題に就いて色々の觀察が行はれたが、紐育市のハーター氏は犬の小腸に諸種細菌を多量に注入し、其腸內に及ぼす作用を硏究せんがために、尿中の硫化複合依的兒を檢査した。つまり硫化複合依的兒の存在は腸內腐敗作用存在の好證據であると、同氏も他の學者と同じ樣に信じたのである。同氏は大腸菌及他の諸種桿菌の存在は腸內腐敗を增加するけれども、乳酸菌の存在によりて、之を減少すること著しいのを發見した。卽ちハーター氏は乳酸菌を用ひて處理した犬の尿中には硫化複合依的兒が著しく減少せるのを見た。

コアンヂィー氏が六箇月間、彼自身に施したる實驗は更らに興味が多い。卽ち同氏は二十五日間通常の混成食物を用ひたのに、腸内腐敗が現はれたので、乳酸菌の純粹培養を内服し初めた。卽ちそれから二百八十瓦乃至三百五十瓦の乳酸菌純粹培養を種々の分量で内服した。

實驗中に尿を分析した結果によると、乳酸菌を服用せる間は腸内腐敗が著しく減少したことを示し、又乳酸菌の内服を廢止した後にも七週間は腸内腐敗が減少したことを示した。コァンチィー氏は其結果によりて腸内に乳酸菌を輸入すると、腐敗が防止されることを確言した。同氏が實驗中使用した食物は一日四百瓦の肉汁、百五十瓦の肉、七百瓦の穀粉、四百瓦の野菜、三百瓦の果實と一立の水等であつた。同氏の結論に據れば此試驗食より肉類を省く必要は無かつた、何となれば氏が採用した特殊乳酸菌は、蛋白分解酵素を抑壓するのに有力なものだつたからである。

其後コァンチィー氏の實驗に據ると、乳酸菌は容易に人腸内に繁殖するに適合するものであつて、内服後數週間を經るも尙人腸内に存在する程であると云ふ。

ローザンヌに於けるコム敎授の助手ポション氏は自分の身體にコァンチィー氏の實驗を繰り廻して行つた。同氏は純粹なる乳酸菌培養を以て凝固せしめたる乳を數週間に亘つて内用し、腸内腐敗防止に關し充分好結果を得たと云ふ。卽ち同氏は尿を分析したのに、腸内腐敗を示す所のインドール及フエノールが著しく減少して居つたと云ふ。

乳酸菌の實驗に加ふるに遊離狀態で使用せられたる乳酸そのものゝ効果に就ても報告が多い。諸家報告の結果に據ると、乳酸は腸内の腐敗を減少し、又尿中の硫化複合依的兒の分量を減少する。此事實は小兒下痢、結核性腸炎、虎列刺等の腸疾患に乳酸を使用して好結果を奏する理由を能く説明するものである。應用治療學に乳酸を加へたのは主としてヘーエム教授の功績である。乳酸を使用するのは消化不良、腸炎等の消化器疾病丈けでは無く、之を糖尿病に施し、又喉頭結核の潰瘍に局所藥として使用する。其量一日に十二瓦迄内服し得るものである。そして乳酸は身體内にて酸化するか、或は腎臓より尿と共に排泄せられる。婦人の糖尿病患者に四日間に八十瓦の乳酸を内服したものがあつたが、ワンスキー氏及ジーベル夫人は其尿を分析して見たのに、乳酸の痕跡をすら發見しなかつた。之に反してスターデルマン氏は毎日四瓦以上の乳酸を内服せる糖尿病患者の尿中に乳酸を檢出したと云ふ。

要するに乳酸菌醱酵によりて得らるゝ利益は、一般に同菌の發生による乳酸の作用によりて、他種細菌の増殖を妨げると云ふにある。然るに近時パスツール研究所に於けるベロノウスキー氏の研究によれば、ブルガリア地方に於てヨーグルトと稱せられる酸性凝乳より分離培養したブルガリア桿菌は單に乳酸のみならず、別に此桿菌が他種の物質を分泌することによりて、防腐消毒の効を奏することが明らかとなつた。ベロノウスキー氏はブルガリア桿菌が廿日鼠に及ぼす効果を研究する目的で、一旦滅菌した食物に此乳酸桿菌を附加して試驗した。對照實驗として同氏はブルガリア桿菌にて生ずる乳酸と同一量の乳酸を加へたる食物或は他の種類の桿菌を混じたる食物を以て他の廿日鼠を飼養した。又第三群の廿日鼠には細菌をも、乳酸をも混じない所の普通食を與へた。

此三種の試驗の中で、ブルガリア桿菌を與へたる廿日鼠の一群が發育最も佳良であつて、最多數の子を產したるのみならず、其糞便中には細菌、殊に腐敗菌の數が最も少なかつた。

ベロノウスキー氏は更らに實驗を續行した。即ち同氏は生きたブルガリア桿菌を使用せずして、同桿菌に華氏百二十度乃至百四十度の溫度を加へて殺菌し、此死菌培養素で廿日鼠を飼養した。此廿日鼠は生きたブルガリア桿菌を以て飼養せられたるものと同樣に生活し、純粹乳酸を與へられたものよりも生活狀態は著しく佳良であつた。從てブルガリア桿菌の產生物中には乳酸の外に、別に腸內腐敗作用を防止して、生命に稗益を與へるものがある。

尙ベロノウスキー氏は廿日鼠に對し、ブルガリア桿菌が廿日鼠チフスと云ふ特殊腸疾病を治癒せしむる効力あることを證明した。

上述せる實驗によりて、腸內腐敗を防止するには、乳酸そのものを使用するよりも、乳酸菌培養を其まゝ體內に輸入した方が良いことを示す。乳酸菌が其生存に必要とする糖分を消化管內にて發見すると、消化管內に發育す可く適順して、防腐性物質を產生して、自己の寄生せる宿主の健康に利益を與へる。

太古から人類は酸變乳、ケフィル、酸漬野菜、鹽漬胡瓜等の如き乳酸醱酵を成せる物質を生のまゝにて食用に供し、之によりて多量の乳酸菌を消化管內に入れて居つたものである。卽ち此方法によりて人類は知らず〳〵の間に腸內腐敗作用を減少して居つた。酸變乳のことは聖書の中にも屢々記述せられて居る、卽アブラハムは三人の天使を饗應した時に、酸變乳と甘い牛乳と、彼自ら調理せる犢とを彼等に供したりと云ふ（創世記第十八章第八節）。申命記に據ればモーゼはエホバが其民に食ばしめんが爲めに與へたる食物中に酸變乳と羊乳、羔羊の脂、バシヤンより出づる牡牛及山羊の其肥えたる腎臟を記して居る（申命記第三十二章第十四節）。

水牛、牛、山羊等の乳より造つた一種の酸變乳レーベン、ライブなる名稱の食物は、太古に埃及に於て飲用せられた。之と同樣の飯料品はヨーグルトとして巴爾幹半島の人民が使用して居る。亞弗利加アルゼリアの土人は、埃及人と製造法を異にせる一種のレーベンを製造して居る。

露西亞に於ては二種の酸變凝乳を多量に飲用する。一は自然的に凝固し酸性となつた生乳であつて、之をプロストクァシャと稱し、他の一種は酵母を使用して酸變せしめたる煮沸乳であつて、之をヴァレネッツと稱する。熱帶亞弗利加の土人の食物にも酸變乳汁がある。ムペセニ人の主要食は硬い凝結乳である。肉は唯彼等の大體の場合にのみ食用に供せられる。フォア氏の説によるとズールー人の如きニヤッサ・タンガンイーカ高原地方に住居する人種は、乳汁に鹽と胡椒とを混じたる一種の粗製チーズを造りて、之を食用に供すと云ふ。

西部亞弗利加モスサヌデスに住せるリマ氏は曰く、アンゴラの南部地方の土民は殆んど乳のみを用ひて生活する。彼等は皮膚の膏料としてクリームを使用し、之と同時に酸變凝乳が其主要食品である。ノゲーラ氏は約五十年前にアンゴラ地方を旅行して同樣なる事實を報告して居る。

乾酪が其產地を異にするによりて其性質に少差あるが如く、酸變凝乳も其細菌の種類を異にするによりて、其性質が少しづゝ異なつて居る。自然的に生じたる酸變凝乳は、其大多數に於て單に乳酸菌のみならず、アルコール醱酵をなす酵母をも含有して居る。牛乳から製造したケフィールと、馬乳にて調製した乳酒とは、いづれも著しく酒精に富んで居る。乳酒はキルギス人、韃靼人及カルムック人等の如き、畜馬を以て天下に鳴れる亞細亞露西亞遊牧民の民俗的飲料である。そしてケフィールはコーカサスの山岳地方の住民たるオスシート人及其他の民俗的飲料である。

ケフィールの主要な効能は、其酸酵作用を受けるに當りて、酪素の一部分が溶解せられて居るから、消化に便利だと云ふのに在つた。つまりケフィールは半ば消化せられたる乳だと思はれて居つたのである。然し此見解は科學的檢索と合致しない。ヘーエム教授によると、ケフィールの良い性質は胃酸の代用となつて、且防腐作用ある乳酸が存在する點にあると云ふ。ロヴィギー氏の實驗は、既に「人性論」中に述べたる如く、ヘーエム氏說を保證するものであつて、ヘーエム氏の說は正しいと思はれる。要するに腸内腐敗を防止するケフィールの作用は、ケフィール中に含有せらるゝ乳酸桿菌の作用に歸す可きものである。

ケフィールは或場合には有効であるが、腸内腐敗を防止する目的には、其持續的飲用を良しとすることは出來ない。つまりケフィールは乳酸醱酵と酒精醱酵との結合したものであつて百分一の酒精分を含有して居るから、數年に亘つて之を使用すれば頗る多量のアルコールを飲用することゝなる。又之を生ずる酵母は人間の消化器に順適して生殖せられ得るものであるから、却つて窒扶斯菌や虎列剌菌の如き傳染病原菌の發芽を助長するものである。

ケフィールの菌種は頗る多種類であつて、多くは尙未だ充分研究せられて居らないものである。一般需要に應ぜんとするには、之が純粹培養を行はなければならないのであるが、此方法は未だ成功して居らない。若しケフィールの乾燥粉末を用ひて製造する時には豫想せざる外來菌を混入する恐れがある。從て有害な醱酵を生じ易い。特にヘーエム敎授は食物を長く胃中に停滯する場合にケフィールの使用を禁じた。同氏は曰く「ケフィールが胃中に停滯すると醱酵作用を起して、胃の内容物中に酪酸及醋酸を生じ、之によりて消化器疾患を增惡する。」

ケフィールの良作用は其酒精醱酵でなくして、其乳酸醱酵に原因するのであるから、ケフィールに代用するに痕跡だも酒精を含有せざる所の酸變凝乳を以てする方が宜しい。

多くの民族が酸變乳を造つて之を飲用するのは、此物の有効であることに對する重要なる證據である。ノゲーラ氏からの書信に據れば、同氏が久しい間不在した後に、再びモスサヌデスに行つて見たのに、其住民の健康狀態が甚だ良好であつて、殆んど老衰の狀態が無かつたので驚いたと云ふ。リマ氏はアンゴラ南部の土人中に非常に長命なる人が多數ある由を記載した。此長壽者は多くは瘦せては居るが、元氣頗る活潑であつて、長時日の旅行に堪へ得ると云ふ。

北米合衆國ビンハンプトンの辯護士ウェールス氏は、既に珍本となれるシェームス・ライリー氏の著者から興味ある事實を余（メチュニコッフ氏）に報告せられた。即ちライリー氏が千八百十五年に航海中難船した記事中に、沙漠を彷徨する亞剌比亞人が、殆んど全然駱駝の生乳又は酸變乳を以て生活する由を記して居る。此食物によりて亞剌比亞人は非常に健康で長壽である。ライリー氏は此老人中の或者は二百年乃至三百年の長命に達して居るだらうと云つて居る。此推測は餘りに長壽に失して居ると思はれるが、ライリー氏の記述した亞剌比亞人が長命だつたと信じてよいと思ふ。

ジェネヴァに在住せるブルガリアの學生グリグロフ氏は、ブルガリア國に於てヨーグルトを主要食となせる地方に於ては百歲以上の老年者の多いのに驚いて居つた。シュマン氏が其著書中に記した百才以上の老人は乳を主要なる常食として居つた。例へば千八百三十八年にホート・ガロンヌに於て百五十八才にて死亡したマリー・プリューと云ふ婦人は、其晩年十年間は全然乾酪と山羊乳とで生活した。千七百五十一年に百十一才で死亡したヴェルダンの一勞働者アムブロアス・ジャンデー氏は無酵麵麭以外のものを食はず、乳以外のものを飲まなかつた。コレムベルグ城下にて百十才で死亡した傴僂にして跛行のニコル・マルク氏は唯麵麭と乳丈けで生活して居つた。彼女が少量の葡萄酒を飲用するに至つたのは、晩年多くの人の勸告に從がつて、飲用し始めた丈けである。

コウカサス在住の技師シミヌ氏は、次の新聞記事を親切にも余（メチュニコッフ氏）に送つて吳れた。

「デリ郡スバ村にテンゼ・アルバルヴァと呼べる婦人がある。其年齢は約百八十才らしい。此婦人には尚充分な體力があつて家內萬端の仕事や縫物をやつて居る。腰は曲つて居るが步行は確かである。彼女は酒精は飲まない。朝は夙に起きて大麥麵麭とバター・ミルクとを主食物として居る。バター・ミルクは乳の中からクリームを採集した殘物で、頗る乳酸菌に富んだ飲料である」。

亞米利加人ジェンニー・リード夫人は八十四才なる父に就きて余に通信して曰く「父の健康は過去四十年間、彼が愛用せし酸變凝乳による」。

以上引用したる凝結乳及其他の乳汁食品は、皆乳糖を變じて乳酸となした所の乳酸菌の產生物である。斯くの如く多くの種類の酸變凝乳が多量に使用せられ、且其結果に於て有效であるのは、其中のいづれの品も能く腸內防腐の目的に使用せらる可き食品であることが知れる。

然し風味の點から云ふと余（メチュニコッフ氏）は生乳から調製した所の酸變乳が最もよい味である。さりながら長日月に亘りて使用すべき常食物とするには、よほど嚴重に衞生學的檢査を行はねばならないから、露國のプロストークヮシャ及總ての酸變生乳は之を排斥し度い。生乳は多種類の細菌を含有して居つて、其細菌の或ものは有害である。卽ち其中には牛結核桿菌及其他の有害細菌を含有することがある（中略）。

生乳は殆んど常に牛の排泄物の痕跡を帶びて居るものであるから、時として有害細菌が此方面から混入して、乳汁が酸變凝結するに拘らず、生存することがある。乳酸菌は確かに他の細菌、例へば腐敗細菌の如きものゝ繁殖を阻止するが、之を破壞するの能力は無い。又生乳には往々酵母等を含有して居ることがあつて、是等微生物の存在は虎列剌弧菌、窒扶斯桿菌等の發育を助成する。

それであるから生乳を繼續して飲用するのは、身體內に危險なる細菌を取り入れる虞れあるものであつて、之が爲め一旦煮沸した後に製したる酸變乳を使用した方がよろしい。そして理論上では其含有細菌の全部を殺し盡すまで之を煮沸するのが宜しいのであるが、それが爲には華氏二百二十六度乃至二百四十八度に牛乳を加熱ずるを要する、然もかくては牛乳の風味は非常に惡くなる。之に反し華氏約百四十度の熱で牛乳をパスツール氏法にて消毒すると、之では結核菌や酪酸菌の芽胞を殺し盡すわけには行かない。從て今日のところ吾人は其中間に留まつて、唯數分間乳を煮沸する丈けで滿足しなければならない。斯くの如くすれば、確に酪酸菌の芽胞と結核菌とは殄滅出來る。されど酪酸芽胞菌の一部と枯草桿菌の芽胞とは殘存する。此生存芽胞を殘り無く撲滅するには更らに高度の加熱を要するのであるが、之は止むを得ない。

ヴァレネッツ、ヨーグルと、レーベンの如き酸性凝乳は、豫め煮沸した乳を用ひて製造したものであるから、永〻常用するに必要なる條件を具備して居るらしく見へるが、之を精細に調査すると、やはり是等の製品をも排斥し度い。

煮沸乳を以て正常に乳酸醱酵を起さしめるのには、乳の中に一定の特製酵素を加へなければならぬ。之に要するものは曾て想像せられて居つた如く單に犢牛の胃粘膜のみならず、他の多くの細菌をも要するのである。卽ちマヤと呼ばれる所の酵母は乳酸菌のみならず、他の細菌をも含有して居る。リスト及クーリ兩氏に從へば埃及のレーベンには五種の菌を含有して居る、五種中の三種は細菌であつて、五種中の二種は糸狀菌である。此細菌は乳酸を生じ、糸狀菌は酒精を產生する。レーベンは殆んど固形體であつて、ケフィールは流動物であるが、此兩者は酷似して居る。卽ち此兩者に於て乳酸醱酵と酒精醱酵とは同時に發現するから、ケフィールに對する余（メチュニコッフ氏）の注意は埃及產レーベンに對しても適用出來る。

余（メチュニコッフ氏）はジェネヴァのマッソル教授の紹介によつてブルガリア國製ヨーグルトの見本を獲た。マッソル氏は門弟グリゴロフ氏と共同して、此中から多數の細菌を分離したが、其中に一種の强力な乳酸菌があつた。一方余（メチュニコッフ氏）の實驗室ではコアンディー・ミシェルソン兩博士が此酸變乳の研究に從事したが、兩氏は其中にブルガリア桿菌と命名したる、最有力な乳酸醱酵桿菌を發見した。之は上述ベロノウスキー氏の實驗に使用せられたる細菌である。更に近時に至つてパスツール研究所に於けるベルトラン及ヴァイスワイラー兩氏は化學上より此細菌の性質に就き精細に研究した。卽ち此菌は强く乳酸を產生し、乳一立に就き二十五瓦の乳酸を生ずる。此桿菌が產出する琥珀酸及醋酸の如きは極めて少量であつて、一立中約五十瓱を產出するのみである。蟻酸に至つては唯痕跡あるのみ、そして此ブルガリア桿菌は酒精をもアセトンをも形成しない、又蛋白質、脂肪等に對しても何等の作用がない。是等の性質はブルガリア桿菌をして、腸內腐敗や酪酸醱酵の如き有毒なる醱酵を阻止せしむるに最も有益なる點である。

總ての有名なる酸變乳、卽ヨーグルト、レーベン、プロストクァシャ、ケフィル及クミスに於て、乳酸菌は他種有害細菌と共存するものであつて、余（メチュニコッフ氏）が巴里に於て購入したるヨーグルトの酵母中に發見したる赤色トルーラの如きは、人體をして容易に虎列刺及窒扶斯に罹らしむ可き素因を生ずるものである。從て乳酸菌の純粹培養を使用して、善き酸變凝乳を製造する必要が生ずる。

之を案出するのは先づブルガリア菌より初めるのが宜しい。何となれば此桿菌が最良の乳酸菌であるから。此桿菌は乳に强烈な酸味を與へて、乳を速かに凝固せしめるが、時としては不愉快なる牛蠟の味を與へることがある。然し滅菌せる牛乳培養基中に永く保存すると、此細菌は脂肪鹼化作用の大部分を失つて、其酸變凝乳の味は改善せられるから、若し必要あらば純粋にブルガリア桿菌を以て調製した酸變乳を飲用しても宜いだらう。然し實際上にはパラ乳酸菌をも之に混和するのが有益である。何となればパラ乳酸菌は乳酸を產生することブルガリア桿菌よりも尠ないが、脂肪を破壞せず、且凝乳に甚だ佳良なる味を與へるからである。

餘りに多量の脂肪を吸收するのは望ましいことで無いから、常用の酸變凝乳は之を脫脂乳から調製するのがよろしい。即ち乳を煮沸したる後に、直ちに之を冷却し、之に適當量の乳酸菌純粋培養を移植する。但し此乳酸菌の分量は牛乳を煮沸することによりて殄滅せられざる芽胞細胞の發育を防止するのに充分なる分量で無ければならぬ。其醱酵時間は溫度によりて異なつて居るが、數時間經過すると風味佳良であつて、且腸內防腐に有力なる酸變凝乳を生ずる。之を毎日三百乃至五百竰（一合六勺乃至二合八勺）の分量で飲用すると、能く腸の作用を整理して、適度に腎臟を刺戟する。されば消化器、腎臟等に變調を來した場合、或は諸種の皮膚疾患に際して、余（メチュニコッフ氏）は之を推賞す。

乳酸菌の純粋培養にて調製した酸變乳や、ヨーグルトから採取せるブルガリア桿菌は溫暖なる培養液中に長く生存す。そしてコアンディー氏が證明したるが如く、人間の腸內細菌に混じても生活し得るのである。

余（メチュニコッフ氏）の方法で調製せられたる酸變乳は、パスツール研究所の助手フーアール氏の手によりて分析せられたが、出來上つた後には一立牛乳中に十瓦の乳酸を含有して居る。其他三割八分の多量を占むる酪素は其發酵中に可溶性となつて居る。是等の事實は皆乳酸桿菌の純粋培養を使用して調製したる酸變乳の利用及効果を確めるに足ることである。

何か理由があつて乳を飲用し得ざる人は、乳なしに乳酸桿菌の純粹培養を內服しても良しい。然し乳酸菌が乳酸を生ずるには糖分を要するから、一定量の甘味、例へばジャム、菓子、赤大根の類を副食にする必要がある。尤もブルガリア桿菌は單に乳糖のみならず、蔗糖、麥芽糖、果糖、葡萄糖の如き各種糖類からも乳酸を發生する。乳酸桿菌の培養基としては單に乳のみならず、肉汁或は糖分を加味せるペプトーン肉汁を使用し得る。そして乳酸菌の培養を內服するには乾燥粉末或は丸藥として用ひ、或は流動體のまゝ之を飲用して差し支へない。

斯くの如き知識に關して知ること少なき讀者諸君は余（メチュニコッフ氏）が多量なる細菌を服用するのを聞いて驚くことゝ思ふ。細菌は有害なるものなりと一般に信じられて居るが、此信念は誤つて居る。細菌中には有益なるものが多くあつて、中にも乳酸菌は其上位に在る。それ計りで無く、細菌培養基を患者に內用せしめて、疾病を救治しようと企てたものは既に他にも存在する。卽ちブルヂンスキー氏は幼兒の腸疾患に乳酸菌の培養を使用し、チシェー氏は幼兒及成年者の腸疾患に乳酸菌を使用した。

つまり本書に於て推薦する方法は、乳酸菌を使用して製造したる酸變凝乳の飲用が良いと云ふことであるし、又ブルガリア桿菌の培養と同時に一定量の乳糖或は蔗糖を服用するのが良いと云ふ事實である。

余（メチュニコッフ氏）は八年以上、常食の一部として乳酸酵素を加へたる煮沸乳より調製した、酸變凝乳を飲用したが、後には之を變更して前記乳酸菌の純粹培養を服用するに至つた。余は其結果を觀察して驚喜して居る。且余の見解を證明するに充分なる實驗上の時日を既に經過したと思ふ。自分の友人の中には自分の例に倣つて、此榮養方法を採用して居るものが少なくない。其中には以前腸疾患或は腎臟病に罹つて居つたものもあつたが、皆良好なる結果を得て居る。從て自分は乳酸菌は腸內腐敗を防禦する大任務あるものだと信じて居る。

吾人の不幸なる早老早衰が身體諸組織の中毒、殊に無數の細菌を宿せる腸管からの中毒に基づくとすれば、腸内腐敗を抑制する物質は、同時に老衰を延期し、又老の來るのを緩和することが明白である。此學理上の説明は酸變乳を主要食とせる人種中に長壽者の多いことによりて證明せられる。されど斯くの如き重大問題の學理的研究は、之を直接に觀察し、又研究しなければならぬ。此目的の爲に老人を收容する病院を建て、腸内細菌と早老との關係、及食物が壽命及體力維持に及ぼす効果に就きて、組織的研究を行はなければならぬ。此人生の大問題に就きて、正確なる知識を吾人が得るのは、遲かれ早かれ、結局未來のことである。

○

いつたい牛乳を放置し、或は牛乳に一定の工程を加へると牛乳が甘酢ばい味となり、且凝固する（之を酸變凝乳と云ふ）。これは世界諸所の諸民族に於て理由は分らずに、たゞ祖先から敎へられ傳へられたる治療的及び嗜好的飲料たるに過ぎなかつた。然るに一八五七年パスツールが有名なる醱酵及び釀造に關する大研究の一部として酸變凝乳と云ふ現象も一種の醱酵たるに外ならない、そして此醱酵には必ず微生物の作用がある筈だと喝破したのであつた。

これは誠に酸變凝乳の科學的研究史上、劃世的の研究であつた。パスツールの時代には未だ顯微鏡の擴大度が弱く、且細菌學的研究方法が幼稚であつて、醱酵の主要原因たる乳酸菌が發見せられ得無かつたのであつたが、パスツールの研究にヒントを得て後來多くの科學者は多數の乳酸菌を發見した。

たとへば一八七七年リスターによりて發見せられたる連鎖狀乳酸球菌、一八八六年エシェリッヒによりて發見せられたる産氣性乳酸桿菌、一八九二年デーデルラインによりて婦人の膣分泌物中より發見せられたるデーデルライン氏桿菌、一八九五年ボア及びオプレルが胃癌患者の胃液中より發見せるボア、オプレル氏菌、一九〇〇年フィンケルスタインが初生兒糞便中より發見せる嗜酸性菌、一九〇〇年チシエーの初生兒糞便中に發見せる二裂桿菌一九〇八年ルエルセン及びキューンがヨーグルト中に發見したブルガリア桿菌等、いづれもパスツールの研究に端緒を發したものである。

若しパスツールと其後の細菌學者の研究丈けであつたならば酸變凝乳は唯乳酸菌醱酵品の一種であると云ふことを立證したに止まり、別に世の注意を大して喚起しなかつたであらう。ところが上記のメチュニコッフの著書によりて乳酸菌の殺菌作用が高唱せられ、殊に此菌の作用が長壽と結び附けらるゝに及び、俄然乳酸菌療法なる科學的名稱が唱道せられた。其結果として原始的方法による酸變凝乳の飲用に代ふるに細菌そのものを飲用する事となつた。パスツールの學説現はれて後五十年メチュニコッフに至つて乳酸菌の研究は第二の劃世的變化に到達したのである。今日世に行はるゝビオフェルミン等の乳酸菌製劑は乳糖の細菌混和であるから無味にして好き不好きの無い點に於て、また酸變凝乳に生じ易き雜菌混入の危險なき點に於て、また取り扱ひの簡單なる點に於て、又他の藥品と伍用し得る點に於て、原始的習俗を脱して科學的方法に據つて居る。

勿論メチュニコッフの所説が現はれてから二十餘年の星霜が流れた今日に於ては、同氏所説の誤謬も少なく無いし、乳細菌の發見數も加はつて居る。そして此間にまた幾多のメチュニコッフ所説贊成論や、メチュニコッフ所説反對論がある。此反對論中には堂々たるものもあるし、又多少感情に支配せられたものもある。

これは一つは獨佛間の國際的感情に支配されて居る。現にメチュニコッフ自身すら人性論と長壽論との兩書に於て獨乙學者の名を引用して居る事が少なく、兎角佛國學者の仕事を擧げたがつて居る。例へばブルガリア桿菌の發見にしても此桿菌の生物學的性質を正確に報道したルエルセン及びキュートンの功績を認めたがつて居るに拘はらず、メチュニコッフは自分の門下が一九〇六年三月十七日に發見したとまで、日附けを明記して居る位である。それでメチュニコッフの長壽說に對する乳酸菌の效力を冷笑する一獨乙學者は「メチュニコッフの死後、其遺骸を解剖したのに高度の動脈硬化症があつた。これ即ち乳酸菌內服の無効なることを彼自身で證用したのだ」とまで云つて居る。然し之に對する申譯けは彼が生前旣に長壽論の序文中に書いて居る。「一度老衰した組織細胞を若返らすのは至難である。唯老衰が來るのを遲延せしめるは容易である。老境に達して居る自分が、此書を著はすのは自分の爲めで無い、主として若い人の爲めにと書いたのである」。

いづれにしても此二十年間の醫學及び細菌學の進步を述べてメチュニコッフ所說を精細に批判するのは余の本篇を執筆した目的で無い。たゞ乳酸菌內服はメチュニコッフが云ふほど卓効があるか無いか別問題としても、乳酸菌の存在は一程度迄は腸內雜菌の增加も防止し、また之によりて一程度までは分解產物の吸收を防ぐことは事實であるし、又之は健康の爲めでもある。例へばアショッフの病理學敎科書中にフォン、ギールケは「メチュニコッフの云ふ所の腸內細菌中毒說は全部事實だと承認出來ないが、少くとも老衰死を促進せしむる要約だ」と云つて居る。それは兎に角として今日では乳酸菌は學理的根據によつて消化不良、下痢に於ける腸內異常醱酵防止の目的、また便秘を緩和する目的で內服使用せられる。此他婦人科の諸疾病やら、耳鼻科の諸病に他種有害菌撲滅の目的で使用せられて居る。たゞ之に關する理論と實驗とは醫學であつて玆に記載する必要が無いので省略する。

第三回民俗學會大會記事

豫告の通り第三回大會を十一月二十二日午後六時から東京市麴町區丸ノ內、日本工業俱樂部大講堂に於て開きました。會衆は約二百人で盛會でした。

大會は先づ講演に始まり、石田幹之助氏は開會の辭として先日の臺灣に於ける蕃人の暴動の例をひいて民俗學の研究が學的目的以外になほ重大なる職分を有することを說かれ、民俗學の重要性を力說せられて開會の辭となされ、次いで

宇野圓空氏は『宗敎學に於ける怪異觀念』

折口信夫氏は『八島を物語る理由』

の二講演がありました。而して是等の講演筆記の全文は速記をとりましたので追つて本誌上に發表される筈ですから內容については此處には略します。

講演が終つて小泉鐵氏の閉會の辭があつて講演會を閉ぢ、大會の議事に入りました。

議事の一、會則第五條を『本會員は例會並に大會に出席することを得るものとす。講演會に就いても亦同じ』と改正するの件。本件は第三種郵便物の認可をうける必要からの改正でした。然し每月本會員に雜誌『民俗學』をお送りすることには代りはありません。而して本件は異議なく可決されました。

議事の二、會則第七條を『委員中より幹事一名、常務委員三名を互選し、幹事は事務を執行し、常務委員は編輯庶務會計の事務を分擔す』と改正するの件。學會の事務が段々に多くなり、從つて組織化することが必要なので幹事を置く必要が起つてゐる理由です。本件も異議なく可決されました。

議事の三、委員改選の件。これは改選を現在の委員に一任といふことになりました。

斯くて大會を閉ぢ、次いで委員會を開き、有賀、石田、宇野、折口、小泉、松村、松本の七氏出席。委員を改選し、石田幹之助、宇野圓空、折口信夫、金田一京助、小泉鐵、松村武雄、松本信廣の七氏の在京者及び秋葉隆（京城）、西田直二郎（京都）、移川子之藏（臺北）の四氏を地方在住者の中から選擧しました。

なほ常務委員は小泉（編輯）、宇野（庶務）、金田一（會計）の三氏が重任し、幹事には當分小泉鐵氏が當ることになりました。

太鼓の中に人

南方熊楠

元祿二年板、西鶴の本朝櫻陰比事一に、京の西陣の絹織職が暮し向き不如意に成り、年久しく住馴た所を立退んと、內々諸道具を賣拂ふ。同職輩十人之を洩聞き、此人何一つ惡事なきに斯る成行き、僅か四貫目に足ざる借錢で多年のしにせを止る事あるべきかと、我も人も忙はしき十二月廿六日の夜、十人一人に金拾兩づゝ持ち集まり、一升桝に一人々々投入れ、中にも分別らしき男之を惠比須棚に上置き、亭主に合力し、それより酒宴して一同立歸る。亭主は宵よりの氣扱かず、皿箱枕にして臥ければ、女房戸ざしをしめて、常よりも用心して、下々をねさせて、心嬉しさの餘り男を起し、大方に拂ひ算用をしてみ給へと大帳十露盤をあてがへば、亭主諸事胸算用して、棚より桝を下せば中に小判なし。夫婦是はと驚き、裸か金なればよもや鼠もひくまじ、もしは神隱しかと惠比須棚を幾度かみるに、愈よなきに極まり、なまなか合力受て結句身の難儀となれり、世間の取沙汰も如何なれば、永らへて何の詮なしと、夫婦申し合せて、二人の子供を刺して自滅せんとする時、久しく召使はれた女起き合せ、大聲上げ、皆々騷ぎ出す內、夜も明て自害も止む。合力せし十人又集まり、僉議するに何共合點の行ぬ事なり、合力する程の孰れもなれば、之をとるべき事に非ずと云てから、此盜人は十人の外に有べきに非ずとて、右の段々書付を以て御訴訟、聞し召し介させられ、年內餘日もなく、皆々渡世の障りなるべし、正月廿五日に穿鑿すべし、其內一人も他國仕るなと仰せ渡され、春に成て右十人の者共、妻召連て御前に出べし、もし女無き者は姉妹に限らず、或は姪姨にても女を一人同道して出べきとの上意、迷惑乍ら御白洲に罷り出れば、一二の鬮取合て番付けを書付け、大なる唐太鼓に棒を通し、夫婦づゝに差荷はせ、御館を離れ、遙か西に當つて宮の松原を廻らせ、之を諸見物近く寄る事、堅く御法度也、賴母子の金子みへざる科代迚、一日に一組宛十日が間に此事畢りぬ、洛中の萬人見聞して、是は格別なる御科代と、孰れも不審を立ける。去ば此太鼓の中に、發明なる小坊主を入れ置れし事、誰か存じたる者なし、每日事御尋ね有しに、孰れも女は歎く中に八日めにかたげ廻りし女房、勝れて我男を恨み、金子合力し乍ら、諸人に面を曝させ、斯る迷惑、是は何の因果ぞといふ時、男囁やきて、是は少しの內の難儀、生き金百兩たゞとる事がと申せし事申上る。其者召出され、强き御僉議に顯はれ、右の小判を取返され、彼者に下され、難有き仕合せ也、其後仰せ出されしは、盜人乍ら、一旦合力の衆中なれば、命は助けて都の內を、乃ち是より拂へとの御意にて、夫婦を東西に追失ひけると也とある。

似た話が龍子猶の情史二に出づ。云く、河南王舜卿、父爲ニ顯官一致レ政歸、生留ニ都下一支領給賜、因與ニ岐玉堂春姓蘇者一狎、創ニ屋宇一置ニ器飾一所レ費罄盡、鴇母有ニ繁言一生不レ得レ已出レ院、流ニ落都下一寓ニ某廟中一廊間有ニ賣レ果者一見レ之曰、公子乃在レ此耶、玉堂春爲ニ公子一誓、不レ接レ客、命レ我訪ニ公之所在一今幸無ニ他往一乃走報レ蘇、々誑ニ其母一往レ廟酬願、見レ生抱泣曰、君名家公子、一旦至レ此、妾罪何言、然胡不レ歸、生曰路遙費多、欲レ歸不レ得、妓與ニ之金一曰、以レ此置ニ衣飾一再至ニ我家一當ニ徐區畫一生盛服、僕從復往、鴇大喜、相待有レ加、設レ宴夜闌、生席ニ捲所有一而歸、商知レ之、撻レ妓幾死、因剪髮跣足、斥爲ニ庖婢一未レ幾山西初聞レ名、求見知ニ其事一命鬟レ之、以ニ百金一爲贖レ身踰レ年髮長、顏色如レ故、携歸爲レ妾、初知婦皮氏、以ニ夫出一レ隣、有ニ監生一倪レ嫗與通、及レ夫娶一レ妓、皮知レ之、夜飲置ニ毒酒中一妓逡巡未レ飲、夫代飲レ之、遂死、監生欲レ娶レ皮、及咬レ皮告レ官云、妓毒ニ殺夫一妓曰酒爲ニ皮置一皮曰夫始詒爲ニ正室一不ニ甘爲一レ次、故殺レ夫、冀改嫁、監生陰爲ニ左右一妓遂成レ獄、生歸、父怒斥レ之、遂矢レ志讀レ書、登ニ甲科一後擢ニ御史一按ニ山西錄囚一潛訪ニ得監生隣嫗事一逮以來不レ伏レ囚、潛匿ニ一胥於庭下櫃中一監生皮氏與レ嫗俱受ニ刑于櫃側一官僞退ニ吏胥一赦レ嫗年老、不レ堪レ受レ刑、私謂レ皮曰、爾殺レ人累レ我、我止得ニ監生五金及兩疋布一安爲受レ刑、二人懇曰、姆再忍ニ須臾一我罪得レ脫、當ニ重報一櫃中胥聞レ此言、即大聲曰、三人已盡招矣、官出レ胥爲レ證、俱伏レ法、王令下鄕人爲ニ妓兄一領回上籍、陰置ニ別邸一爲ニ側室一と。櫃と太鼓とちがふが、其中に人を忍ばせ、密事を聞出さしめたは同じ。

一八九七年板マリ、ヘンリエッタ、キングスレイ女史の西非行記、五三四頁に云く、賣奴濱《スレイヴ、コースト》の或る蠻族は、その大神が住むといふ太鼓の中に、小さい子供を一人入れおき、それが太鼓の中で住めない程大きくなれば、神官共之を殺し、豫て教習し置た小さい子を以て之に替る。それが大きくなれば又小さいのに替ると聞た。是は祭神の牲として小兒を殺すでなく、廢位の王が屢ば過だる隱事を洩し拵して、政治上の危險を生ずるにも倍して、廢位の神が危險たとの懸念よりの事らしいと。蓋しこの太鼓の內の小兒は、神官に教習された儘、自ら神と成て種々の祈願を聽き、其相當の託宣を與えるのだから、其耳覺の及ぶ所ろ、西鶴が述た太鼓の中の發明な小坊主よりも迥かに廣く、重大な政議を悉く闞かり知た者とみえる。（九月廿八日午後四時半）

美人の代りに猛獸

南方熊楠

唐の段成式の酉陽雜俎一二に、寧王嘗て鄠縣界に獵し、林を搜つて忽ち草中に一櫃をみるに、扃鎖甚だ固し、王命し發して之を視れば、乃ち一少女也、云々、女言く姓は莫氏、叔伯庄居す、昨夜火光賊に遇ふ、賊中二人は是れ僧なり、因て某を劫して此に至ると、婉を動かし嚬を含んで冶態横生す、王驚て之を悅ぶ、乃ち載るに後乘を以てす、慕牽なる者一熊を生獲して櫃中に置き、舊の如くに之を鎖す、時に上（寧王の弟玄宗）方に極色を求む、王莫氏は衣冠の子女たるを以て即日之を表上し、其所由を具す、上才人に充しむ、三日を經て京兆奏す、鄠縣の食店に僧二人あり、錢一萬を以て獨り店を賃《か》り、一日一夜言ふ法事をなすと、唯一櫃を舁て店中に入る、夜久ふして腷膊として聲あり、店戸の人怪しむ、日出て門を啓かず、戸を撤して之を視れば、熊あり人を衝て走り出づ、二僧已に死して骸骨悉く露はると、上之を知て大に笑ひ、書して寧王に報すらく、寧哥大能く此僧を處置すと、莫才人よく秦聲を爲す、當時莫才人囀と號すと見ゆ。

本邦の戯作に此噺を奪胎した者往々あり。例せば、南總里見八犬傳一四五回に、惡僧德用堅削が主人の娘雪吹姫を磐若櫃に入れ奪ひ出し、白川の庚申堂へ持込だ處え、暴虎來つて重傷を負すと作り、釋迦八相倭文庫九に、夜叉軍士迦毘羅城に入て、侍女を葛籠に押込で歸りしが、熊に殺さるとした如し。但し酉陽雜俎の本話と似た筋の者は印度方面にもある。一八七三年板、バスクの大東傳話は、歐洲唯一の佛教民として知れたカルムク人が、印度の古典ヹタラパンチャギンサチ（起尸鬼廿五談）を譯出保存した者を、ユルクの獨譯から英譯したのだ。其一二〇頁に、富だ老夫婦が一人のよき娘をもつを窺がひ、金と娘を二つ玉とやらかさうと企む者あり。老人が參拜する佛像中に身を潜め居り、翌朝一番に其門戸を叩いた者に娘を嫁げと告げ、明旦自ら往て老人方の戸を叩き、計略通り、其娘を娶り、多くの金銀寶玉を貰ひ、娘と共に櫃に入れて沙塚に匿しおく。所ろえ國王の子狩に出で、虎をつれてやつて來り、沙塚を射ると何か堅い物え中つたので、立寄りみれば櫃に娘と珍寶を入れあり。其娘と

美人の代りに猛獸（南方）

云たら閉花羞月の至り、王子捨て去るに忍びず、早速の機轉で、虎と娘をすり換へ、娘を伴ない往て其妃とした。彼の聟は用をたして歸り、櫃を自宅へもち行き、ニコ顏で七十五日生延んと、開いてみると猛虎一聲、踊り懸つて聟を食ひ、翌朝人來つて戶を開くを俟て、大に御馳走サマと云た體で立去たとあり。十二世紀にカシュミル國のソマデグが編集したカターサリット、サーガラには、苦行仙が大商人に向ひ、其娘を人に嫁げば全家死滅すると脅し、籃に入れて恒河え流さしめ、私かに弟子共をして籃入りの娘を拾ひ自坊え持入れしめた。所ろが其前に王子有て、恒河へ身を洗ひにゆき、其籃をみつけて開くとすてきな娘がある。即座に乾闥婆式で之を妻り、猛性の猴を籃に入て流した。童子等之を拾ひ苦行仙に渡すと、密室に置て自分獨りで之に對じ修法せんとて閉籠り、籃を開くと猴飛出して仙の耳と鼻を割取た。アイタカッタと泣く斗りで大に衆人に笑はれたとある。（此書卅餘年前讀だ事あるも確かに覺えず。今はパーカーより孫引きする）一九一四年板、パーカーの錫蘭村住民話、二卷一三九條には、庄屋の娘が年頃に成たので和尚を訪て星の吉凶を問た。和尚其娘が成女期に達した時の星をみると、兩親に取て大吉なる上に、此女を娶つた者は即國王となると知れた。そこで一計を案じ、此星は大凶だ兩親も聟も程なく死ぬる筈だ、之を避るには、種々の飲食を設け貴娘と共に櫃に入て川え流すべしと告た。

其日に成て和尚弟子共を川え遣はし、櫃が流れ來たら持てこいと命じ、私かに飲食を調えて自ら櫃內の娘を娶る用意をした。時に二青年あり。川端え係蹄《わな》をしかけ置き、當日往き視ると豹がかゝり居り、如何せんとためらふ內、とみると櫃が流れてきた。甲は櫃の內容品、乙は櫃を得分にする約束で、二人して引上げみると、種々の飲食と娘一人あり。娘の代りに豹を入れて櫃を流しやり、甲は飲食品、乙は娘を取た。それから櫃は段々川を流れ下るを、俟ち儲けたる弟子僧共が拾ひ上げて寺坊え運んだ。和尚大悅で櫃を密室に入れ、吾は室內で經を讀むから、汝等外に在て、サッヅーと祝せよと言付け、其室に入て櫃を開くと豹出來つて咬付た。哀しや豹が咬付たはと僧が叫ぶと、弟子共異口同音に、サッヅーと祝した。和尚が叫ぶ毎に弟子共聲張上て祝した。頓て和尚は咬殺され、弟子共俟てども／＼起出ず。阿漕の平次の淨瑠璃でないが。サッテモきつい朝寢ぢやなあと評しおる處え、日參の信士が來り戶を叩けども和尚出ず。こは面妖と屋根へ上り、瓦を捲いてのぞきこむと、下から豹が飛懸り、信士愕き落て死了つた。其から大勢戶を破り亂入して豹を殺し、和尚の屍體と倶に同穴に埋めた。彼の娘を拾ひ上て娶つた男は、即日幸運が落てきて國王となり、新妻と永々同穴を契つたと述べある。（九月卅日）

資料・報告

田や畑の中央に棒をさすこと

高橋勝利

田や畑の中央に棒をさして置く習俗について見聞を報告しようとするのであるが、僕の話は自ら栃木縣芳賀郡以外の事には出ない。然しながらこの樣な土俗はひとり芳賀郡ばかりの事ではあるまいから、同樣な事について御氣つきの方は御報告を願ひます。

イ　雹除の御札

この地方では雹除の御札は常陸の加波山神社から主に出る樣だ。雹の事を方言でアラシと云ふのでこれをアラショケと云ふのだが、この御札を竹なり篠なりにさして畑の中や煙草の苗床の側などに立てる。

ロ　山のアラシの昔話

昔ある人が山奥へ木をとりに行くと澤でピカン〳〵と氷を割つてゐる男にあつた。氷を割つて何すんのかやと聞くと、俺は山のアラシと云ふもんだが、こうして氷を割つて行つて里へ降らすんだと云つた。そんぢや俺げの畑へは降らさねいで呉ろと賴むと、そんなら畑へ目じるしを立てゝ置けば、そこへは降らさねえ樣にしべと云つた。それからその人は家へ歸つて自分の畑へ目じるしに棒を立てた。今畑へ棒を立てるのはこんな譯だからださうだ。（益子町大羽平島五一君より聞く。）

ハ　施餓鬼の飾花

逆川村大字飯では盆の施餓鬼の時の飾花のついた竹を畑にさして置くと虫よけになると言つて、お寺からうばいあつて取つて來て畑に立てる。

ニ　祇園祭の餅花

逆川村大字深澤の祇園祭の時の万燈の飾花も虫除けになると云つて、花のついた竹を大根畑や蕎麥畑などに立てる。

ホ　七夕の笹

逆川村大字小貫では七夕の笹を畑にさして置くと豊作だと云つて飾りのついた笹を畑に立てる。

ヘ　苗尺は種をまく目標との話

田に苗代をしめた時に苗代の中に棒を立てる。この棒を苗尺《ナイジヤク》と稱する。或る人に聞くにこの棒は昔平《へら》まき苗代を作る時に代《しろ》の中央に立てゝ、それを目標に種をなげると平らに蒔かさる爲に立てたものだが、それが短冊苗代になつても意味がなく立てるのだと云ふ話であつた。

家の入口に揭ぐるもの　（雜賀）

ト　苗尺はアラシ除けの呪

又外の人に聞くと、苗尺はアラシ除けのまじないだとの事であつた。

チ　苗尺は避雷針

その後また聞くに、あれは田でも畑でも青作のまん中に立てるもので避雷針の役に立つのだと云つた。

リ　苗尺で占ふ事

逆川村大字天子《あまご》で聞くと、苗尺で其の年の吉凶を占ふ風習がある由である。これは苗尺の兩端を持つて折り、中央より折れれば思ふ事叶ひ、然らざれば叶はぬと云ふのだ

ヌ　もちばし

舊暦正月十四日にはぬるでの木で作つた箸で小豆もちかゆを食ふ。又同じ木を十の字に先をわつた俗稱もちばしを數本づゝ神たな等にあげる。この箸はとつて置いて苗代をしめた時に水《みな》口《くち》や水出《みので》にさす。

ル　田の神樣の腰かけ

芳賀郡大内《おほうち》村地方では苗代の水口にもちばしを立てる事を、田の神樣の腰かけを作るのだと云ふ。もちばしをさして置かぬと、田の神樣がまわつて來られても腰かける所がないと云つて、必ず立てるものだと傳承されてゐる。（大内村飯貝佐藤行哉君から聞く）

田や畑の中央に棒をさす習俗について今僕の手元にある資料は以上の十一項であるが、田園へ出ての調査にも少し骨折れば、もつと多くの面白いものを得ようと思ふ。これらの資料については僕も考へてゐる事が無いではないが、今は白紙の立場から資料のみを報告しとく事にします。（昭和五・十一・七）

家の入口に揭ぐるもの

雜賀貞次郎

紀州田邊では家の表入口の戸の上にマツカサウヲを揭げると惡疫が近寄らぬといひ、其の乾物をつるしてゐる。又アヅキガヒ、ホネカヒ、キヱボラ等は惡魔除けとして表入口に抱ぐ。串本ではニザタヒ（方言ハギ）を疱瘡除けといひ表入口に揭ぐ。田邊では鮑貝殼の眞珠層は鼬除けといひ、表入口又は鷄小屋に揭ぐ。以上は魚介だ。

田邊附近の農家には夏期スベリヒユ（方言スベリ）を表入口に揭ぐるが多い。病氣にかゝらぬ禁厭といふ。スベリヒユは莖は伏臥性、莖葉とも多肉多汁、夏小黄花を着けるが畑地其他に多く生じ甚だ强健で單に曳いて棄てた丈けでは枯れず、空氣中の水分をとり再び根を下す。又莖を取るだけでは枯れず直ぐ又芽をふく草だ。其の性を人にもあやからせやうとするものか。田邊

蟻通神社の氏子は同社例祭（元舊暦九月九日、現陽暦十月十七日）の湯立神事に用ひた大笹を爭ふて分ち之れを門戸に揭ぐ、之れを揭げると悪疫に襲はれぬからだといふ。田邊に接續する新庄村字跡の浦のボンデンさま（梵天さま？）は同村臨濟宗東光寺に接した祠で今は他に合祀されてゐるが祠は尚ほあり、其の社殿には毎年麥稈にて別に社殿に雨のかゝらぬやう副屋根を葺くが、參拜者は其の麥稈を拔きて持ち歸り門戸に揭ぐるを例とす、惡疫にかゝらぬ禁厭と信ぜられてゐる、以上は植物だ。

田邊及び附近では各家の表入口の上に『御札箱』を揭ぐ、箱は大小種々で一定せぬが概ね長さ一尺まで、幅三寸位、深さも三寸内外である、神社佛閣からくるお札等は殆んど悉く之れに納め貼付の繁を省き滿つれば氏神境內の神札納所に納む、但し祈禱の札は貼付するを例とする。

藏人爐邊話

鷲尾三郎

次の報告は丹波方面より出稼いで來る酒造人から聞いたものである。

狐狩

一　丹波多紀郡村雲村向井にては舊正月十五日の夜明けの三時頃から狐狩をする。十二三の村童共が集つて田の中の一筋道を歩いて村中を廻るので、列には笹に紙片をつるしたのを持つた者一人が先頭に立ち、御幣を持つた者や、太鼓をさげたものがその後からついて行く。道々紙片や笹の葉をゆすぶつて地上へ落して行く。落ちない時は手でちぎつてまいて行く、太鼓に合せて次の唄をうたふ。

狐狩《キツネガエリ》せんかいや、狐のすしは幾おけなから、鳴やいてエン〱バサ〱

村の森や小社や又は古いほこらをすてる所などへはなるべく立寄つて御幣を一本づゝ上げて行く樣にする。廻り終つた時に笹を他村のものに盜まれると悪いといふので田の中へうづんだりする。村中を廻り終つた頃には夜が明けるさうである。

二　同じ郡の城南村眞南城《マナンジャウ》でも舊一月十四日の夜狐狩をする。十三四の童相集まり竹の筒を携へ家々をめぐる。

おわりやそこで何するぞ、狐狩《キツネガエリ》するわ、狐何疋取つたぞ、おらんさかい取らんわ、取らんさかいおらんわ、狐のすしは幾わけおいて、七わけなから、エン〱ブウ〱（竹筒を吹く）

鶴は千年龜は萬年、東方朔は九千年、三浦の王助百六つ、これの叔父も叔母も百六つ、エン〱ブウ〱、厄拂らましよか、芽出度い事で拂ふなら、忠臣藏の十段目、白き鼠が十二疋、黑き鼠が十二疋、合せて二十四疋、是も旦那の御吉凶、

大熊が來たとて京口橋の眞ん中程へ、眞さかしまにサラ〳〵
と唄ふ。

藏人爐邊話（鷲尾）

三　丹波氷上郡幸世《サチヨ》村御由《ゴユウ》でも舊正月十五日の朝狐狩をする。
やはり村童等鐘や太鼓を打つて村中をめぐり歩く。

狐がいるそうろ、わらよんべ何に食《ク》うた、つゝぼだんごを三つ食た。まだ内《ウチ》に二つある。とゝやかゝのはんまいや、はんまいや

こう歌ふて村中を歩く時は、狐は喜んで列の後をついて來て、その年の災害をのぞいて呉れると云ふ。

亥の子

御山では舊十月の最初の亥の日に亥の子の餅を搗く。（若し月に三度亥の日があつたら中の亥の日にする）その夜は子供等手に〳〵藁で作つた棒を持つて家々をめぐり、戸口に立つて

亥ん子ろ餅祝ひませう、おばはん今夜餅おくれ、餅を呉れてやりなけりや戸をたゝく

と唱へ、棒で地を打ち續ける。家々では用意してゐる餅や錢を取り出して子供等に與へる。

虫送り

美囊郡吉川村にては以前土用三郎の日に虫送りを行つた。鐘太鼓に合せて

實盛は御上洛、稻の虫はお伴せい、あとや先に通りよワイ〳〵〳〵

と唱へた。今では山の谷などで虫の多い時、往々行ふ位だらうだ。

眞南城の權八の話

城南村眞南城中村には昔權八と云ふ大力の男があつた。冬は酒造りに灘へ來て働いたが、酒屋の大きな酒槽《サカブネ》をかついで易々と二階へ上つて行つたと云ふ。或る時同じ藏の者が相談して五斗俵を持つて來て、權八が酒槽をかついで二階へ上つて行く時傍から槽の中へ投げ込んだ。けれども權八は一向平氣で『惡い事すなえ』と云つたまゝ二階へ上つて行つた。

又權八は國へ歸る時垂壺《タレツボ》（酒槽から出る酒を一時ためる二石程入る壺）の中へ槽を絞る時に用ゐる釣石をそつと入れて置いた。誰一人これを取り出し得る者もないので翌年も亦惡戲者の權八を藏へ連れて來なければならぬ様になつた。

權八が國に居る時、肥刈りに山を越して有馬郡の方まで出掛けた。他村の者がこれを見付けて追ひ返へさうとしたが權八は少しも騒がずに、『まあゆつくりせいや』と云ひつゝ荷をかついで立ち上つた。その荷の大きいのを見て村の衆も色を失つてそのまゝ逃げ去つたと云ふ。

助太郎の話

眞南城に助太郎の屋敷址と云つて、今は僅かに堀と松の大樹

が一本殘つてゐる。助太郎は物を嗅ぎ出すのが上手であつた。

或時大名祕藏の太刀が紛失したので助太郎に搜さしむる事になつた。助太郎もこれには甚だ迷惑して、どうしようかと考へながら野糞をしてゐた。すると其處をはからずも惡心の家來共が通り掛り、助太郎の居るにも氣付かずにあの太刀は藏の巽の方の地下に埋んであるが、如何な助太郎でもあればかりはよう嗅ぎ出すまいと話しながら通りすぎた。助太郎はひそかに聞いて大に喜んで早速告げられた場所に行つてわざと嗅ぎ出す樣にして掘つたのに果して太刀が出て來た。助太郎は澤山の褒美をもらつた。

天狗の話

今は西宮市に住んでゐる吉見榮吉氏は廿年程前、丹波草山村本郷（多紀郡）へ茶の取引に行き、夜更けて牛を引きつゝ栗柄《クリカラ》峠を越えて來た。牛には茶二俵を負わせ、自分は提灯をさげ、チギを肩にかついで山路を上つて來た。

樹がよく茂りあつて淋しい道ではあるが、彼はなれてもゐるし夜更けの事でもあるので歸りを急いでこの峠路をえらんだ。するとはるか向ふの山の高いあたりで『オーイ』と呼ぶ聲がした。彼は歸りが遲いので村人でも出迎へに來たのかと思つて提灯を振つて『オーイ』と大聲で答へた。その瞬間何處からともなく眼前の道を白と赤の着物を着た者がスツと横ぎつた。驚くと同時に提灯の火がパツと消えた。

彼は直ちに提灯の口を手で押えた。蠟燭をとられはせぬかと思つたからであつた。落ちついて又火をとぼして見た。幸ひどうもなかつたが、山の方からは相不變『オーイ』『オーイ』と呼ぶ聲がする。おくせずに進んで行つた。

『一人か大勢か』と云ふ聲がした。『連れは他にもある』と答へた。若し賊ならチギの棒でなぐり付けてやらうと思つてゐた。しかし何んとなく身體がゾク〳〵して氣持が惡くなつて來た。

すると又突然何處から出て來たか白と赤の着物をきたものがスツと眼前を通りすぎた。今度は牛が驚いてハネ上つて彼の持つてゐた提灯をもけちらして闇の中へ走り去つてしまつた。今夜は愈、やられたと思つて彼は暗闇の道にドツカと尻を下した。その時耳のわきで耳のつぶれる程凄い聲で『オーイ』と叫んだ者があつた。身の毛もよだつて飛び上つた。立ち上つて又夜道を急いだ。峠を離れる頃もう呼ぶ聲も止んだ。村の方で提灯の火が動く。牛は慣れた道を我が家へ一直線に走せ歸つたので家人は村の人を賴んで心配のあまり迎へに來たとの事であつた。

雜謠

一　なまづ川へ飛び込んで、なまづ一匹つかんで、とうすみでにのて、苧《を》がらでにのて、苧がらが折れて、鐵の棒でにのて、鐵の棒も折れて、線香でにのて、しわしわ歸つた。

二　あの子何處の子、丹波の叔父の子、尻に豆はそんで、後《あと》から鳩がにらんだ。
三　高い山から杵糞こけば、砂にまむれてころころところんだ
四　かわさん／＼かわらのぢよぢよは、いやしいぢよぢよで、米三粒ひろて、お釜でむいて、蒸せたかみたら、まだむせとらん、お寺の屋根葺きかえらんせ／＼
五　烏々勘三郎、おやの家が燒けかけた。早よいんでぶつかけぶつかけ。
六　とんび／＼笛吹け、笛吹け、笛がなきや買ふてやろ。
七　殿さん米食て、ひごさん虫食て、わしや澁い。（燕の鳴聲）
八　のり付けほせ、この月はどうしよう、くるりと返せ。（梟の鳴聲）
（以上氷上郡幸世村）

狸の話

中村浩

柳澤村の共同墓地は小高い丘の上であるが、普通村人はフダバと呼んでゐる此處に、通稱をフダバの狸、本名をおまんと呼ぶ狸が永年住居してゐたが、先年洲本お城山の九郎右衞門狸の所へ養子（又は嫁入り）したと言ふ。それで今はあとつぎの狸がゐるらしいが、全くおとなしくなつてしまつた。附近に有名な

狸は釜口の芝右衞門狸と此二匹と併せて三匹の狸である。此狸は時々惡い事をする。今殘つてゐる話を聞くと。

芝右衞門狸はよく洲本へ芝居を見に行くが、常に芝の葉を錢に見せかけて出かける。そこで確に錢を受取るのであるが後で氣を付けて見ると、芝の葉であることが度々あつたと言ふ。

多分おまん狸の仕業に違いないとされてゐる話に、或時五人組（庄屋の次にゐて村方の世話をする人々）の一人に庄屋から御用につき明早朝此箱を洲本に迄持ち行く樣にと夜が更けてから御用箱がとゞけられた。そこで、朝早く箱を負ふて出掛け、宇山へ來て夜が明けた。そしてよく見ると御用箱だと思つてゐたのがシ、クの堂（死人を埋めた上に建てる木の堂圖の如きものである）であつた。不思議に思つて村に歸りシヤドン（庄屋のこと）に昨夜來の出來事をたゞすとシヤドンは、一向御用を言ひつけた筈もなく用箱も此通り有ると言ふので多分おまんの惡戯に違いないとされた。

又同村の鄕士納瀧右衞門洲本に處用があり歸途夜に入つた。村境の菱池峠にかゝると一人の美人が歩いてゐる。ふりかえつて詞を掛けると、一返事もせずたゞニヤ／＼笑つてゐるばかりであつた。そこで狸である事を知つて一刀を拔きはなち斬りつけたが手ごたへがない。斬つて斬り拔くと手ごたへと同時に血を見た。そこで家に歸り翌朝刀を檢めるとポロ／＼に刄が落ち

てゐたから不思議に思つて峠へ行つて見ると、更に狸も人も切られた跡がなく道端の大石に矢多羅に刀傷があり、欠けた刄が澤山こぼれてゐたと言ふ。

又同村の與茂信次が家を新築した。或朝修理する箇所があるので、早く大工を呼びに行くと言つて出かけたがそのまゝ歸らない。縫だと思つて夕方まで待つが來ぬ。夜が明けてもまだ歸らない。そこで家の人が先騒ぎ。村の人々も心配して、鉦太鼓で二日二夜探したが出て來ぬ。その中に菱池の近くに住んでゐる平谷（家の名）が、恰度信次のゐなくなつた朝早く『平谷々々わしやゑらいめに會ふてこまつとるでたのむたのむ』と言ふ聲を聞いたが、いまごろ何じやろと言つて暫くぐづついて出た所が、もう影も見えなかつたと言ふので、そんなら池へはまつとるかも知れんぞなと、池を探した處が、四日めに屍が出て來たと言ふ。村の人は是もおまん狸の仕業かいなと信じてゐる。（淡路國津名郡）

志野ノ宮探訪記

高　橋　博

◇大　松

志野宮は、神功皇后三韓征伐の後、歸國の途上、忍熊王の亂の時、行在所のおかれた所といふ。古事記には、志奴官とある。此處にある大松の下で、初めて皇子と對面されたのだといふ。五月節供の幟の松木の下に宿禰に抱かれた皇子の繪は、この宮の對面を畫いたものだ、と傳へてゐる。この宮で皇后は、阿津奈志罪を祓はれたので、其以來、この地に於て罪を祓うことが起つた、と傳へてゐる。

◇おひおろし

宮の後方の山に、おひおろし（脊負降とあてゝゐる）といふ所がある。道が險しかつたので、皇后が從者の脊に負はれて降られたからの名だといふ。

◇傘　松

又、同山に、傘松といふのがある。山上で俄雨にあひ、皇后の雨をしのがれた松木だといふ。この松木には、異傳がある。それは、紀州德川侯（代不明）が、この地に休み、この松木を見て附した名だといふ。

◇櫻　池

宮の後方に、周一里餘ある池がある。この池は、紀州侯親く指揮されて造つたもので、今日に到るまで一度も水のあせた事がない、といふ。築いた時、大きな火玉が天から降つたので、神のたゝりだ、と思つて、直に、神におわびして、山王町六反、田地若干を奉つた、と云ふ。今尚、社領として殘つてゐる。二月二十五日から月末までに、箍に繩をかけ、玄米の飯を竹皮で包んでその箱につける。こんなものを各家で造る。大家では、二十四・五俵も造る、といふ。これを、男の人に持たせて、國主宮(この池の上にある宮)に行かせる。一番早いもので三月一日遲いもので三月三日頃になる、といふ。これを持つて行く男は、一折のにぎり飯を辨當として貰ふ。この持つて行つたにぎり飯は、おこり病ひの妙藥だ、と云ふ。又、風邪の時は、この飯を燒いて食へばよい、と云ふ。このにぎり飯は、三月五日頃までに、村として全部集め、池の岸の龍宮といふ場所(巨大な石がある)へ持つて行つて、そこに置いて、神主に祈らせて、池に投げ入れる。此は、昔この池の主に、毎年一人の娘を奉つたことが續いてゐたのが、或時代から、その代りにしたものであるといつてゐる。この飯を入れることも、明治になつてから絕えたといふ。投げ入れたのは、夜の十二時だつたさうだ。

◇國主の宮

國主の宮の境内にある井戸は、龍宮に通じてゐて、乙姫の所持したしづの雉刀は、今尚、井戸の底にある、といふ。この宮のをがどころ(拜所)といふのは、池の彼岸に在つて、榊を植ゑこめて繩をはつてある。

美濃國加茂郡太田町の昔話

林 魁一

一 蛇とミミズ

昔ミミズは目ありて所々を歩み廻りしに、蛇は目なく歌を唄ふ事を知り其の聲美なり。ある時ミミズは蛇に歌を唄ふ事を教へ下されと依賴したり。

蛇答て曰く、君の目を私に下されば歌を教へると。故にミミズは目を取りて蛇の頭に付け、蛇の歌を學びたり。爾來蛇は目を貰ひて自由自在に歩み廻る事を得るに至り、ミミズは目を失ひ、地中にて『リリ〱』と好き聲にて鳴く事を覺えたり。初夏に地中にてオケラ虫の鳴くをミミズの鳴くと一般に信ぜり。

二 蟬

蟬は幼虫即ちシクシの時代に里芋を土中にて食ひし爲に「トウダン罰《バチ》」の當りし爲に口なく、七日七夜物を食ふ能はずして泣《ナ》きて死するなり。

三 蟻と蜻蛉《トンボ》

冬となり、食物に飢へて蜻蛉は蟻の家に至り、寒くして食物に困却するに依り、僅にて宜しきに依り食物を貸して下さいと

頼みたり。然るに蟻は答て曰く、

我々は夏の暑き日に汗を出し、色黑くなりて倉に保存し置きたる食物あるに依り、君の如く夏日は冷しき帷子の衣服を着けて遊びたる人には貸し難しと。

故に蜻蛉は今に至り、冬となれば食物に飢へて死するなり。

四 雀 と 燕

昔雀と燕と居り、化粧をなしてお齒黑を付け居りたるに、親の急病と云ふ通知に接し、雀は孝行なるを以て直に口を拭かず親の傍に行きて看病せり。故に今尙嘴は黑きも、孝行に感じて天より食物に米を與へられて生活に不自由せず。然れども燕は直に親を見舞せず、化粧をせしを以て美麗なる衣服を着け居るも一日に三匹の虫を與へられて食物を搜すに困難せりと云ふ。

『美人の代りに猛獸』追記

土橋氏の甲斐昔話集一七四、「昨かりから牛でござる」の話に、長者が貧人權兵衛に騙されて、其娘を彼れに娶はせ、駕籠で送り付る途中、駕籠舁き共醉潰れて眠り了る、所え山賊來り花嫁を拐へ、代りに子牛を駕籠に入れ置て去り、駕籠が權兵衛方え著て、權兵衛が花嫁と想ひ、子牛を撫ると、大に暴れ出したので、權兵衛大に困却した次第を述べてある。（南方熊楠）

笹野の才ざう

北九州一圓殊に、福岡を中心として、疱瘡神の信仰が、强く行はれてゐる。さうして、祈禱者の配つて來るまじないの品は、種々ある。其うちの一つに、「さゝのさいぞう」の畫像がある。此も段々へつて來る傾向がある。玆に揭げるのは、古いものではなく、用紙も西洋紙であるが、圖がらは、古いものを襲つてゐる樣である。才三か才藏か、宛て字はわからぬが、「さゝらさんぱち」「さゝのごんざ」などゝ關係がありさうだ。この繪は、と「筑州民間傳承採訪記」には人形の報告を書いて居られる。福岡在で採集したものである。（中原武次）

年中行事（十二月）

上州綿打村地方

福島憲太郎

事仕舞ひ（八日）　此の日をコトジマイと云つて、二月八日のメケイ出シ行事と同じ事をする。そして『師走八日に事なかれ』と言はれて居る。

煤掃き（十三日）　此の日は煤掃きをする。正月が來るからで有る。夜はヤキモチを澤山喰べる。ヤキモチは麥粉と飯と味噌とタンサンとを捏ね混ぜて焼いた物で有る。

油祝ひ（十五日）　油祝ひと云つて仕事を休む。七月頃實を結んだ油菜を保存して置き、此の日油屋に持つて行き油と交換して、人參・牛蒡・里芋・甘藷・馬鈴薯等を此の油で揚げて天ぷらを拵へて喰べる。尙餅も搗いて喰べる。此の日は朝・晝・晩三度の食事に天ぷらを澤山喰べる日で有る。又此の天ぷらは各家神佛に上げるので有る。

庭仕舞ひ（廿日頃）　スルスビキ（穀引きの事）が終つて、此の日頃に庭ジマイと云つて仕事を休み、牡丹餅を拵へ各家庭神樣（此の日だけ神棚へ祀る）へ上げ、又皆も喰べるので有る。

柚湯（冬至）　朝柚湯を立つて入浴する。之は長命すると言はれて居る。

冬至食物　朝飯はケンチョン汁（蒟蒻・油揚・芋殻・人參・牛蒡・大根を入れる）を拵へ、白米の飯で喰べる。又南瓜を蒸し、之に醬油を附けて喰べる。之は中氣にならぬ禁呪で有る。

ウヂガミ樣祀り（廿五日）　此の日に各家に有るウヂガミ樣のお宮を新しく作り更へる。（挿畫參照）そしてお造酒を上げる。

稻こき祝ひ（廿五日頃）　稻こきが終れば此の日頃稻こき祝ひと云つて、赤飯を拵へ親類、近所の家に贈答する。そして稻神樣（各家太神宮樣の神棚へ共に祀つて有る）へも赤飯を上げる。

餅搗き（廿八日或は廿九日）　各家早朝より起きて正月の餅を搗き、鏡餅・伸餅・小豆餡の餅・海苔餅・豆餅・タンサン餅・霰等を拵へる。鏡餅は上供へを赤く染めて、紅白二色にする。之は白一色では緣起が良くないと言はれて居るからで有る。青木家では正月の餅は搗けず、又頼んで搗いてもいけない。但し他家より貰つて喰べるのなら構はない。

正月飾り（卅日）　此の日は正月の飾りをする。年棚を座敷の眞中に釣るす。門松は門の兩側、屋敷内の母屋の前向つて左方に三本、井戸神樣に一本、便所神樣に一本、ウジガミ樣に二本、カイダナに一本、馬頭觀音樣に一本樹てる。

墓參（卅日）　此の日各家墓地に參詣して、注連繩へ幣を垂れた物を墓前に置き『お正月に來て下さい』と言つて歸つて來る。

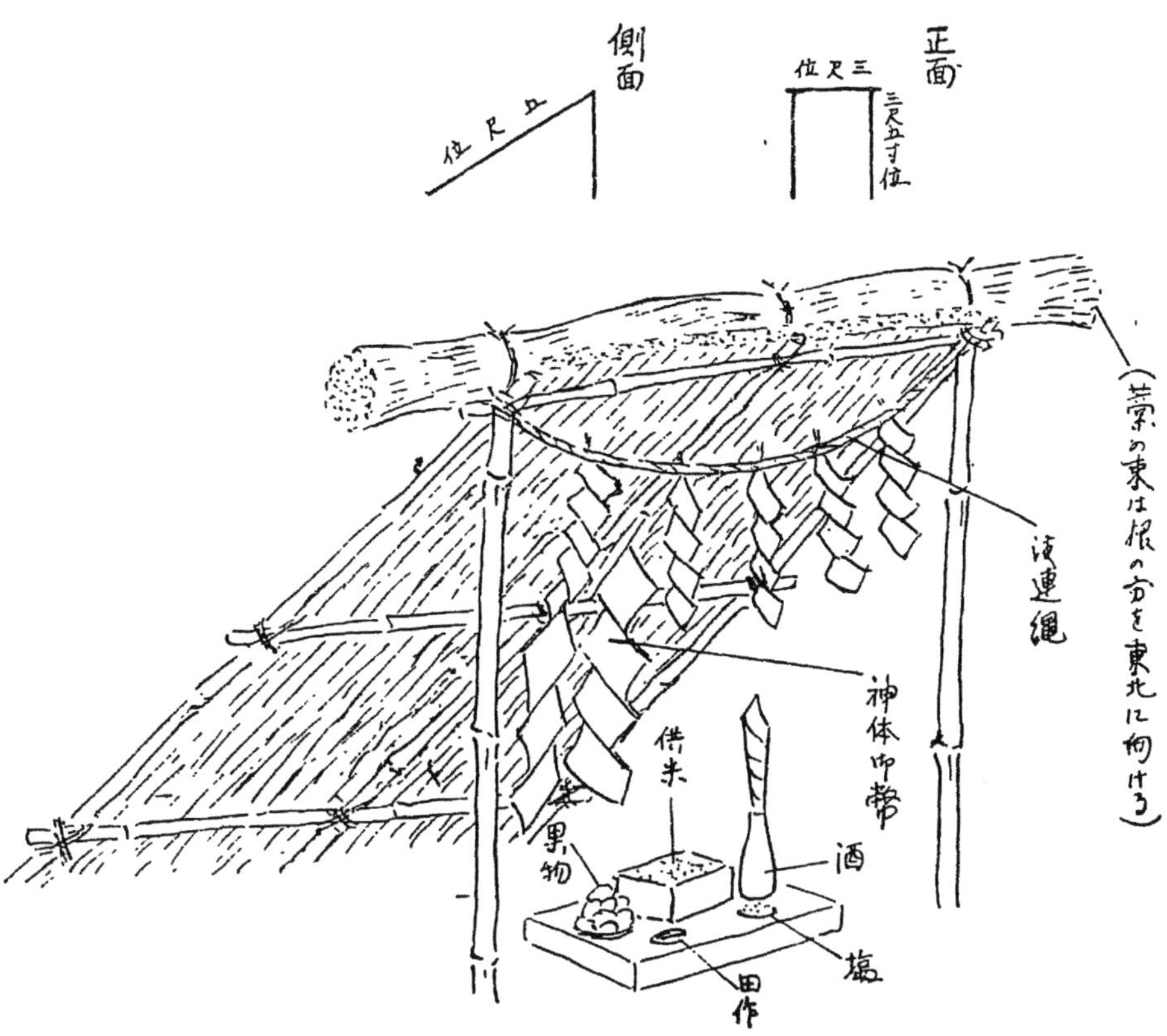

沖繩地方　（牛島）

◇（卅一日）　各家井戶・便所・竈・臺所・倉の各神及びウヂガミ樣に幣束を揷す。夕食には蕎麥を喰べる。

◇（卅一日）『一夜飾りをするものでない』と言つて此の日は正月の飾りをしない。又餅も搗かぬ。

沖繩地方

牛島軍平

冬至　冬至の節の入り日に、トンヂーズースィー（冬至雜炊）とて、七日正月のやうに七ぐさのズースィーを拵へる。沖繩のズースィーは、やはり豚の油で炒つてある。七くさは、豚とか野菜とか何でも、七種類さへ這入つてれば好いといふことだ。

尙以上月々の行事の外に、毎月一日・十五日に、ウブクと言つて、御飯を茶椀に盛つて、竈に三つ、佛壇に二つあげる。又、屋敷祭りを、二月・八月・十二月にする。日は極まつてないが、大抵、十日以後に、二月は屋敷の中間に、香爐とか石を持つて來て、線香を十二本燃して拜む。八月・十二月は、屋敷の門の處で、それをする。（大正十五年八月五日）

茨城縣新治郡上大津村の俗信

中川さだ子

（1）カマスに腰をかけるとカマスの口の様な口をもつた子を生む。
（2）三本足（物干しざをのさゝへ）をくゞるとおできが出來る。
（3）足袋をはいて寢ると親の死目にあへぬ。
（4）爪を切つた時それが火に入ると母親が狂人となる。
（5）人の生れた夢を見ると身内の誰かゞ死ぬ。
（6）二つ栗をたべるとふた子を生む。
（7）着物のシツケをとらずにきてあるくと犬にほえつかれる
（8）シドミ（ぼけ）の花を家の中に持ちこむと火事ができる。
（9）歯のぬけた時には上歯は緣の下に、下歯は屋根の上に投げて『今度は鬼さん馬の歯を生やしておくれ』と言ふと强いのができる。
（10）物を見失つたときは左手のひらにつばをのせ右手の人指し指と中指とでうつと、物がある方向につばがとびだす。
（11）柿の木よりおちると三年しか生きない。
（12）からたうみをまはすとつんぼになる。
（13）夕方かくれん坊をするとかくし婆にかくされる。
（14）下駄を足からほうりだして表がでれば明日は天氣、裏がでると雨が降る。
（15）朝座敷に蜘蛛が入つてくると其の日に客人があり夜來ると泥棒がはいる。
（16）猫がひどくさわぐと天氣が變る。
（17）悪い事をした人は高い山に登れぬ。
（18）盆の中に子供がうるさくて叱られるとその家の佛樣がゐろりの中に子供をうづめこむ。
（19）道其の他でくしを拾ふ時は足先で一寸けつてとりあげると悪い事がない。
（20）金錢を拾ふと幸運がむいて來る。
（21）はきだしてより三日たゝぬ下駄を便所にはいてゆくと眞二つに割れる。
（22）佛樣への御供物をいたゞいて食べると學問が上達する。
（23）口にものもらひが出來た時には隣でおにぎりをいたゞいてたべるとなほる。
（24）朝汁かけ飯をたべるとその日に恥をかく。
（25）赤飯にお茶をかけてたべると嫁入りの日に雪が降る。
（26）一年に一軒で二人死ぬときつともう一人死ぬ。（多く二つ目の時三人目の身代りと稱して人形などをうづめる）
（27）紙をもやすと盲目になる。

(28) お葬式のときころぶとその時きてた着物の片袖を千切つて供へねばならぬ。
(29) 出世前の人の被服類に横切れを使ふと出世がとまる。
(30) 味噌づけのたべかけは親子でたべるものではない。
(31) 香物を三切つけるのは死人ばかりだ。
(32) 蛇をみて指ざしすると指がくさる。あやまつてさしたときは側の人にその指先に三度フッ〳〵と息をかけてもらへばよい。
(33) 着物を裁ち切る時はその人の生れ年の干支の日にたつと弱くてよい事がある。
(34) 便所につばを吐くと歯がくさる。
(35) 出針をすると出先で不凶な事にあふ。
(36) 節分のときの豆をしまつて置き初雷のときたべると落雷の心配がない。
(37) 手にサヽクレができる人は親不孝だ。
(38) 指先のまるい人は何でも器用に仕事をする。
(39) 手の指が指まいてる人は技術に長ずる。
(40) 川に小便をすると河童にひつこまれる。
(41) 北枕にねるのは死人ばかり。
(42) 七日歸りと三月歸りはするものでない。
(43) 左まはりはジャーボ（葬式）ばかりだ。

茨城縣新治郡上大津村の俗信　（中川）

(44) 履物を座敷よりはき下すのはジャーボばかり。
(45) エボの出來た時は「エボ橋わたれ」といつてエボにふれた手を他人につけてエボをうつす。
(46) エボをとるには小石をとつて來てなで、勝手もとに少しうづめといて道六神にあげるとよい。
(47) 子供が二本杖をついてあるくと母親の乳房がはれる。
(48) 河ぴたし（年中行事の一）の朝人目にたゝぬ樣に川に行き尻をひたしてくると河童に引かれぬ。
(49) 茶釜の小びしやくで湯をのむと泥棒の子が生れる。
(50) 洗つた着物はどんな事があらうと一度たゝんでからきるものである。
(51) 生栗をたべるとおできができる。
(52) 吉凶の夢は必ず反對となつて現れる。
(53) 『狐が來るから戸をしめろ』といつて尻をたゝくと大便を我まんする事ができる。
(54) 『てうづ場の神樣今晩は忙しくて來られません』といふと夜便所へ起きぬ。
(55) 人魂のとぶのをみた事がないといふときつと見せられる
(56) ばらが體にからみついたときは「ばらさん〳〵今度赤飯たいてあげる」といふとよくとれる。
(57) 大釜（田舍獨特の最大の釜）がなるとその家に財産がのこる

肥前國茂木町飯香村の俗信　(木下)

(58) 家父は家の周や、畑にうどんげの花がさくと凶事がある。

(59) 手に針をさして血がでてきたときは、はさみの尻で輕くたゝくと血がとまり又あとをいためない。

(60) 自分の生れたときその汚物を埋めた上を一番先に通つたものはその人が一番きらひなものとなる。(例へば毛虫、蛇など)

(61) 夜おむつを外にだしぱなしにしてあると赤子が夜泣きをする。

(62) 流星をみるとわるい事が起る。

(63) 鹽をまきちらすと火事になる。(以上同地方俗信の大體)

肥前國茂木町飯香浦の俗信

木下利次

(1) ユルリ(いろり)のふちに、足をかけること。をきらう。ユルリは四方こうじんといつて、尊とぶ。

(2) ヘツツイ(かまど)は三方こうじんといつて、毛髮をくべたり、その前で切れ物をつかつてはならない。

(3) ミズバンド(水がめ)の中に、ひしやくを浮べておいてはならない。必ず緣にのせておくこと。

(4) 土瓶、ひしやく等からものをつぐとき逆手《サカテ》(柄を、身體と反對の方に向けたまゝつぐ)をしてはならない。死人の湯灌の時には、逆手を使う。

(5) 櫛、はさみを、投げて渡してはならぬ。必ず手渡にせねばならぬ。

(6) 切つた爪は火に入れてはならない。

(7) ツリシオケ(竹製にて手のある籠)に飯を入れておくがその手の下をくぐつて、飯をよそつてはならぬ。

(8) 井戸替に女が、立會うことはいけない。

(9) 鐵瓶、やかんの口を、土間に向けて自在にさげてはならぬ。藥をせんじる時は、こうする。

(10) 底に三つ足のある土瓶を買う時には、足の一つが口の眞下に來てゐるものを買つてはならぬ。こうゆう土瓶は、「藥をせずる(せんじる)しやわんに成りたい」とゆうからである。

(11) いろりの自在の鍵には、この邊皆、木で鯛の形に作つたものをい用てゐるが、その頭が床の間(土間と反對)の方に向くように取り付ける。

(12) 牛を火事で燒殺すと、七代たゝる。

(13) へび、ねこ、がまは殺せばたゝる。

翁草の方言・遊戲・童謠

橘　正一

岩手縣に行はれるオキナグサの方言・子供遊び・子供唄について、御報告いたします。十中八九分までは、尋常高等小學校に、往復ハガキで問ひ合せたもので、殘りは拙誌「方言と土俗」の會員の報告であります。

方言（アイウエオ順）

うぢのひげ　稗貫、花卷町
　稗貫、矢澤校
　上閉伊、遠野キタガメ
　和賀、中內村浮田校
うづのひげ　和賀、田瀬校
　上閉伊、上鄕村
うぢのへげ　紫波、赤石村
うばかしら　岩手、寄木校
　二戶、荒澤校
うばけ　二戶、一戶町
　和賀、猿橋校
　九戶、江刺家校
うんばけ　九戶、伊保內校
うばしらが　九戶、晴山校
　九戶、江刈校
　九戶、久慈町
　九戶、輕米町
　九戶、長內村小久慈
　九戶、野田校
　九戶、侍濱校
んばしらが　九戶、山形村川井
　九戶、大川目村
うばのしらが　岩手、平舘校
うばのあたま　岩手、寺田校
うば花　下閉伊、安家村
おいじのひげ　氣仙、日頃市校
おいぢのひげ　氣仙、赤崎校
　氣仙、上有住村
おいぢのひげこ　氣仙、盛町
おいちのひげ　氣仙、立根校
　氣仙、綾里校
おいでのひげ　上閉伊、大槌校
おーぢのばっこ　下閉伊、綾笠校
おえちのばゝ　氣仙、橫田校
おじのひげ　上閉伊、遠野町
おぢのひげ　稗貫、花卷
　稗貫、矢澤
　紫波、煙山
おすのしげ　紫波、赤澤
　紫波、志和
姥頭《をばかしら》　二戶、石切所
姥毛《をはけ》　二戶、石切所
おばけ　岩手、沼宮內
　二戶、淨法寺
おばこ　下閉伊、宮古
　下閉伊、磯鷄
　下閉伊、船越
おばっこ　下閉伊、船越
　下閉伊、津輕石
おばこばな　下閉伊、茱村
をばのけっこ　下閉伊、刈屋
かぶきれ　膽澤、金ケ崎
かぼきれ　膽澤、某村
　女兒亂髮をカボキレ頭と云ふ。
かはらばな
からばな　膽澤、金ケ崎
がらば
からばゝ　東磐井、舞川村舞草
　西磐井、永井村
　一ノ關地方
からばんば　西磐井、中里
げやげや　岩手、雫石

翁草の方言・遊戯・童謠（稿）

駒なかせ　西磐井、平泉
こまのひじゃき　西磐井、彌榮
ざんぎりかぶ　東磐井、八澤
膽澤、金ケ崎、三ケ尻
東磐井、興田
ざんぎりこ　岩谷堂の近在
江刺、口内
江刺、稻瀬
江刺、米里村木細工
ザンギリとは少女のオカッパのこと。
ざんぎり花　江刺、梁川
ざんざりこ　江刺、某村
じゃんじやらこ　稗貫、花卷
しらがうば　岩手、寄木
しらがばば　前澤以南、平泉、一關地方
東磐井、薄衣
西磐井、永井
西磐井、金澤
しらがばばぁ　江刺、稻瀬
しらがばんば　稗貫、大澤溫泉、前田校
東磐井、舞川
下閉伊、小國
ぢんげあふ（花の内）氣仙、廣田（只出局）
げあ　姥になれば『ぢぢばば』

ぢげあふげあ　？（只出局）
ぢぢばば　東磐井、薄衣
東磐井、興田
氣仙、廣田（姥になったもの）
花の内は『ぢんげあふげあ』
ぢーぢあばーば　氣仙、末崎
ぢんぢ　江刺、米里、木細工
つぼけ　盛岡
紫波、煙山
紫波、赤石
稗貫、花卷
つぼけぁ　岩手、瀧澤、篠木
岩手、太田
岩手、雫石
紫波、見前
紫波、飯岡、上飯岡
つぼきゃ　二戸、金田一
つぶろけぇ　岩手、西山村下長山
つぼろけぁ　岩手、太田
ばっかい　九戸、山形、川井
九戸、大川目
九戸、侍濱
ばっかやい
ばっかやいろー　九戸、夏井
ばっけぇあ（ばっけや）　九戸、長內、小久慈
路のトーもバッケアと云ふ

ばんば　江刺、米里、木細工
ばばこ　江刺、米里、木細工
東磐井、興田
東磐井、舞川村舞草
東磐井、新沼
ばゝこ草　氣仙、末崎
まりぐさ　九戸、種市

縣外の分

河原婆《かはらはんは》　宮城縣栗原郡（阪北）
うばがしら　秋田縣北秋田郡、鹿角郡
うばかしら
おばかしら
うばのばっかい
うばのばんかい　八戸市、小井川潤次郎氏報
かっつろ
ばばこ　陸前志津川地方
ふでばな　茨城縣稻敷郡阿見村
かーらけぐさ　栃木縣芳賀郡逆川村飯

子供遊び

ポンポチを嚙むと眠くなります
遠野、キタガメ
（佐々木喜善氏報）
筆にして、字を書く　氣仙、廣田

稗貫、大澤温泉前田校
二戸、淨法寺
二戸、石切所

シラミ(子房)つぶし

花卷
紫波、上飯岡
紫波、煙山
紫波、見前

人形に作る

氣仙、末崎
氣仙、綾里
東磐井、薄衣
下閉伊、宮古
二戸、石切所
二戸、淨法寺
九戸、伊保内

髮ゆひ

氣仙、盛
氣仙、赤崎
氣仙、立根
氣仙、廣田
氣仙、横田
西磐井、永井
膽澤、金ケ崎
上閉伊、大槌
上閉伊、釜石
下閉伊、小國

47

下閉伊、磯鷄

稗貫、矢澤
稗貫、大澤温泉
紫波、志和
紫波、赤澤
紫波、飯岡
二戸、金田一
九戸、晴山
九戸、長内、小久慈
九戸、輕米

毬作り

氣仙、盛
氣仙、日頃市
膽澤、金ケ崎
西磐井、彌榮
稗貫、矢澤
上閉伊、遠野キタガメ
和賀、田瀨
紫波、志和
紫波、赤澤
紫波、飯岡
岩手、西山村下長山
岩手、寺田
岩手、寄木
岩手、荒澤
下閉伊、船越
下閉伊、小國

下閉伊、津輕石
下閉伊、綾笠
二戸、一戸
二戸、石切所
二戸、淨法寺
九戸、晴山
九戸、侍濱
九戸、野田
九戸、輕米
九戸、山形村川井
九戸、長内村小久慈
九戸、種市
九戸、夏井
九戸、江刺家
九戸、伊保内
九戸、久慈
九戸、江刈

舐めて遊ぶ

下閉伊、船越

縣外の分

毬作り　秋田縣横手町
髮ゆひ　陸前志津川
栃木縣芳賀郡逆川村飯
髮ゆひ・毬作り　青森縣八戸
筆

毬を作る時の子供歌

しらみ　下さ　なれ
蟲の子　上さ　なれ　鹿澤、金ケ崎

ぜんきぁ　下に　なれ
むしのこぁ　上に　なれ　紫波、見前

しらみぁ　下に　なれ
むしのごぁ　上に　なれ　紫波、煙山

げやげや　下に　なれ
むしのこぁ　上に　なれ　岩手、雫石

げやげや　下に　なれ
むしのこ　上に　なれ　岩手、西山、下長山

けーや　けーや
つぼげぁ　下に　なれ
むしのこぁ　上に　なれ
けーや　けーや　紫波、飯岡村

うばうば　下に　なれ
むしの子ぁ　上に　なれ　岩手、寄木

すらみ　上さ　なれ
むしのごぁ　下　なれ　九戸、晴山

おーばこ　おばこ
しらみは　中に　なーれ
むしのごは　上に　なーれ　下閉伊、船越

かみこぁ　かぐれれ
むしのごぁ　ではれ　秋田縣横手町

（髪は隠れよ、蚕の子は出よの意）

異例（岩手郡沼宮内小學校、太田清臣氏報）

當地方では、「おばけ」といひます

男兒も野山へ出て取りますが多くは女兒です。そして、之をなめってから、柄（莖）のところを兩方の掌でクルクル回轉して「ピントレ、タフトレ、マヘガミトレ」といひますと、自然、髮の樣に三つに分れ、それを結つて、女の結髮姿として、着物等着せて遊んで居ります。

鰻を食はぬ村と酒を飯まぬ村

千葉縣香取郡大須賀村奈土《ナド》區は鎭守が虚空藏樣である爲め同區の人は誰一人鰻を食はない。同區で生れて他へ嫁聟に往つた者でも一生決して食はない。若し間違つて食つても必ず祟りがある。其爲め同區内を流れる小滞などには澤山鰻が棲息してゐるが獲るものがない。

又印旛郡八生《ハブ》村寶田區は區の鎭守が愛宕樣であるので月の廿四日には決して酒を飲まない。勿論來客があつても決して振舞はない。他村へ緣付いた者でも此禁は破らない若し二十四日と云ふことを忘れて迂濶にも飲んで口がまがり手が曲つた例は澤山ある。（伊藤亮）

モギツキ（麥つき）

――肥前國茂木町飯香浦――

機械つきの行はれない頃は麥つきは青年男女の樂しみであつた。必要によつて年中時をきめずについたが夜と限られていた。一組八人位の男女がなでうす（臼）を中に輪をつくっててぎれ（柄の短い杵）をもつて、歌を合せて歌ひながら一つ搗いて次は臼のへりをたゝきかわるがわるに順について幾廻りもした。その時歌の節をモギウタとゆう。歌詞はどんなものでも皆この節を付けて歌つた。今殘つてゐる歌として左の二つを聞くことが出來た。

つきのなんかにゃ、ふれにのろうな。おきのくらいのはあみ（雨）とかじぇ（風）よー。おきのくらいのはあみとがじぇよー。

とまちゃ（戸町＝長崎港外にある遊廓）とちがら、ごんげんのわざか、すいたおなごとえんがなかーよー。

こうした樂があつた爲か盆踊りは昔から行なはれない。（木下利次）

資料・記錄

風土行事書上帳

濱田隆一

右は、天草郡下河內村の舊庄屋佐藤氏の古記錄の中から私が捜し出したものである。慶應四年辰九月に富岡の御陣屋に提出したもので、大方各庄屋に差出させたものであらうが、只今のところ下河內のものより外に搜出してゐない。お務め式の極めて概念的ではあるが、幕末から明治初年の（慶應四年九月の翌月は明治元年である、時に天草の支配者は富岡縣知事佐々木三四郎であつた）天草の民情を朧げながらも推測することが出來ると思ふ。

、神祭仕樣之事

一、下河內村之儀は十五社宮兩宮に而本鄕並枝鄕掛道に而壹社づゝ祭禮仕候本鄕祭禮之儀は每歲九月八日定日に而當元より唱可成之百姓年々順番に神祭世話仕失費之儀は往古より神田相求有之尤年暦相分不申右出穀を以神祭入用相償ひ神祭式之儀は前七日鳥居注連新に仕替社內掃除仕掛り社人廣瀨村田口勇相招神前に鏡餅神酒肴其外菓物相供前夜より神殿に通夜仕翌終日神祭修行仕候尤社人儀は前七日當元におゐて庄屋年寄罷越酒肴膳部差出し其外村中護夜より翌日迄休日に而參詣仕候

一、枝掛道鄕十五社宮祭禮之儀は每歲九月十三日に而本鄕同樣前夜より掛り社人相迎社內掃除は勿論鳥居注連新に掛かへ神酒肴相供一日一夜神祭修行仕候尤社人賄其外入用之儀は往古より神田相求有之右出穀を以一切同鄕に而世話仕候

一、祇園社祭之儀は六月十五日掛社人相迎神酒肴相供神祭修行仕村中休日に而參詣仕候尤神酒料社人宿入用等之儀は村中辨仕候

一、天滿宮祭禮之儀は往古庄屋佐藤彌太郎先祖觀請仕候儀に而今以每歲八月廿四日同人一手入用を以社人相迎神祭仕候

一、水神祭之儀は春秋兩度彼岸中社人相迎水邊に神酒肴相供專水難無之樣祈念仕候尤社人宿並神酒代等は村中辨に仕候

山神祭之儀は例年十一月初丑日に而社人相迎神酒肴相供村中參詣仕候尤氏神祭禮同樣重立百姓年々順番神座相設神酒披露仕候右祭禮入用之儀年年神田出穀を以相償申候

一、月々八日十三日は兩十五社宮祭禮之日柄に而神酒燈明相供へ庄屋年寄參詣仕候仕來に御座候尤神酒代村中辨に御座候

一、卯より戌迄貳拾ケ年定免

（この條石高書きあれど今こゝには略す）

一、人員　六百八拾八人

風土行事書上帳（濱田）

內　男　三百五拾三人
　　女　三百三拾五人
田地持　五拾九人
田地持小作人　五拾人
小作人　三拾壹人
畑　持　無御座候
船　持　無御座候
出稼之者　凡拾八人
但例年二月下旬頃より爲日雇稼近國へ罷越十一月下旬頃迄に罷歸申候

一、村風俗之事

一、正月家々神前に注連神酒餅松竹梅を餝氏神並に床屋宅而已門松を立て重立百姓門口に松小枝を結付申候元日は村中一統氏神へ參詣引續庄屋宅へ一禮を述べ夫より樂に門禮に相廻り申候二日は家々農業始の印早朝吉方に向ひ鍬入と唱候儀を仕並諸職人夫々職業始め仕候其外三日迄農業相休日々神々へ參詣猶近村緣合迄年始禮に相廻り子供は竹弓鞠等の遊具を携專場廣所に集り戯申候六日は家々神佛供物松餝取除七日は鬼火と唱而最寄々々に而門松其外燒捨申候同十一日は重立もの年中相用候帳面相拵家內丈帳祝仕十五日は村中農業相休神佛へ參詣仕候

一、二月二日村中荒増灸治仕農業相休申候

一、三月三日氏神參詣仕家々艾餅を搗庄屋宅並に重立者樂に當日禮に相廻り村中農業相休申候尤當年女子出生の家々には土人形貳つ三つづゝ相餝男子は紙鳶を飛せ申候

一、四月初卯日は牧と唱村中農業相休申候

一、五月五日は氏神參詣仕家々軒に菖蒲を挾み重立もの初而男子出生の年は木綿幟、紙幟壹貳本づゝ相かざり或は初節句と唱親緣のもの相招祝酒等差出し候儀も御座候並村中休日に御座候得ども田方植付最中の年は相休不申尤四月より五月迄農業重の時候に而百姓共一際辛勞仕候に付根付相濟候上は俗に田がり落しと唱同月中農閒相見立村中一日農業相休申候

一、六月十五日は祇園社祭禮に而村中農業相休參詣仕候

一、七月七日身元宜敷ものゝ子供手習仕候ものは同夜双星に神酒菓物を供申候同月九日は村庵におゐて旦那寺和尚相賴施餓鬼と唱先祖供養仕同十四日より十六日まで村中農業相休家家魂棚を設け先祖祭仕十五日夜は一圓墓前に火を燈し同夜四つ頃精靈送と唱麥藁に而小き船を拵魂棚の供物を乘川に流申候十六日は寺院に參詣仕候

一、八月二日灸治仕村中農業相休申候同月十五日は餅を搗神佛へ相供同夜は最寄々々に子供藁の大繩を引合申候

一、九月九日は氏神へ參詣仕重立者樂に當日禮に相廻申候尤村中休日には無御座候

今上皇帝御誕生日に付同月廿二日當年より家々神棚を掃除し御神酒供農業相休申候同廿九日は神送に而同夜村中氏

神へ參詣仕候
一、十月亥猪は家々餅を搗申候尤休日には無御座候同月廿九日は神迎に而前以村中重立者米壹貳合づゝ取集濁酒醸置同夜氏神に相供村中參詣仕候者ども神酒披露仕深更迄神待仕候
一、十一月十五日は三才に相成候子供有之家紐とき仕尤重立ものは親類相招祝酒等差出候儀も御座候
一、十二月十三日夜は家々正月三ヶ日相用候箸かき仕候

一、村法之事

一、下河内村之儀は庄屋外古來より年寄壹人百姓代二人立合百姓四人組頭拾壹人相立村內取締而諸評議仕並諸觸御達等有之候節は右之もの共始惣百姓庄屋宅へ呼寄共時々爲讀聞申候
一、年寄百姓代立會百姓人擢之儀は例年十二月仕舞寄と唱庄屋宅へ集合村中人擢之上取極役儀相頗申候尤百姓代之內壹人は前年年寄役のもの相勤候樣先前より仕來御座候
一、郡入用臨時割押切割組入用村入用とも高割に仕來申候尤郡組不時之儀有之格別高掛等多分及差候節は窮民のもの出錢難行屆に付其節に至り候而者庄屋年寄百姓代其外重立百姓遂集議村內身元宜敷ものどもへ熟談を以出錢爲致相償候儀も御座候一體村內入用共外とも請拂之儀は兼而年寄手元に而進退仕時々村入用帳へ遺拂之始末相記置月々二十九日百姓代並立會百姓年寄宅江集合右入用之次第取調用辨仕兼候儀は庄屋並村中一統遂相談進退仕候
一、例年正月中初寄と唱年寄初惣百姓庄屋宅江集合御條目爲讀聞並人々持山等猥りに切荒し不申樣　　仕候猶又同月中庄屋年寄　　は立會村中人別增減取調帳面相仕立候仕來に御座候
一、同月十一日より例年春祈禱と唱掛り社人相迎氏神社殿におゐて村中安全五穀成就祈念仕弁同日年寄百姓代庄屋宅におゐて御用觸留帳其外村方年中相用候帳面相拵申候尤社人侑弁紙代等は高割に仕來申候
一、例年五月中田方植付相濟候上は吉日を擢掛り社人相迎庄屋年寄百姓代氏神參詣神酒肴相供田方虫除之祈念仕候尤年に寄候而は村中農業相休新休村境より木綿並紙旗を立鉦太鼓を鳴し空砲を發し本戶馬場村境まで虫追仕候儀も御座候右社人侑入用等は高割に仕候猶又同月中庄屋年寄百姓代氏神へ參詣田方豐熟之祈念仕候右願成就の儀は秋田方收納後に至り家別神酒相携一同參籠仕候尤格別豐作之年は神閣を取神慮を伺傀儡角力等爲致願成就仕候儀も御座候
一、御年貢米之儀は年々庄屋年寄百姓代筆は立會免割仕前以人々米高書付相渡道而最寄之日限相極庄屋年寄升取相廻米症繩俵改之上相斗申候端米之儀は村中庄屋宅江持寄年寄百姓代其外立會俵に仕立一日に而相濟申候富岡御藏納津廻し之儀は近村船相雇天氣相見立村役人上乘り仕御改を請上納仕候

一、作間渡世之事

風土行事書上帳（濱田）

一、作間稼之儀は男は柴薪を取尤雨天に而外出成兼候砌は農民之者相用候竹之皮笠をぬい猶白箸をかき付木をつき女は木綿織申候

一、御林無御座候

一、産物無御座候

一、牛馬數　七拾五疋　牛四疋　馬七拾壹疋

一、船持無御座候

一、諸運上無御座候

一、極難澁之者三人

一、癈疾之者無御座候

一、公事出入無御座候

一、普請場之事

一井堰川際柵溜井溝筧拾四ヶ所每年一村に而普請仕候得共及大破百姓難及力節は御願申上御扶持被下御普請有之候尤近年御普請御願申上候儀は無之候

一、神社庵堂員數之事

神社三ヶ所

但庵壹軒

地藏堂二ヶ所

一、鐵砲數　四挺

右之通御座候　以上

慶應四年辰九月　下河內村

百姓代　庄太郎㊞

年寄　長兵衛㊞

庄屋　佐藤彌太郎㊞

富岡　御陣屋

出産と厄拂
——肥前國茂木町飯香浦——

◇出産

一　身重になれば戊の日に腹帶をしめる。

二　出産して、しまつてからうぶぎを作る。前もつて作つておくと、子供が育ちが惡いとゆう。着物を作る間子供は、親のヘコ（腰巻き）にくるんでおく。

三　後産は産婦の寢てゐた所の床下又は、便所に入れる。

四　はらみ女が火事場に行くと火勢が強くなるといって忌む。

五　生兒の股のしわが一つならば、次に出來る兒はむすこ（男）であり、二つならばむすめ（女）である。

六　妊娠した、年の亭主の年と、家內の年とを加へたものが、奇數ならば生れる兒は男《ムスコ》であり偶數ならば女《ムスメ》である。若し二年子であれば一つ加へたものによる。

七　生後男《ムスコ》は、三十一日目、女《ムスメ》は三十三日目に、日吉神社に宮參りに行く。

八　滿一ケ年の誕生日にはムカワリといつて、餅をつきその內の一重《カサネ》を子にふませる。又草履を作つて、はかせ、アユビナライとゆふ。共に足が達者になるためといふ。

九　滿二ケ年目の誕生日にはオビトキといつて帶をしめさせる。これ迄はつけひもだけである。

◇危拂

男の四十一才をイリヤクといつて、緣者から御馳走をくれる。四十二才をハラヤクとゐつて、前年のお返しに緣者を招れき、婚禮と同じ形式のものをし、同じ料理を出す。たゞおうひらのうちのちよむすびの代りにエビト（V形のもの）を用う。女には、ヤクバライの祝はない。

（木下利次）

紙上問答

問(三五) 京都の男色肆。

文化四年―二十二年の間に成た小宮山昌秀の楓軒偶記卷二に「此間、僧の陰に妻あるを名けて大黑といふ。是は京に夷町あり。男色を賣る所なり。是に對して云なるべし」と見ゆ。宮川町は維新前男色肆で高名だつた事、西鶴自笑の戲作や守貞漫稿に見えるが、夷町といふ名は男色に關して一向聞及ばず。そこに男色肆有たはいつ頃の事か、識者の教えをまつ。但し予は京都至つて不案內故、宮川町と夷町の同異をすら知らぬと書きそへおく。續南方隨筆三八四頁に引た通り、大正十四五年の交、大阪每日紙へ出た大正老人の「史家の茶話」に、万里居士の梅花無盡藏に、長享二年十一月廿八日、宿房の大黑を招き殷盤を侑む云々とて詩を出しあるを證として、足利義尙將軍の時、既に僧の妻を大黑と呼だと說れた。小宮山氏に水戶侯の侍讀だつた人ゆえ、妄りに酒落半分の臆說を述たとも思はれず、果して其說の如くんば、夷町の男色肆は足利幕府時代の中葉既に有た者となる。不審でならぬ。(十一月十七日、南方熊楠)

問(三六) 急變の時馬を引出す法。

農村では耕作用、運搬用として大切なものは馬であります。農家の馬は一日の勞を馬屋で休めます。農家ではよくわら灰や石灰からしてよく火災を起します。そら火事だといふ時には農夫は第一に馬屋へ走つて馬を出しますが馬は中々出ません。そういふ時には、佛壇を出しさへすれば馬はやすやすと出せる(富山縣下新川郡前澤村)と云ひ、また、ふんどしで馬のくびをひけば出る(下新川郡荻生村)との傳へがあり、人人は信じて居ります。佛壇のゝは信仰の厚い地方としては當然の樣に思はれますが、ふんどしのゝはどうしたわけでありませうか御敎示下さい。

問(三七) 妻を求むる呪法

これは下新川郡小川寺といふ一村落にある話でありますが、村の青年で或る女に戀をしてどうしてもその女を自分の手に入れたいと思ふ時、次の樣な事をすればよいとのことであります。先づ夜半に女の家の玄關先へ行きまして、その女の家の玄關先でおんこ(大便のことであります)をこき、女の家のたらひをそれにかむせ、家から持參したところの新舊二そくのわら草鞋を玄關にならべ呪文(何をいふのか未だ詳細に極めて居りませんが)をとなへると、戶を開けて出て來る。が新しい草鞋をはけばそれは本當の娘でなくして神樣だから後もみずに逃げて歸らなければならない。が舊い草鞋をはいたらば本當の娘であるから會合する。そうして目的を達するがよい。と。現にその方法に於て結婚したものがあるとの話であります。それで村人の中で年頃の娘をもつ家の人々はそれをおそれてたらひを夜になると、始末をするそうであります。これはどうしたことでせう。おんこ(大便)と戀と何か關係があるのでせうか、またくそは何か神秘力を有するものでせうか。この謎をお敎へ下さい。

問(三八) 觸れば身體の自由を失ふ墓。

大布施といふ村に北野といふ所がありまして、其處に妙堂といつてお墓が一つ御座ゐます。土人の話によりますと榮海上人のお墓だといつて居ります。土地の人の話によりますと、その墓にさはれば佛罰たちどころに至り身體の自由を失ふと言つて居り、またその實例多しと言つて附近の人はその側を通ります時にはよけて步きます。村人は困つて他へこれをうつしたらばといふので話し出しましたが、話ばかりで誰あつて運ぶものがありません。―佛罰を恐れて―そこで仕方なくその村の馬鹿者に運ばしたが何等異常がなかつたともいつて居ります。そこで物好きな私は友人と二人でそのお墓を實地調査し

紙上問答

ました。ところが私は何のさはりもありませんでしたが、友人は翌朝から床につき一週間余りねました。おかしいお話です。惡氣のためでせうか、精神的のものでせうか。これと同じ話が婦負郡長澤村にもあります。どうした譯のものでありませう。御高説をおもらし下さい。（以上、問、富山縣下新川郡三日市町　野島好二）

問（三九）　特殊家數。

數（單に數其のものに限らずものの數《かず》でも）の內でも特殊の數（例へば參とか七とか等）は、原始、自然、未開民族には尊ばれる（勿論文化民族にもそうした觀念はあるでせうが）といふ事は、一體、如何なる根本的な觀念に基いておこつたものでせうか。

出來れば各一つ〳〵の數に付いて（例へば三は三で、七は七で如何なる理由）お敎へ願ひます

（福岡縣戶畑市美綠町　中西定雄）

答（三一）　飮食物に樣の字を付て呼ぶ。

自分の問に答ふ。安政中大阪町奉行だつた間だに見聞の程を筆した久須美祐雋の浪花の風に、ゆで豆賣りが「ゆでやのおさやさん、よふ肥たの」。蒟蒻の田樂賣りが「おでんさん、年三つ」（價三文）と呼び歩く由見ゆ。明治十八九年頃迄和歌山市でもそうだつたが、其後の事は知す。

（十月卅一日。南方熊楠）

答（三一）

岡山縣、香川縣、高知縣、愛媛縣、に於ても、「オカイサン」「オマメサン」と云ひます。

（高知市江ノ口百軒町　佐藤信平）

答（三三）

岡山地方では毎月朔日に神詣りすると平常詣るより一層功德があると云はれて居る。又岡山縣吉備郡高松町の最上稻荷へ大晦日の夜詣ると一年中詣つたのに相當すると云つて、その夜は大變賑ふ。汽車等も終夜運轉で所々に焚火をし境內は人で埋る。

尙大雲寺藏版普門示現施無畏品の終に、功德日として、正月元日百日ニ向、二月晦日九十日ニ向、三月四日百日ニ向、四月十八日百日ニ向、五月十八日四百日ニ向、六月十八日四百日ニ向、七月十日四萬六千日ニ向、八月廿四日四千日ニ向、九月廿日四千日ニ向、十月十九日四百日ニ向、十一月七日六千日ニ向、十二月十九日四千日ニ向、と出て居つた。　（桂又三郞）

答（三四）

問には稍々外れて居るが、似た點もあるので書いてみる。A.「岡山市附近には御大師《オダイッサン》樣と云うて毎月廿一日には多くさんの人が大師巡りをす。之には多少に拘らず必ずオセッタイが貰える平常の月は豆、煎餠、燐寸等比較的少い。併し四月と八月の月は特に功德が多いと云うので、オセッタイもなか〳〵多さん出る。八月なら氷、あま酒、すし、おこは、西瓜（西瓜等は小さい分は切らずに一個呉れる）等で參詣人は肩にかけた布の鞄に一杯つめて歸る。尙オセッタイする人は特に信仰の厚い人又は願をかけたお禮等にす、場所は寺院內。

B.「四國巡禮や小豆島巡禮をする人に納札又は散錢をことずければ詣つたと同樣の功德があると信じられて今も盛に利用せられて居る。又奉納四國八十八ケ所と納札を千枚書けば詣つたと同樣の功德がある。春になると岡山市內に小豆島の遍路が多數入り込む、團體は特別であるが老人等で一人乃至五六人で遍路して居るものは家毎へお散錢をことずかりますと云うて金を貰ひに來る。之は此の遍路に金を施せば詣つたと同樣であると云ふ。（桂又三郞）

學會消息

○慶應大學史學會例會 は十一月七日同大學に於て開かれ、中山久四郎氏の『歷史研究上に於ける字音の意義』と題する講演があつた。

○舞樂裝束繪卷展覽會 は十一月八・九・十日の三日間に亙つて大橋圖書館に於て開催され、同館所藏の舞樂裝束繪卷十二卷が、四卷づつ陳列された。

○古代版畫展覽會 が藝苑巡禮の主催によつて十一月八・九日東洋大學圖書館に於て開かれた。

○大正大學宗敎學會講演會 は十一月八日午後一時より小石川傳通會館に於て開かれた。

○日本社會學會の研究報告會 は十一月十一日午後一時より東大に於て開かれ、次の如き題目の研究發表があつた。岩井龍海氏の『佛敎々理と社會生活』藏內數太氏の『象徵主義の社會學』福場保洲氏の『叢林について』湯淺宗氏の『ゲイシャフト・ゲゼルシャフトの問題』小山隆氏の『部落研究についての一つの試み』下地寬令氏の『特殊部落の封鎖的性質』

○『法然上人繪卷』十卷 は十一月九日より十六日まで白木屋にて開かれた增上寺寶物展覽會に於て、『長谷雄草紙繪卷』は十一月十五日の國華社にて開かれたる同社茶話會に於て夫々展觀された。

○日本宗敎學々生聯盟發會式 は十一月十五日帝大法文經十一番敎室に於て擧行された。

○東大史學會講演會 は十一月十五日同大に於て開かれ、新村出氏の活字本のキリシタン關係出版物に關する講演があつた。

○東京人類學會例會 は十一月十五日東大人類學敎室に開かれて、松本信廣の通譯にて折から來朝せるエミール・リサン博士の『支那の新石器時代について』と題する講演があつた。

○考古學會例會 は十一月廿七日東大山上會議所に於て開かれ、香取秀眞氏の『鐸銃について』稻村坦元氏の『六面幢に就いて』と云ふ講演がある筈。

○國學院大學鄕土研究會大會講演會 は十二月十三日(土)同大學講堂に於て開かれる筈。

○會津八一氏 は十月廿二日早稻田大學史學科學生を率ゐて奈良地方に修史旅行を司導し、十月廿六日同地東洋美術研究會のために藥師寺唐招提寺に臨地講演をなし、十一月一日大阪市佛敎會館にて古美術研究法に關し講演をなし、十日午前歸京した。尙十一月廿九、卅兩日は長野縣東筑摩郡敎育會のために推古時代の美術に關し講演をなし、『東洋學報』十二月號に『法起寺露盤銘文考』を、『東洋美術』十二月號には、『公驗唐櫃《からびつ》論後記』を夫々發表の筈である。

○伊波普猷氏 は『旅と傳說』新年號に『琉珠語と壹岐方言との比較對照』を寄稿する筈。

○折口信夫氏 は十一月九日信州小縣郡別所に於て室町時代文學史についての講演をなし、十一月廿三日東京放送局より『新嘗祭の本義』と題して、講演放送をした。

○松本信廣氏 は十一月廿二日文理科大學大塚史學會例會に於て『日本神話に現はれたる舞踊について』と云ふ講演をなした。

○土居光知氏 は十一月廿一日東大山上御殿に於て開催された東大英文學會例會に於て『劇の起原』と題する講演をなした。

○和田清氏 は十一月廿二日京都大學史學大會に於て『再び隨書の流求國について』と云ふ講演をなした。

○小泉鐵氏 は『東亞』十二月號に『蕃人の傳說』を寄稿。

○デ・フィセル博士(M. W. De Visser) は和蘭の日本學者にして、長く日本に駐在して日本語及日本文化方面の研鑽をなし、歸國後はライデン大學の日本語敎授として、日本學者の養成に專心し、旁ら日本の文學・美術・民俗に關する

學界消息

多くの論述を發表して居たが、最近其訃報に切した。文學・美術に關する著作はしばらくなき、(De Genjimonogatari, 1918, De invloid van China en Indie op de Japansche taal en literatuur, 1917. Japansche okeeurendrukken in het lijks ethnografisch museum te Leiden, 1911—1915, 1—16 vols) 其民俗學關係のものを擧ぐれば、日本のフォルク・ローアに現れた狐と狸(The Fox and the Badger in Japanese folklore, 1908) 天狗(The Tengu, 1908) 日本の迷信に現れた犬と猫(The Dog and the Cat in Japanese Superstitution, 1909) 日本の迷信にみえる蛇(The Snake in Japanese Superstitution, 1911) 支那と日本に於ける龍の話(The Dragon in China and Japan, 1913) 支那と日本に於ける火と狐火(Fire and Ignis Fatuus in China and Japan, 1914)

○埼玉縣入間郡宗岡小學校の池内幸次郎氏は去る八月宗岡村言語集(騰寫版刷六九頁)を印行した。語彙約一千、埼玉縣方言資料としては相當立派なものである。

○Marcel Granet, Civilisation Chinoise の英譯本が "Chinese Civilization" と題して、オグデン氏監修の文化史叢書(The History of Civilization, by Ogden)の一部として、ロンドンのケガン・ポール書店(Kegan Paul)から出た。古代支那の風俗習慣を研究する人に一讀をすゝめる。

○京都人類學研究會は十一月廿一日其第一會例會を開いた。同會の顧問としては、足立文太郎・清野謙次・濱田耕作・羽田亨・新村出・西田直二郎の諸氏が擧げられ、人類學方面よりは金關丈夫・忽那將愛・赤堀英三・堀井五十雄・三宅宗悦の五氏が、考古學方面よりは梅原末治、島田貞彥、地理よりは小牧實繁、地質よりは中村新太郎の諸氏が專ら事に當る。なほ民俗學に關する事項も考究される筈であると。

○民俗藝術三ノ十　特輯　六齊念佛調査記錄

六齋見學記錄　北野博美、小寺融吉、小田内通久、西角井正慶、圖師嘉彥
見學所感　小寺、西角井、小田内、北野
各地舞樂の現狀
美濃武儀郡のヒンコケ祭　こだらオ平
淺間神社の炬火と押鉾　高山靜子
美濃郡上の七十五結び　石田源三
成島毘沙門天の赤坊角力　鳥坂百合子
岩代安達の里に傳はる太々神樂　本田安次
操人形頭に就ての質問　中島繁男
右へのお答への一つ　小田内通久
諸國子供遊び集
大和郡山城下の子供遊び　小島千夫也
盛岡の子供遊び　橘正一
攝津・河内の子供遊戲二種　藪重孝
阿波の子供遊び　金澤治
京都の童謠　藪田嘉一郎
大阪の羽根つき唄　鈴木太良
諸國祭祀曆

○民俗藝術三ノ十一　神事舞解說

佐伯神樂(豐後南海部郡)　疋田泉
獅子をどり(信濃上田市)　上田市役所
有田の田樂(紀伊南宏村)　八幡社々務所
赦免地踊り(山城八瀨村)　八瀨村役場
鷺舞ひ(石見津和野)　彌榮神社々務所
屋臺囃子と豐年踊り(武藏秩父町各町村)　大亦詮一郎
ひやま(羽前飽海郡蕨岡村)　小寺融吉
諸國子供遊び集
備前の兒戲　島村知章
阿波の子供遊び　金澤治
佐渡小木港の童戲　青柳秀夫
下野地方の冬の遊び　高橋勝利
諸國祭祀曆

○方言と土俗一ノ五

學界消息

甘藷の方言分布圖・圖に添へて　山本靖民
遠野地方の昔話（鳥に關する部）　佐々木喜善
植物方言（和歌山縣）　水口清
伊賀國名張町方言（三）　菊澤季生
櫃割長者の話　松田岩平
俗言集（中）　嵯峨勇三郎
全國蟷螂方言集　佐藤清明
鄉土誌方言資料目錄補遺　白井一二

○芳賀郡土俗研究會報特輯おばあちやの話

○愛媛縣周桑郡鄉土研究彙報第五號

風位考資料（三）　柳田國男
名木行脚　黑河健一
埼玉縣入間郡宗岡地方に於ける惠比須講の風習　池內好次郎
風位の語彙と虫名方言　齋藤吉彥
愛媛縣伊豫郡南伊豫村宮ノ下の田植歌　水木直箭
風の稱呼（4）愛媛縣之部・香川縣の部

○鄉土一ノ一

更埴地方に於ける「草履隱し」の唱へ言について　河原宏
しだれ櫻の問題　柳田國男
村を渡り來る者（上）　胡桃澤勘內
「おかた」といふ家のこと　早川孝太郎
東筑摩郡の石像を採訪して　橋浦泰雄
東筑摩郡五常村採訪記　池上隆祐
綿の話其他　笠原良夫
箱しよい婆さん　小宮山實
屋根葺無盡　中村寅一
繭値の記錄、ほゝぎり　丸山壽榮
水車屋の事、しと莫蓙　行々無人
贈答の話　大月松二
染物の話　有賀喜左衞門
長野の七夕と盆　小口伊乙
北佐久郡小諸の盆　小栗擦治
東筑摩郡和田の盆　矢ケ崎榮次郎
下高井郡福島の年中行事（一）　大月松二
下伊那郡平出の七夕と盆　熊谷珝
北安曇郡の方言（一）　馬場治三郎
子供の遊び　佐竹盛富
東筑摩郡和田の盆唄　矢ケ崎榮次郎
南安曇郡一日市場の盆唄　有賀喜左衞門
諏訪郡八ツ手の盆唄　小池安右衞門
大蛇小蛇の話　小口伊乙
狐に化かされた話其他　中村寅一
貉の話其他　有賀博
河童について　大月松二
厄病の話其他　有賀喜左衞門
上高井郡綿內村の傳說　小宮山實
北埴科地方の傳說　安間清
松代の文獻　伊藤英一郎
眞澄遊覽記信濃の部の厤日　胡桃澤勘內
回想錄　矢ケ崎榮次郎

○宗教研究新七ノ二

民俗文獻の檢討　松村武雄

○宗教研究新七ノ三

卜占について　松田靜雄
開闢神話の構成と神々の追加　原田敏明
未開人に於ける宗教經驗の一研究　古野清人
宗教民族學の資料と方法とについて　宇野圓空

○宗教研究新七ノ四

開闢神話の構成と神々の追加　原田敏明

○日本研究第二册

『萬葉集』の母音統計　洞富雄
文化傳播の實證的憑徵　西村眞次
オロッコ辭典　セレゲー・シオニキチ　平竹傳二譯
祖父江横非の竿鷹に就いて　横井春野
佐渡のたらひ船　今井溙之

○民俗研究　第二二輯昭和五年十一月刊行
下總・八幡市・七島日記日本民俗研究會版

○民俗學の話　ベヤリンググウルド著　今泉忠義譯　大岡山書店

○朝鮮民譚集　孫晋泰著　鄉土研究社

○朝鮮神歌遺篇　孫晋泰著　鄉土研究社

○東亞語原誌　新村出著　岡書院

○日本思想史研究　村岡典嗣著　岡書院

東北帝國大學教授 村岡典嗣著

日本思想史研究

菊判六百頁
コロタイプ四葉
（仙臺美濃紙刷）

定價五圓
送料 內地三十六錢 其他六十五錢

附錄 南里有鄰遺稿
眞教概論

最新刊

著者が我が古典、殊に其の哲學的・思索的方面の研鑽に於て屹然一頭地を拔き、然かも敬虔眞摯なる態度を持して一文一行をも忽にせざるは旣に學界に定評の存する處である。

本書は其の全豹を窺ふに足るもの。今や古典の新しき研究は皆人の望んでやまざる處である。殊に今日の混亂闇裡に於て吾等の祖先の思想を正しく解することは此處に我々獨自の道を開く所以である。吾々が祖先の血を繼承する限り、祖先の思想を拔きにしては新しき思想への轉向消化は期して望むべくもない。本書は必ずや心ある識者に秘鑰を與へるであらう。

尚附錄『眞教概論』の一篇は德川末期の神學者南里有鄰が未刊稿の名著にして、其の神道に對する觀念は我々の閑却し能はざるものである。偏に諸彥の高覽をまつ。

天地理談 司馬江漢著 村岡典嗣校 價三、八〇 送二七

宗教民族學 宇野圓空著 價二、五〇 送三六

民俗學概論 バーン著 岡正雄譯 價二、〇〇 送二七

支那曆法起原考 飯島忠夫著 價六、五〇 送三六

東京市神田區北甲賀町四　岡書院　電話神田二七七五番　振替東京六七六一九番

◇前號目次

お斷り　十二月は民俗學談話會を休會致し、一月になつて第十五回談話會を開きます。講師其他は一月號にてお知らせします。

△原稿、寄贈及交換雜誌類の御送附、入會退會の御申込會費の御拂込、等は總て左記學會宛に御願ひしたし。
△會費の御拂込には振替口座を御利用ありたし。
△會員御轉居の節は新舊御住所を御通知相成たし。
△御照會は通信料御添付ありたし。
△領收證の御請求に對しても同樣の事。

昭和五年十二月一日印刷
昭和五年十二月十日發行
定價金八拾錢

編輯兼發行者　小泉鐵
東京市神田區表猿樂町二番地
印刷者　中村修二
東京市神田區表猿樂町二番地
印刷所　株式會社　開明堂支店
東京市神田區北甲賀町四番地
發行所　民俗學會
振替東京七二九九〇番
電話神田二七七五番
取扱所　岡書院
東京市神田區北甲賀町四番地
振替東京六七六一九番

MINZOKUGAKU

THE JAPANESE JOURNAL OF FOLKLORE

Published by the

MINZOKU-GAKKAI

Volume II December 1930 Number 12

Page

Articles:

Short Notes:

MINZOKU-GAKKAI

4, Kita-Kôga-chô, Kanda, Tokyo, Japan.